新典社研究叢書300

連歌という文芸とその周辺

——連歌・俳諧・和歌論——

廣木一人 著

新典社刊行

はじめに

連歌は日本の主要な韻文学である和歌と俳諧の間に位置づけられてきた文芸である。二〇一七年十一月十八日、慶應義塾大学での和歌文学会東京例会で、私は「連歌作品中の難訓語のよみ―新編国歌大観・私家集大成のよみにも触れて―」と題して研究発表したが、その時に、このような難訓語の問題について俳文学関係者はあまり関心を持たないだろうと述べた。連歌は語彙・文芸思潮などを和歌から継承しており、その点で俳諧とは違う。しかし、一方で百韻・歌仙・発句などの形態は俳諧と同じで、文芸の方法としてもっとも特徴的な「付合」論は俳諧と共有する。このようなことから、連歌は和歌と俳諧の間に存在する。時代的にも同様で、連歌の最盛期は中世後半から近世初期であるが、和歌が中古・中世前半、俳諧が近世の象徴的文芸と言えることからすれば、やはりそれらの間に位置する。本書が、和歌や俳諧にしばしば論が及ぶのはこのことによる。

ただ、連歌がそのように中間に位置するとして、連歌を和歌から俳諧への過渡的な文芸とみなすには、それが成した質量、その盛行の時代の長さ、社会への広範な広がり等々からみて、その担ってきたものは大きかったと言える。室町期が日本文化の形成期であり、文化面においてその時代こそが日本そのものと言えるのであるとすれば、その中核にあった連歌は日本文学の典型であったとしてよい。そう考えれば、和歌はそれを準備したもの、俳諧はその後嗣とする文学史も成り立つ。

本書はこのような文学史観を見据えながら、会席という文化的なあり方、それを支えた連歌師という存在、その行動、社会的・政治的・経済的な側面を論じた論考を中心に、和歌・連歌・俳諧の主要な題材であり、今もって、日本人に深く根付いている季節感、それを具現化する「季の詞」に関わる論、連歌と密接な関わりをもつ「歌枕」論などを付け加えた。

私には単著として、連歌会席については『連歌の心と会席』（風間書房・二〇〇六年九月）、『連歌入門　ことばと心を紡ぐ文芸』（三弥井書店・二〇一一年一一月）、連歌師については『連歌師という旅人　宗祇越後府中への旅』（三弥井書店・二〇一二年一一月）、『室町の権力と連歌師宗祇　出生から種玉庵結庵まで』（三弥井書店・二〇一五年五月）などがある。本書と関わる事柄も多い。それらを合わせて読んでいただけるとありがたい。

目 次

第三章　連歌・和歌の諸相

序説　和歌・連歌・俳諧（連歌）という文学

――韻文学史観構築のために――

1　詩歌の発生

人の言語表現がいつから文学と呼べるようなものを生み出したのかは分からない。叫び声や慟哭が人の心を揺り動かすとすれば、それは人類発生の時からあった。人が言葉を持ち始めた頃の、神への祈りや労働の折の鼓舞、当事者の意識はともかく、後代に顧みれば、そこに文学性を認め得るかも知れない。

歴史時代に入り、日本人が自覚的に自己や民族の思いを語り始めた時には、明らかに日常の言語表現とは違った表現意識が芽生えていたはずである。それは土器に残された断片的な文字か、剣や仏像などの金属に刻まれた祈り、占いの言葉か、文字には留められなかった農耕の際に謡われた歌か、さまざまな場面で文学萌芽と呼べるような表現が生まれて行ったと思われる。

『古事記』や『万葉集』の時代になれば、日常の伝達とは相違した言語による心情の表出が意識的に行われるようになっていたに違いない。それは日常の言語とは一線を画したもの、後に詩歌と呼ばれるものであって、その手段を手に入れた時、日本人は文学の精髄とも言える言語表現手段を獲得したのである。その自覚は、たとえば、日本武尊が故郷を思って謡ったとされる「大和しうるはし」の古代歌謡が、詩歌としてもっとも効果的で劇的な役割を果たす場所に据えられていること一つをとっても納得できることである。この歌が単なるつぶやきから生まれたものであったとしても、それは『古事記』編者の手によって明確に文学つまり詩歌として位置づけられたのである。

このような文学という存在は、もともとは人々の自然発生的なものであったのにせよ、自覚的に意識され、より洗練されたもの、効果的なものへ向かおうとした時には先進文学論の助けを必要としたことも認め得ることである。

宝亀三年（七七二）に光仁天皇に奏上された藤原浜成の『歌経標式』[1]は中国詩学の影響下に成ったものであり、その冒頭には、

原《たづねみ》れば夫《そ》れ、歌は鬼神の幽情を感《うご》かし、天人の恋心を慰むる所以《ゆゑ》なり。韻は風俗の言語に異《たが》ひ、遊楽の精神を長《ま》す所以《ゆゑ》なり。

とあり、文学の持つ力が示されている。この引用の後半部分はその詩歌というものがどのような言語表現であるかを述べる。それは「風俗の言語」と異なる韻律を持ち、「遊楽の精神」を長ぜしめるという。文学は日常の言語活動とは相違し、日常を離れた「遊楽の精神」を愉しませるものであるとするのである。

ここに述べられていることは、歌が「鬼神の幽情」を感ぜしめ、「天人の恋心」を慰めるという歌の効果のみであるが、浜成が依った『毛詩』[2]大序には「詩は志の之《ゆ》く所なり。心に在るを志と為し、言に発するを詩と為す。情、中に動きて、言に形《あら》はる」とも記されている。詩歌とは突き動かされる情が言語表現として表出されたものである、というのである。ただし、それは単なる呻きでも叫びでもない。詩歌たるものは「風俗の言語に異」うものでなければならないのである。別の言い方をすれば、情の言語表現が「鬼神の幽情を感かし」、「天人の恋心を慰」めるだけの力

を持つにはいわゆる韻文でなければならないということである。ここに人の最も効果的な表現手段として詩歌が存在する必然性が示されている。

大伴家持は天平勝宝五年（七五三）二月二十三日から二十五日にかけて三首の和歌を詠んだ。『万葉集』(3)にはこの三首に注してこの和歌を詠んだ時の心境を記している。

春日遅々に、鶬鶊《うぐひす》正に啼く。凄惆の意、歌に非ずしては撥ひ難きのみ。仍りて此の歌を作り、式《もち》て締緒を展べたり。（一九・四二九二）

家持の言う「凄惆の意」「締緒」は『毛詩』の言う「志」「情」であろう。しかし、それを単に叫んでみたところで宙に消えるだけである。「歌に非ずしては撥ひ難きのみ。仍りて此の歌を作り」と家持は言うのである。

家持のこの詩歌観は、『毛詩』の文学観に倣ったものと見てもよいが、『歌経標式』などに比べて、その本質の理解、自己同一化は進んでいると思う。文学の精髄である詩歌こそ「凄惆之意」「締緒」を展べることに相応しく、「鬼神」や「天人」の情をも突き動かすものであるという理解である。

2　『古今集』序の詩歌観

このような文学観すなわち詩歌観は、『古今集』(4)序に引き継がれる。真名序は紀淑望によるが、その冒頭は次のようである。

夫《そ》れ和歌は、其の根を心地に託《つ》け、其の華を詞林に発《ひら》く者なり。人の世に在るとき、無為なること能《あた》はず。思慮遷《うつ》ること易《たやす》く、哀楽相変はる。感は志に生《な》り、詠は言に形《あら》はる。是を以ちて、逸する者は其の声楽しく、怨ずる者は其の吟悲し。以ちて懐《おもひ》を述ぶべく、以ちて憤《いきどほり》を発《おこ》すべし。天地を動かし、鬼神を感ぜしめ、人倫を化し、夫婦を和すること、和歌より宜しきは莫し。

紀貫之による仮名序もこれを踏襲している。仮名序に「生きとし生けるもの、いづれか、歌を詠まざりける」というのは、まして人は、ということなのであろう。仮名序ではこれに続いて、「花を賞で、鳥を羨み、霞を哀れび、露を悲しぶ心、言葉多く、さまざまに成りにける」と表現されるべき対象を挙げ、さらに、「古の世々の帝、春の花の朝、秋の月ごとに」とした後に、「富士山も煙立たず成り、長柄橋も造るなりと聞く人は、歌にのみぞ、心を慰めける」まで、具体的な例を挙げて示している。これらの具体例は『古今集』に採録された歌から取られたものであるが、別の言い方からすれば、ここに以後の詩歌における対象の範囲が例示されたとみてよい。これによって、我が国の文学観は言い尽くされたとみなされた。以後、歌論・歌学はこの成就のためにはどのように歌を詠めばよいかに費やされることになる。

3 『古今集』序以後の歌論

『古今集』以後の詩歌論が目指したのは、「詩語」「歌語」「雅語」などとして示される言葉の洗練化、限定化と本歌取りなどを含む広い意味での修辞法の追求、および、その結果としての風体論であった。『古今集』以後長く、文学論（詩歌論）は文学が何を表現すべきかの議論には至らなかったと言ってよい。規範たる『古今集』の桎梏がここにある。

たとえば、藤原公任『新撰髄脳』(5)は、

凡そ歌は心深く姿清げにて心にをかしきところあるをすぐれたりといふべし。

とは言うものの何を「心深く姿清げ」に表現するのかには言及していない。源俊頼『俊頼髄脳』(6)には次のように和歌

を論ずるに際して、これまで詠まれてきた対象を挙げ連ねている。

春・夏・秋・冬につけて、花をもてあそび、郭公を待ち、紅葉を惜しみ、雪をおもしろしと思ひ、君を祝ひ、身をうれへ、別れを惜しみ、旅をあはれび、妹背の仲を恋ひ、事に臨みて思ひを述ぶるにつけても、詠み残したる節もなく、

ここに羅列されている事柄は先に指摘した『古今集』仮名序に挙げられたものであり、多くの勅撰集に部立などに示されていたものである。つまり、『古今集』以来、歌の内容はこれに尽きるということで、これが疑問視されたことはない。考えるべきことは、これらをいかに糟粕とならずに詠むことができるかどうかであった。俊頼は先の文章に続けて、

いかにしてかは、末の世の人の、珍しき様にも取りなすべき。

と絶望を述べる。

藤原清輔『奥義抄』(7)にみえるのも『古今集』序をそのまま受けるものである。

楽しびさかえの所、嘆き悲しびの時にも必ず出でて、いはんや男女の心を和らぐるなかだち、これより宜しきことはなし。

次は藤原俊成『古来風体抄』(8)である。

かの古今集の序に言へるがごとく、人の心を種としてよろづの言の葉となりにければ、春の花をたづね、秋の紅葉を見ても、歌といふものなからましかば、色をも香をも知る人もなく、何をかは本の心ともすべき。この故に、代々の御門もこれを捨て給はず、氏々の諸人も争ひ翫ばずといふことなし。

俊成も『古今集』序を引き、歌によらずしては「本の心」を知りえないというものの、その「人の心」である「本

の心」は「春の花」「秋の紅葉」の「色」「香」によって具現化されるという認識を出るものではないのである。俊成の『古来風体抄』がその三分の二を『万葉集』を含め『古今集』以来の勅撰和歌集中の和歌の紹介に費やしていることは、俊成にとっての文学（和歌）が何であったかを如実に示していると言える。

このことは藤原定家においても同じである。次は『詠歌大概』(9)の冒頭である。

情は新しきを以て先と為し（人の未だ詠ぜざるの心を求めて、之を詠ぜよ）、詞は旧きを以て用ゆべし（詞は三代集の先達の用ゆる所を出づべからず。新古今の古人の歌は同じく之を用ゆべし）。風体は堪能の先達の秀歌に効《なら》ふべし（古今遠近を論ぜず、宜しき歌を見て、其の体に効ふべし）。

ここに見える「未だ詠ぜざるの心」の「心」は趣向に近い意味の語で、「事柄」「心情」ではない。「未だ詠ぜざる」「事柄」を詠むことははじめから意識にないのである。

4　連歌文芸論

このような詩歌および詩歌論の流れの中で、新しい文学の形として連歌文芸が登場してくる。それは当時の文学の担い手にとってはまともな文学ではなく、遊戯的な側面を多分に持ったもの、新奇なものであったはずで、だからこそ、正統的な和歌という文芸から外れたものもわずかにではあるが許されたと言える。早い時期の連歌論を含む『西行上人談抄』(10)では、和歌については、「和歌はうるはしく詠むべきなり。古今集の歌の風体を本として詠むべし」としつつ、連歌については次のように述べている。

「連歌はいかなるべきぞ」と申ししかば、「歌は直衣姿、連歌は水干ごときの体なり。人みな知りたる事なり。大原の寂然の庵にて、人々、恐ろしき歌を連歌せしに、寂然の舎兄、壱岐入道相空、

闇の夜に大椋の木の下ゆかじ[11]
かく言ひたりしに、おのれが付けたりし。
えのきもあへぬことにもぞ合ふ

これを人々感じ合はれたりき。自らの連歌を本とするにはあらず。談議のついでならば言ふなり」。

「直衣」に対して「水干」とは簡易であることをいうのであろう。これが時間的なことか内容面をいうのかは判然としないが、「恐ろしき歌を連歌せしに」は、恐ろしい詩歌と感じさせる題材を連歌として詠んだ、の意で、連歌では「恐ろしき」を詠むことに抵抗の少ないことを前提としているのだと思われる。

このような和歌と相違した連歌のあり方は、最初の本格的な連歌論である二条良基『僻連抄』[12]にも見られる。そこでは次のように記されている。

①大方は、代々の勅撰の詞を出づべからずといへども、新しくしなしたらむも、又俗なる詞も連歌には苦しみあるべからず。

②連歌の道にも、又すべて聞きなれぬ詞どもあるにや。大方、この道、一向の遊戯にてあれば、なかなかそれを改めずして書きたらんこそ、その興も侍るべけれ。

③この道もすべて時により折にしたがひて、風体の変はるなり。上古の姿をこそ学ぶべけれども、連歌はもとより古人、さほど翫ばざる間、いかなるを詮といふことなし。ただ当世の風俗にしたがひ、先達の所存にかなひ、堪能の名を取るべきなり。

このような連歌のあり方は『古今集』を抜け出る可能性を持ち得るものであったはずである。しかし、そうはならなかった。①においても、「又俗なる詞も連歌には苦しみあるべからず」と言いつつ、続いて次のように釘を刺す。

但し、地下の輩、一向物も知らぬ俗に混じて汚き事をするなり。それをばことに斟酌すべし。凡そは心ひしと付きて秀逸になりぬれば、少々詞の悪しきもあながち難に聞こえず。

結局、最終的に志向するのは「幽玄」なる「言葉」であり、連歌において「俗」が認められるのは②にあるように「一向の遊戯にてあ」るからであった。そうであれば、連歌が文学化、詩歌化するということは和歌化でなければならなかった。『古今集』＝文学であるという桎梏は新たな文学形態においても逃れることはできなかったのである。

室町中期になって連歌がさらに文学化を目指せば連歌の『古今集』化がさらに進むこととなる。心敬によって「面影・余情・不便のかた侍らず哉。恋句など、一向正しくはしたなき句のみにて、有心幽玄の物、ひとへに見え侍らず哉」「いささか耳にたち、凡俗がましく侍る哉」（『所々返答』第一状）[13]と評された宗砌にしても、『初心求詠集』[14]において良基の句を挙げて、

たとへば、照りもせず曇りもはてぬ春の夜の気色に、あかぬ明ぼのの花は霞にあまりつつ、いと興侍るを、時々うはの空なる春風の思はぬ雪を散らしける気色、まことに面影うかびて、心も内に動き、詞も外にあらはれて覚ゆ。

と述べて、その対象と捉え方を『古今集』以来の和歌観に沿って評価する。

このことは宗祇になればなおさらのことであった。宗祇は『吾妻問答』[15]の中で次のように述べている。一つ目は発句に関しての言、二つ目は連歌句一般についての言である。

①花・鳥・月・雪によそへて幽玄の姿を心にかけ、人に難ぜられぬ様に、詞のくさりなど、いつもの事なりとも、下に置きかへ上に置きかへて案じて、つかふまつるべきことなり。

②何となく長高く幽玄有心なる姿、肝要に候。連歌も歌の風情を離るまじき事に候へども、其の趣を心得る人まれ

にして、やゝもすれば言葉こはく心いやしきのみ候。（略）所詮、長高く幽玄なる風情を移すとならば、人丸・赤人の歌に、（歌例略）などの様の歌、其の外、業平・伊勢・小町・貫之・忠岑・俊成・後京極殿・慈鎮和尚・寂蓮・定家・家隆などの面白き歌ども、常に心にかけてうち眺めて、我が連歌のたゝずまひを取り合はせて案をめぐらさば、いつあがるともなく、其の心姿を少し得る事有るべし。

宗祇にとってこのような連歌こそが「正風」（『老のすさみ』[16]）であったのである。『新撰菟玖波集』[17]はこの「正風」連歌を意識して編纂された連歌集で、当然のことではあるものの、その序では、「花の春、葉の秋、月の夜、雪の朝の、折に触れたる情け、時に従ふ心を言ひ出だせり」としている。

このようなことは、中世詩歌論の到達点を示すとされる心敬の連歌論でも同じである。『ささめごと』[18]に見える次のような論は詩歌のあるべき姿を心敬なりに進めたとは言えるものの、しかし、表現すべき対象は『古今集』と変わらないのであろう。

①兼好法師が曰はく、「月・花をば目にてのみ見るものかは。雨の夜に思ひ明かし、散り萎れたる木陰に来て過ぎにし方を思ふこそ」と書き侍る、まことに艶深く覚え侍り。

②昔の歌仙に、ある人の「歌をばいかに詠むべきものぞ」と尋ね侍れば、「枯野の薄・有明の月、と詠み給へ」と言へり。これは言はぬところを心に掛け、冷え寂びたる方を悟り知れとなり。

ここで主張されていることは、「月」「花」「薄」を詠むのが詩歌であるという原点は変えずに、それらの本質的な美もしくはあり様はどのように捉えられるかの論である。この心敬の詩歌論は同じ『ささめごと』で、

①「振舞ひ・詞の艶に長高きは『源氏』『狭衣』なり。これらを少しも窺はざらん歌人は無下のこと」と古人も申し侍り。

②この道、十体の内にもいづれを至極たるべくや。いにしへ勅定にて、このことをその頃の歌仙たちに御尋ねありけるに、寂蓮・有家・家隆・雅経以下は幽玄を最一と申されしとなり。叡慮・摂政家・俊成・通具・定家は有心体を高貴・至極となり。心蕩《とら》け、哀深く、まことに胸の底より出でたる我が歌・我が連歌のことなるべし。

と述べていることでも首肯できよう。そもそも、心敬が取り上げた兼好は伝統的な和歌を継承していた二条派の歌人であり、その点では保守的であったはずなのである。心敬は『老のくりごと』[19]の中で、連歌は和歌と同じであることも述べている。

連歌と歌、各別の道にとりおける好士世に満ちて見え侍り。うたて拙き事の最一なるか。うるはしく艶に学べる好士の心には、露ばかりも変はるべからず。いかさまにも、歌をならべて詠じ修行なくは、いかばかりの蛍雪を積みても、たけ・位・ことわり離れたる境、悟りがたくや。又、歌を誠に得たる人の連歌の悪しきことあるべからず。おなじ道に侍ればなり。

結局、我が国の詩歌史において、新しい形態を作り上げてきた連歌においても、その文学として表現すべき事柄は和歌から離れることができなかったのである。

5　俳諧ということ

このような詩歌史において、注目すべき文芸が俳諧連歌であった。

「俳諧」という語は日本においては『古今集』に「俳諧歌」[20]として見えるものである。「俳諧」がどのようなことを意味するのかを明らかにすることはむずかしい。別の言い方をすれば、その多様なあり方を探り、実現しようとした際に、新たな日本の詩歌が生み出されたと言えるのであろう。その多様な語義については、最初は『古今集』俳諧歌をどのように捉えるかを巡って、歌論の中で論述された。

最初に挙げるのは『俊頼髄脳』の記事である。

次に、誹諧歌といへるものあり。これよく知れる者なし。また、髄脳にも見えたることなし。古今について尋ぬれば、戯《ざ》れごと歌といふなり。よく物言ふ人の、戯れたはぶるるがごとし。（略）宇治殿の、四条大納言に問はせ給ひけるに、「これは尋ね出だすまじき事なり。（略）さだかに申す人なかりき。しかればすなはち、後撰、拾遺抄に撰べることなし」と申されければ、「さらに術《ずち》なき事なり」と申してやみにきとぞ、帥大納言に仰せられける。

「四条大納言」は藤原公任であるが、この博学の公任も「尋ね出だすまじき事」としたとあり、あきらかに異様な和歌として認知されていたと言ってよい。『奥義抄』は『漢書』『史記』を挙げて、語義を詳しく説いた後、次のように述べている。

今案に、滑稽のともがらは道に非ずして、しかも道を成す者なり。又誹諧は王道に非ずして、しかも妙義を述べたる歌なり。故に是を滑稽に准ず。その趣、弁説利口あるものの言語の如し。火をも水に言ひなすなり。或は狂言にして妙義をあらはす。

一読、俳諧を評価しているかに見えるが、これはあくまでも『古今集』尊重のための言説であって、「道に非ずして、しかも道を成す者なり」などというのは苦肉の論と言ってよいのであろう。俳諧歌は『古今集』重視の立場からは完全には無視することのできないものではあるものの、異様で特殊なものとしての位置づけであり続けたのである。

このような「俳諧」たる詩歌は連歌においても同様の位置づけであったと言える。二条良基『僻連抄』では、付合法の一覧の中に、「狂句」を挙げているが、これは『奥義抄』の俳諧理解の中で「狂言」とするとしていることからも、「俳諧」と同義かと思われるが、これについては次のように述べている。

狂句　これは定まれる法なし。ただ心ききて興ある様に取り成すべし。

俳諧はこのように和歌、連歌を主流とする中で異端の扱いに終始していたのであるが、だからと言って、俳諧たる和歌や連歌が世に行われなかったということではない。ただし、まともな文学たる資格がないものとされたがゆえに、そのほとんどは失われていったのであろう。『古今集』の部立に準ずる形で採択されたいくつかの勅撰和歌集や『菟玖波集』にあるのはわずかな残滓である。

6　中世の俳諧連歌

このような流れの中で、表向きは正風連歌を目指した宗祇においても、日常の生活の中では俳諧風のものを楽しみとして詠んでいたことは、いくつかの資料によって判明する。『実隆公記』(21) 明応八年（一四九九）三月十五日の記事には次のようにある。

宗祇法師、食籠一壺等携へて来たる。玄清、宗長来たる。壺同じく之を携ふ。頗る大飲に及び、病情に了んぬ。云捨発句（略）又、付句発句、俊通朝臣なり。忘却す。

藤はさがりて夕暮の空　　宗長

夜《よう》さりは誰にかかりてなぐさまん　　宗祇

人々大笑し了んぬ。

これは短連歌である。平安期から多く行われた短連歌が俳諧性を保持することで成り立っていたことはすでに指摘されていることである。それは原理的には当座性に起因するが、もう一点重要なことは前句の五七五句と付句の七七句のみの短連歌の場合、形として和歌（短歌）形式と同じになってしまうことへの懸念があったと思われる。形を同じくしておきながら、新しい文芸としての存在意義を俳諧性に求めたとも言える。本稿で短連歌について詳しく触れることは差し控えるが、連歌が短連歌から三句以上連なるものとなった時には、もはや新文芸としての主張を俳諧性に求める必要がなくなったことは強調しておいてよいことであろう。百韻などの定数連歌(22)の文学化の要件はこのようにして準備されたのである。

つまり、俳諧性を持つ定数連歌は日本の韻文史の中で主流から外れた存在であった。そのために、そのような定数連歌が実際には多く行われていたとしても、後世に伝えられることはほとんどなかったのである。宗祇の「花にほふ梅は無双の梢かな」で始まる「畳字連歌(23)」と称されている百韻連歌はそのわずかな例である。

この連歌は末尾に「右宗祇独吟之誹諧也」とされているものであるが、漢熟語を各句に詠み込んだものである。俳諧性が「漢熟語」を詠むということから認知されたということは俳諧の語義を考える上で注目すべきことである。漢熟語が和歌的用語ではないことから正当な連歌とは思えず、その点からは失笑を買うようなものでもあった、ということの認識が底にあったということなのであろう。

「伝良基」とされている独吟の「賦畳字連歌(24)」も残されている。これは真作かどうか疑わしいことと、内容的に畳字かどうか中途半端な句が多々あるということなど考察するのには問題点が多いものであるが、室町中期になると連歌界に俳諧に関しての関心が高まってきたことの左証にはなるであろう。このような中で兼載の独吟百韻(25)は注目すべきものである。表八句のみを挙げれば次のようなものである。

花よりも実こそほしけれ桜鯛
霞のあみを春のひだるさ

永日の暮れぬる里に鞠を蹴て
ほころびがちにみゆる上下
主殿と狂言ながらむしりあひ
いそいで鳥をくはんとぞする
鷹犬の鷹よりさきに走り出で
門のまはりに立まはりけり

下卑た感じは薄いが、明らかに「正風」と相違したものであり、近世の俳諧連歌を先取りしていることが分かる。百韻はともかく、言捨てであれば、『実隆公記』文明十三年（一四八一）二月九日条に、「誹諧連歌、言捨亦興有る者也」とあるなど、日常的に俳諧連歌が行われていたことは疑いない。

このような時代にあって『新撰菟玖波集』では『菟玖波集』にあった「誹諧」の部は除かれた。先に見てきたように、このあり方は当時の連歌界の実態を示すということではなく、宗祇の連歌観、文学観による編纂であったためと捉えることができる。『新撰菟玖波集』の成立は明応四年（一四九五）である。注目すべきは同時期、明応八年（一四九九）二月に俳諧の連歌集である『竹馬狂吟集』(26)が編まれていることである。この年は宗祇最晩年（一五〇二年没）であり、高弟、肖柏も宗長も存命中である。序文には次のようにある。

清狂佯狂のたぐひとして、詩狂酒狂のおもむきを題として、竹馬狂吟集と名づけ侍り。

また、

梨をもとめて栗をひろふ人を道引かむをしらず、心をとる、心をなぐさむるたよりばかりぞかし。

として、次に、

これもまた里犬の音こゑさながらみな得解脱の便、山田の鹿の鹿火は実相のたぐひ、尊く思ふこころばかり也。

と述べる。もともと詩歌は「狂言綺語」であるという認識の上での「みな得解脱の便」「実相のたぐひ」という主張は結局は和歌と同等でありたい、ということを示している。編者は不明であるが、この序文からは、俳諧という存在を認知しようとする立場が見え、ここに「俳諧」論の新たな展開を見て取ることができると思う。

少し時代が下がると宗鑑や荒木田守武も登場する。宗鑑編とされる『誹諧連歌抄（犬筑波集）』が編纂されたのは識語によれば大永五年（一五二五）七月のことであり、『宗長手記』[27]に記録された、この宗鑑と宗長らの「薪酬恩庵」での「俳諧度々」は一年半前の大永三年（一五二三）末のことであった。これまで陰に隠されていた俳諧連歌がようやく社会の表面に現れ始めたと言ってよい。

このような中で俳諧は従来の和歌・連歌とは違った文芸であるという主張が行われるようになってくる。守武は天文五年（一五三六）から天文九年（一五四〇）に掛けて『誹諧之連歌（守武千句）』[28]を詠むが、その跋文から明らかにそれを読み取ることができる。守武はこの千句を詠むにあって周桂に、「此道の式目いまだみず。都にはいかん」と尋ねている。これはとりもなおさず、都で俳諧連歌が多く催されていることを前提にした言であり、正風連歌と俳諧連歌は相違する文芸であるという認識に立ってのものに違いない。流行については、守武はさらに「兼載このみにて」とし、

宗碩は文かよはしの自讃に、入あひのかねをこしにさし、宗鑑よりたび〳〵発句などくだし侍り、近くは宗牧一二座忘れがたく、

と当時の状況を述べている。守武は当時の主要な連歌師らが俳諧連歌を詠んでいることを挙げて、次のように俳諧を擁護するのである。

①はいかいとて、みだりにし、笑はせんと斗はいかん。花実をそなへ、風流にして、いかも一句たゞしく、さてをかしくあらんやうに、世々の好士の教へ也。

②はいかい何にてもなきあとなしごとゝ、好まざる方のことぐさなれど、何か又世中其ならん哉。本連歌に露変はるべからず。大事ならん歟。

②に見えるように、連歌と同等の価値を持っとしている点などでは限界があるが、①の「笑はせんと斗はいかん」とするのは、滑稽であることを前提にしての言である。ここには、和歌・連歌の伝統的な文学認識に新たな視点を持ち込んで、新しい文芸の存在を認めようとする態度が窺える。

時代は室町末期へと移り、連歌は量や享受層の広がりという点からは最盛期を迎える。守武のいう「本連歌」は現在に多く残されており、その流行を裏付けることができるが、現存するものは少ないものの、狂言などに多く取り挙げられた連歌は俳諧連歌と呼んでよいものである。連歌会席の資料としても重要な奈良絵本『猿の草子』の連歌も同様である。つまり、現存する連歌は表層であって、連歌流行の主体はこのような俳諧連歌にあったと言ってよいのかも知れない。当時の連歌壇の第一人者であった紹巴が俳諧連歌を詠んでいたことも知られている。これらの事実は俳諧連歌が短連歌時代は勿論、定数連歌成立期、盛行期を通して一貫して詠み続けられてきたことを示唆している。

近世直前で言えば、俳諧連歌は公家、武家社会、たとえば、由己などのお伽衆を核として秀吉文化圏などでかなりの盛行を見せたと思われる。その多くは言捨てであり、座での戯れ言であったであろうが、由己には独吟俳諧百韻などもあった。

7　俳諧という革新運動の挫折

近世期の俳諧連歌はこの流れを受けていると言ってよい。寛永に入れば徳元、貞徳などによる俳諧百韻、俳諧千句など、現存しているもの以外に実際には数多くの俳諧連歌が詠まれたと推定して間違いないのであろう。俳諧連歌が表舞台へ登場する機は熟していたと言ってよい。あとは、それが和歌・連歌に並ぶ文芸と認知されるかどうか、さらにはそれを越えるものという主張ができるかどうかである。その第一歩が貞徳の登場であった。

これまで、見てきたように貞徳が俳諧連歌の嚆矢ではない。そうではなく、貞徳が重視されたのは、一つは時代性、もう一つは貞徳が地下連歌師として研鑽を積み、歌学一般について公家・武家の間でも一目置かれる存在であったという立場で、俳諧連歌に関心を持ったことによるのであろう。貞徳の俳諧連歌に対する関心はこれまで日陰に置かれていた俳諧連歌、それに携わって来た者たちを勇気づけた。翻って、貞徳の方はその時流に乗るという処世を認識していたと言ってもよいかも知れない。

貞徳はこの期待に添って、俳諧連歌を連歌に遜色ない文芸に押し上げるために、式目制定、さらには正式と称する俳諧連歌会を催した。重頼編の貞門俳諧集『犬子集』（寛永十年〈一六三三〉）の刊行は俳諧連歌の社会的公認を宣言したものと位置づけられる。以後、俳諧連歌は貞徳の文壇における地位を保証として和歌・連歌に準ずる文学としての位置を占めるようになった。

それではこのような俳諧連歌の権威としての貞徳は俳諧（以後、俳諧連歌を通例に従って俳諧と呼ぶことにする）をどのように考えていたのであろうか。正保元年（一六四四）の『天水抄』[29]では、「誹諧も又連歌をやはらげたれば、其徳連歌に同じと云ふ事愚か也。弥増《いやまし》の徳あなり」とは述べるものの、それでは「弥増の徳」とは何かと言えば、次のように述べるのである。

連歌は古歌、古き文など余多見侍《あまた》ねば及びがたきと見えたり。誹諧は一文不通の人もなることにや。

また、次のようにも言う。

連歌猶むつかしきやらん、望む人は少なし。人の心賤しくなる故と、心有る人は歎き悲しむ処に、不慮に此比誹諧はやりて、都鄙の老若心を慰むと見えたり。定めて上古の歌仙、遠く末代をかんがみて、誹諧といふ名を歌の雑体にいれて残し置かれしと見えたり。

貞徳は俳諧というものは、和歌、連歌を詠むことのできない者たちの便宜的な慰めとしか捉えていない。「上古の歌仙」がお情けで俳諧という文芸を残してくれた。貞徳自身は「一文不通」ではなく「心有る」者であるので、和歌も連歌も詠むことができる。しかし、自分の周辺にはそれを望んでも詠むことができない者が多い。だから、自分は俳諧連歌を形ばかり連歌風に整えて、連歌の代わりとして皆に示すのである、ということであろう。

もっとも、貞徳は『天水抄』中で次のようなことも述べている。

誹諧と云ふ字、扁旁を取りはなして見れば、「ことば皆ことばに非ず」と読まるゝ也。爰のことばとさすは、連歌に用ゆる風流なる詞也。それを引きかへて、賤しき事も人の笑ふ事も云ひたき事をもいふによりて、連歌とは大いに心詞の替はる道也。

少し後の慶安四年（一六五一）の『誹諧御傘』(30)ではもう少し積極的に次のように述べる。

誹諧は面白き事ある時、興に乗じて言ひ出だし、人をもよろこばしめ、我もたのしむ道なれば、おさまれる世の声とは是をいふべき也。（略）はじめは誹諧と連歌の弁別《わいだめ》なし。其中よりやさしき詞のみをつゞけて連歌といひ、俗言を嫌はず作する句を誹諧といふなり。

確かに、これらに見られる俳諧の特徴は和歌、連歌では表せられなかった文学の出現として捉えることのできるものである。しかし、貞徳の真意はいかなるものであったであろうか。強いて言えば、という程度の認識であったのではないかと思われるのである。

それに比べ、徳元の『誹諧初学抄』[31]（寛永十八年〈一六四一〉）の次のような言説の方が一見、俳諧の価値を認めているかに見える。

誹諧には連歌の徳の外に、五つのまさりたるたのしみ侍るとかや。第一俗語を用ふる事、第二は自讃し侍りてもをかしき事、第三取りあへず興をもよほす事、第四初心のともがら学び安くして和歌の浦なみに心をよせ侍る事、第五は集歌・古事・来歴・分明ならずとも、一句にさへ興をなし侍らば、何事をもひろく引きよせて付け侍るべき事、是五つの徳也。

しかしながら、これにしても消極的な価値判断でしかない。このようなあり方では俳諧を自信の持てる新文芸として称揚することはできなかったに違いない。寛永十九年（一六四二）の『歌道聞書』[32]が俳諧を批判して次のように述べる時にこれに反論することは難しかったのではなかろうか。

○此比京に、誹諧の宗匠など名乗りして、つやつや狂言綺語をいふ事はやり候。（略）ざれくつがえりたる事にて、よき人の口すさびになるべき事にもあらずきこえ侍る

○誹諧は連歌の一体に有りて、今時誹諧といふは、狂句・ざれ句といふべきにや。（略）口にまかせて、賤しき道家事いひちらして、是をも連歌の一体などいはんも、もつたいなく覚え候。

結局は貞門の俳諧擁護論は中途半端に終わったと見てよいのであろう。常に意識の底に和歌・連歌への憧れがあったと思われてしまい、その弱点はとりもなおさず、俳諧側から追求されることとなる。

いわゆる談林派の先鋒として論陣を張った岡西惟中は延宝三年（一六七五）の『俳諧蒙求』(33)で、次のように主張することになる。

○俳諧といふは、たはぶれたる言葉の、ひやうふつと口より流れ出でて、人の耳をよろこばしめ、人をして談《かた》り笑はしむる心をいふなり。

○俳諧と滑稽とはひとしき名なり。滑稽は酒のうつはものなり。そのうつはもの転《まろ》びて、その酒を吐く事、ひねもすやまざるにたとへたり。口よりながれ出でて句となり、

○思案も分別もさまで用ひずして、なだらかに流れ出づる作をこそ、俳諧の上手とも堪能ともいふべけれ。

そうして、荘子の寓言説を持ち出して、次のようにも言う。

○ある事ない事とり合はせて、活法自在の句体を、まことの俳諧とするべし。

○思ふまゝに大言をなし、かいでまはるほどの偽りを言ひ続くるを、この道の骨子《こつす》と思ふべし。

本稿の最初に文学つまりは詩歌とはどのようなものと認識されてきたかを縷々述べた。それは日常の言語とは違ったもの、「風俗の言語に異」うものであったはずである。この理念のもとに詩歌語の形成、表現の洗練を目指して日本の詩歌は長い営みを続けてきた。惟中の言はそれを真っ向から否定するものである。惟中のやり方で「鬼神の幽情を感かし」、「天人の恋心を慰」めるものとなるのなら、「凄惆の意」を攙うことができるのなら、誰しもが納得できるものとなったと思う。惟中の斬新な、詩歌のあり方そのものを問い直す思考は、結局は大勢を納得させるものとなり得なかった。

そもそも、惟中が師と仰いだ宗因は貞門が蔓延る俳壇の中、俳諧に対する主導権争いの様相の中で、一方の旗頭として祭り上げられた形で登場する。それは貞徳が文壇の第一人者であったことと類似して、宗因が当時の連歌壇の第

一人者を示す大阪天満宮連歌所宗匠の地位にあったことが大きかったと思われる。俳諧は文壇の第一人者が嗜むものであり、天下の連歌宗匠も嗜むものであるという社会的認知に関わることである。

そのような立場であった宗因が惟中の考えに最終的には同調できなかったことは推察できることである。宗因にとって俳諧はやはり、貞徳が『天水抄』で言うように、「連歌座、心つまりたるを、くつろげん慰み」であったに違いないのである。結局、宗因は俳諧から離れて行くこととなる。

8　芭蕉俳諧

貞門も談林も詩歌の革新運動としては失敗したのだと思う。貞門は連歌風に戻り、談林は文学性を樹立できなかった。ただし、このいわば攪乱には文学の重要な要素である題材と表現（用語）を問い直し、それを拡大させるという功績があった。これは日本の詩歌史の中ではじめて突きつけられた問題であったと言ってよい。

残されたのはそれが真の詩歌の題材、用語になり得るかであった。この視点を明白に意識したのが芭蕉であったのであろう。芭蕉の幸運はすでに貞門や談林の俳諧運動がなされて後の登場であったことである。芭蕉は貞徳や宗因と違ってはじめから俳諧のみが自身の文芸であった。その文芸は文学としての方向性を見失っていたものの詩歌革新の火の手ではあった。それをいかに文学化するかが芭蕉の課題だったと言ってよい。芭蕉が自分の文芸の基盤が貞門から談林を経てのものであって、それ以外にはなかったことは、芭蕉自身が、

上に宗因なくんば、我々が俳諧、今以て貞徳が涎をねぶるべし。宗因はこの道の中興開山なり。（『去来抄』(34)）

と語っていることからも言えることである。

日本の詩歌の革新には、和歌・連歌の文学としてのあり方を一度、徹底して破壊し、その中でもう一度、文学の何

たるかを問い直す必要があったが、それは談林を経過することで芭蕉以前に準備はなされていた。芭蕉は文学というものの本質は和歌でも連歌でも変わることのないことを充分に理解していた。『三冊子』[35]（白双紙）では、「詩・歌・連・俳はともに風雅なり」と述べている。「風雅」は文学、つまりは韻文学（詩歌）のこととしてよいのであろうが、続けて次のように言う。

上三のものには余す所も、その余す所までは俳はいたらずといふ所なし。（略）見るにあり、聞くにあり、作者感ずるや句となる所は、即ち俳諧の誠なり。

『去来抄』では「俳諧自由」とも言う。これは貞門さらには談林で主張していたことと同じである。しかしながら、「自由」にしただけでは文学にならない。『去来抄』では「俳諧自由」に続けて、「ただ尋常の気色を作せんは、手柄なかるべし」と述べている。「誠の俳諧」（『三冊子』白双紙）、「風雅の誠」（同、赤双紙）が成就しなければ文学にはならない。

問題のあり所は大きく二つある。具体的な表現に関わることとして「語」のこと、それから描かれた内容のことである。この二点は和歌・連歌では同一方向を目指して突き詰められてきた。俳諧が同じ方向を向けば、形態を同じくしていることからも連歌と何も変わらないこととなってしまう。

「自由」であることと「文学」であることは本稿の最初に『歌経標式』などを引いて論じたように、相反するものである。この矛盾をどのように解決するかが問われた。芭蕉は「語」について、「俳諧の益は俗語を正すなり」（『三冊子』赤双紙）と言う。つまり、新しい詩語の発見と言ってよい。季の言葉について「季節の一つも探り出したらんは、後世によき賜」（『去来抄』）と述べたのも、同じことである。

このような新しい詩語の上に作品が作られた。芭蕉の言葉を伝えたとされる『山中問答』[36]には、

　俳諧のすがたは俗談・平話ながら、俗にして俗にあらず、平話にして平話にあらず、そのさかひをしるべし。

とある。

題材も当然「自由」であるが、しかしながら、眼前にあるものをそのまま詠めばよいということではない。『去来抄』では、

①物を作するに、本性を知るべし。知らざる時は、珍物新詞に魂を奪はれて、外の事になれり。

②俳諧は新しき趣を専らとすといへども、物の本性をたがふべからず。

とする。

「本性」は和歌・連歌で「本意」として捉えようとしてきたものである。それは『古今集』以来の伝統に培われたものとして突き詰められてきた。しかし、芭蕉の立場はそれを新しく問い直そうというのである。『三冊子』（赤双紙）の「松の事は松に習へ、竹の事は竹に習へ」という言はそのことの表明で、松や竹の本性を改めて問い直せということであった。詩語の創始とともに、「本意」の創始と言ってよいのかも知れない。

このようにして詠まれた作品こそが、和歌・連歌で詠み得なかった新しい文学（詩歌）であった。だからこそ土芳は『三冊子』（白双紙）で、次のように称揚する。

　わが師は誠なきものに誠を備へ、永く世の先達となる。

ここに至って、我が国の詩歌は新たな展開を迎えたと言ってよい。『古今集』以来の「語」と「題材」の桎梏から逃れ、しかも詩歌に足る日常的言語とは違う文学、真なる言語表現を成し遂げ得るものの出現である。俳諧の日本文学史上の重要性はここにあった。しかしながら、芭蕉があらゆるところで懸念していることではあるが、このような文学の達成は文学性崩壊の瀬戸際に立ってのもので、転落の危険と背中合わせのものであったに違いない。この点で、

俳諧は韻文学の最終段階を示しているとも言えるのであろう。

注

(1)『歌経標式　注釈と研究』(桜楓社・平成五年五月)
(2)漢詩大系『詩経　上』(集英社・昭和四一年二月)
(3)新編日本古典文学全集『万葉集4』
(4)新日本古典文学大系『古今和歌集』
(5)日本古典文学大系『歌論集　能楽論集』
(6)新編日本古典文学全集『歌論集』
(7)「日本歌学大系」1
(8)注(6)
(9)注(6)
(10)「歌論歌学集成」7
(11)異本により、改めた。
(12)日本古典文学全集『連歌論集　能楽論集　俳論集』
(13)中世の文学『連歌論集三』
(14)注(13)
(15)日本古典文学大系『連歌論集　俳論集』
(16)中世の文学『連歌論集二』
(17)『新撰菟玖波集全釈』第一巻(三弥井書店・平成一一年五月)
(18)「歌論歌学集成」11

（19）注（13）

（20）「誹」は漢音「ヒ」であり、そのまま読めば、「ヒカイ」ということになる。この「誹諧歌」が原初から「誹諧歌」であったのか、「俳諧歌」であったのが誤写されたのかについては不明というしかない。これに関しては多くの議論がなされている。現存の『古今集』の表記に従う立場からは「誹諧」は「ヒカイ」であり、「俳諧」とは厳密に一致するものではなく、意義も相違するという主張が昨今では主流と言えよう。しかし、受容史からすれば、「誹諧」はかなり早い時期から、「ハイカイ」と読まれてきたようで、中世古辞書『天正本節用集』『饅頭屋本節用集』でも「誹諧」を「ハイカイ」と読んでいる。近世になれば「誹諧」の文字を使うことも多いものの、これを「ハイカイ」と読んで、「俳諧」と同語と認識されている。いずれにせよ、「俳諧」が漢語としての原初の意義から幅を広げて理解されていく段階では、「誹諧」との差違はないとみなしてよい。本稿では以上のようなことから、「誹諧」とあるものも「俳諧」として論ずることにしたい。

（21）続群書類従完成会。書き下しに直した。以下同じ。

（22）百韻、五十韻、歌仙などあらかじめ句数を定めて行われた連歌を「定数連歌」と呼ぶことを提唱したい。これまで、このような連歌は「長連歌」と分類されてきたもので、それは「短連歌」に対するものとしてのタームとして考え出されたものであった。対応関係ということでは一理あるが、百韻などの形態を指すものとしては、正確さに欠ける。あらかじめ句数を定めて行われたものは「定数連歌」を呼び、そうでないものは、いくら長く連ねられていても「鎖連歌」とするのがよいと思う。したがって、たとえば「いろは連歌」「名号連歌」のようなものは四十七句、七句詠むことが定められてのものであるから「定数連歌」としてよい。また、「一折」などと中世日記などに記されているものは、百韻を意識したものとして、「定数連歌」を一部のみで終えたものと考えるべきであろう。

（23）伊地知鉄男「和歌・連歌・俳諧―宗祇・兼載の誹諧百韻その他を紹介して『俳諧連歌抄』の成立に及ぶ―」（「書陵部紀要」3・昭和二八年三月、『伊地知鐵男著作集Ⅱ』汲古書院・一九九六年一一月）

（24）伊地知鉄男「花の本連歌の興行は禁止された・二条良基の畳字連歌一巻」（「中世文学」15・昭和四五年五月、『伊地知鐵男著作集Ⅱ』前掲）

（25）注（23）

（26）新潮日本古典集成『竹馬狂吟集新撰犬筑波集』
（27）岩波文庫『宗長日記』（岩波書店・昭和五〇年四月）
（28）古典俳文学大系『貞門俳諧集一』
（29）古典俳文学大系『貞門俳諧集二』
（30）日本俳書大系『蕉門俳諧続集』
（31）注（29）
（32）木藤才蔵『歌道聞書』（「日本文学誌要」12・一九六五年六月）
（33）注（29）
（34）新編日本古典文学全集『連歌論集　能楽論集　俳論集』
（35）注（34）
（36）日本俳書大系『蕉門俳話文集』

第一章　連歌会席の実際

一　会席の文芸としての連歌
――連歌執筆・執筆作法書の発生に言及して――

1　会席の文芸ということ

連歌は人々が集うことによって成り立つ文芸である。その点において他の文芸、発生以来密接な関係のある和歌とも根元的な相違がある。そうであれば、連歌には人々が集うということに付随する特性があるに違いない。そこにこそ連歌独自の文学性もまた楽しみもあったと言える。芭蕉の言葉、

文台引き下ろせばすなはち反故也(1)

は、連歌の後継、俳諧についてのものであるが、正しくそのことの自覚を示している。

しかし、それにも関わらず、これまで連歌の場の実際がどれほど明らかにされてきたであろうか。本稿はその反省点を踏まえ、連歌が生成する場の解明への一段階として、連歌が「会席」の文芸であったことを再確認し、連歌会の運営にもっとも重要な役割を果たした執筆について言及するものである。

連歌は、「座」の文芸と呼ばれることが多い。この「座」という言葉は単に人々の集った席、の意でもあるが、中

世においては商工業者、芸能者の座、宮座など特権的、排他的な集団を意味するものとしても認識されてきた。連歌においては直接、「座」と結びつけた史料は見えないものの、(2)一揆などのありようと類似した様態は認め得る。足利将軍家の連歌をはじめとして、(3)染田天神社の連歌など、(4)そのようなあり方を多分に持つ連歌会が行われていたことも確かなことであった。連歌のそのような側面を考える時、連歌を中世的社会構造の一様相を表す「座」の意義を包含させて、「座」の文芸と呼ぶことはある妥当性を持ち得ることであったかも知れない。

しかし、連歌における集いというものは、常にそのような中世的社会構造と密接に関わる面ばかりであったであろうか。それとは別に、集いにはそれに伴う属性というものがあるはずである。人々が集うこと自体に伴う、また、集った部屋などの場所がもたらす、純粋な喜び、充実感といったものである。

そのような連歌会の様態というものを考慮すれば、「座」という語よりも「会席」という語を用いる方が適切な感がする。少なくとも多くの連歌会、ある時代以降の連歌会はそうであろう。「座」の語に替えて「会席」の文芸と呼ぶことによって、連歌の場の実際を明らかにできる面がある。そのことから連歌会、及び連歌という文芸の特質を探る必要があると思うのである。

そのためには、連歌会が行われる物理的な場所の様子を明らかにすることも重要である。ある楽しみを期待して集まってくる人々のために、彼らを楽しませる仕掛けが準備されたに違いないからである。十五世紀になって現れた「会所」は建物としてそのような集いの目的を果たすために成立したし、それと前後するようにして、後に完成する書院造りに取り込まれた座敷や座敷飾り、また、夢窓疎石の西芳寺十景などを極とする庭園も現れてくる。さらには、そこに相応しい茶や料理などの接待も会席を充実するためには大切なこととされたであろう。ただ、それらに関しては以前いくつかの論考で言及したことがある。(5)不足はあるが、とりあえず場所に関してはそれらに譲って、ここでは会そのものの営みという観点から、連歌会の様相を知る手だてを探ってみたい。

2　連歌会席の実際

連歌会席の実際を明らかにするのには、その張行の様子の詳細な記録を見るのがよいはずである。しかし、中世期にはそのような記録を見出すことができない。連歌興行の記事は日記類に枚挙に暇がないほど見受けられるのに、会そのものの営為についてはほとんど記録されていないのは、歌会などと違って、連歌の会が記録に留めておくほど格式張ったものでなかった、公的なものではないと認識されていたためであろうか。

ただし、近年行われた連歌会の記録には、長く法楽連歌が行われていた福岡県行橋市の今井津須佐神社で、昭和五十六年十一月に催された「奉納連歌シンポジウム」の一環として張行された「昭和のご造営」奉祝歌仙連歌のものがある。[6] また、後継文芸である俳諧の方には、会席の実際を念頭にした解説、記録として、加舎白雄の門流である春秋庵の三森準一氏による『連句の実際指導』[7]、獅子門の立机式の様子を記した各務於菟「因縁―立机式を終えて―」[8]、昭和六十年翁忌俳諧を記録した鈴木勝忠「誌上再現『獅子門翁忌古式俳諧』」[9]や、他に山田三秋「各務支考」中「美濃派の俳筵法式」[10]、伐柯亭大林杣平『連句　実作の知識（付）正式俳諧興行の手引』[11]、「俳諧之連歌文台捌作法」[12]などがある。これらは生きた形での連歌（俳諧）の場の様子を伝えてくれている。[13]

例えば、須佐神社のものではその折の執筆であった浜千代清氏が参会者への注意として次のように述べている。

> 最初の方は奉納連歌でございますので、一巡を決めさせていただきます。四句目からは、どうぞご自由に実行していただきたいと思います。
>
> それから、句を出していただく時に、最初の五文字をすぐおっしゃっていただいても結構ですし、お手をお挙

げになって、出句の意志をお知らせになっても結構でございます。どちらでも結構ですから、早い方が採られますので。

最初の五文字・七文字をおっしゃっていただきますと、私が五文字・七文字を復唱いたします。そしたら後の「七・五」あるいは「七」を、おっしゃっていただきますと、私が「五・七・五」あるいは「七・七」を全部吟じます。

そうして、宗匠と相談しまして、よければここに書きまして、もう一度吟じます。

ですから、採られた句は、二回吟ずることになります。ただ、発句は三回吟じます。

このようなものは中世での連歌会席の記録がないことを考えれば参考になり、貴重なものと言えよう。しかし、中世期もこれと同じであったかと言われるとそうとは思えない。俳諧は勿論、須佐神社の会もあまりにも簡略化されており、中世当時の様子を知るには不足である。やはり中世の資料そのものからそれを探らねばならないということであろう。

3　会席作法の意義

先に中世における連歌会の実際を詳細に記録したものは見出せないと述べた。しかし、連歌の会席の実際を窺わせる資料は存在する。それは、種々の連歌論書、学書と呼ばれるものの中の記載、特に会席中での作法を記した記述などである。それらは、具体的な会の記録ではない点がもの足りないものの、逆に一般的なあり方を示してくれる可能性があるものとも言える。

そもそも連歌会に関して作法が存在していたという事実そのものが、連歌というものが人々の集いを前提にして成り立っていたことを意味しているに違いない。そしてその作法は次第に存在の重みを増し、連歌張行は作法の裏付けがあってはじめて成立する。別の言い方をすれば、連歌という文芸は作法と一体のものとして生成するということになるのだと思う。

和歌についてのものであるが、川平ひとし氏に作法に関して次のような言がある。

作法の問題は、これも視野を開いて眺めると、広く文化現象の中にある身体動作を伴った表現行為―海彼の概念に云う〈パフォーマンス〉―の問題として理解される。和歌における作法とは、詩的言語表現が生成・享受される場での所作・身振りを伴う言語運用を重視して、独特の細微に亘る規範の世界を築いたものに他なるまい。特に日本中世の種々の〈芸道〉にあっては、こうした身体的表現行為の運用が尊重され、かつ高次元の様式化を遂げたこと―例えば茶道に見られる如く―周知の通りである。(14)

和歌という文芸においての会、それに伴う作法というものが、このような意味を持つものであるなら、和歌以上に「場」と切り離すことのできない文芸である連歌においてはより重要な意味をもつことになる。歌会の作法自体がパフォーマンスとして一つの文化現象として存立していたのであれば、連歌においてはパフォーマンスとしての作法の中から作品が立ち現れてくるのだと言っても過言ではない。作品自体の生成と作法、両者が合わさって連歌というパフォーマンスが現出した、ということである。

もっとも、歌会においても作法が重視されことについては、井上宗雄氏に次のような発言がある。

何故に中世の歌学書の中に歌会作法（懐紙・短冊の書法を含めて）が重要な地位を占めているかといえば、それは要するに、詠歌披講の場としての歌会が重んぜられ（晴の歌は発表によって完成するという意識である）、正統的和歌の場である会を、「古式豊か」に、「荘厳」に行うべき事が要求され、従って作法が尊重され、書法がやかましく言われ、会席次第は「奥義」とされたからである（「和歌の会席の作法、別紙に細注之、此の道の奥義なり」兼載雑談）。

懐紙短冊の歌の書様は武家故実の中に組込まれてもいるのである（道照愚草）(15)。

作法というものが、常に公的な場での典礼ということと切り離せないことは首肯できることである。特に、歌会においてはそのような面は強かったかも知れない。連歌においても、作法生成の過程には貴顕を交えた会における礼というものが絡んでいたことは、後に挙げる具体的な作法書の記述を見ても分かる。しかし、連歌会では「荘厳」とは違う様相が感じられることも事実である。特に、時代が下がり、庶民階層の会も多く催されるようになれば、身分の上下に伴う礼法より、会席での心地よさ、といったようなものを求める思いが作法をより必要としたのではないかと思うのである。

兼載は『若草記』(16)の中で、確かに、

信は荘厳よりおこると也。

と書き始めているが、そのあとに、

会席の作法により、心も清く興もあるものなり。

と述べている。この「興もあるものなり」が重要なのではないか。連歌会席の作法には、川平氏の論にあったように、ある時期からの茶会での作法などに通ずるものがあった。茶会が喫茶そのものよりも、会席での作法に意義を見出していった中世から近世へのあり方は連歌にも共通するものがあるに違いない。連歌を「会席」の文芸と呼びたい由縁は、そのことを意識に入れた上でのことである。

4　連歌会席作法書というもの

連歌会席の様子を知らしめてくれる連歌会作法は大きく三つに分類することができる。その一つは連歌会開催に当たっての全般的な注意、言ってみれば主催者側の注意を記したもので、部屋の用意などを含む。もう一つは、連歌会に参加する会衆の作法に関してのもので、参加者側のものと言ってよいもの。さらにもう一つは執筆の作法に関してのもので、運営役の立場からのものと言ってよいものである。

これらの内では後の二者が連歌会次第に直接関係するものと言える。その二者の内、会衆一般に関わるものを会席作法、執筆に関わるものを執筆作法、と呼んでおきたいが、この両者に関する知識は連歌会を進行して行くためには欠くべからざるものであった。後代のものではあるが、慶長二年（一五九七）成の『無言抄』[17]ではその末尾に近いところに、「執筆之事」と会衆の作法である「会席作法之事」を項目を別にして記述しているがごときである。

近世末期に佐渡一国宗匠家であった土屋家には、会席作法書「会席二十五禁」や懐紙・短冊の書法などいくつかの作法書を集めた携帯に適した小型の連歌作法書が残されているが、そこには「執筆の取捌別巻に記す」と説かれている。[18]これによっても連歌を実際に張行する上で、このような会席作法書と執筆作法書の両者が必須であったことが分かる。

纏まった会席作法書には、伝宗祇（宗伊か）「会席二十五禁」[19]、新田尚純「連歌会席式」[20]、昌琢「連歌会席之法度」[21]、昌億「連歌会席法度」[22]、宗竹「連歌席につく事」[23]、「会席心得之事」[24]などあるが、ただし、これらにある記述は、例えば、「会席二十五禁」の一部を引けば、

一　高雑談の事

一　大食大酒の事
一　あくひ眠等の事

などとあるように、一般的な会に臨む上での、精神的なものを含めての心構えといったものである。「会席二十五禁」の末尾に、

右条々不レ可レ限二連席一歟

とあるのはその性格をよく表している。

連歌会の円滑な進行のためにはこのような会衆への注意が必要であったのであろう。しかし、一般の会衆は連歌会全体の運営には関わらないのであるから、この会席作法からは会全体の営為を把握することができないことは当然のことである。

それに対して執筆作法の方は専門的なもので、ここにこそ、執筆側からの、という限定は付くものの、連歌会席の次第、実際の多くが記されている。連歌会席の実際を把握するにはこの執筆作法を読み解くことが必須で、それ以上の方法は今のところないと言ってよいかも知れない。本稿で会席の実際を明める手だてとして、執筆のことに触れようをするのはそのためである。

5　連歌会席作法書の成立

執筆作法がいつ頃から定められたのかは不明である。まず、会席一般での作法が次第に形作られ、それに伴って執筆の役割も定まり、固定化していったのであろう。従って、執筆作法成立の前段階を知らしめてくれるのは、連歌会席での一般的な事柄ということになる。執筆作法の発生を知るためにはそれらを一通り追っておく必要がある。

次に挙げるものは最初期の連歌論を含む『袋草紙』[25]中の記述である。ここには作法というよりは会に臨む上での心構えというものであるが、次のような記載が見られる。

口に任せて早速に発するべからず。当座の主君もしくは女房の事を暫く相ひ待つべきなり。遅速有るの時これを詠み出す、尤も宜しきか。我等の時には沙汰の限りに非ず。

次は『八雲御抄』[26]中のものである。

一、いたくいとしもなき連歌、おもひいだすをせむにははやくする事、返々みぐるし。連歌しばし案ぜさせてすれば、人も案ずる也。いまだたれも案じいれぬさきにしつれば、よしあしをも思わかで、したるしるしもなし。されぱとて、せられたらむを〔猶〕いはざるべきにはあらず。

一、いたくまさなきふし物、いりたちたる鳥魚の名などは、わかゝらむ人などは返々すべからず。よにあしくきこゆる事也。

これらには、出句に関しての作法といってよいもの、人々の集まりの中での配慮の必要性などが記されており、既にここには、連歌作品の質を高めるなどということよりも、会席での礼、会席でのつつがなさなどを求める思いの反映が見受けられる。

このように連歌の場における礼儀作法とも言えるものは、定数連歌[27]（長連歌）完成後の早い時点から見られるのであるが、連歌大成者とされる二条良基の連歌論書になれば、それが細かくなるのは当然のことで、それは連歌作品そのものの性格をも決定してゆく論ともなっている。『僻連抄』[28]（一三四五年頃）には次のようにある。

一座を張行せむと思はば、先づ時分を撰び、眺望を尋ぬべし。（略）眺望、又花亭を尋ぬべし。山にも向かひ、水にも望みて風情をこらす、尤もその便りあり。稠人・広座・大飲・荒言の席、ゆめゆめ張行すべからず。すべてその興なし。興尽きぬれば、五十韻・一折にてやがてとどむる事、返す返す無念第一の事也。大方、百韻に足らぬ一座、更にその益なし。時をうかがひ折を得て、この道の好士ばかり集会して、心を澄まし体を同じくして、しみじみと詠吟して秀逸を出だすべし。（略）初心たりといふとも、詞細く具足少なからむ連歌は、一座の妨げに及ぶべからず。詞強く景物多き連歌をたびたび返さぬれば、風情を失ひて、更に寄所なし。

ここには連歌会に相応しい場のことから、会席での態度などについての注意が記されている。しかし、精神的な面が強く、作法というほどのものははっきりとは示されておらず、この時点での執筆作法がどの程度のものであったかは判然としない。ただ、後に触れる『筑波問答』（一四三七年から七二年の間）には執筆に関する作法が見える。このことからは、『僻連抄』当時でもある程度の作法が生まれていた可能性は類推できる。

連歌会の作法はこのような段階を経て、室町中期になると事細かな約束事として定められるようになり、特にそれは執筆作法にはっきりと表れるようになる。それに伴って、執筆という役目は連歌会において、きわめて重要なものとして認識されるようになった。

6　執筆ということ

執筆作法の記述として最初期のものを含む『千金莫伝抄』[29]（一三九二年以前）には、執筆は「一座の管領」「一座の代官」と述べられており、良基の教えを書き留めたとの奥書を持つ梵灯庵の『長短抄』[30]（一三九〇年以後）には、

執筆ニヨリ連歌ハ浮キ沈ム事アリ。

と記されている。

その後、執筆の重要性は多くの連歌学書に見られるが、一例を挙げれば心敬も『私用抄』[31]の中で次のように述べて

いる。

○大むね一座の前後のさま〴〵の時宜は、ひとへに執筆により侍ると也。都辺にもひとり二人の外はありがたく哉。

○執筆　最大事の役に侍れば、わが句を申、見にくく哉。

執筆と名づけられた役目それ自体は、叙位・除目の折のものとして歴史資料に見えるものである。『江家次第』などにも詳しい。武家の時代になると、訴訟関係の文書を担当する役職として登場し、執筆奉行なる役職も現れる。また、和歌関係でも群書類従本『愚秘抄』(32)下には、

左方右方の難陳の詞を注する執筆これあるべき也。件の執筆は、其仁を撰て定むべき也。

とあり、歌合での左右の難陳や判詞などを書き留める役として存在していたらしい。しかし、歌会においての執筆はあくまでも書記役のようであり、そもそも、執筆という名称が講師や読師のような役目の名として認知されていたのかどうかは分からない。歌会においての執筆の役目はそれほど重要なものでなかったことは確かであろう。

連歌会では宗匠と呼ばれる者が、遅くとも室町期のある時代から座にいるのが一般であった。しかし、宗匠は執筆の顧問的な存在で、実際の会の進行は執筆に任されていた。執筆の役目がいつからそのようになったかは判然としないが、連歌会における執筆の存在そのものは定数連歌（長連歌）成立期には既に認められるものである。次は『明月記』(33)中の記事である。

①建暦二年十二月十日「又出二御高陽殿《馬場》一、各応レ召参入、無心宗之輩在レ東、有心宗在レ西云々、是御所也、先立二隔屏風一、各宗連歌折紙一枚訖、撤二屏風一寄合、賦二鳥魚一云々、（略）東、光親卿、（略）、清範執筆、西、御所、（略）、頼資執筆、家長撤二屏風一後清範書レ之」

②建保三年八月二十一日「雅清朝臣直衣、執筆書之」

③建保三年十一月二十八日「雅清朝臣執筆」
④建保四年四月十四日「忠倫連歌執筆」
⑤嘉禄元年三月二十九日「清定執筆」
⑥嘉禄元年四月十四日「中将執筆」
⑦嘉禄二年二月二十五日「有長執筆」
⑧嘉禄二年六月十日「予不レ知二賦物一、不レ能二御入一送二禅尼一之後初方等送出、長信早速起座、有二公事一云々康茂替二執筆一」
⑨寛喜二年閏正月「先可レ有二連歌一之由被レ命、長政取レ硯着信実朝臣東奥、欲二執筆一之間、家隆卿相具侍従、被レ加二予座下一」
⑩寛喜二年二月二十一日「孝継執筆」

以上のようであるが、「執筆」に関する記述は同書での賦物の記載などと比べると少ないことは注意すべきであろう。それは後代の『実隆公記』などで、必ずと言ってよいほどその注記があるのと対照的である。執筆の重要性はまだ低かったと考えるべきだと思う。

『明月記』以外に、当時のものとしては『八雲御抄』に、

　或又付〔時〕二執筆者一。連句入韻与二連歌発句一は事躰同。尤可レ然人可レ令事也。

とあるのも目を引く。これは聯句（連句）に関してのものである。『明月記』寛喜二年二月二十七日の条にも、聯句（連句）に関して、

　文章生連句執筆

という記述がある。このような記事と重ね合わせて推察すると、連歌の幾つかの規則が聯句の影響下に整備されたの

と同様の事情が執筆についても言えそうである。建治年間（一二七五〜七八）に成立した『王沢不渇抄』[34]中の聯句に関する記事には、

執筆言二発句一、多分ノ例也。入韻ハ亭主或座中高位言レ之。入韻者、発句ノ下ノ反句也。因レリ茲ニ略頌曰、執筆発句亭主入韻云々。

とある。ただし、『八雲御抄』の記載と合わせて、ここに見える聯句の執筆の立場は連歌のものと相違しており、連歌の執筆が聯句の影響を受けたにせよ、[35]独自の発展を遂げたことは間違いない。

鎌倉期より前、鎖連歌や短連歌の時代にどうであったかは不明である。源俊頼の時代には短連歌であっても既にある集まりの中で創作されたと思われるので、それを書き留める者が存在した可能性はあるが、これは後代の式目との照合などさまざまな役割を担う者ではなかったはずで、たとえ執筆と呼ばれたとしても単に書記役といった程度だったと思われる。

そのような者が後の執筆の役割を果たすようになるのは、式目の充実と重なるのであろう。前引の『明月記』⑧の

予不レ知二賦物一

云々の記事は前後文意不明なところがあるが、賦物重視の時代にその遵守を執筆が確認していた可能性を窺わせる。

7　執筆作法の成立

連歌は賦物重視から式目重視へと移行していったわけであるが、その式目の充実は鎌倉中期と思われ、そうであれば、執筆の役割は十三世紀半ば頃に次第に固まっていったということになろう。その後、連歌の会席としての充実が図られるようになると、おのずから、それを取り仕切る重要な役目を持つものとして執筆の作法も定められていった。

その時期は先に触れたように、十四世紀、良基の時代であったとするのが妥当なのではあるまいか。

次に引くものは、その良基の連歌論書『筑波問答』(36)の記事である。そこには、執筆に関しての作法が次のように記述されている。

一、間ひて云はく、連歌執筆以下文字作法にも故実侍るべきにや。

答へて云はく、さしたる作法は侍らねども、会衆定まりて、先づ執筆の人進みよりて、円座のほとりに跪きて、主人の御目にしたがひて円座につきて、硯をひらきて、紙を取りて押し折りて、前に置きて、墨をする。の文字ずり一文字ずり両説也。次に筆を取りて先を見て、二管ばかりを墨に染めて、用ふべき筆をぬらして、筆台のしりをはづして置く。うるはしく物を書くには一管をもちふる事なれ共、連歌はとりかへて用ふる子細もなし。次に御目をうかがひて賦といふ字を書く。発句出でて後、賦物を当座の堪能などに商量して、次第に書くべし。一会紙先づ発句より執筆書きて読み上げて後詠吟すべし。嫌物よくよく覚えて申すべき也。作者名字、所によりて能々分別すべきなり。内裏・仙洞・執柄家にては、公卿は官、殿上人は名朝臣、五位は名ばかり、六位は姓名なり。そのほか、次々会さだまれる式あるべからず。

ここに記されている作法は、多くが歌会などでの作法を受け継いだものと思われるが、賦物のことなど連歌固有のものも見える。また、「嫌物よくよく覚えて申すべき也」の記事は注目しなければならない。『明月記』の記事と相違して執筆の役目として「嫌物」の点検が重要視されているからである。救済、良基による式目の整理、統一と、式目重視と深く関わる執筆作法の充実は絡み合う事項に違いないのであろう。良基の時代が執筆作法の形成期と推察した由縁の一つがここにある。

ただし、当時の執筆作法は式目に比べ、その厳密さにおいてはそれほどのものでなかったようである。『筑波問答』からの引用の初めに「さしたる作法は侍らねども」、末尾に、「さだまれる式あるべからず」などとあることは、これまでは事細かな作法はなかった、もしくはいまだ一定の作法として確立してはおらず、流動的であったらしいことを示している。
その後、この良基の執筆作法は梵灯庵に受け継がれる。『長短抄』には、次のように記されている。まず、前半を挙げる。

一、執筆作法有之　大方ヲ注也、会衆座、定アリ、先執筆円座之辺ニ蹲、貴人ノ御目ニ随而円座ニ付、硯ノ蓋ヲアケテ紙ヲ折テ文台ニ置キ、墨ヲ三スリ五スリスルベシ、長々トスル事ワロシ、筆ヲ一管取テミテ墨ニ染テ筆ノ束《ツカ》ヲ筆台ニカケテ可置、賦ノ字ヲ書キ、左ノ膝ヲ立テ常ニ主人ノ方ヲミテ発句ヲ可待、何方ヨリモ発句イヅレバ請取テ、賦物ヲ当座之堪能ニ相尋テ可書、句ヲバ請取テ云アゲテ書テ又指声ニ読ミアゲテ作者ヲ書也、主人、宿老ノ御意ニヨリテ執筆ハ安座スベシ、

ここまでは、細部にそれぞれ粗細はあるものの、『筑波問答』とほぼ同じである。次に挙げる続く部分は『筑波問答』に見えない事柄である。

賦ヲ書テ後ハ墨ヲ如何程モスリテ可書也、折残シノ紙ヲバ硯ノ蓋ノ上ニ可置、執筆句ヲ付ルトキハ、筆ヲ置テ両方ノ手ヲ懐紙ニチト懸ケテ、主人宗匠ノ方ヲ見ヤリテ句ヲ可出、句定ヌレバ筆ヲ取テ可書也、サレバ筆ヲ置時ハ執筆句アリト見テ外ヨリ付事可斟酌物也、執筆、只筆ヲ不可有打置事、貴人客人児ナドノ句ノ嫌物ハチト心アルベシ、雖然貴人ノ御句指合ヲ多クカケバ却リテ尾籠事也、懐紙ハ散ル事モアレバ外見不可然、面白御句又ハ句遠ナル所ニテハ少ノ嫌物ヲバ許スベキナリ歟、春夏秋冬恋述懐ナドハ少モ許スベカラズ也、引返、懐紙移リヲバ時ノ儀ニヨリ人ニヨリテ不可嫌、執筆ニヨリテ連歌ハ浮キ沈ム事アリ、夜連歌ナドノ時又物忩ノ座敷ニテハ時々一ムスビ詠ジアゲベシ、執筆ノ心バエハ面白キ句出来テ人々感ゼラルヽヲ、ヤガテ付事アルベカラズ、四五返モ詠

ワタシテチト翫テ可付、ヤガテ付事比興之至也、又滞ル事モアルベカラズ、執筆ノ身持ノ事、座ニスグニ居テ、目ヲバ方々ヘヤリテ、心ヲバ懐紙ニ可置、目ヲ懐紙ニ置テ心ヲ十方ニ散セバ句ノ出ルヲ速聞也、句イデヽ後懐紙ヲ繰返見テ、指合ヲ云事努々アルマジキ也、五句七句嫌物ヲ能々可覚、此クダリ在口伝、

ここに記されていることの主たることは、執筆としての具体的な所作というよりは、精神的な心構えといったことであるが、「貴人客人児」の句に対する対処などは注目すべきことである。これも歌会などでの扱いに準じているのであろうが、一方で良基らの式目制定があり、それに伴ってその式目の監視役としての執筆の役目が大きくなっていったと思われるにもかかわらず、一方では式目遵守に反する扱いが、作法として注意されているからである。連歌が文芸としての面からだけ見ていくことの危険がここにも見られる。

末尾に「在口伝」とあることは、所作、立ち居振る舞いに関する細かな作法は省いたということであろうが、もしかすると、そのようなものははじめからなかったことを示しているのかも知れない。

この『長短抄』とほぼ同時期の成立と考えられている『千金莫伝抄』にも前述したように執筆作法が記されているが、同じような内容を持つものである。ここにも『長短抄』で述べた「貴人」「児」「女」の句に対する処理が記されている。これらを見ると、前引の井上氏の歌会での作法に関する論に説かれているように、連歌会でも貴顕を交えた折の身の処し方といったものが作法を必要とした重要な要件であったことは間違いないとは言えよう。

この時代の次、梵灯庵の教えを受けた宗砌の『初心求詠集』[37]にも簡単な記述がある。次のものである。

一、執筆の事、上座にゐて末座にむかひ候事、是常の儀也。又、座の中にゐて上座にむかふやうも侍り。此時は円座を敷くといふ儀もあり。竹薗・仙洞以下摂政・大臣家にて執筆仰かうぶりたらん時は、文台を左の傍におしのけて、或は扇或は硯の蓋などに懐紙を置くべし。但、「御式体あらば文台に置け」と灯庵主申されし也。

此外の故実、是を注《しるす》にいとまあらず。

末尾にあるごとく、詳細は省かれているが、着座の作法が述べられていることはいままでのものになかったことである。連歌師が多くの貴人の会に加わることが増え、それに伴って連歌師も身の処し方を考えねばならなかった時代になったということであろうか。先の『長短抄』なども同様であったが、もはや、宗砌の『古今連談集』に記録されたような、善阿が某院に戯れかかったなどという傍若無人さ、さらには良基と救済らの交流などは思いもよらない時代の到来といってよいのかも知れない。

8　執筆作法書の多様性

その後、連歌は足利将軍家の公的な行事の一つにもなり、北野連歌会所奉行などという公的な立場も生まれ、内裏を始め、公家・門跡の間でも頻繁に行われるようになった。執筆作法が繁雑になり、それと共に人々の関心を引くようになったのは、その時代と考えるべきなのかも知れない。

その時代以降、中世末期までの代表的な執筆作法書を挙げれば次のようなものがある。

①兼良『連歌執筆作法』(38)（一四六二）
②宗祇『吾妻問答』(39)（一四六七）
③心敬『私用抄』（一四七一）
④宗祇『宗祇執筆次第』(40)（一四八八）
⑤伝宗祇『執筆の事（仮）』(41)（一五〇〇）
⑥三条西実隆『篠目』(42)（一五〇二）

⑦『用心抄』[43]（一五一〇以前）
⑧『連歌執筆次第』[44]（慶長以前〈一五九六〜一六一五〉）
⑨応其『無言抄』（一五九七）

これらはその関心のあり所、粗細などさまざまであるが、統合すれば次の箇条書きのようなことに関しての作法が記されている。

1　着座作法
2　連歌開始前の準備（文台捌き）
3　発句・賦物受理、筆録
4　各句の受理、筆録
5　遅刻者・中座者への対応
6　休憩・食事の取り方
7　終了後の処理
8　退座

執筆作法書の具体的な比較検討、伝授関係などは後考に任せたいが、中世における執筆作法の記述は、細部がまちまちであり、異なる場合もあることは注意すべきことである。それはそれぞれの門流ごとに口伝として伝えられたためであろうか。式目の統一と相違して、こちらの相違が問題視されなかったのは、式目ほどに作法というものは固定的なものと意識されていなかったからかも知れない。門流ごとの独自的立場、団結、優位の誇示などを表明するには、パフォーマンスとしての作法によるのがもっとも分かりやすく、やりやすく、効果的であったのであろう。それは茶道などのあり方と類似していると言える。中世芸道全般の発展の一例が連歌会席にも窺われるとすれば、我々はその総合的な探求に取り掛からねばならない。

注

(1)『三冊子』(日本古典文学大系『連歌論集　俳論集』)
(2)「花の下の連歌」では興行権と絡めて、芸能の「座」に近いものがあったか。
(3)拙稿『永享五年北野社一日一万句連歌』考」(「連歌俳諧研究」92・平成九年三月)参照。以下拙稿は『連歌史試論』(新典社・平成一六年一〇月)所収。
(4)勢田勝郭「大和国在地武士の動向と染田天神連歌」(「中世文学」41・平成八年六月)、山内洋一郎『染田天神連歌研究と資料』(和泉書院・平成一三年二月)など参照。
(5)「二条殿『蔵春閣』と良基の連歌」(「青山学院大学文学部紀要」36・一九九五年一月)、「良基における発句の当座性―眺望又花亭を尋ぬべし―」(「青山語文」25・一九九五年三月)、「連歌張行の建物・部屋」(「文学」3―5・二〇〇二年九、一〇月合併号)、『猿の草子』私見―『連歌会席図』のことなど―」(「青山語文」33・二〇〇三年三月)など。
(6)第19回国民文化祭行橋市連歌企画委員会編『よみがえる連歌　昭和の連歌シンポジウム』(海鳥社・二〇〇三年一〇月)
(7)春秋庵・昭和七年三月
(8)「獅子吼」57―10・昭和四八年一一月
(9)「国文学」31―4・昭和六一年四月
(10)「獅子吼」20・大正一三年六月
(11)オートスライドプロダクション・昭和五一年一〇月
(12)『八戸の俳諧』(八戸俳諧倶楽部・昭和五六年五月)
(13)連歌会席の様相を解説したものとしては、山田孝雄『連歌概説』(岩波書店・昭和一二年四月)、伊地知鉄男『連歌の世界』(吉川弘文館・昭和四二年七月)第一7「連歌張行と会席の故実(付　執筆次第)」、乾裕幸・白石悌三『新版　連句への招待』(和泉書院・一九八九年六月)、金子金治郎『連歌総論』(桜楓社・昭和六二年九月)Ⅱ「連歌の会席と運営」などがある。この内では伊地知氏の解説がもっとも詳しい。

(14)「定家著『和歌書様』『和歌会次第』について―付、本文翻刻―」(「跡見学園女子大学紀要」21・一九八八年三月)

(15)『中世歌壇史の研究　室町後期〔改訂新版〕』(明治書院・平成三年三月)

(16)中世の文学『連歌論集四』

(17)日本古典全集『無言抄　匠材集』

(18)「佐渡の連歌俳諧資料展」(両津市博物館二〇〇三年一〇月五日～一一月二四日「秋の特別展」)記載「連歌作法書(仮)」。ただし、現在、土屋家蔵の諸書からは執筆作法書は見出せない。

(19)金子金治郎『連歌総論』(注(13))

(20)鶴崎裕雄「上野国国人領主岩村尚純の連歌とその資料」(「帝塚山学院短期大学研究年報」28・昭和五五年一二月)

(21)宮内庁書陵部蔵『連歌作者名寄』付載。「本式並古式」(古典文庫『芭蕉伝書集一』所収)に伝芭蕉として書陵部本に追加分のあるものを引く。

(22)『連歌の史的研究　全』(有精堂・昭和四四年一一月)

(23)『跡云草』所収。福井文庫『連歌哥式目』中に写し。

(24)和中文庫蔵『連歌執筆式』(国文学研究資料館蔵マイクロフィルムによる)所収。

(25)新日本古典文学大系『袋草紙』

(26)「日本歌学大系」別3

(27)「序説」注(22)参照。

(28)日本古典文学全集『連歌論集　能楽論集　俳論集』

(29)島津忠夫『連歌史の研究』(角川書店・昭和四四年三月)

(30)岩波文庫『連歌論集上』

（31）中世の文学『連歌論集三』
（32）「群書類従」16。『竹園抄』「和歌講作法」（「日本歌学大系」3）にも「執筆の座不ㇾ定也」の記述があるが、どのような役目を果したか不明である。
（33）国書刊行会
（34）「真福寺善本叢刊12〈第一期〉」（臨川書店・二〇〇〇年九月）
（35）『中右記』（増補史料大成）嘉保二年（一〇九五）十一月二十九日の条に、「倭漢」聯句での執筆、『山根記』（増補史料大成）治承三年（一一七九）十月十八日の条に、「聯句」での執筆の記事があり、聯句の方が先行していたことは確かであろう。
（36）日本古典文学大系『連歌論集　俳論集』
（37）注（30）
（38）金子金治郎『連歌総論』（注（13））
（39）注（36）
（40）『仮名仕近道之事』（夢老編・明暦三年刊）所収。国会図書館・不忍叢書「宗祇執筆記」、慶應義塾図書館蔵「宗祇執筆之次第」（表紙「連歌執筆次第」）は同じ書。
（41）和中文庫蔵『連歌執筆式』所収。国文学研究資料館蔵マイクロフィルムによる。
（42）注（16）
（43）注（37）
（44）「続群書類従」17下

補

本稿で言及した連歌会席作法書のうち、『筑波問答』『長短抄』『千金莫伝抄』『連歌執筆作法』『会席二十五禁』『連歌会席式』『宗祇執筆次第』『用心抄』『連歌執筆之次第』は、廣木一人・松本麻子・山本啓介『文芸会席作法書集』（風間書房・二〇〇八年一〇月）に収録した。

二　連歌会席・俳席における行儀

1　はじめに

『会席二十五禁』(1)という掟書がある。長享二年（一四八八）八月という日付を持つもので、一般に連歌史上の第一人者、宗祇作（宗伊か）と伝えられてきた。繁雑ではあるが、行を連ね、私に番号を振って挙げておきたい。

1　難句の事／2　禁句の事／3　高雑談の事／4　高吟の事／5　遅参の事／6　大食大酒の事（殊更為ルニ二老体一不ル二似合一歟）／7　連歌低く出して、執筆に問はるゝ事／8　座敷繁く立つ事／9　為ルニ二末座一雪月花好む事／10　人の句を出す時、隣座の人にそそめく事／11　一節有る句を上手案ずる時、初心として付くる事／12　亭主として会席急ぎ候ふ事／13　人の句を出す時、音曲などのやうに、声作りし出合もてなして、礼の間に我が句を作る事／14　座敷景気を催す事／15　礼の事（殊ニ出家不ル二似合一ハ歟、諸事礼は二度計歟）／16　扇開き使ふ事／17　其主に不ル二似合一ハ句の事／18　無用の食物度々出す事／19　執筆を越して指合を繰る事／20　人の句の指合を繰りて、我が句を求むる事／21　よくもなき連歌繁く直す事／22　我が句に人の付けぬに座敷立つ事／23　我が句を我と

吟ずる事／24　句を出しかけて末を直す事／25　あくび眠等の事

後世の俳席では「諸礼停止／出合遠近／一句一直」の三箇条の掟書（「小語低声／月花一句」を加えて五箇条とすることもある）を壁に張るが、『会席二十五禁』も壁書として各地の連歌会所に掲げられていた可能性がある。恐らくは、室町中期に種々の連歌会席で、時に応じて注意されてきた事柄が、長享の頃まとめられたのであろう。

成立事情は不明な点が多いが、この『会席二十五禁』は宗祇に仮託されて、広く流布した。慶長八年（一六〇三）頃に刊行され、俳諧作法書にも大きな影響を与えた応其著『無言抄』(2)の「会席作法之事」中でも、「古人の書きおかれし中に」として、『会席二十五禁』をほぼ引用している。現存する写本も多い。

「俳席掟書三箇条」(3)が大津・唯泉寺に伝芭蕉真筆として伝わるなど、芭蕉に関わらせて掲げられたのと同様、『会席二十五禁』は宗祇の名のもとに重視されてきたと見てよい。

このような点では『会席二十五禁』と「俳席掟書三箇条」は近似した存在と言えるが、内容は相違する。「俳席掟書三箇条」が極めて限定的なことを四字成語の形で示すのに対して、『会席二十五禁』の方は多岐に渡る。ほぼ重なるのは「15　礼の事」に対して「諸礼停止」くらいである。ただ、この相違は連歌と俳諧との差ということではなく、項目の数や、何を象徴的なものとするか、もしくは偶然に類する面が大きいと思われる。

「俳席掟書三箇条」の中にないことで興味深いことは、『会席二十五禁』中には、連歌（俳諧）に直接関わらないことが多く記されていることである。例えば、「3　高雑談の事」「5　遅参の事」「6　大食大酒の事」「8　座敷繁く立つ事」「12　亭主として会席急ぎ候ふ事」「14　座敷景気を催す事」「15　礼の事」「16　扇開き使ふ事」「18　無用の食物度々出す事」などである。

実はこの掟書には結びに「右条々不《ル》レ可《カラ》レ限《ル》二連席《ニ》一歟」と書かれている。つまり、「連歌会席」の禁止事項は連歌に直接関係した禁止事項だけではなく、一般の会席ということに関しての禁止事項も含むわけである。絮柳軒編『俳遷遺墨』（万延元年〈一八六〇〉刊）に芭蕉真跡の模刻として掲げてある「俳席掟書三箇条」には末尾に「又曰く、飩食・飩茶あるにまかせよ。酒乱に及ぶ事なかれ」という項目が追加されている。これを信ずれば、芭蕉は「俳席掟書三箇条」の外に、このようなことも気になったということで、『会席二十五禁』の懸念に類似してくる。俳席も「会席」である点で連歌と同じであることを如実に示していると言えよう。

このような会席ゆえの注意は、多くの連歌・俳諧作法書に記されている。この事実は連歌・俳諧という文芸を考える上で忘れてはならないことだと思う。常に言われることであるが、連歌・俳諧は「座の文芸」「会席の文芸」であり、そのことを実際の運営に則して認識していたことが分かるからである。以下、幾つかの項目に分けながら、このような会席での留意事項がどのように連歌・俳諧作法書に見られるかを追って行きたい。

そのためには前提として、連歌・俳諧の会席の運営がどのようになされたかを追って行く必要があるが、その正確な把握は非常にむずかしい。理由は、時代によってかなり相違する、ということ、また、同時代でも会派（流儀）によって違うこと、さらには、書き残されたものには省略が多く、すべての成り行きを摑むことができないこと、などである。したがって、会の有り様の差違にあまりこだわらず、一般的なものを想定して話を進めることとしたい。ただ、これらの相違が連歌と俳諧（特に正式俳諧）間同士で生ずることは少ないということは認識しておくべきで、それは連歌と俳諧が文芸の形式としては同じであることを示している。本稿では両者をほとんど区別しないで、あれこれに言い及ぶことが多いが、それはそのような認識に立ってのことである。

2　案内状

連歌・俳諧は主催者たる者の連歌（俳諧）会開催の意志を参加者に伝えることから始まる。その意志の伝達手段は、現代ではさまざま考えられるものの、今でもどのような会であれ、正式には文書にした案内状の送付であろう。昔も貴顕が家臣らに伝える時、または気の置けない者同士の場合、さらには月次会のような定例の会などでは口頭でなされることもあったが、正式さが増すほど書状によったと思われる。

この案内状の実際は「実隆公記紙背文書」に和歌聯句会などの例が多く見られるが、ここでは、一般的なものとして、俳諧作法書『執筆巻』[4]中『執筆一通の仕様』中の「書様」を挙げておく。次のようなものである。

来ル何日於何亭一会興行申候朝食後とか
より御出席所希候何々ノ剋ト
尤一順早々御廻御再篇迄御付可被下候以上
月日　　　　　　　　　　　亭主名誰
　連中誰々雅丈など書へし

ここには「一順」「再篇」を廻すことについても書かれているので、それを除いて、仮に本書著者の廣木一人が亭主で、柿本人麻呂へのものとし、模倣すれば次のようになる。

来る十五日、於廣木亭、一会興行申し候。
朝食後より御出席希ふ所に候。七時。
五月十二日　　　　　　廣木一人

現在の結婚披露宴の案内状などに較べれば少し簡略であるが、必要は満たしているとは言える。『白馬会筵式』[5]には、

柿本人麻呂丈

惣連中へは書状にても申し入るべし。亦、大会にて連衆多き時は、奉行より廻文にて触れ渡すべし。尤も、宗匠へは前礼後礼あるべき也。

とあって、これには、「大会」つまり参加者の多い大きな会の場合はともかく、一般には書状をもって知らせるようにと記されている。この書の末尾の一文は宗匠への挨拶のことである。宗匠は特別であるから、亭主が直接、会の前後に挨拶に行くようにというのである。宗匠に関しては、中世の連歌でも、『肖柏伝書』[6]に、

連歌興行のことは、その所に宗匠の方へ、五日以前に案内申すとかや。

とある。宗匠には相談事もあり、また、出席を断られると連歌会そのものが催せなくなるので、特別鄭重に、しかも他の連衆よりも早く連絡しなければならなかった。連衆へはどうかと言うと、同書には「一両日前に案内候へば」とある。現在からすると、あまりにも連絡が遅すぎる感じがするが、もともと連歌愛好者への連絡であるから、これでよかったのだろうか。元禄期の俳諧の様子を描いた轍士著『花見車』[7]には、一順を廻すことを前提としてのものであるが、

いにしへは連衆一会興行せんと思へば、十日も前より一順を廻し、

と記され、これなら納得できるかも知れない。

3　座敷の準備

亭主は宗匠らへの依頼も勿論だが、会場の準備もしなければならなかった。連歌（俳諧）会にふさわしい座敷を用意し、その座敷の押板（後には床の間）には掛け軸を掛けるなどもしなければならなかった。このような座敷のしつらいは「座敷飾り」と呼ばれるが、連歌会も会席である以上、この座敷飾りが必要であったのである。

連歌会において、どのような座敷飾りがなされたかの具体的な記録はほとんど残されておらず、不明な点も多いが、室町中期の連歌作法書『五十七ヶ条』(8)には、

座の様執るべし、とは花を立て、香を焚き、綺麗にせよ、との事

とあり、また、天神名号（「南無天満大自在天神」など）が掛けられたことは、十五世紀前半の『看聞日記』にたびたび見える。天神名号だけでなく、天神画像、その他の絵像なども掛けられたことは、天文十一年（一五四二）成の『当風連歌秘事』(9)に、

天神名号と絵像とは、会席によりて何を掛くべきぞや。如何。答へて云ふ。御会によりて名号・絵像、相替ふべし。また、他社の法楽にはその神を掛け、名号なるべし。勿論、夢想・法楽には絵像の神を掛くべし。月次・初心講にはもつとも名号しかるべし。または、渡唐天神などは月次には用ゆべし。夢想・法楽にはゆめゆめ掛くべからず。

などと記されている。

これらのことを重ね合わせれば、連歌会では、押板飾りを中心とした座敷飾り、つまり、原則的には天神名号などの掛け軸を掛け、その前に三具足として、中央に香炉・左右に花瓶と燭台を置く、ということがなされたことが推定

できる。天神名号や天神絵像は特殊であるが、押板に掛け軸を掛け、三具足を飾るという座敷飾りは、当時の一般の会席のあり方と共通するものである。

足利将軍家の座敷飾りを担った、三阿弥家（能阿弥・芸阿弥・相阿弥）は座敷飾りの模範を示す『君台観左右帳記』を書き残したが、能阿弥は宗祇の選んだ連歌七賢の一人であり、将軍家の連歌宗匠でもあった。このことからも、連歌会での座敷飾りは当然の所為であったと思われる。

連歌はこのように飾られた座敷で張行された。猪苗代兼載はその様子を、『若草記』[10]（明応六年〈一四九七〉以前成）の中で印象深く語っている。

一座の刻限兼ねて定まりなば、その折を過さず進み寄りて、座列すべし。名香の匂ひ空薫物など、心にくく燻り出でたるに、発句よきほどに読進し、静まり果てたる、殊勝なり。

この座敷飾りは近世の俳諧になっても、受け継がれた。俳席において、和歌三神や芭蕉像などを床の間に掛け、花瓶を置き、香を備えることは周知のことであろう。近世俳諧で重要な儀式となった「匂いの花」の所為も、座敷飾りの影響化にあると言ってもよいと思われる。

そもそも、座敷・押板（床の間）・違棚・付書院など、さらに、それに伴う立花・香・茶など、つまり現代まで引き継がれる日本座敷での会席に必須のものは、連歌の最盛期に成立したのである。それらを連歌が領導したとまでは言えないが、会席の文芸である連歌と共に、それらが発展していったことは確かなことであった。

4　身だしなみ

亭主が会場の準備に勤めねばならないのに対して、招待された連衆の方は、連歌（俳諧）会の当日、身だしなみを整えて、遅刻しないように会場に赴かねばならない。『会席二十五禁』のように整理されてはいないが、室町中期に書かれた連歌会席の掟書に、『連歌会席式』[11]というものがある。新田氏の一族の岩松尚純が仲間の関東武士の連歌会での態度に業を煮やして書いたもので、掟書ながら連歌会の実態を垣間見せてくれて面白いものである。版本『連歌世々之指南』（元禄七年〈一六九四〉刊）に収録されるなどこれも広く流布した。写本も多い。この書の初めには次のように書かれている。

連歌の会席に出づべきには、前日、まづ、公私のことを弁じ、次に身を清め、姿をつくろひて、明日の会席の体、人の甲乙をはかり、

会席に出席するにはそれなりの身だしなみに気をつけよ、というのである。「人の甲乙をはかり」とはどのような立場の人が出席するか見極めよ、ということである。服装は勿論、出席者が誰なのかをあらかじめ確認しておくことは、どのような会席でも失礼がないためには必須のことである。処世術ではあるが、連歌も俳諧も「会席」と切り離せないものである限り、処世術が必要であったのは言うまでもない。例えば、連歌（俳諧）の作句ということで言っても、貴顕などの出鼻を挫くような出句をしてはいけないのであった。

服装のことに関しては、松永貞徳に関する興味探い逸話が残されている。俳諧作法書『本式並古式』[12]（宝暦九年〈一七五九〉刊）に伝えられたものである。ある時の「本式俳諧」に老俳諧師、良徳が大時代の姿で現れたのを、皆が笑った時、どうして笑うのかと貞徳（長頭丸）は皆をたしなめ、感涙を流したというものである。皆が笑ったという後ろから引用しておく。

この時に貞徳翁は、はや目見えずして居られけり。「何事にか笑ふや」と問はれければ、連衆の中より、「されば鶏冠井の老人、大紋を着、烏帽子を着て参られけり。異様なり」と言ふ。長頭丸、涙を流し、「まことに故実捨

たれたり。本式の連俳ともに、予が若き時は、皆々そのごとく式服を着して席に臨みたり。しかれば、今、連衆の服は何をか着給へる、いぶかし」と言はれけり。

鶏冠井は良徳、長頭丸は貞徳である。勿論、常に厳めしい服装をせよ、ということではなく、分相応に心がけなければならないことも、種々の作法書で述べられているが、「本式」とされたならば、それに臨む気構え、敬意といったものを服装ででも表すべきであった。貞徳の感涙は、身だしなみが会そのものの尊重を示すことであった、という認識に対する同感からのものであったのであろう。

5　遅刻早退

遅刻のいましめは種々の作法書に見えるが、『会席二十五禁』にも「5　遅参の事」とある。遅刻はどのような会でも失礼であるのは当然のことであるが、連歌の場合は礼儀のことだけでなく、前にいかなる句が作られてきたかを知らなければ、指合（式目違反）のこともあって、実際上も支障を来した。前掲の『若草記』ではこの辺りの事情を次のように述べている。

刻限の定めにも関はらず、心々に遅れ来るほどに、そのたびごとに発句よ、一順よ、と読み上げ読み上げぬれば、もの騒がしく耳かしがまし。

このようなことをやっていれば大変なので、遅刻者に対しては、打越と前句のみを読み聞かせるのが一般であったが、それでも、座の雰囲気が壊れるのは避けがたかったであろう。

早退も連衆の興を削ぐことで、『若草記』には、

一座の半ばに人の来るのも悪し。初めよりあるが去《ゐ》にたるも障りとなるさまなり。

と述べている。連歌・俳諧の会席に限らず、どのような集まりでも同じことである。ただし、兼載はこれに次のようなことを付け加えている。

しかあれど、世に仕へて暇《いとま》なき人、また、老屈の人、病《いたづ》く輩などは咎なかるべし。

「老屈の人」は年老い、腰の曲がっている人、ということである。会席が心地よく運営されるためには、多くの気遣いが必要で、それは連歌（俳諧）の席であっても同様であったのである。

6　連歌会の時間

早退のことを述べたことに関わって、連歌会の時間のことをここで確認しておきたい。短時間なら、早退などあまり起こらなかったであろうからである。連歌会がいつ頃始め、どのくらいの時間を要したかはさまざまであったが、このことに関わって連歌作法書などにいくつかの証言がある。それらから標準的な時間を推察しておきたい。

最初に挙げるのは心敬の『ささめごと』(13)（寛正五年〈一四六四〉）の記述である。ここで心敬は、朝始めて昼過ぎ、遅くとも午後二時頃には解散してしまう会があるが、これでよいかという質問に対して、

二条の太閤さまなどのやむごとなき御一座は、毎々、朝より深更に及び侍りしとなり。それればかりこそ侍らずとも、朝天より日晡に至らざらぬ一座は、心にくくも侍らず。

と、まず二条良基らの例を挙げ、そこまで時間を掛けなくとも、日暮れくらいまでは時間を取るべきであると答えている。前掲の『連歌会席式』には、

会席は遅くとも日出づる頃より始めて、黄昏《たそかれ》過ぐるほどに果つるやうにあるべし。田舎辺《ほと》りには朝には何となきことさへづりをりて、日闌けて始め、暮れぬ先に罷り帰りて、など急ぐほどに、いかなる賢き人もよきことせら

れ侍らんや。

と、朝早く始めて、夕刻過ぎまで行うように、と注意している。

ここに見えるような時間帯が連歌百韻の会の通例であったのであろう。夜明けは当時の時刻制度では明け六ツであり、暮れは暮れ六つである。両者とも現在の時刻でほぼ六時に該当する。平均的には十二時間ということとなる。これが最長で、これよりは短くと言っても午後二時では早い、ということである。

十五世紀前半の貞成親王家の月次連歌会を多く記録した『看聞日記』によると、その連歌会は六、七時間程度であり、開始時間も少し遅めである。先ほどの例に較べ、時間が短いが、月次ということであったこと、途中で食事休憩などを取った形跡がなく、連歌以外の要素を極力省略していたためだと考えられる。

このような内々の会はともかく、一般の連歌会や正式俳諧では、心敬らが述べているように明け方から行うのが普通だったと思われ、千句の場合ではあるものの、伝芭蕉の『誹諧之秘記』[14]にも、「朝明六ツ粥を食ひ申し候ふ」と会席の始めの時刻を記している。因みに、ここでは「粥」を食することから俳席が開始することになっているが、明け六ツに時刻を定めた時は、朝粥を供するのが習いであった。先に案内状の例に引用した『執筆一通の仕様』には「朝食後とか」とあったが、「朝食後」とした場合は各連衆は自宅で朝食を取ってから、ということで、幾分、時間を遅らせたと思われる。連歌作法書『執筆之覚悟』[15]（近世初成か）には、

粥あれば粥過ぎて始むるなり。食なれば飯已前に連歌始むるなり。

とある。

それはともかく、近世末期の俳諧作法書であるが『会席正儀伝』[16]にも、「会頭之部」に「会刻限六つと定むべき事」とあるなど、同書各部に同一の記述が見える。

どうやら「明け六ツ」という時刻は、『ささめごと』などの記述も考え合わせて、中世以来、一般的な連歌会の開始時刻と見なしてよいと思われる。このような時刻から昼を挟んで、十時間ほどにも及ぶ会が連歌や俳諧の会であったのであり、このことにより、人間としてのさまざまな生理的な欲求とでもいうべきものが出て来たことは必然であった。先述した「遅刻早退」もこの長時間ということが要因の一つとなったとも考えられる。

7　中座

十時間にも及ぶ会席となれば、さまざまな理由で中座せざるを得ない。小用もあろうし、気晴らしということも必要であったかも知れない。連歌（俳諧）の会席作法書にそのことが触れられるのは当然のことであった。まず、述べられていることは、頻繁に席を立つな、ということである。『会席二十五禁』にも、「8　座敷繁く立つ事」が挙げられている。『連歌会席式』にも、「会席に於いて、再々、立つことあるべからず」と注意されている。ただ、同書で引き続き、

一度などは立ちて気をも伸べ、口なども漱ぎ侍らんは苦しかるまじきなり。

と付け加えているのは、長時間を考えれば当然というべきであろう。

小用のための中座に関しても、前掲の『会席正儀伝』「連衆之部」に、

用もなきに座を繁く立つ事たしなむべし。咄・欠伸・居眠りなどあるまじく、大小便に立つは、一座に一礼し立つなり。

と記されている。

同書にはこれに続けて、やむを得ず中座する時の注意が次のように述べられている。

それも我が句に人の句、付かざれば立つべからず。昔は三句付きて立ちしなり。

自分の句に誰かが付句を付けるまでは席を立ってはいけない、という注意は、多くの作法書にあることで、『会席二十五禁』でも「22　我が句に人の付けぬに座敷立つ事」が挙げられている。「昔は」云々のことに関しては、前掲の『五十七ヶ条』に、

座の立ち居とは、昔は我が句に三句付かざれば立つべからず、先哲示されしなり。せめて一句付きて立つべきこと、苦しからずや。

と、既に中世の連歌作法書に見える。付合は対話のごときものであるのであるから、言いっぱなしで相手の言葉を聞かないで席を立つことなどもってのほかのことであったのである。

もっとも、途中休憩ということもあったらしく、文政元年（一八一八）刊の俳諧作法書、鵲巣著『庵の夜話』[17]には、「会主心得の事」という項が立てられ、これには直接は宗匠に関わってであるが、

宗匠休息の間用意すべし。別間なくは屛風にて隔つべし。

とある。

8　食事

先述したように明け六ツに会を始めた場合は、会の初めに粥を供することが一般であったようで、『観式俳法』[18]に「会定日朝疾くかるなり。粥を出す」とあるなど、多くの作法書にその記述が見られる。しかし、これだけで長時間過ごすことは酷であって、会の途中に食事を出すのが普通であった。連歌（俳諧）の座敷に出されることも、席を移してのこともあったが、古くは連歌会の座敷でそのまま食したかと思われる。宗祇著と伝えられ、明暦三年（一六五

七）に『仮名仕近道之事』に収録されて刊行された、『宗祇執筆次第』[19]（奥書には長享二年〈一四八八〉とある）には、執筆に関してであるが、

食し候ふ時は大人しき人などは膳を持ち候ひて、罷り立ち候ふずるに、頻にと連衆中よりただと承り候へば、片膝を少し立て早々と食べ果て候ふずるが、見よく候ふ。さりながら慌てたるも又見苦しく候ふずるや。

とあり、これは他の連衆は座でそのまま食したことを前提にしての謂いであろう。前掲の『執筆之覚悟』にも、

食事の時は或いは末座、或いは次の座へ立ちて食するなり。文台の際にて用ゐる事なし。

と執筆への注意を記しており、これも『宗祇執筆次第』と同様の事情下でのことであると思われる。

会場で直接、食事を取る時のことに関しては、俳諧作法書『白砂人集』[20]中の「俳諧之秘訣相伝」に、床の間に掛けられている尊像に見えないように尊像の顔を扇で隠せ、と記されている。次のようである。

束帯の御影の時、会の半ばに食事出す時、扇を吊る事あり。床の上に小き釘を打ち、糸にて扇を吊り、御影の顔を隠す。多く夢想開きの時、此の法ありと言ふ。食事終へて又扇を取り、御影の前にて会を勤るなり。

このようなことが習いであったのかどうかは分からないが、連歌（俳諧）会の座敷でそのまま食事を取るのが元来であったかには思える。それがいつからか、食事は別室でということにもなった。『誹諧本式大略』[21]には「飯の時にならば、座を変へて出すなり」とある。

前掲『白馬会筵式』には食事のための「中立ち」についての次のような記述がある。

中立ちといふは、文台半ばにて勝手へ入り支度するなり。二の裏表のあたりにて其日の機嫌を見合ひて、あらかじめ宗匠の内意を伺ひ、奉行より取り持ちの人へ言ひ合はせ、勝手の用意調はば、奉行より宗匠へ伺ふべし。御勝手などあらば亭主も挨拶あるべし。

また、『俳諧本式伝』(22)には、

百韻、五十韻に満ち候ふ節、宗匠休息休息と二声云ふ。次に宗匠始め、連衆席を立ち、宗匠は宗匠の室へ入る。

とあり、百韻半ばで食事休憩を別室で取ることを述べ、さらに、

休息の時、先づ、客、礼服を取りくつろぎ、食酒心に任すべし。

と記されている。このようであるとよほどゆっくりと休息したことになる。この食事の折にどのようなものが出されたかについても、同書に宗匠へのものであるが、次のようにある。

休息の節、銘々盆、結び・煮染め・香物。銘々盆、肴色々、重箱、硯蓋、或いは鉢。

右の通り、宗匠の室へ出すべし。

ただし、あまり大仰な物になってはいけないということは、『会席二十五禁』に「6　大食大酒の事」とあったのをはじめ、前掲『庵の夜話』にも、

供応は一汁一菜を限りとして、酒は二献に過ぐべからず。

とあるなど、幾つかの作法書に見える。

また、『白馬会筵式』には、中立ちを行わない場合について、次のように記している。

満座の上の饗応にて中立ちなき時は、ここにて点心、又は時刻の見合ひにて湯漬けなども出す。尤も手間取らぬ御心得あるべし。

「ここにて」は一順の後とされている。「満座の上の饗応にて」とは百韻満尾した後に、改めて饗応、つまり宴会をすることになっている時は、という意である。会の途中に簡単な食事で済ます時は、会終了後に宴会があったことになる。

露柔軒由健著『都草』[23]（寛文五年〈一六六五〉刊）中の「連俳之会席式次第之条々」には、

連歌満じ侍らば、程なく酒を勧め、連衆長座の疲れ慰め侍るべき事、亭主の心得有るべき事なりとぞ。

ともある。今で言う「打ち上げ」であるが、このようなことも連歌・俳諧の会の楽しみの一つであったのであろう。

9　茶・菓子

前項で見てきたのは、時間を取っての食事のことであるが、亭主は連歌会席・俳席に茶・菓子を出すことも求められた。『会席二十五禁』でも、「18　無用の食物度々出す事」が戒められているということは、このような接待が過剰になる傾向があったからである。『執筆式』[24]には、

執筆たる人、文台に直りて後、慎むべき事。茶を飲むべからす。菓子喰ふべからす。大酒すべからす。

とあり、酒まで出された様子が見える。

前掲『執筆一通の仕様』には、一順が終わった後のこととして、次のようにあり、具体的にどのような食物が出されたかが分かる。

安座と申して、いづれもくつろぎ申す時、亭主より銘々菓子出だし可《レク》申《ス》候ふ。菓子に極まるゝなし。或いは、小椀砂糖・生姜砂糖・豆・小落雁の類、昆布なりと三文ほど取り混ぜ出だし可《レシ》申《ス》。執筆へも出だし可《レク》申《ス》候ふ。御歴々方へは台へ載せ、平人には常の辺にてよし。晴の会には菓子も吟味すべし。心安き会には煎り大豆・霰やうにてよし。節々の月次などにはいらざる事なり。亭主と定まりたる会の事なり。

月次会などではなく、改まった会の折、と断っているが、それは抑制しようとして言うことであろう。月次会でもある程度の接待は必要であったことは、狂言『連歌盗人』に、連歌の初心講のための頭に当たった者が、接待の品々

を用意することができず、やむを得ず盗みを働こうとする様子が描かれていることからも推察できる。

10　大食・大酒

これまで述べてきたような状況が連歌会（俳席）の実態であると、連歌（俳諧）の間中、飲み食いしていることになり、連歌が主か、飲食が主か、分からなくなるような場合も起こってきたことと思う。そもそも連歌はその成立当初は遊興の一つであり、賭物を伴ったものもあったのであるから、このような状況が現出しても不思議ではないとも言える。それが次第に文学性を志向するようになった時に、連衆の態度が目に余るようになったのである。

連歌大成者である二条良基はその最初の連歌論書『僻連抄』[25]の中で、

稠人・広座・大飲・荒言の席、ゆめゆめ張行すべからず。すべてその興なし。

と連歌会席の乱れに対する歯がゆさを吐露していた。因みに、「稠人」は大人数の意である。

しかし、良基がこのように警告しても、会席というものが持つ宴としての性格、遊興性といった本性をすべて脱ぎ捨てることは不可能なことであったのである。時としてそのことが文学の営為を押し除けて現れた。それがために、『会席二十五禁』でも、「3　高雑談の事」を注意しなければならなかったし、飲食のことでは、「6　大食大酒の事」の禁止も訴えなければならなかったのである。

前掲の『連歌会席式』では、実際の会席での見聞に則して、

あくまで、食し、面、紅に酔ひなし、固き物噛み鳴らし、飲むことを竜のごとくする事、いとあさまし。すべて菓子などをむさぼり散らしたる見苦し。

と、連歌そっちのけで、飲み食いをする連衆を戒めている。前掲『花見車』にも元禄期の俳席の様子が次のように描

かれている。

やうやうに料理を出し、一順詠むまでもなく、先づ、盃をとりどりに廻し、我が句前にてなければ、大きなる声を荒らげ、嵐三右衛門は惜しいことをしました、中村七三は上らぬか、と我がちに言ひあへ、はては大酒になりて、懐紙がどこにあるやら、点者に芸をさすやら、されど扇・鼻紙は紛れぬように取り廻し、帰りには暇乞ひさへせず。

嵐三石衛門・中村七三は当時の歌舞伎役者である。このような芸能人のうわさ話を言い合うのは、当時の俳席に限ったことではないであろう。

11　その他の礼儀

連歌会席・俳席で注意されたのは飲食のことばかりではない。『会席二十五禁』中にも、さまざまな会席ゆえの戒めが記されていることは先述したし、遅刻早退等のことは既に取り上げた。最後に『連歌会席式』からまさかと思いそうで、身近にありそうな態度を描いたものを三項目挙げておきたい。

○庭の水石、屏風障子の絵、さのみ見ることとすべからず。人の顔、さし付けて守らるるもうるさし。あたりの扇取りてかしがましく開き見る、いとやうなき事なり。

○ほがらかに扇を使い、鼻ことごとしくかみ、みだりに痰を吐き、胸広く開け、或いは腕まくり、脛剝《はぎむく》り、足の指動かし、面杖《つら》突き、ものに掛かり添ひ、髭うちひねり、扇回し、目鼻まさぐり、手遊《てずさ》みなどしたる、いとないがしろなり。

座敷や庭の様子をきょろきょろ見る者、他人の顔をじっと見る者、服装を乱し、手で何かをいじり廻す者、等々、文芸に関わっての注意として、このようなことが言われるということに注目すべきだと思う。連歌・俳諧が会席の文芸であるということの表れがここにあるのであり、だからこそ連歌・俳諧の会が楽しかったとも言えるからである。

本稿では、連歌・俳諧の会席における行儀作法の中から、文芸に直接関わらない、他の会席にも共通する事柄を取り上げた。勿論、連歌（俳諧）ならではの注意事項も多々ある。例えば出句がぶつかる「出合い」のこと、人の句の賞賛に関すること、等々で、冒頭に挙げた『会席二十五禁』にもそちらの方が多く見える。しかし、ここでは、それらにはあえてほとんど言及しなかった。連歌・俳諧が会席というものを抜きにしてはあり得ない文芸であり、それに伴う楽しみも礼儀作法もあったことを強調したいがためである。ただ、連歌特有のことに見えるものもそれを譬えを見れば、他の会席にも通用することだとは思う。

執筆に関わることもほとんど触れなかった。執筆は会席における司会進行役と言うべき存在で、多くの作法を心得ておく必要があった。「執筆作法」と特別に銘打って、古くから諸書に書き留められていることからもその重要性が分かる。しかし、執筆作法は連歌に直接関わる事柄が多い。連歌会・俳席の全般を知るためにはこの執筆作法を細かく見て行く必要があるが、それは別の機会に譲りたい。ここでは、執筆に関わることとして、一例だけ前項までの事柄に類似する戒めを挙げておくことにする。何度か引いた『執筆一通の仕様』のものである。

> 菓子出でても喰はず。席立たぬものなり。湯水不レ飲マ、小便に立たず、料理出る時、連衆より早く喰ひしまひ、
> 手洗ひし、文台に向かひ、前句吟ずべし。

これを見ても、執筆には他の連衆以上に、過酷とも言える立ち居振る舞いが要求されたことが分かろう。どのような会であっても、進行役たる者として致し方ないとも言える。

以上、飲食などを中心に文芸とは関係のないことばかり見てきたが、このような面をわざわざ取り上げたのは、文

芸とは本来どのようなものであったのかを考え直してみたいからである。人々の営みの一つとして、居心地のよい座敷、もてなし、人々との語らい、など、生活の楽しみの中から生成するものは文芸ではなかったのか、という問題提起をしたいと考えているからである。自己の中に沈潜して、自己を見つめ、苦悩しながら紡ぎ出し、また、自己の精神と共振させながら享受することのみが文芸の本来の姿であるとは思えないのである。

文芸の楽しむことの再生、文芸を孤立させずに他の文化・生活と共存するものとして捉え直すこと。茶や菓子、適度な馳走などが会席を和やかにし、そのような場が人の心を通い合わせ、人々の共感の中から作品が立ち上がったこと。芭蕉らの数々の俳諧（歌仙）を見れば分かることであるが、それだからこそ人間の奥深い精神を表現できたこと。その意義を再認識したいと思うのである。

注

（1）金子金治郎『連歌総論』（桜楓社・昭和六二年九月）。一部漢字を当てた箇所がある。また漢文の割書には返点、送仮名を付けた。
（2）「日本古典全集」
（3）古典俳文学大系『芭蕉集全』
（4）八戸市立図書館蔵。国文学研究資料館マイクロフィルムによる。
（5）家蔵
（6）中世の文学『連歌論集四』
（7）新日本古典文学大系『元禄俳諧集』
（8）注（6）

（9）注（6）
（10）注（6）
（11）鶴崎裕雄「上野国国人領主　岩松尚純の連歌とその資料」（『帝塚山学院短大研究年報』28・昭和五五年一二月）
（12）古典文庫『芭蕉伝書集一』
（13）日本古典文学大系『連歌論集　俳論集』
（14）注（12）
（15）和中文庫蔵『連歌執筆式』所収。国文学研究資料館マイクロフィルムによる。
（16）八戸市立図書館蔵。国文学研究資料館マイクロフィルムによる。
（17）鈴木勝忠『翻刻俳諧伝書集』（私家版・平成六年三月）
（18）家蔵
（19）国会図書館・不忍叢書「宗祇執筆記」、慶應義塾図書館蔵「宗祇執筆之次第」（表紙「連歌執筆次第」）は同じ書。
（20）古典文庫『芭蕉伝書集二』
（21）家蔵
（22）家蔵
（23）狩野文庫蔵。マイクロフィルムによる。
（24）和中文庫蔵『連歌執筆式』所収。国文学研究資料館マイクロフィルムによる。
（25）日本古典文学全集『連歌論集　能楽論集　俳論集』

三　連歌会席・俳席における執筆の立て膝

平成十四年（二〇〇二）六月二日に行われた「獅子門道統第四十世浄泉亭伊藤白雲宗匠立机式」の様子を撮影したビデオを見た。この立机式およびそれに伴う正式俳諧の様子については「獅子吼」86―8に詳しく解説されている。立机式ということで常より厳かなものであったと思うが、このような作法を見聞きしていると、中世以来の連歌・俳諧（連句）のあり方が髣髴と蘇ってくる気がする。

文学というものが、近代に入って「個」のもの、文学以外の要素を排除した「純」なものを上等とするようになって久しい。俳諧から生まれた俳句もその道を歩んだ。このような傾向は例えば、歌人、藤原俊成のことと伝える次のような記述にもかいま見える。

亡父卿は寒夜の冴え果てたるに、灯火かすかに背けて、白き浄衣の煤けたりしを上ばかりにうち掛けて、紐結びて、その上に衾を引き張りつつ、その衾の下に桐火桶を抱きて、肘をかの桶に掛けて、ただ独り閑疎寂寞として、床の上に噴きて詠み給ひけるなり。（『桐火桶』(1)）

ここには近代的な創作に類似した態度があるが、しかし、このような和歌でさえ、多くは和歌会などでの披露を前提として作られ、そのような場と共に存したことは疑いのないことであった。連歌についてはその性格から会席なくしては存立しえないものである。その流れを継いだ俳諧でもそれは同じことであった。

人々が集まればそこにおのずから礼儀が必要となる。その礼儀は同じ目的の会が繰り返し開かれるようになれば礼法・作法となる。それは現代でも結婚披露宴など同じである。中世に生まれた会席の典型は茶会であろうが、そこに煩雑とも言える作法があることは会席というものが何を伴うものなのかを示している。

作法が必要となれば、結婚披露宴司会の仕方、などというそれを解説した書が生まれる。茶道においても多くの作法書が作られ続けている。これは和歌でも連歌・俳諧でも同じことであった。

連歌において会席の作法書がいつ書かれるようになったかは不明であるが、纏まった連歌学書の初期のものである二条良基『筑波問答』[2]（一四五七年から七二年の間）には、「さしたる作法は侍らねども」としながらも、

先づ執筆の人進み寄りて、円座のほとりに脆きて、（略）硯を開きて、紙を取りて押し折りて、前に置きて、墨を磨る。

云々と簡略ながらその作法が記されている。恐らくは連歌が文芸として認められ普及するにつれて、その会席での作法も調ってきたと思われる。この点で言えば、連歌という文芸は会席の作法と相俟って発展してきたと言ってよい。

俳諧での会席作法は当然のことながら連歌のものを引き継いだ。例えば、香田正宣『執筆作法』[3]の奥書に、その内容が連歌宗匠の紹巴から貞徳へ、さらに芭蕉へと伝授されたものとあることなどはそれを示している。

そうは言っても百年二百年経てばそれも当然変わって行く。社会全体の状況の変化もあるし、他の会席や礼法からの影響も受ける。また、流儀によっての相違ということも起きる。式目のような俳諧そのものに深く関わる規定は変えにくくとも、会席作法は、他の流儀に対して独自性を主張する手立てとして有効なものであったと言える。

このことは現代に継続する美濃派内でも以哉派と再和派で幾分かの差違があったらしいことでも分かる。例えば、先述のビデオを見ていると執筆、大野鵠士氏は連衆の句が採用された折、それまで平座していたのを立て膝に変えて句を懐紙に認めていたが、この座し方について、各務虎雄氏の「支考と美濃派の伝統」(4)には、

以哉派の執筆は平座したまま文台に展べた懐紙に向かい、再和派は左膝を立てて懐紙を持つ。

と述べられている。

作法というものにも歴史があり、それに込められた思いがある。だからこそ作法を無駄なものとして軽視してはならないのであるが、この立て膝をめぐっても古くから注意されてきたことであった。そもそも立て膝は中世、安座(平座)に対する座し方として一般的なものであった。それは、能のワキ僧の座り方を見ても分かる。

作法の変遷の一例として、この立て膝に注目してみると、十四世紀末頃に書かれた梵灯庵の連歌学書『長短抄』(5)には、執筆は発句が出されるのを待つ時、「左の膝を立て常に主人の方を見」ているように、とあり、その後発句を受け取り、読み上げた後、「主人・宿老の御意によりて執筆は安座すべし」とする。これが伝宗祇『執筆の事(仮)』(6)(一五〇〇年成か)になると、「第三まで書きて安座すべし」となり、さらに後代には句を書く時、読み上げる時などには常に立て膝をするようになったらしい。

この立て膝という座し方は、元来は身分上の下位であることの表れであったと思われるが、そのうちにもっともらしい意味づけがなされるようにもなった。『一得』(7)には、

執筆左の膝を立て、右の膝先に筆を持ち候。おそれ多くも人麻呂の尊像をば写し、神慮に叶ふやうにあり得べき意。

と記されている。

柿本人麻呂像は和歌会で正面に掛けるべき御影とされた。佐々木孝浩「柿本人麿信仰関連資料」[8]に紹介されているように現存しているものも多い。それはいくつかの様式で描かれたが、多くは右膝を立て、その膝の上に筆を持った手を置いている。人麻呂像の立て膝は身体を休め思案に耽っているさまを描いたようで、実際に、右手でものを書くには左膝を立てた方が便宜がよい。これらの事情のためであろうか、連歌・俳諧の執筆作法では膝の立て方は左右両説が存在している。これも流派での独自性主張の一つになっていると言えようか。

美濃派の場合を見ると、その会席作法を詳しく記した書に、鵲巣著『庵の夜話』[9]（一八一八年刊）という俳諧作法書があるが、

満巻の上、吟声の次第は、左の膝を立て、左の手で懐紙を持ち、右の手に筆を持ちながら、懐紙に添へて、先づ、発句を平音にすらりと読み、

云々と記されている。句を認める時の所作には触れていないが、その折も同様だと推察できる。これは前述の各務氏の叙述に合致し、その伝統の継承が見て取れる。

因みに、この『庵の夜話』は正式、略式などの俳諧会席作法を箇条書きに記したもので、正式俳諧については、座の設営・服装・役などの説明から始まり、「宗匠心得の事」「執筆心得の事」「連衆心得の事」「会主心得の事」と一通りの作法が記されていて、貴重な書と言える。

美濃派の詳細な会席作法書はこれ以外に多々あるかと思われ、今後、広く調査する必要があろう。美濃派の会席作法を他の流派と比較しつつ明らかにし、史的跡づけをすることは、美濃派俳諧の特質を見極めるためだけでなく、作法というものの性格を明らかにするためにも、欠かすことのできないことだと思うからである。

文学というものは何をもってすぐれた文学とするのであろうか。はじめに述べたような近代の文学観は文学という

ものを狭めたと言えないであろうか。次の歌仙[10]の冒頭は傷心の芭蕉を囲んでの大津木節庵での著名なものである。

秋近き心の寄るや四畳半　翁
しどろに伏せる撫子の露　木節
月残る夜ぶりの火影うち消して　惟然
起きると沢に下りる白鷺　支考

ここには狭義の文学にはない心のありよう、深みがある。それは会席であったことと密接な関係がある。作法を含めて会席というものの意義を再確認することの必要性を今、感じているところである。

注

（1）「日本歌学大系」4
（2）日本古典文学大系『連歌論集 俳論集』
（3）廣木一人・松本麻子・山本啓介『文芸会席作法書集』（風間書院・二〇〇八年一〇月）
（4）『東海の俳諧史』（泰文堂・昭和四四年一〇月）
（5）岩波文庫『連歌論集上』
（6）和中文庫蔵『連歌執筆式』所収。国文学研究資料館蔵マイクロフィルムによる。
（7）注（3）
（8）『古筆への誘い』（三弥井書店・平成一七年三月）
（9）鈴木勝忠『翻刻俳諧伝書集』（私家版・平成六年三月）
（10）古典俳文学大系『芭蕉集全』

四　連歌会席での筆記用具の有無

1　はじめに

連歌会席において、執筆以外の連衆各自が筆録という行為を行ったかどうかは、連歌作品の生成・質にも大きく関わることである。しかし、今までその実際は明らかにされていない。本稿はその実態解明を史的経過を考慮しつつ考察したものである。

2　絵画資料

はじめに、連歌会席図で筆記用具の有無を見ておきたい。次の一覧は現在知られている連歌会席図をほぼ年代順に並べたものである。ただし、連歌会席であるかどうか明確にし得ないもの、また、連歌会所などという建物などだけで会席そのものが描かれていないものは省いた。逆に、初期俳諧の様子を伝えるものとして、「俳諧会席図」を数点加えた。それぞれの画について執筆以外の連衆の筆記用具の有無を注記した。

①当麻寺奥院蔵「十界図屏風」[1]（室町時代）―なし
②『猿の草子』「連歌会席図」[2]（永禄四年〈一五六一〉か）―なし
③京都島原・角屋蔵「邸内遊楽図」[3]（近世初期）―なし
④東京国立博物館蔵「邸内遊楽図」[4]（近世初期）―なし
⑤愛知・長円寺蔵「北野社遊楽図屏風」[5]（元和～寛永〈一六一五～四四〉）―なし
⑥『竹斎　上』「北野天満宮連歌会図」[6]（寛永三年〈一六二六〉頃刊）―なし
⑦福井・万徳寺蔵「武家邸内図屏風」[7]（一六四〇年代前半・狩野定信画）―なし
⑧金子肇蔵「春秋遊楽図屏風」[8]（寛永〈一六二四～四四〉か）―なし
⑨『七十一番職人歌合』[9]六十六番（慶安元年〈一六四八〉前）―なし
⑩万野美術館蔵「月次風俗図屏風」[10]（不明）―なし
⑪三時知恩寺蔵『太平記抜書』[11]（元禄〈一六八八～一七〇四〉頃）「連歌会図」―なし
⑫【俳諧】『貞徳永代記』[12]「清水寺花の会之事」図、「柿菌芦の九月之会の事」図（元禄五年〈一六九二〉刊）―なし
⑬【俳諧】『男重宝記　二』[13]「俳諧会席図」（貞徳の会及び宗因の会）（元禄六年〈一六九三〉刊）―なし
⑭奈良・長谷寺蔵「与喜天神祭礼図」[14]（延享三年～宝暦十年〈一七四六～六〇〉）―硯・紙
⑮『絵本太閤記　三篇巻七』[15]「光秀連歌の図」（寛政十年〈一七九八〉刊）―硯
⑯『三芳野名勝図絵』[16]「河越連歌千句之図」（享和元年〈一八〇一〉）―硯・紙
⑰『厳島図絵』[17]中「天満宮毎月連歌会の図」（天保十三年〈一八四二〉刊）―硯
⑱『絵本豊臣勲功記　五編七』[18]「光秀連歌会図」（安政七年〈一八六〇〉刊）―硯

⑲大浜・称名寺蔵「御連歌式之図」[19]（明治三十六年〈一九〇三〉）―硯

これらの図が①の特殊な花の下連歌のものを除いて、中世末期以降のものであることは残念であるが、それでもこの一覧である程度のことは見て取れる。それは①から⑬までの図には連衆のもとに硯などの筆記用具が描かれていず、⑭「与喜天神祭礼図」以後のものではすべてに筆記用具が描かれていることである。近世初期に流行したという邸内遊楽図は一つの模範があって、その影響を強く受けたという可能性があるし[20]、絵画資料というものの正確さにも疑問があり、いくつかの資料はそれらの点を考慮に入れなければならないが、そうであっても、やはり、連衆用の筆記用具のないことは近世前期までの実態を写していると考えてよいのであろう。元来、連歌会席では筆記用具は執筆のみのものであって、他の連衆は句を書き留める用具を手元に持っていなかった、というのが、絵画資料から言えることだと思う。

連歌会席の実際を知るには、絵画資料の他に会席の作法などを記した書を見ることも有効であろう。次にこれらに当たってみたい。

3　作法書などの資料

連歌学書・作法書と呼ばれるものに、取り立てて連衆の筆記用具の有無についての説明を加えているものはなきに等しい。ない、ということこそが存在しなかったことの証とも言えるが、述べるまでもない当然のこととして記さなかった可能性もある。そのような事情下においては、句の提出から執筆によってそれが記録される、その過程の中で連衆に筆記用具がなかったのならば、どのように連歌会が進行したのかを確認することが、筆記用具の有無を判断する手立てとなろう。

最初に句の提出の方法を取り上げたい。以下、おおよそ時代を追って、連衆の行為を見ていくこととする。

①『知連抄』（書陵部本、伝良基・十四世紀末期以前）[21]

先連歌を出さんと思はん時は、上座を能々見つくろひて可レ出、或少人或客人などの句枝《ママ》たる姿を伺て扇をならし、執筆のあたり二三人の耳に入様に声をやはらげてさし声にいだすべし。

ここには、連衆によって作られた句がまず執筆に口頭で小声であるものの、明確に執筆の耳に届くように伝えなければならないことが記されている。二条良基の時代にどのようであったかはこの『知連抄』以外の連歌学書の中からは見出せない。ただ、後代のものではあるものの『馬上集』に次のような記事があり、当時の句の提示のなされ方を窺うことができる。

②a『馬上集』[22]（伝心敬・文明二年〈一四七〇〉以後）

三ノ面六句目に件の句を出す。

池をも田にや作なすなん

申て、救済が方を忍侍る時、約束の句を出さんとて、扇を追取執筆をみ上グルよりはやく、二条殿

ふかゝりし夜はほのぐと打あげて

とあそばさる。

救済と周阿があらかじめ手はずを調えていて、救済の「件の句」に周阿が付句しようとしたが、良基に先を越され、云々という逸話である。この記事も当時の連歌会席で句は口頭で提示されたことを示している。

このような連衆の句の提示は、宗祇時代になっても同じであった。次のものは宗祇に関わるものである。

③『宗祇初心抄』[23]（寛正三年〈一四六二〉もしくは六年〈一四六五〉以前）

末座などにある人の連歌を、執筆の聞きわかぬ様に出す事、わろき事候。又、あまりに高声に出だし候もことぐ〳〵敷候。

④『会席二十五禁』(24)（宗伊か・長享三年〈一四八九〉以前）

連歌ひきく出して、執筆にとはるゝ事

次の『連歌会席式』は少し時代の下がった関東でのものであるが、ここでも同様の記述が見られる。

⑤a『連歌会席式』(25)（新田尚純・一五〇〇年頃か）

執筆の耳に聞もわかぬやうに句を出し、又おどろ〳〵しくよばりあげ（略）出す事不レ可レ然。扇とりなほし、しめ〳〵とさだに出すべし。

次の記事は執筆側からのものである。これも口頭であることを前提にして理解できるものである。

⑥a『私用抄』(26)（心敬・文明三年〈一四七一〉）

発句（略）句を出だし侍らば、ねんごろに聞きわけ、胸に持ちて、（略）のどやかにのび〳〵とうら〳〵敷読進あるべく候。口うつしなどに披露し侍れば、あらけなくしなおくれ侍り。

連衆は小声ではあるもののできるだけはっきりと自分の句を執筆に伝え、執筆はそれを間違えずに聞き取らねばならない、というのが一貫して注意されていることである。

このような執筆側からの句の受け取りに関しては、同じ『私用抄』に、次のようにもある。

⑥b『私用抄』

指合などに句返し侍るに、若干の故実あるべく哉。高家・尊宿・少人などの句を、五文字より返し侍る、見ぐるし。

これは連衆の出句を分けて受け取ったことを前提にしての言で、このことも句が口頭で伝えられたことの傍証となろう。後代の俳諧のものであるが、『蕉門執筆伝』に、

⑦『蕉門執筆伝』(27)（馬人・文化六年〈一八〇九〉）

上の句五文字を請取、七文字をうけ取り、下の五文字聞て初より吟して宗匠にむかふ。

とあり、ここに、「聞て」と明記されていることからも、これが口頭であったことが確認できる。

以下、このことに関わっての中世期の記述を幾つか挙げておきたい。

⑧『執筆の事（仮）』(28)（伝宗祇・明応九年〈一五〇〇〉か）

発句出し侍らば、先五文字を請取、其後末迄出すを、又初の五文字より末まで受取て、

⑨『用心抄』(29)（永正七年〈一五一〇〉以前）

発句を出さんずる時は、（略）五文字を出せば、先五文字を請取、後七五を出果て、はじめの五文字より七五をつづけてうけとる也。

⑩『連歌初心抄』(30)（大永八年〈一五二八〉）

高位・尊宿・少人などの句を、指合ありとて、五文字七文字よりは返すべからず。先する〳〵と請取て、其座の宗匠の方を見てひそかに披露すれば、引直しとめられ侍事もあらんと也。

⑪『無言抄』(31)（応其・慶長八年〈一六〇三〉頃刊）

口がろにあまりたくさんにする人の句は、さしあひあらばやがて五もじばかりにてなりともかへすべし。

このことは近世末期になっても同じことであった。『連歌執筆之次第』には次のようにある。

⑫『連歌執筆之次第』(32)（永長・天保六年〈一八三五〉）

作者より長句なれば、初句五文字出せば、其五文字を受て吟ず。又作者より七文字より末迄せば、初五文字より吟声して扨書付ぬ。（略）短句は作者より七文字を出せは夫を受て吟じ、其末出せば、又上より吟声して書終て今一返吟ず。

以上のように中世連歌会席においては、連衆が自分の句を口頭で執筆に伝えていたことは間違いないことと思われる。

それでは、その句の提示は具体的にどのような合図・呼吸でなされたのであろうか。筆記用具のことと少し離れるが、そのことに少し触れておきたい。

これについては前引の『知連抄』①に「扇をならし」という記述があるのが注目される。連歌は一順・再編など特別に詠み順が定められている場合以外は、早く句を案じ得た者が句を提出するのが原則である。そうであれば、同時に二人以上が口を開くこともあり得る。そのようなことを避けるためにも句を提示しようとする連衆は自分の意志を会席の人々に示す必要があった。ましてや、貴人などが同席している場合は、次のような配慮もいる。

⑤b『連歌会席式』

貴人の上手の席につらならば、おのれ能句をせんと思はで、分句をやすらかに見あつかひてすべし。上座の人の句ありぬべき処をば、しんしやくすべし。又貴人などと出合てする事、其日の越度の第一也。

このようなことが起こらないために、この『連歌会席式』では句の提示に当たって、「扇とりなほし、しめ〳〵とさだに出すべし」（⑤a）と注意している。貴人などの意志を忖度し、あたりを窺い、自分が出句することをそれとなく示し、差し障りがないことを見極めて、句を口に出さねばならないのである。

前引の『知連抄』では「扇をならし」とあり、この『連歌会席式』では「扇をとりなし」とあったが、詳細はこれでは分からない。やはり前引の『馬上集』（②ａ）には「扇を追取執筆をみ上グルより」とあった。このことからすれば、座に置いてある扇を手に取って、執筆に顔を向けて出句の意志を示す、ということだったのだろうか。この点に関して、近世の俳諧書であるが、次のような記述が見られる。

⑬『俳諧相伝名目』[33]中「俳諧本式作法」（許六・宝永六年〈一七〇九〉）

さて執筆一順を吟じ終て、次の句順の者へ句渡しの一順あり。句順の者敬て請取、小声に前句を吟じ、扇を脇に置て案ずる。句付たる時に扇を持、少し前へ躍出、執筆へ向ふと否や執筆より前句の一吟あり。其時、吟の間、ぬけざるやうに吟じ、執筆是を請取吟ず。また中名《七か》文字を吟じ、執筆同く吟じ、又五文字を吟ず。（略）執筆其句を書のせ一吟す。名乗を記して又一順あり。句の会釈して跡へ退く。

⑭『庵の夜話』[34]（文政元年〈一八一八〉刊）

つけ句あらば少し座を進て手をつき、御前句を呼べし。執筆前句を吟じなば句をわたすべし。渡しやうは、長句ならば上五文字にて切て、七文字五文字はつゞけて渡すべし。短句は七文じにて切べし。いかにもさはやかに聞惑はぬやうにわたすべし。

『俳諧相伝名目』は当座の一順に際してのものであるが、その他の場合も同様だと推測できる。扇を手に取ること、少し身体を前に出して執筆の方を向くこと、中世連歌会席においてもそのような挙措が出句の合図であったと考えてよいのであろう。

以上、連衆の出句の作法に関わらせながら、句の提示が口頭によることを見てきた。つまり、この件に関して連衆は筆記用具を持つ必要はなかったのである。このことは第二節の絵画資料を裏付ける。

連衆が筆記用具を必要とするかも知れないと予測させることに、詠まれて行く句々の手控えということも考えられる。次に、この点に関して考察を加えておきたい。

これについても有無を直接に示す記事は、中世の連歌学書類にはほとんど見えない。これも、記載がない、ということが存在しないことに直結するわけではないので判断が付きにくいが、このことに関連する記事を見ておきたい。はじめに挙げるものは前掲の『馬上集』（②ａ）に続く部分である。先の箇所では救済と周阿の企みが記されていたが、この二人にその場ではしてやられた良基が、後にその時の百韻を調べ直す、という部分である。

②ｂ『馬上集』

然に此点懐紙を二条殿取よせられ、指合と周阿申折を御覧するに、五句十句之内。夜分みえず。

会席の後、良基が懐紙を取り寄せ、それによって自分の句の前、「五句十句」を調べ直し、自分の句が式目に抵触していなかったことを確認したというのである。つまり、これは良基がこの時の連歌の書き留めを持っていなかった、みずからは筆録していなかったことを示している。走り書きでも手元にあれば、その場でも調べ直すことができたはずである。勿論、執筆のもとには懐紙が存在しているが、連衆が執筆の懐紙をわざわざ見ることは作法に反したこととされた。『連歌会席式』にも次のようにある。

⑤ｃ『連歌会席式』

かたはらの人に指合を問、剰《アマツサヘ》懐紙など取て見侍る事あるまじき也。

宗祇時代においては次のような記事が見受けられる。

⑮『肖柏伝書』[35]（明応二年〈一四九三〉）

連歌過て懐紙など所望し、抜書などめされ、功者に御尋候へば、句可レ然をあそばし写し候ふこと、御数寄もみえ候。（略）発句・秀句の句はなど候へば、忘れ果候て、自然覚候も、作者辛労仕候を、てにはなど語違候へば、口惜事にて候。

⑯『篠目』(36)（実隆・文亀二年〈一五〇二〉）

前の句・打越の員の字など忘るる事、あまりに無下なる事也。

『肖柏伝書』では、数寄者は連歌会の後に執筆の記した懐紙などを取り寄せて、それによって自分なりの「写し」を作れという。「忘れ果候て」とあることは、会席においては記憶に留めておくことが前提での謂いである。『篠目』も記憶することの重要性を指摘している。後に再説するが、近世半ば頃になると連衆は席上で覚え書きを作るようになる。そのような時代を迎えた時の作法書には、次のような、かつてはそうでなかったと連衆の安易さを論しているものがある。

⑰『道の枝折』(37)中「連歌席につく事」（昌坢・延宝九年〈一六八一〉）

重硯といふ事、歌の会ばかり有て、連哥になし。老人杯は物忘レする故、近代取用ゆ。夫ヲわかくさかりの人、自分の中書、座にてする事、執心うすき人の業なり。一日の連歌を覚ゆる迚などか覚へざらん。其日の連歌覚へねば、さしあひしはぐ出して席のわざわひ、すくなからず。況吟ずれはおぼゆるともなくおのづからおぼゆ。されば、咄しせず、物に紛れず、連歌しむものなり。

⑱『連歌弁義』(38)（昌周・明和七年〈一七七〇〉刊）

むかしは前の句に付たる、己が句のみを書もし、覚もして、中書《ナカガキ》とて、各もち出て、発句よりつぎ〳〵、みながら書ことはあらじ。今も晴の会には、中書持出ることはなし。さし合覚がたき折には、つぎの間に立て、一句三句づゝ書て、ふところへ入て、又坐にはつく事也。これにても其比つらね書たるものなきをしるべし。

これらの記述に見える「近代」「むかし」が具体的な年代としていつを指すのかは明確にし得ないが、近世初期までは連衆に「中書」のようなものはなかったと考えてよいのであろう。このことも第二節の絵画資料と合致することである。『連歌弁義』に「今も晴の会には、中書持出ることはなし」とあることも重要で、「晴の会」にこそ元来の形式が残されていたと思われる。

　中世期、句の覚え書きということでも連衆は当座の連歌を筆録することはなく、従って筆記用具を用いた形跡のないことが明確になったことと思う。それがいつの頃からか、各自がみずからの座で覚え書きをする、さらに、句の提示を小短冊[39]に書いて執筆に見せる、という事態が生じることとなった。次節でその実態の一部を見ておくことにしたい。

4　筆記用具の使用

　これまで述べてきたように、元来、連歌会席において連衆各自が筆記用具を持つことはなかった。それがある時期から重硯という形で連衆用の筆記用具が登場してくる。前掲した『道の枝折』⒄に、「重硯といふ事、歌の会ばかり有て、連哥になし。老人杯は物忘レする故、近代取用ゆ」とあることを信じれば、十七世紀後半になってということになる。ただし、実際にはこれを半世紀ほど遡るであろう。

　重硯はもともと、この『道の枝折』にもあるように当座の和歌会において用いられていたものである。『実隆公記』[40]延徳元年（一四八九）十月二十五日条には次のような記事があり注目される。

　月次御連哥也、仍参内参仕人々、（略）秉燭程被二終功一、各分散、（略）人夜又有二三十首御続哥一、十面重硯被二新調一、（略）以件御硯今夜始而御張行也、

この日、内裏で月次連歌会があり、その後、続歌の会を行った。その続歌の会に新調された重硯が用意されたとい

うのである。重硯とは小振りの硯箱を十個程度重ねたもので、近世のものであるが、『実岳卿御口授之記』(41)『義正聞書』(42)などの歌学書にその図が描かれている。そのような重硯が手近にあるのなら、三条西実隆が関係する場合などで、必要とあれば連歌会でも使用されてしかるべきであろうが、連歌会では使われていない。これも連歌会で筆記用具の使用がなかった証拠であり、『道の枝折』の裏付けとなる記事でもあろう。連歌会では和歌会と相違して、執筆が重要な役割を果たし、筆録はあくまでも執筆の仕事であったのである。

そのような実態であったのが、『道の枝折』によれば便宜のために、老人などから徐々に重硯が用意され、いつの間にか連衆各自も用いるようになったことになる。

ただし、重硯の使用の記述は連歌学書類においては近世期になってもほとんど見出せない。これは先にも触れたように、連歌会ではやはり連衆は重硯など使用しないことが本来だと考えられていたからだと推測できる。それに対して、俳諧の方では十八世紀頃から多くの記載が見られるようになる。時代順に二、三の例を挙げれば次のようである。

⑲『宇陀法師』(43)（李由、許六・元禄十五年〈一七〇二〉刊）

重硯箱・面々菓子、定れる事也。人々畳紙に書写し懐中す。

⑳ａ『連俳秘決抄或問』(44)（木因・享保九年〈一七二四〉）

重硯の事。紙硯を宗匠脇の上座へ出すべし。宗匠へは出すべからず。宗匠は文台の上にて見るゆゑなり。さて、上座より紙二枚・硯箱一面を残し、段々次へ送るべし。多人数の時は、硯を両人して一面用ゆる事あり。見合すべし。

㉑ａ『俳諧名目抄』(45)（丈石・宝暦九年〈一七五九〉刊）

重硯　かさねすゞりといふばし。ぢうすゞりといふはわろし。

ある時期から連衆はこの重硯を用いて、句々を料紙に覚え書き、つまり『道の枝折』⑰などに見えるように「中書」をするようになる。従って、各自に紙も用意された。先の『宇陀法師』に「畳紙」、『連俳秘決抄或問』に「紙一枚」とあるものである。この料紙は一般に中書・小懐紙・座懐紙・袖懐紙など呼ばれた。『二条家御執筆秘伝』には次のようにあり、これによれば、連歌では「中書」と呼ぶのが一般であったことが分かる。

㉒『二条家御執筆秘伝』[46]（白山・弘化二年〈一八四五〉）

座懐紙　俳諧にては座懐紙と云。中書とも。連歌にては中書といふ。

俳諧のものであるが、前引の『宇陀法師』⑲など以外の例を二、三挙げておきたい。

㉓『誹諧会法』[47]（季吟・寛文〈一六六一～七三〉頃）

連衆面々に座懐紙を用意する事、専一ニ候。

㉑b『俳諧名目抄』

座懐紙　小懐紙ともいふ。

この座懐紙の書式については、『連俳秘決抄或問』に次のようにあり詳しい。

⑳b『連俳秘決抄或問』

詠草書、横折を四つ折にして前一分をあけ、上分に面うら二十二句書合、うらへ返し、二ノ面うら二十八句書べし。又中の壱枚を上へなして、片面に三ノ面うら二十八句書合、うらへ返し、四つ折三分に名残りの面うら二十二句認之。末一分、句引所なり。年号月日書やう、場所ともニ、本懐紙の通りたるべし。尤も、うら付、二三名残ともにしるし付有べし。但、詠草書には端作り無之事。

恐らくは十七世紀末になるとこのように重硯・座懐紙が連衆に用意され、これによって連衆は当座の作品をただ記憶するということから抜け出したようであるが、このような筆記用具が準備されたならば、自分の句を提示するに際しても筆録したものによることが可能となる。俳諧のものであるが、『蕉門明砂伝』に次のようにあり、「小短冊」に自句を書いて、執筆や宗匠に是非を尋ねるために用いたとある。

㉔『蕉門明砂伝』(48)（宝暦四年〈一七五四〉）

但、小短尺料紙可添。料紙は句を写し短尺ハ句を書載。執筆宗匠等へ尋ルため也。

ただし、この時期、小短冊に書いて執筆などに見せることを正式の出句と認めたのかどうかは判然としない。『二条家俳諧連歌執筆心得』には次のようにある。

㉕『二条家俳諧連歌執筆心得』(49)（弘化三年〈一八四六〉）

呼入候時、懐紙并小短冊四五枚ヅヽ、各々へ渡す。此小短冊と云は、常の短冊を四ツ切にせしものなり。

ここに見えるように、「小短冊四五枚」では百韻での出句すべてをまかなうことはできない。歌仙であっても少し不足するであろう。もともとは『蕉門明砂伝』（㉔）にあるように、執筆や宗匠にあらかじめ確認を取る必要のある場合のみ小短冊を利用したのではなかろうか。

それが、次のような記述を見ると俳諧においては、それをもって出句と見なされることになったらしい。

㉖『一得』(50)（文化十一年〈一八一四〉）

○付句句案の方、付句と呼。其時、執筆前句誦上ゲ、付句主、小短冊に調。

○付句小短冊、執筆へわたす。執筆は筆を持ながら受取、見捗り指合なくは句主へ戻す。又宗匠に向ひ小短冊を出す。宗匠亦見請、句柄宜しからずは引直し渉す。又執筆へ向ひ渉す。受取音上に吟ずべし。但シ、総席内懐紙ニ写ス為也。扨、小短冊を文台の上に置、懐紙へ記す。亦中音読上ゲ俳名を呼。句主一礼し帰座。

ただし、俳諧においても、『蕉門執筆伝』⑺、『庵の夜話』⒁には重硯の記載があるものの、前引したように句の提示は口頭によったようであり、それを鑑みると、時代がかなり下がっても、手控えは作るものの句の提示は口頭によった、と判断できるかも知れない。ましてや、連歌では筆録されたもので句の提示がなされることは、あったとしても時代はかなり遅れるのではなかろうか。

5　筆記用具を用いるようになった理由

以上、連衆の筆記用具について史的経過を辿ってきた。このように時代が下がるにつれて、座での筆録が一般化してきたのには理由があるであろう。それは主として、前引の『道の枝折』⒄に見られたように、式目などの抵触を避けるためには各自が覚え書きをしておいた方が確実であり、句の提出に関してもその方が正確である、という現実的な面は当然考えられることである。出句に関しても、筆録されたものの方が正確さを期せるであろうし、あらかじめ執筆や宗匠にだけ分かるように小短冊に記したものを見せ、訂正・確認を経てから座全体に披露する、というやり方の方が恥をかかせないということにも繋がったと思われる。

連歌が短連歌の当座のやり取りを出発点とすれば、元来、口頭での出句が当初のあり方を留めていたと思われるが、以上のように、次第に文学化、もしくは儀礼化して行けば筆録することが必然的に通例になるのは自然の成り行きだったと思われる。

この現実的処理の面は、一順をあらかじめ筆録しておくという点にも見える。一順の問題に関しては詳述を避けるが、一順は座の開始前に既に作られ、それは筆録されて座に持ち込まれた。それが定式になる時期に関しては次のような記事がある。

㉗『当風連歌秘事』(51)（宗牧・天文十一年〈一五四二〉）

只今、京都には、兼載の風より以来、宗長・宗碩以来、発句等出来候へば、五、三日以前より、一順を文箱に入て、人衆の次々へ送り侍る也。

つまり、連衆に筆記用具が与えられていない時から、一順だけは既に筆録されたものが存在したのである。その一順は竪懐紙と呼ばれる料紙に記されるようになった。一順と竪懐紙に関して言及している例を俳諧のものを含めて二例挙げれば次のようである。

㉘『俳諧相伝名目』(52)（正徳〈一七一一～一六〉以前）

竪懐紙　一巡廻し、先々の付句張紙にて宗匠へ窺て書べし。

㉙『執筆式』(53)（享保四年〈一七一九〉）

当日などの会は申に及ばず。兼日の一巡、扨、表出来て後、是を横懐紙に写す也。下懐紙は皆竪懐紙也。

また、一順が当座詠であった場合でも次のようにある。

㉚『執筆之覚悟』(54)（不明）

当座一順の時は立て、宗匠ニ問へば詠草をもつて行ても、又不持とても行て問也。（略）兼て一巡伺時は、別紙に書付て問時、一句書は狼藉也。二句書物也。三句も書物也。又再返の時は一巡兼日に談合の人も再返をば立て、宗匠に談合有也。

このような一順の特殊なあり方（遡れば発句をあらかじめ準備することにその萌芽が見られる）は、連歌会席に、執筆が記す本懐紙以外の筆録の存在することへの抵抗感を薄めたことと思われる。

6　おわりに

「はじめに」でも述べたように、筆録の問題は連歌作品そのものと密接な関わりを持つ。したがって、具体的に作品に即しての検証が必要であるが、それは今後の課題としたい。

注

（1）大和古寺大観二『当麻寺』（岩波書店・昭和五三年一二月）。以下の図はここに挙げたもの以外の書籍類にも収録されているものが多いが、それぞれ代表的なもののみ示した。鶴崎裕雄「当麻寺奥院蔵『十界図屏風』と連歌会図・花の下連歌」（「芸能史研究」141・一九九八年四月）には多くの図の所載書が記されている。

（2）『大英博物館所蔵「日本・中国美術名品展」図録』（朝日新聞社・昭和六二年）

（3）島津忠夫『能と連歌』（和泉書院・一九九〇年三月）

（4）『菅原道真没後千百年　天神さまの美術』（ＮＨＫ・ＮＨＫプロモーション・東京新聞発行・二〇〇一年七月）

（5）注（4）

（6）日本古典文学大系『仮名草子集』

（7）泉万里「狩野定信筆『武家邸内図屏風』について」（「美術史」150・平成一三年三月）

（8）「週刊朝日百科日本の歴史　三二　かぶきの時代」（朝日新聞社・昭和六一年一一月）

（9）新日本古典文学大系『七十一番職人歌合　新撰狂歌集　古今夷曲集』

（10）白畑よし・中村渓男『近世屏風絵秀粋』（京都書院・昭和五八年一〇月）

（11）長谷川端「三時知恩寺蔵絵巻『太平記抜書』略解題・翻刻」（『論集太平記の時代』新典社・平成一六年四月）

（12）日本俳書大系『俳諧系譜逸話集』

（13）『近世文学資料類従　参考文献編17』（勉誠社・昭和五六年八月）

（14）注（4）
（15）新潟大学佐野文庫蔵。国文学研究資料館マイクロフィルムによる。
（16）金子金治郎『宗祇と箱根』（神奈川新聞社・一九九三年一月）
（17）金子金治郎『連歌総論』（桜楓社・昭和六二年九月）
（18）学習院大学日本語日本文学科蔵。国文学研究資料館マイクロフィルムによる。
（19）鶴崎裕雄『戦国の権力と寄合の文芸』（和泉書院・昭和六三年一〇月）
（20）島津忠夫氏にも次のような発言がある。
東京国立美術館蔵『邸内遊楽図』にも、連歌の会席の図があり、それが財団法人角屋保存会蔵の屏風に描かれた連歌会席図といちじるしい類似が見られることに驚いた。（略）角屋保存会蔵の連歌会席図が一つの典型として、後に写されていくことが知られる。（『島津忠夫著作集第六巻天満宮連歌史』和泉書院・二〇〇五年一月）
（21）古典文庫『良基連歌論集二』
（22）「続群書類従」17下
（23）中世の文学『連歌論集二』
（24）注（17）
（25）鶴崎裕雄「上野国国人領主　岩松尚純の連歌とその資料」（「帝塚山学院短期大学研究年報」28・昭和五五年一二月）
（26）中世の文学『連歌論集三』
（27）岐阜県立図書館蔵。国文学研究資料館マイクロフィルムによる。
（28）和中文庫蔵。国文学研究資料館マイクロフィルムによる。
（29）古典文庫『連歌論新集三』
（30）中世の文学『連歌論集四』
（31）「日本古典全集」
（32）廣木一人・松本麻子・山本啓介『文芸会席作法書集』（風間書房・二〇〇八年一〇月）

(33) 鈴木勝忠『翻刻俳諧伝書集』(私家版・平成六年三月)
(34) 注(33)
(35) 注(30)
(36) 注(30)
(37) 東京大学附属図書館酒竹文庫蔵。「酒竹文庫連歌俳諧書集成」(雄松堂書店・一九七三〜七五年)のマイクロフィッシュによる。版本『跡云草』にも収録。
(38) 国会図書館蔵
(39) 「小短冊」は俳諧においても、もともとは簡略な料紙として使われたようである。『山の井』には「長頭丸の発句どもかきて、其小短冊千五百余」(日本俳書大系『貞門俳諧集』)とあり、現在のカードのごとき用いられ方をしている。その大きさは、『天水抄』に「小短冊、竪六寸六分、横九分也。右何も大工のかねざしにて寸を極也」(古典俳文学大系『貞門俳諧集二』)とある。
(40) 続群書類従完成会。返点を付けた。
(41) 「近世歌学集成」中
(42) 注(41)
(43) 古典俳文学大系『蕉門俳論俳文集』
(44) 『谷木因全集』和泉書院・昭和五七年一〇月
(45) 校註俳文学大系『作法編第一』
(46) 天理図書館綿屋文庫蔵
(47) 古典文庫『季吟俳論集』
(48) 天理図書館綿屋文庫蔵
(49) 天理図書館綿屋文庫蔵
(50) 注(32)

（51）注（30）
（52）古典文庫『蕉門俳論集続』
（53）和中文庫蔵。国文学研究資料館マイクロフィルムによる。
（54）和中文庫蔵。国文学研究資料館マイクロフィルムによる。

五　「原懐紙」「清書懐紙」ということ
――宮内庁書陵部蔵後土御門内裏連歌懐紙を軸に――

1　はじめに

以前、後土御門内裏の月次連歌に関して当時の日記類からその様相を論じたことがある。[1] その折には連歌作品（懐紙）そのものはほとんど扱わなかった。その後、宮内庁書陵部に蔵されている後土御門内裏の連歌懐紙を見る機会を得た。翻刻を含めた紹介はいずれ行いたいと考えているが、ここでは、以前の拙論の補足の意味を込めて、中間報告のつもりでいくつか気づいたことを述べておきたい。

『和漢図書分類目録』及び『和漢図書分類目録　増加第一』によれば、書陵部には「原本」と注記された後土御門内裏の連歌懐紙が次のように三つに分類されて蔵されている。

①「御連歌　文明一九　北野社法楽」（四五七―一七五）
②「賦物連歌　第一～第三」（四五六―五〇）[2]
③「賦物連歌　文明―享禄（各残欠）」（四五六―六二）[3]

①は後土御門天皇の独吟連歌で百韻一巻、②は「第一」に百韻十七巻、「第二」に六巻、「第三」に十五巻（千句連歌の場合、百韻を一巻と数えた）が集められている。ただし、このすべてが後土御門内裏のものではなく、「第一」中の二巻、「第二」中の二巻、「第三」の二巻は後土御門天皇の参加はなく、また、「第一」中の一巻は和漢聯句である。これらを除けば、②にある後土御門内裏の連歌懐紙は三十一巻ということになる。

③は「目録」に「残欠」とあるように、百韻を完備していないもの、つまり四枚の懐紙の内、一～三枚が欠けている連歌懐紙を集めたものである。すべてで三十七種あるが、この内、初折が残っていることで張行の年月日が判明し、さらに、後土御門内裏のものと分かるものが、十一巻、初折が欠けていて正確な張行年月日は不明であるもの（第十八綴目として纏められている）の1から12は連衆から後土御門内裏時代と推測できる。その内、2、4、6、7、8、9、10、11、12に後土御門天皇の参加が見られる。ただし、後に言及するが10、11は同じ連歌と認められるから、後土御門天皇が直接関わるものは八巻である。

以上、書陵部蔵の後土御門内裏の連歌懐紙原本は、残欠連歌を含めて五十一巻ということになる。三つに分けられた理由は上記のことからも明白であろうが、いつこのように分けられたかは不明である。「目録」の注記によれば、もともとは桂宮家に伝存していたものということである。

分けて纏められた事情はともかく、後土御門内裏連歌を考える時は一括して捉えてよいと思われ、したがって本稿では、特にはこの三種を区別しないで扱いたい。

後土御門内裏の連歌そのものは、他に、曼殊院・天理大学図書館綿屋文庫・国会図書館蔵「連歌合集」・静嘉堂文庫「連歌集書」等に見える。(4) しかし、曼珠院蔵の懐紙、(5) 天理図書館蔵の「連歌懐紙巻子本集」十二～十五の明応五年（一四九六）二月二十五日「北野御法楽」千句の第一、第二、第四、第七、同集十六の明応五年七月二十五日「北野御法楽」百韻、同集六十五の文明十四年（一四八二）二月二十五日千句連歌の第十以外は写しである。[6]また、曼珠院蔵、天理図書館蔵のものはすべて折紙の表裏が切り分けられて巻子に仕立てられている。

それに対し、書陵部蔵の前述した後土御門内裏のものは、張行当時の懐紙がそのまま残されており、完備、不完備等の相違はあるものの、当時の原形を伝えるものとして貴重な資料である。先述したように、これらの後土御門内裏の連歌懐紙は「目録」において「原本」とされている、つまり、この懐紙群の貴重さは既に「目録」にも示唆されていると言える。

このように書陵部に残された連歌懐紙の価値は高く、この懐紙を精査することで当時の連歌の生成・筆録のあり様を具体的に知ることができると思われる。本稿ではその観点から気づいたことを二点に分けて論述しておきたい。

2　清書ということ

「目録」では後土御門内裏連歌を「原本」としているということは既に述べた。ただ、連歌に関しての「原本」とはどの段階のものを言うのかに判然としないところがあるので、はじめにこの概念について触れておきたい。「原本」とは何かについてはどの分野の書物でも考えるべき問題であろうからことさら話題にしなくともよいかも知れないが、連歌には「原懐紙」という言い方も存在して、話が複雑化する。一般概念としてこの両者に相違があるのかどうか。恐らくは両者を区別することはこれまでなかったと思われるし、書陵部の「目録」に言う「原本」も原懐紙と同義として使われているらしい。

したがって、「原本」を原懐紙と読み換えて論じていくことで通常は問題はないのであろう。そうであれば、書陵部には後土御門内裏の連歌原懐紙が多く蔵されていると言い換えてよいということになる。

以上のように、一応、便宜的に連歌の「原本」は原懐紙であるとしておいて、問題はその次にある。それが真に「原」懐紙と言ってよいかどうかである。書陵部蔵の「原本」つまり原懐紙を虚心に見ると、一見したところ、いくつか性格の違うものが混ざっているように思えるのである。その違いの一点は、内曇の料紙を使った懐紙や絵懐紙(下絵懐紙)であるのか、無地の懐紙であるのか、ということである。もう一点は筆削の跡を多く残している懐紙であるか、ほとんどそれがない懐紙であるか、である。この二つの事柄は多くの場合密接な関連を有している、つまり、内曇懐紙には筆削が少なく、無地懐紙にはそれが多い、と見えるのである。

この事実をどう考えたらよいのであろうか。連歌会席の場において執筆による懐紙の筆削はきわめて一般的なことであった。それは連歌作法書類に筆削の用具として、執筆は硯箱に小刀・箸刺などを用意することが求められていたことでも分かる。また、伏見宮貞成親王家の連歌懐紙がその日記『看聞日記』の紙背として残されているが、[7]その懐紙には多くの筆削の跡があり、それが図書寮叢刊として発行された『看聞日記紙背文書・別記』[8]に克明に翻刻されている。[9]

このような懐紙のあり方が普通なのだとすると、書陵部蔵後土御門内裏連歌懐紙の中で、筆削の少ない懐紙をどう位置づければよいかが問題になる。豪華な内曇紙、絵懐紙の場合に関しては特にである。

これに関しては二通りの考え方ができる。一つは内曇のような高価な懐紙は大切に筆録し、余程のことのない限りは訂正などすることはなかった、という考えである。もう一つはこのような懐紙は会席当座のものではなく、後刻(日)、改めて清書されたものという考えである。

後者のような考え方はこれまでもそのようなこともあろうかと漠然と認識されてきた事柄である。このような懐紙は一般に「清書懐紙」と呼ばれてきた。しかし、そのようなものを想定すると、「原」懐紙とは何をさすのであろうか。確かに、高価な料紙を会席でそのまま使用することは考えにくい点もあるし、筆削の少なさも不可思議ではある。この曖昧にされてきた問題を改めて考えてみたいのである。

このような「清書懐紙」が一般的に存在するとなると、これまでの連歌研究では、連歌会席で書き留められたままの懐紙と後に清書された懐紙を引っくるめて原懐紙と見なしてきた、という重大な欠陥を突きつけられることになる。「原本」の話題に関わって言えば、「原本」とはどの段階をいうのか、ということと絡んでくるが、連歌懐紙に関しては、元原稿というべきものと清書を共に「原本」、つまり原懐紙として扱ってきたということになる。(10)

連歌は座の文芸であるから、一般的には、ある日時、ある場所で生成するもので、その場で作品は書き留められる。その記録の役割は「執筆」に任される。同席した連衆が同時に書き留めるということも考え得るが、これは原則的には禁止されていたらしい。詳細は本書「第一章　連歌会席の実際」中「四　連歌会席での筆記用具の有無」によってほしいが、少なくとも連衆は建前上は筆記用具を持っていなかった。つまり、執筆がその場で書き留めたもの、その連歌懐紙が最初に成立した筆録本、原本ということになる。

当然のことながらそれは、端作から句上まで、四枚の折紙に種々の連歌懐紙書様の方式に則って書かれたものである。たとえ、他の者がその場であれ、控えの間であれ、もしくは後刻、記憶を元として記録したとしてもそれは正式のものとは認められないのである。

厳密には連歌の原懐紙とはこの段階のことをいうはずで、書陵部の懐紙の多くもこの段階のものと推測できる。しかし、何かしらの理由で、この懐紙があまり日を置かずに清書されることがあったとも考え得る。

連歌会席のあり方を考えると、連歌において、第一段階の草稿と呼べるような段階は、連歌張行の場の中で一時的に立ち現れると言ってよい。それは、連衆が作品を提出し、それが書き留められようとする段階のもので、まだ確定稿とは言えないものである。往々にして、その直後に宗匠などの斧正が加えられて決定することになる。それが百句書き留められ、端作・句上などの書式が整えられたもの、それが一応の完成版となるが、(11)しかしその後、さらに清書版が作られることがあり、後述するような句の訂正も行われることもあったということなのであろうか。

後土御門内裏の内曇懐紙には確かに、前引の『看聞日記』紙背連歌懐紙にも見られるような、一般の懐紙にあるような二句続けての筆削、作者名の訂正などのはなはだしい訂正の跡はほとんどない。しかし、内曇懐紙にまったく筆削がないというわけでもないことも確かめられる。単なる誤記以外に、例えば、後土御門内裏連歌懐紙でいうと、②第一の文明十四年二月二十三日「千句」第二の第五十三句は、「茂りあふま野ゝかやはら分かねて」であるが、「かねて」は「まよひ」を筆削して書かれている。もう一例挙げると翌日行われた同じ千句の第五の第七十三句は、「竹の籠にいるゝ色鳥あそひけり」であるが、「いるゝ」は「秋の」を訂正しているなどである。元の字が判読できないが、もう少し字句を直しているらしい箇所も見受けられる。

確かに、一般のそれと比べての多寡はある。ただ、それが清書かそうでないかの違いなのかというと、その判断の決定的な基準にはならないものでもある。無地の懐紙でも筆削の跡の少ないものもあり、また、筆削はある程度あってもそれが丁寧になされている場合もあるからである。

勿論、無地の懐紙であっても清書したものという可能性もあるが、それよりも、筆削の少ないものは、連歌の張行目的のあり様で、もしくは、執筆の心構えで、丁寧度が増したと考えることも可能である。そうであれば、内曇懐紙はその丁寧度が極めて高かったとも考えられよう。

実は、内曇紙を使った懐紙は、書陵部蔵後土御門内裏連歌懐紙で判断すると、ほとんどが千句連歌であることが分かる。もっとも、例えば②第一の内の文明十八年（一四八六）六月十七日「北野社御法楽　何船」百韻は内曇紙が使われているので、内曇紙の使用が千句連歌に限っていたというわけではない。それにもかかわらず、内曇紙の使用が千句連歌に多いのは、千句連歌が連歌の中でも特別な意識をもってなされるもので、盛儀という認識の強いものであったからであろう。先の「北野社御法楽　何船」百韻の例は奉納のための連歌で、百韻であっても特殊な例であったと言える。(12)

千句連歌の性格については島津忠夫氏や金子金治郎氏によって次のように論じられている。

例えば島津氏は「千句連歌は、一つの大きな興行であり」、「千句連歌は、元来法楽の為のものであった」、「千句連歌が、百韻に比して、より晴れの興行であり、費用もかさむものであった」と述べ、(13)金子氏も「千句は、法楽・祈禱・追善など、いずれの場合も公的な性格が強く」とし、二条良基の『筑波問答』中の「千句に成りぬれば、発句よりたけたかく、きずもなき連歌のまことしきを」を引き、「法楽という千句の晴れの性格と深く結合し」たものであったことを指摘している。(14)

この事情からは、だから「清書懐紙」というものが作られたとも言えそうであるし、だからはじめから高価な料紙を用いて、丁寧に筆録されたのだとも言えそうである。

結局は判断に窮するが、ただ、「清書懐紙」のようなものの存在を示す記述を、連歌学書・作法書類から見つけることができない、(15)ということ、また、「清書懐紙」があったとすると、その元の「原懐紙」もあったはずで、それが現存していてもよさそうなものであるが、これも見出すことができない、ということ、これらの解決を見ないと、「清書懐紙」の存在やそのあり様の「原懐紙」との相違点を把握するのは空論となろうとは思う。そうであると、少なくとも、今ここで問題にしている懐紙には、元の「原懐紙」に対する「清書懐紙」はない、もしくは逆に「清書懐紙」に対する「原懐紙」はない、と言わざるを得なくなってくる。同じ連歌であって両者が揃ったものの出現が待たれる。

ただ一例、特殊な例であるが、同じ連歌の「原懐紙」「清書懐紙」に類すると見なせるものが冒頭に一覧した書陵部蔵③の中に見出すことができる。それについて簡単に言及しておきたい。

それは四五六―六二の内の第十八綴の10、11と分類されているものである。前者は第一句目から第五十句目（初折と二折）、後者は第二十三句目から第七十八句目（二折と三折）のものである。この内、第二十三句目から第五十句目（二折）が文字遣いの相違はあるものの、句そのものが同じで、両者は同じ連歌の懐紙と見なせるのである。

このように同じものが二種作られたのは合点のためであった。「原懐紙」が作られた後、合点のために作者名を除いた懐紙が作られたと考えられるのである。その合点のための懐紙が第十八綴の10のもので、これには点と、点の付けられた句のみに作者名が書かれている。この作者名は合点後に書き加えられたと考えてよいのであろうが、それはともかく、点者に渡されたものは、一般の清書とは意味が違うものの、点者用に書き整えられたものと言ってよい。因みに、「原懐紙」と見なせるものには筆削の跡が多々見え、合点のための懐紙にはそれは認められない。また、合点のある懐紙には二カ所、語句の不審についての注記がある。これも写されたものであることを示している。

実はこのような例は『実隆公記』(16)にも記述がある。例えば、文明十七年（一四八四）四月二十日に、

昨日、御連哥令三清書二之一、依レ仰点事申二遣宗伊入道一了。

とあり、二十三日条に、

抑、先日御連哥杉原合点。昨夜到来。仍、今朝進二上之一。則、付二名字一可三進二上一之由、被二仰下一。

とあって、名字を抜いた清書懐紙に合点の後に、名字を付けて進上している。

同書、文明十八年（一四八五）九月二日条に次のような記事があるのも同様の事情であろう。

昨日連哥、加二清書一申二勅点一了。

3　異同のこと

懐紙をめぐって、もう一点取り上げたいのは連歌に特有な異同のことである。筆削の跡を見ることによって、連歌成稿の成立過程が窺え、そこから異同の問題解決の糸口が見つかるのではないか、と思うからである。

連歌には単に誤写というだけで片付けられない異同の存在するものがある。それは句全体に及ぶことがあり、作者名の異同さえある。このようなことは生成段階で二種の本文が生じたと考えるしか解決のつかないことのように思える。

このことについては、『新撰菟玖波祈念百韻』をめぐって、島津忠夫氏が小西甚一氏の説を引きつつ述べた、次のような論がある。

> この百韻に見られる作者の異同は、単純に誤写の形では片づかない面をもっている。（略）もともと、連歌作品の異文の生じる原因の一つを、その座に連なった連衆の手控えの存在に求められている小西甚一氏の説は、おそらく正しいであろう。その場合、句は次に付ける必要から書き留めるが、作者は必ずしも書き留めないこともあろうし、書き留めても必ずしも正確ではなかったであろう。（略）群小作者の句が、大きく宗匠によって添削されて採用されるということもあっただろうし、連衆が前句を聞くや、次句を付けることに気が移って特に注意して書き留めなかったということも考えられよう。[17]

つまり、氏は異同の理由を連歌会席での字句訂正のことと絡めて理解しようとしている。氏の意を付度して繰り返せば、連衆のある者が句を提出する。それを連衆が自分の「手控え」に書き留めるものの、その後、宗匠によって大きく斧正されることがある。しかし、連衆は自分の手控えを訂正しない。その結果、執筆による正式の懐紙以外に連衆の「手控え」による異本が生じたというのである。

しかし、末尾に説かれていることに言及すれば、「大きく宗匠によって添削され」たものを、「次句を付けることに気が移って特に注意して書き留めなかった」ということがあるのであろうか。[18]「手控え」が「次に付ける必要から書き留める」ということであるならば、斧正後の句に「手控え」を改めないのは矛盾する気がする。また、斧正前の句が「手控え」にそのまま残っているとすると、付句が付けられた後の「手控え」には、斧正前の前句と、斧正後のものに付けられた句が書き留められるということにもなり、連歌としては奇妙な記録になるが、それはそのままであったということであろうか。

全体に関わることであるが、そもそも「手控え」とはいかなるものなのかも問題がある。作法書類・連歌会席図などで確認する限り、「連衆の手控え」云々ということは考えにくいことなのである。[19]後世、瀬川昌坢が『道の枝折』[20]中「連歌席につく事」（延宝九年〈一六八一〉）で、

重硯といふ事、歌の会ばかり有て、連哥になし。老人杯は物忘レする故、近代取用ゆ。夫ヲわかくさかりの人、自分の中書、座にてする事、執心うすき人の業なり。一日の連歌を覚ゆる迚などか覚へざらん。其日の連歌覚へねば、さしあひしはぐ出して席のわざわひ、すくなからず。況吟ずれはおぼゆるともなくおのづからおぼゆ。さればゝ咄しせず、物に紛れず、連歌しむものなり。

と述べ、また、阪昌周『連歌弁義』[21]（明和七年〈一七七〇〉刊）は次のように注意している。

むかしは前の句に付たる、己が句のみを書もし、覚もして、中書《ナカガキ》とて、各もち出て、発句よりつぎ〳〵、みながら書ことはあらじ。今も晴の会には、中書持出ることはなし。さし合覚がたき折には、つぎの間に立て、一句三

句づゝ書て、ふところへ入て、又坐にはつく事也。これにても其比つらね書たるものなきをしるべし。

このように、元来、連衆は座で作品を書き留めることはしなかったのであるが、「手控え」をしないようにというのは建前であって、実際には「手控え」をすることが多かったと考えるべきなのであろうか。

連歌に特異な異同の生じた理由としては、このように島津氏らの説にはいくつかの疑念が生じるのである。当時の連歌会席の実態把握が難しいこともあり、なかなか確実なことが言えない面があるが、この異同の問題を原懐紙に残された筆削の跡を調査することで解決の糸口が見つかるかもしれないと思う。

現在、いくつかの写本で異同の認められる連歌に関して、その原懐紙と見なされるものを見出すことができないので、隔靴掻痒の感があるが、書陵部蔵後土御門内裏連歌懐紙中の原懐紙と思われるものに残されている筆削の痕跡を見ると、確かに、連歌における異同のあり方に符合するようにも見える。先述したように、それが「手控え」ということとどう結びつくのかは分からないが、連歌において、筆削前と筆削後で句形をかなり異にする句が存在するという事実は確認でき、それが大きな異同になって後世に伝えられるということは考え得るのであろう。ただし、この考え方にも疑問がある。

改めてこの問題を考える上では、連歌の原懐紙がどのように成立するかを確認しておく必要がある。煩雑ではあるが、その手順を簡単に迫っておくことにしたい。

連歌会席作法によると成稿は次のような過程を経て成立する。まず、連衆が句を執筆に提示する。その句は執筆から宗匠などに示され検討を受ける。その了解が取れたところで採択が決定し、執筆によって懐紙に認められる、という過程である。

この過程を鑑みると、連歌の座において生成される「原懐紙」に残る筆削の多くが連衆から出された初形をその直後に直したもの、ということは考えにくいことになる。原則的には宗匠によって訂正されたものが、はじめて懐紙に記されるのであって、連衆の句が出されたままに書き留められ、その後、会席上で宗匠の訂正を受け、書き直されるということはないに違いない。そうであれば、「原懐紙」に残る筆削は、単なる執筆の書き誤りということだけなのであろうか。

このように考えてくると懐紙に見られる筆削はどの段階で行われたものと考えるべきなのであろうか。連衆の句は先述したように、正式に採択された後に懐紙に書き留められるのであるから、筆削は一旦はそれぞれの句が確定したその後ということになる。「原懐紙」である限り、それは連歌張行中に行われたはずで、可能性として考えられるのは句が採択、筆録された直後から百韻が満尾するまでの間ということになるであろう。[22]

つまり、書き誤りなどではない筆削は、連衆の句自体だけが問題にされたためではないことになる。一度は採択されたのであるから、一句としてはよしとされたものの、例えば、付句との兼ね合いで遡って訂正された、付けるのが非常に難しかったために、改めて差し替えられた、何かしらの事情で付句の採択を優先するために前句が直された、しばらく進行してから去嫌の関わりから遡って前の方の句を直す必要などから筆削された、さらには満尾後に連衆の句数の多寡の不都合によって作者が差し替えられた、などを理由として考えざるを得なくなる。

心敬は『私用抄』[23]の中で、前に遡って句を訂正すべきことのあることを次のように述べている。

指合などの句返し侍に、若干の故実あるべく哉。高家・尊宿・少人などの句を、五文字より返し侍る、見苦し。先披露し侍れば、いささかのことをば、其日の先達申合てとどめ侍る也。尊者・高位のかたの句の指合をばかきて、已前の句をなほす事もまま侍り。

もっとも、このような経緯で起こった異同にせよ、それがどうして新旧二種が伝えられることになったのかの解決にはならない。「原懐紙」での筆削とは関係なく、「清書懐紙」が作られた時にさらに訂正がなされ、「原懐紙」、「清書懐紙」の双方が流布したとすれば納得できるが、そうであれば、何としてでも同一連歌の両方の懐紙の発見が待たれる。また、先に引いた会席作法にあるように、連衆の記憶によって写しが作られることがあるとすれば、新旧混乱することが往々にしてあったであろうとも思われる。しかし、両者ともにその実物が出現しないかぎり、推測の域を出ないことは同じである。

いずれにせよ、この点に関しては今後、筆削の新旧を念入りに検討する必要があると思われる。その点で、書陵部の懐紙は重要な資料ということになるが、残念ながら、削ったという跡はある程度分かるものの、多くは何という字句を消したかを読み取ることがむずかしい。科学的な方法によればとも考えるが、それは願っても無理なことであろう。

結局は、異同がどの時点で生じたのか、これも「清書懐紙」の存在と同様に現時点では明確にし得ないが、芭蕉俳諧に関して、宮脇真彦氏が次のようなことを指摘しており、このようなことも視野に入れる必要があるかも知れない。氏はまず、

芭蕉が作品を発表するに際しては、実際の連句どおりに発表しているわけではけっしてない。

とした後に、

芭蕉の「市中は」の巻は、草稿と考え得る、本文を異にした本が二本、草稿の過程を示すものと考えられる断簡が二本伝存しており、また『去来抄』などに去来が芭蕉の推敲について伝える逸話を残してもいて、実際の興行から刊行の定稿形に至るまで、芭蕉が施した添削・推敲の跡をたどることができる。(24)

と述べ、具体的な推敲の事例を挙げているのである。

つまり、連歌会席での筆削によるものでもなく、日を置かずに「清書懐紙」が作られた折にというのでもなく、後世に残そうとする意図をもって、改めて検討、訂正がなされたとすれば、異本の問題は解決する。二条良基らの「石山百韻」、宗祇らの「水無瀬三吟」、また、伝本の多い千句連歌などは、後日に手が加えられたと考えても不思議ではないかも知れない。このような可能性を考える時、原懐紙の筆削が参考になる。同様のことが後日の訂正でも起こり得ることが示唆されるからである。しかし、これも確証がない。

以上、書陵部蔵後土御門内裏連歌懐紙をめぐって気になるところを記した。結論らしきものは出せなかったが、今後の連歌研究にとって、懐紙そのものを精査する必要があることは間違いなく、このことの重要性は指摘し得たと思う。「清書懐紙」というあり方を認めるとして、そうであれば、連歌における「原懐紙」という概念は改めて問い直さねばならないであろう。他の文芸の「原本」とは違った様相を連歌では想定しなければならない。

本稿での調査においては宮内庁書陵部にお世話になった。記して感謝の意を表したい。

注

（1）「後土御門天皇家の月次連歌」（「青山語文」31・平成一三年三月、『連歌史試論』新典社・平成一六年一〇月所収）

（2）このグループは「第十七」まであるが、「第四」以下は時代が下がる。

（3）『和漢図書分類目録　増加第一』には「五〇九―五八」とあるもので、後に函番号が変えられた。②の追加と捉え直し、函号を「四五六」に合わせたと考えられる。函番号に「(18綴)」と注記され、十八組に分類されており、第一綴から第十七綴は張行年月日の判明するものに一つ一つ綴番号を振るが、不明なものは一括して第十八綴としている。

（4）両角倉一「後土御門帝連歌壇の作品について―現存作品の整理と式目実施の状況―」（「山梨県立女子短期大学紀要」3・昭和四四年三月）にその一覧がある。『連歌総目録』（明治書院・平成九年四月）には発句（初折のないものは現存第一句を仮に［発句］として掲載）と連衆を挙げているが、句上のない不完備の連歌などに関しては一順からのみ名を引き、その後に出現する名を記していない場合がある。

（5）京都大学国語国文資料叢書『百韻連歌懐紙　曼珠院蔵』（臨川書店・昭和五九年一一月）に写真、翻刻、解説がある。

（6）一般に後世の連歌の写しは元来の懐紙の形を取らず、一行書きで詰めて書かれている。天理図書館には他に文明十四年（一四八二）二月二十三日千句連歌第一の懐紙の形をとった写し（文政九年〈一八二六〉八月二十三日写）、文明年間七月「山何」百韻の写しがある。

（7）解題によれば、総紙数一八三枚、連歌五十八巻分（欠けがあるので、五十八巻の四倍の枚数にはならない。また、和漢六巻を含む）である。

（8）図書寮叢刊（養徳社・昭和四〇年七月）

（9）凡例には次のようにある。

抹消されていて、初案・再案が明確な場合、及び文字の上に書直し、その初案の文字の判明する場合は、（略）初案・再案を識別出来るようにした。

（10）「写し（写本）」と「清書懐紙」はどこが相違するのかということになるが、「原懐紙」の写しであるという点では「清書懐紙」であってもそれは「写し」と同じであるものの、「清書懐紙」はあくまでも連歌会の張行からそれほど時を移さない時に、当事者の一部が何かしらの形で関与して、懐紙書様に則って完成版として作られたもの、と定義しておきたい。

（11）以下、連歌会席の実際については拙著『連歌の心と会席』（風間書房・二〇〇六年九月）参照。

（12）奉納連歌のすべてが内曇懐紙なのではない。その理由は費用の捻出の事情、奉納の格式の差などによるのであろう。月次連歌会のような内々ものは一般の料紙が使われている。

（13）「千句連歌の興行とその変遷」（「連歌俳諧研究」15・昭和三二年一二月、のち『連歌の研究』角川書店・昭和四八年三月、さらに『島津忠夫著作集』第二巻・和泉書院・二〇〇三年六月所収）

（14）『連歌総論』（桜楓社・昭和六二年九月）

（15）本論中でも指摘したように『実隆公記』には所々に清書に関する記述が見える。ただ、それらは合点のため、独吟連歌の場合など特殊なことがほとんどである。また、二〇一七年一一月・第三十号『京都古書組合総合目録』に大寧和尚宛「里村昌琢書状」の写真が掲載されている。これには「夢想之懐紙清書候事」とある。

(16) 続群書類従完成会。返点を付けた。

(17) 『連歌師宗祇』(岩波書店・一九九一年八月)

(18) 十七世紀頃から俳諧においては、連衆は小短冊に自句を記して執筆のもとに持参するという形を取りはじめるが、このようなことが連歌でも行われたとすれば、連衆が宗匠の斧正を受ける前の句形、もしくは採択されなかった句を知り得ることはないことになる。

(19) 現在、連句協会などの主催で行われている連句会では手控えをすることが一般であるようである。また、『歴代風俗写真大観』(新光社・昭和六年七月)中「連歌の会」の写真には各連衆の前に重硯、小短冊、手控え用紙が置かれている。ただし、この写真は「連歌の会」とされているものの解説なども鑑みると俳諧の会の様に思われる。

(20) 東京大学附属図書館酒竹文庫蔵。「酒竹文庫連歌俳諧書集成」(雄松堂書店・一九七三〜七五年)のマイクロフィッシュによる。版本『跡云草』にも収録。

(21) 国会図書館蔵

(22) 『看聞日記』紙背連歌の場合、筆削の文字について、『看聞日記紙背文書・別記』の解題では「訂正の文字は同字」とみなせるとしており、連歌会席中での筆削を示唆している。

(23) 中世の文学『連歌論集三』

(24) 「市中」歌仙名残の表考」(「連句年鑑」平成十八年版・平成一八年九月)。先に②とした「賦物連歌」の第七括・第八括あたりには削り直すのではなく、原形の脇に訂正を傍記した懐紙が多く存在する。これが当座のものか、後刻(日)のものかは今の所不明である。後者であるとすると、宮脇氏の説とも関わってきて、異本の生じる原因も納得できるものになり得る。

六　連歌・俳諧における句の用意

1　はじめに

連歌の文芸としての性格が当座の付合の妙にあったことは言うまでもない。そこに座の文芸、会席の文芸などと呼ばれる要因があった。しかし、実際の場で間髪を入れず、句が次々と詠まれる保証はなかった。初心であればその妙に達することはむずかしかったはずである。

そこで、常日頃の修行が必要とされた。その修行の方法の一つは、連歌付合のための基本的な知識である古典、さらにはその古典から抽出された寄合を学び、記憶することである。連歌愛好者にとって古典を具体的に付合として使えるように身にしみこませておくことは、欠くことのできないことであった。

古典をよく学ぶべきであるということはどの連歌学書にも見えることであるが、宗長は『連歌比況集[1]』の中で、連歌における古典勉学と和歌でのそれとの相違を城責めに譬えて次のように述べている。

　連歌と歌との難易を申さば、歌は題をとりて起臥て案じ、又抄物をも見合てよむ物也。連歌は列座して、人の句に我付、わが句に人付る物なれば、物を見るにも及ばず。油断しては不レ可レ叶物也。たとへば、歌は城責をせんがごとし。城の切岸へ付てかへり、壁尺（の）木などを結て、物の具ぬぎ置て、折を待ちてせむる物なり。連歌は打出て合戦するがごとし。難易此中に有。能々工夫すべし。

また、常識的な連想を常に働かせるというありきたりとも言える態度も必要である。二条良基は『僻連抄』(2)で、

見る様にこもれる所もなく、月とあらば山の秋風とも、花とあらば峰の霞とも、かやうの物をちとも働かさで、景気眺望を見る様に有レリ興て付くるも子細なし。また、秋といふ句に春、野といふに山、朝といふに夕、かやうに引違へて付くるも一の体也。

などと述べている。

先学の作品を見、みずから、作句の修行もしなければならなかったであろうが、連歌が付合によるものであることからすれば、厳密には作句の修行は実際の連歌会席でしかなし得ないものであった。したがって、

ただ堪能に練習して、座功を積むよりほかの稽古はあるべからず。

という『僻連抄』の教えは至極当然のことと言えるが、しかし、そうであっても、会席に出る機会は限られているであろうから、日々は一人で作句を試みねばならなかったはずである。

後の時代のものであるが、宗牧はこの点に関して『当風連歌秘事』(3)の中で、「連歌は朝夕工夫すべき事歟」という問に次のように答えている。

前句なく候共、山川・草木・風雪・山風・雲鳥・獣物に付、朝夕一句を作り候はば、次第次第に句体も工夫のみに入、句数も出来すべし、是、宗砌より宗祇伝、又、兼載・宗長・宗碩、何も伝給ふをも、或時、宗長公へ此道を尋申候へば、如レ此しめし給ふと也。

連歌愛好者がこのような修行を積むことが必須となれば、おのずから多くの先学の句が頭に入り、さらには自分の「工夫」した句も蓄えられるようになったことと思われる。ましてや、会席の直前には古典の復習も含めて、特に集中して準備・工夫をしておかなければならなかった。

岩松尚純の『連歌会席式』(4)には、

　其朝《アシタ》に至ては、古詩《コシ》古歌などを吟味して、心を高く澄《スマ》し、偏に三昧《マイ》に入ごとく成べし。

とあり、近世連歌に大きな影響を与えた応其の『無言抄』(5)には、

　其席に望事ゆめ〳〵聊爾におもふべからず。前の夕よりこゝろをしづめ、終夜古哥物語等の詞を思ひつらね、内外の書籍和漢の古事を心にしたがひ披見し、工夫して早旦より衣裳をかひつくろひ出座有べし。

とある。

ここで述べられている「工夫して」が具体的にどのようなことを意味するのか判然としないが、前に「詞を思ひつらね」とあることから鑑みれば、句作を工夫して、ということであろう。この「工夫」という事柄は『連歌会席式』にも、

　連歌の工夫《クフ》を専《モツパラ》らにして余力《ヨリヨク》あらば抄物《セウモツ》なども見侍るべし。

とあり、猪苗代兼載の『梅春抄』(6)にも、

　会の筵に出る時は、身を清して衣をととのへ、心に実をなし古人の秀歌を案じ出し、おなじく古人の名句を工夫し、

とある。

古典を復習し、先賢の句を見直すことは勿論であるが、さらにそれを参考に自分自身の句をもあれこれ試みておく

ように、という教えなのに違いない。作句を試みておくことについては、『肖柏伝書』[7]に二日前に連歌会の案内をもらったならば、として、

連衆の方へも、一両日前に案内候へば、一日双紙をも見、翌日は一句だちの、百も二百もめづらしきことを遊し置候へば、たれ〴〵も秀逸を被〻召候也。

とある。このような準備が連歌会席に臨む上で必要とされたのである。

2　孕句・手帳

承応二年（一六五三）成の俳諧「紅梅千句」[8]第五百韻第九十一、安静の句に、

当座をもはらみ句といふ連歌して　安静

というものがある。「孕句」は前もって用意しておいた句という意味である。支考著『十論為弁抄』[9]に見える

行灯の火口を脇へふりむけて

馬に戻せときる物をかす

或人の方より此句評を望れしに、是は慥に孕句ならん。前の行灯はあばれたる台所に夜ふけてさびしき姿なれば、馬の居所さらになし。

という逸話からは、孕句があるまじき手段であるとの通念があったことが窺われる。ただし、発句に関してであるが、『去来抄』[10]で、風毛の句を去来が批判して、

かくのごとき句は、口を開けば出づるものなり。こころみに作りて見せん。題を出されよ。町《ちやう》、すなはち「露」といふ。「露落ちて襟こそばゆき木陰哉」。「菊」といふ。「菊咲いて屋根のかざりや山ばたけ」と、十題十句、言

下に賦し、「もし、孕み句の疑ひもあらん。一題を乞うて十句せん」。町、「砧」といふ。「娘より娵《よめ》の音よわき砧哉」、「乗懸《のりかけ》のねむりをさます砧哉」といふをはじめ、十句筆をおかせず。

と風毛の句程度のものは即座にできることを吹聴しているが、ここでは孕句というものが、「あるまじき」とされながら、たびたび行われていたことが前提となっている。

このような孕句を芭蕉自身はどのように考えていたのであろうか。芭蕉はやはり発句についてであるが、『三冊子』[11]に、

また曰く「人の方に行くに、発句心に持ち行く事あり。趣向・季の取合せ、障りなき事を考ふべし。句作りは残すべし。孕句出でたるは、出づる所うるはしからず」となり。

という言葉を残している。「孕句出でたるは」云々は孕句が出されたように思われてしまうのは、ということで、先に「発句心に持ち行く事あり」とあることから、これは孕句を完全に否定しているものではない。

芭蕉が孕句について言及しているのは他に見つからないが、類似した意義の語として「手帳」という言葉は多く口に乗せている。まず、書簡[12]を早い方から挙げておきたい。傍線筆者。

①「元禄三年九月十二日曽良宛」

此度、ひさご集ぜゞより出申候。世間五句付の病甚敷、手帳がちに成、をもたく成候故、一等くつろげ候間、御覧被ㇾ成、猶御工夫可ㇾ被ㇾ成候。

②「元禄五年五月七日去来宛」

此方俳諧之体、屋敷町・裏屋・背戸屋・辻番・寺かたまで、点取はやり候。尤点者共之為には悦にて可ㇾ有二御座一候へ共、さて〳〵浅ましく成下り候。中〳〵新しみなど、かろみの詮議おもひもよらず、随分耳に立事、む

つかしき手帳をこしらへ、礫・獄門、巻〳〵に云散らし、あるは古き姿に手おもく、句作一円きかれぬ事にて御座候。

③「元禄七年二月二十五日許六宛」

「関の足軽」、能比合之奇作に候。過れば手帳の部に落候。世に鳴るものゝ三つ物、惣而地句等、皆〳〵手帳の外は三歳児童の作意ほどもうごかず候。町ものゝ拵の俳諧にも我党五三人は見あき候へども、いまだ爰ヲ専と句を拵候者共も歴々相見え候。能句をうるさがる心ざし感心可ㇾ有事にや。（略）野坡が三つ物は、去秋より愚風に移り、いまだうゐ〳〵敷てさぐり足にかゝり侍れ共、年来の功少増り、器量邪風に立越候故見所多く、惣而の第三、手帳の場を打なぐりたる、一つの手柄故、是中の品の上の定に落付候。（略）みの如行が三つ物はかるみを底に置たるなるべし。惣而の第三は手帳の部にありといへ共、世上につらを出す風雅の罪、ゆるし置候。

④「元禄七年六月二十四日杉風宛」

『別座鋪』、門人不ㇾ残驚、もはや手帳にあぐみ候折節、如ㇾ此あるべき時節なりと大手を打て感心致候。

俳論からも引用しておきたい。次は『去来抄』に見えるものである。

舟に煩ふ西国の馬　　彦根の句

許六試みの点を乞ひける時、この句を長をかけたり。先師に伺ふに、先師曰く「いまは手帳らしき句も嫌ひ侍る。是らの句、手帳なり。長あるべからず」となり。かつて上京の時、問ひて曰く「この句いかなるところ手帳に侍るや」。先師曰く「船の中にて馬の煩ふ事はいふべし。「西国の馬」とまでは、よくこしらへたるものなり」となん。

弓張の角さし出だす月の雲　　去来

去来問ひて曰く「この句も手帳なるべきや」。先師曰く「手帳ならず。雲も角も弓張月も、いはねば一句きこえず」。

「手帳」とは『俳文学大辞典』[13]によれば、「〈手帳俳諧〉の略。付合を前もって用意して手帳に記しておくことからきた語。観念的で奇警な付句表現に対し批判的にいう」ということである。また、『連句辞典』[14]の「手帳」の項には「〈手帳俳諧〉〈孕句〉ともいう」とある。「孕句」の方は『俳文学大辞典』の項では「会席で即座に作るのではなく、句の浮かばぬ場合の用意に前もって用意しておいた句」とされている。

「手帳」と「孕句」は会席前に句を用意しておくことという原義からは確かに同類の語であろう。しかし、芭蕉の用語においては「手帳」はもはやその原義からずれてきている。その語の形容として幾度も「拵える」と使われているように、「手帳」は不自然に巧んだ句、『去来抄』の例からは、不自然に語句を取り合わせた句、などというのが芭蕉のその語に含ませた意義である。あらかじめ作り置いたものであるかどうかは大した問題ではないのであろう。

芭蕉がこのような意味で「手帳」の語を用いたことが、所謂「軽み」の主張と軌を一にしていることにも、「手帳」の語義を理解するためには注意を払わなければならない。書簡①でも既に「手帳がちに成、をもたく成候故」と述べられ、そのことが確認できる。②③は「軽み」論を述べた著名な書簡である。

しかし、孕句の方は先にも言及したように、芭蕉は絶対的な否定はしていない。「発句心に持ち行く事」のあることはしかるべきこととしているのであり、このことからも芭蕉が前もって句を用意しておくこと自体を問題にしているのではないことが分かる。

そもそも、芭蕉が「手帳」論をもって「軽み」をよしとしたようなことは、二条良基の連歌論においても見られることであった。最初期の『僻連抄』でも、詞細く具足少なからむ連歌は、一座の妨に及ぶべからず。詞強《こは》く景物多き連歌をたびたび返されぬれば、風情を失ひて、更に寄所なし。かやうの人はまことの魔障なるべし。

と類似の主張をしているし、「軽」という語自体を使っての論も、『筑波問答』[15]に、

初心のほど、ゆめ〳〵万葉以下の古き事を好み給ふべからず。たゞ、あさ〳〵としたる句のやす〳〵としたるを、詞優しく句がるにし給ふべきなり。何とがな面白からんと案じ給ふ事、ゆめ〳〵あるべからず。如何に沈思し給ふとも、よきはあるまじきなり。かろ〴〵とし給ふとも、さのみ悪き事のみにては侍るまじ。

と、特に初心者に対してではあるが、言及されており、『九州問答』には一般論として、「連歌の詞はいかやうなるをよきと申し侯ふべきや」という問に対して、

先づ、浮き〳〵と優しき詞を軽々とすべし。沈みたるやうなる詞、むさ〳〵と聞こゆるをばせぬ事なり。[16]

とし、「脇句」については、

脇句は発句を請けて軽々とすべし。心などたち入りたる事はなし。[17]

とある。良基における「地連歌」の重要性への主張も含めて、このような連歌・俳諧史に通底する観念からも芭蕉が「孕句」ではなく、「手帳」を批判したのは当然であったと言えよう。[18]

3　発句の用意

少なくとも芭蕉が発句に関しては孕句と呼べるようなものを容認していたことは、前引の『三冊子』の例もそうであるが、次の『去来抄』の逸話からも判明する。

先師曰く「今夜、初めて正秀亭に会す。珍客なれば、発句は我なるべしと、兼ねて覚悟すべき事なり。その上、

発句と乞はば、秀拙を選ばず早く出だすべき事なり。一夜のほど幾ばくかある。汝が発句に時を移さば、今宵の会むなしからん。無風雅の至りなり。

発句は連歌百句の内で唯一、当座の景に即して詠むべきものであった。[19]『僻連抄』にも、

発句に折節の景物背きたるは返す返す口惜しき事也。ことに覚悟すべし。景物の宗とあるはよき也。

と述べられている。そうであれば、他の句はともかく発句こそ当座に詠むべきであるのが建前であったはずである。宗牧は『当風連歌秘事』の中で「発句は前に案じ侍るべきか。又、時に望て仕候歟。如何」という問に対して次のように答えている。

発句は、当意の気色の撰様、座中の体、庭前の有様、色々様々の景気共侍れば、更兼て難ㇾ叶。只当意則妙を可ㇾ本にや。

しかしながら、宗牧がこの後に次のように言葉を継いでいることには注意する必要がある。

乍ㇾ去、兼て四季四節山川草木の景を案じ到て、当意の景色ばかりを仕替事、故実也。千句・万句の発句は兼て案じをき候事、肝要なり。

先の記述は発句の本来的性格を説いたもので、作句に当たっての実際は後者の言にある、ということなのであろう。このことは前引の『僻連抄』でも、

昼、夜の発句、ゆめゆめすべからず　但し、名月の良辰にはこれを許す。夜は昼の句する事も時々あるべし。

とあることからすれば、類似した用意の仕方があったことが察せられるのである。

このように発句を会席の前にあらかじめ用意しておくことは、古くからの習いであったらしい。次は頓阿の『井蛙抄』[20]に見えるものである。

故宗匠云、民部卿入道被ﾚ申しは、「歌会に人のもとへ行には、連歌発句一二案じて、何人何木何船様のつねの賦物にあてゝ用意する也。会のするゑざまに、俄に連歌すべしなどいふ事あるに、そゞろに発句を案じて、人にまたれなどすべからず」と被ﾚ申き。

「故宗匠」は二条為世（一二五〇〜一三三八）、「民部卿入道」は藤原為家（一一九八〜一二七五）である。この逸話が史実であれば、十三世紀後半には既にこのような習いがあったことになる。少なくとも『井蛙抄』成立期である十四世紀中頃、つまりは良基の時代にはこのようなことが語られていたのである。

時代が下がるが、宗祇に仮託された『宗祇初心抄』(21)には、

発句などの事、当座にてさす事候間、さ様の時は不ﾚ及ﾚ力発句をする事にて候。それは其時の当座の躰又天気などを見つくろひてする事候。さやうに候へば、当座に出来たる発句と聞こえて面白く候。たくみたる発句は古句案じたる心ばへ見えて、其興なく候。

などとある。「当座にてさす事候間」とは、急に発句を所望される時がある、ということで、これはその折には、という注意である。「さ様の時は」云々は、その場で詠んだものは不出来なものになりがちである。その時のために、あらかじめ句を用意しておいて、それをあたかも咄嗟に作ったように振舞え、と言うのである。結局、「当座に出来たる発句と聞こえ」るのがよいとしているが、これは先述しているごとくそれが発句の建前であったということであり、芭蕉の孕句論と同じである。

このようなことから、同時代の連歌論書『肖柏伝書』では次のようにあって、現実的対応が示されている。

惣而、連歌興行のことは、其所の宗匠の方へ、五日以前に案内を申とかや。然者、発句などをも頼み申などと侍れば、思案侍る物也。当座などの事は、自然客来已下、俄なる興行の時の事にて候。定日会、或立願、或月並み・

祝言・祈禱など、其砌にさし候へば、発句も遅くなり、其に付て禁句なども候也。脇・第三をそくなりて、句などもとどこほり候へば、終日の調子違候也。いかにも以前より被二仰合一侍らんとぞ。

『井蛙抄』に記録されたような実際に関しては、『実隆公記』[22]明応四年（一四九五）六月二十五日の条に、次のようにあるのが参考になる。

早朝今日御発句御談合、愚存分申二入之一、今日一日百韵有レ之云々、

このように実隆が月次連歌会のために、後土御門天皇の発句の相談に預かるということは常のことであったと思われる。文明十八年（一四八六）四月二十三日の条にも、

晩頭依レ召参内、明後日御連哥御発句被レ仰談、愚存分粗申入了退出、

とある。これは翌々日の二十五日に催された千句連歌に関わるもので、幾分特殊であるが、ただ、この折には普通の千句連歌と相違して、同時に百韻連歌を十座に分かれて興行していることからは、一般的な連歌会に準じて捉えてよいのであろう。

明応四年九月二十七日の条には、

抑去廿五日御発句余分在レ之、可レ被レ遊之由勅定、卅句被レ遊レ之、

ともある。これだけの記事からは、発句が二十五日当座に作られたという可能性も考えられるが、やはり、その日より前に幾つか発句が作られ、実隆なりの意見によって二十五日には用いられなかった発句を、ということなのだと思われる。

次の記事は徳川幕府の柳営連歌会に関してのもので、連歌会としては極めて特殊ではあるが、ただし、発句を用意しておくように手配することについては、習慣的なやり方を踏襲していると言えるものである。

御会日何日と定りぬれば、先宗匠仕べき者を召て、その旨仰あるべき事
御発句のこと此時に仰あるべき事
但御発句御所様御自作に遊ばさるゝ歟、又は御作代を宗匠に仰付らるゝ歟、又は宗匠に発句奉るべき由仰ある歟、
何れにもこの時仰下さるべき事
（『御連歌晴之御会次第略』[23]）

題が与えられていたような千句連歌の場合は、和歌の兼題と同様に、あらかじめ発句を作っておくことは当然のことであった。『当風連歌秘事』に「千句万句の発句は兼て案じをき候事、肝要なり」とあったことは既に引いた。同類書と思われる『宗養より聞書』[24]では、

千句の発句などには、久布案じをきたる句もよろしくおもしろく候。

と述べられている。

『宗祇初心抄』には次のような記事が見える。

千句などの発句にあたり候はば、やすき発句を一案じ候て、事かけ候はば、其をすべき心を持て、其間に逗留候へば、別而一かどある発句を案じ候てする事候。さ様に候はねば、発句出来候はぬ程には心さはぎて、たゞの連歌などもせられず候。是一の古事にて候。

必ずとは述べられていないが、発句を用意しておくことが実際上、有用であるというのである。次の記事は『石山月見記』[25]に記録された「石山千句」に関するものである。

宗養法師、紹巴法師、これも同聴のともがらなれば、いざなひ侍りしに、いたづらに日ををくらむも心うし。かの源氏のまのあたりにて。十百韻の連歌をと申せしかば、不堪のうへ老懐いかゞとおもひながら、驥の尾につくべきよし申せしに、然らば発句の題には、かのものがたりの目録をと申て、若菜の発句を申出し侍りしかば、を

のくその心ばせをおもひめぐらし、十の発句をさだめて、ことし天文廿四年八月十四日におもひたち、輿をならべ侍る。

千句連歌では、やはりこのように発句は会席の前に作りおいておくのが習いであったのである。

もう一例挙げると、次は十七世紀初頭成の『三湖抄』[26]の記述である。

千句、月次独吟などの発句は、数日工夫思案をまはしたる躰可レ然。当座の発句などはかねてたくみたるやうなる作意は面白からず

ここでは千句だけでなく、月次連歌でも発句を用意しておくことが一般であることに言及している。

また、連歌には、はじめに参加者が一通り一度ずつ詠むという一順（巡）という習いがあった。この一順は、中世のある時期からはあらかじめ参加者の自宅に回して作り置くことが多くなったらしい。いつからこのようなことが行われるようになったかは判然としないが、『当風連歌秘事』には、

只今京都には、兼載の風より以来、宗長・宗碩以来、発句等出来候へば、五、三日以前より、一順を文箱に入て、人衆の次々へ送り侍る也。

と記されている。

一順が連歌会当座以前に作られるならば、発句が当座ということと関わりなく詠まれるのは言うまでもないことである。[27]発句以外は、一順が自分の所に回ってきた時に前句を見て作るのであるから、その場においては当座ということになり、何日も何時間も前に前句と無関係に作り置くこととは違うが、十分な時間が与えられ、先達などに相談もできるという点では本来の連歌のあり方とは相違する。『当風連歌秘事』には前引部分に続けて、

然間、何も好士の宿へ持参して談合する也。殊更、初心遅口の人は、俄案ずる事難レ叶故、前広にその沙汰ある

べし。

とあり、俳諧であるが、北村季吟の『誹諧会法』(28)には一順さらに再篇の作法がより具体的に、

一順・再篇等の句、宗匠にうかゞひ候時は、詠草に其前句を書て、我付句を其次に二句書付て、見せ候べし。

と示されている。

そもそも一順が当座で詠まれても『当風連歌秘事』に、

昔は一順を式三番にたとへて、いつもある事を申二沙汰一候と云々。

とあるようなことであったならば、それほど珍しい独創的な句を詠む必要はなかったということで、句をあらかじめ用意しておくことと実態としてはあまり変わらない。

このように、あらかじめ作り置いた句ということであれば、既に一度公表した句を再び使うことさえあったことも必然の結果と言えるかも知れない。同書には「一趣向をも、発句に一度、付句に一度づつは不レ苦と也」として、次のような逸話が伝えられている。

宗碩、上京の笹屋が本の会に、

吹むすびふきとく風の柳哉

と侍りて、次の日、宗長に此発句を語り給へば、是をこそ晴の発句とは可レ申候。只の連歌にてはあたら事成と、返々讃給ふ也。然に次の年、飛鳥井家に御会侍し時、発句を宗碩へさし給しに、この柳の発句を出し給へば、公家・武家、聞及し輩、此発句殊勝と吟詠あるに、脇より有人さしよりて、是は笹屋が許にて被レ遊候を御失念候か、と申ければ、碩公耳にも聞入れずましませば、彼者手を失侍ると也。さて又、他人の句は趣向を不レ可レ取事也。

ただし、心敬に仮託された『馬上集』[29]では、同類の発句をうっかり詠んでしまったことについて、

　愚句を二度口外する事は。知恵の浅きよりあやまる事なれは。そのつみのつたなきのみ也。

という悔いが記されており、手放しで承認できることではなかった。

4　付句の用意

　発句が当座の前に作られていることが多々あったことは前記のごとくであるが、付句の場合はどうであろうか。冒頭に述べたように、連歌という文芸の本質が付合の妙にあることはいうまでもなく、そうであれば、前句が提示されていないのに、付句を作るということは常識的には考えにくいことである。しかし、発句に関して引いた『当風連歌秘事』では、「発句は前に案じ侍るべきか。又、時に望て仕候歟。如何」という問に対して、まず、

　答云、平句は兼而作置、前句に随て付行物にて候か。

と述べている。前引したように発句に対しては、「只当意則妙を可レ本にや」と答え、平句に関しては「兼而作置」として、俳諧でいう「孕句」をそれほど問題にしていないのである。

　幕末（天保七年〈一八二四〉）の俳諧作法書であるが、活斎是網著『俳諧仕様帳二編』[30]には次のような「孕句」に関しての言がある。

　会席に出やうと思ふに、孕句を沢山にこしらへ置て、よくそらに覚えてをるじや。前日などの急拵は忘るゝものゆゑ、常々目に見耳に聞く事、是はよいはいかいと思ふ事を長い句と短い句にゆるりと案じて、拵ておくじや。さて会席にのぞんだ時、我が句が九句か十句もあらば、席にて一二句考、後はそのはらみ句でうまくそこへはめるがよいじや。身熟（未熟—引用者注）な人のくるしさうに云出す句毎の、たび〳〵にかうがよいか、あゝがよ

いか、と文台のかたへ向つて相談するのも見苦敷、あたりの人の邪魔にもなれば、それよりはその孕句でさら〱と出来てしまうが、双方ともに都合よければ、兎角に達者のつくまでは、この孕句といふ事もしておかにやならぬ事じや。しかし、その孕句は一句立のよくわかつて、どこへもひろくつくやうに、こしらへおくが第一じや。

この書では、以下、具体的な例を引いて孕句の方法を説くが、ここに見えるようなことは、連歌においても会席に臨む上での現実的心構えとしてあったことと思われるのである。それは先に取り上げた芭蕉周辺においても同じことであったであろう。

次の記述は『僻連抄』のものである。

或人の、発句も聞かで、脇の句付けたる事ありき。これは秘事にてあれども、嫌物を聞きて発句は聞かずとも、付くる事、子細あるべからず。所詮、物の名にて、松風とも、庭の草ともとむれば、てにはのたがはぬ也。かやうの事、末学は知り難し。仍つて注レス之。(31)

このようなことができるのであれば、脇句をあらかじめ用意しておくことが可能であったということであろう。

次は同じ良基の『九州問答』中の記事である。「周阿が連歌に、多く当座にてせぬ連歌の兼日に案じたると覚え候ふ句多く候ひし。かやうにも仕り候ふべきやらん」という今川了俊の問に対する答である。

答へて云はく、歌にも貫之は一首を二十日に詠むなど申すことの侍らば、連歌も兼ねてよくよく工夫せんこと子細なきか。但し、一句を丸ながら作り置きたらんは、いかにも上句のてにはも違ひ、一句も退くべきなり。周阿は大略兼日より下作りをして、てにはばかりを取り直してし候ひしと覚え候ふ。(32)

「てにはばかりを取り直して」という言は、前引の『僻連抄』の「物の名にて、松風とも、庭の草ともとむれば、てにはのたがはぬ也」という見解に対応するものである。脇句の場合は体言で留めるという一般的な作り方をしておけば、前句（発句）にうまく付く、というのであり、他の付句の場合は「てには」の工夫でその条件を満たすことができるというのである。

勿論、本来は当座での付けこそが理想であるとして、先の引用に続けて良基は、

> これは当座にて出来し候はんよりは無下に劣りたる事なり。但し、細かに作り入りてしたるは当座は人の面白がる事なり。さのみ同じ風情なれば、次第に聞き劣りのするなり。真実当座の胸中より出でたらんには劣るべきなり。但し兼日よりも作り置くことも数奇の所謂なり。堪能にあらずは、また風情を作り入ることもかなふまじきにや。これも最上にはあらねども、一句面白からんは一体にてさのみ嫌ふべきにあらず。当時は作り句をする程の人もなきなり。

と述べている。しかし、「堪能」でなければなし得ないこととして、付句をあらかじめ作り置くことのできる力量は認めているのである。

次の逸話は、摂政（良基）家の千句連歌において、最高点を取ろうと救済と周阿が、前句・付句をあらかじめ用意しておき、成功させたという『馬上集』に伝えられたものである。

> 周阿、救済が宿庵に夜更、人しづまりて忍行。ひそかに申けるは、扨も世に人多といへども、此道に名をしられたる者は両人也。今度千句惣長の事如何思召給ふぞ。可二申合一心中にて夜陰に参たり。若惣長あらは当代は所二知得一、末代には名を残し給ふべし。（略）貴辺と愚身と心得計案じたらん句に、などか惣長ならざらん。愚身に定而執筆をさしあてらるべし。（略）諸人句を出す共、指合ありとてかへし侍るべし。
>
> 池をも田にや作りなすらん

と申すべし。此句に兼て付すましたまへと。両人ともに名を得たるほとの好士、一夜がほど談合して付侍れば、などかあしかるべき。

水鳥のをしねかりほす秋の日に

両者申走而退出す。則摂政家の千句に参て、救済は宗匠なれば、貴天満座とも軽らず。（略）あんの如く三百韻めの執筆を周阿にさせしに、周阿上座して執筆をつかふまつり、三ノ面六句目に件の句を出す。（略）

ここは付合二句を用意しておくという話で、付句一句だけの用意と幾分相違するが、周阿が「池をも」云々という前句をその前の句がない段階で作り置いたという点では同じことである。

この逸話の真偽は不明である。しかし、少なくともこの書が書かれた時代に救済・周阿のような堪能がなし得たことと認識されていたのであろうし、このように句をあらかじめ作り置いて付合を企むことがあり得ることとして想定されてはいたのであろう。

前引した『肖柏伝書』で、

連衆の方へも、一両日前に案内候へば、一日双紙をも見、翌日は一句だちの、百も二百もめづらしきことを遊し置候へば、たれぐも秀逸を被レ召候也。

と述べられた折の「百句も二百も」作り置く「一句だち」の句というものも、『九州問答』に言及された周阿のような方法、『馬上集』のような付句作句の方法としてあり得ることを前提としてのものに違いない。

『九州問答』にいう「作り句」というものが、ことさら巧みをこらした芭蕉の言う「手帳」のごときものであったとすれば、『梵灯庵返答書』[33]に周阿の句について、

近来、摂政家の仰せにも「詞砕けて長高き句なし。或いは作連歌、或いは細かなる連歌、心に良しと思ひしめて、

〈てにをは〉には働き果てをよし」と申し侍りしなり。

とあるように、「作連歌」として否定的に見られたであろうが、句の用意ということに関してはそれほど特異なことは見なされていなかったと思われるのである。

5　おわりに

本稿の冒頭に述べたように、そもそも作句の修行は怠りなくすべきことであったのである。そうであれば、句を用意して連歌会席に臨むことを必要悪とのみ言い立ててよいかも疑問になってくる。

『九州問答』の中で、「古連歌をちとてにはなどを変へてする人の候ふ。いかやうに候ふべきやらん」という問に対して、「名句を取る事返す〲あさましき恥なり」とはするものの、

但し、連歌はたゞ文字一つにて新しくなる事なり。上手は常の連歌をてにはにて違へて新しく聞こゆるやうにする、一つの体なり。[34]

と述べていることは、句を用意しておくことへの肯定と読み取れるし、『了俊下草』[35]の

救済ごときは大成の将聖《シヤウ》也。其外は一方を得たる哉。周阿は連歌を兼日案じをきてよくとり合候し也。近日は又何の方も不ㇾ叶歟。無念此事候。

という言は、前述したような周阿の方法の全面的評価とは言えないものの、周阿のように句を作り置いておくという手段を一つの方法として認めているのである。

発句についてであるが、『宗養書とめ』[36]には、

上手の発句を初心の時、学て可ㇾ習事、第一也。夫をあまり同こゝろ、詞はあし候（ママ）。発句に云、

是は、いかにも初心の時、宗祇の句を専順うつし、宗祇の句を宗長うつし、次第に劫を積りて我と悟り知、珍しき心を尋出し、世に名を取給ふ也。

（例句四句略）

ともある。また、平句に関しては、伝宗祇著『初学用捨抄』(37)に、

たゞ心の稽古（の）至所は心安き座にて心静に案じ、あるひは連々前句を作候て、五句も十句も憚ある時、（又はね覚などに作捨）、工夫して行まゝに、実の面白に天然と至物にて候。常住の工夫なくしては、連歌に成給候はん人は、かならずつまづき給べし。

と述べられている。これらを見ると、少なくとも初心の時は、連歌会席に臨むに当たっては、それをそのまま用いないにしても、先達の句を参考にしつつ工夫した多くの句を準備しておくべきであったことが分かる。

勿論、句をあらかじめ作り置いておくことで付合の妙味というもの、また、連歌が本来もっていたはずの当座性というものが欠けることは懸念された。心敬はその懸念を次のように吐露している。

中古には付合とて、大方兼てより付るさまを定めをきて、前句の心、てにをはの沙汰はなく、ただ取合々々侍る計の句のみなる歟。（『老のくりごと』(38)）

心敬は付合における親句・疎句を論じ、疎句の方が「気高う、遙遠」であると『ささめごと』(39)で述べているが、しかし、一方では、

○灯庵主の句、前句の心をば忘れ、ただわが句のみおもしろくかざりたて、前句の眼をば失しなへり。其比より諸人ひとへに前の句の心をば尋ず、ただ並べをき侍ると見えたり。此道は前の句にわが句の玉しゐはあるべく哉。（『所々返答』(40)）

○中つ頃よりこの方の好士は、一句の上に理知られて、麗しきを秀逸とのみ取置、前句の付ざまをば忘れ侍るやらん。
（『ささめごと』）

と、連歌というものが付合によって成り立つことを忘れてはならないことも注意している。疎句ということと一句立とは違うということであろう。寄合のごときものだけで「取合」わせて親句の付合とすることも、一句立で疎句のごとく付けることも否定しているのであるが、これらの注意は、当時、句をあらかじめ用意してそれを考えもなしに用いる者が多くいたことが一つの前提になっての言と思われるのである。

そうは言っても、心敬は日々の修行をないがしろにはしていない。『心敬法印庭訓』[41]では、「連歌は、かねてたしみ、朝夕修行工夫して」と、修行を重ねることの必要を説いている。当然、それを実践したはずの心敬の胸中には数限りない句の蓄積があったに違いないのである。

『当風連歌秘事』では次のように心敬の逸話を引いて、自分自身の句であれば、二、三度は同じ句を用いてよいと述べられている。

我句之儀は、前句さへ相替ば、両三度迄は不ㇾ苦也。心敬会席に、有人、

露も葎もちりぐの暮　と申に、

秋とふく荻の上風山おろし

と付候也。然に、十日ばかり過てある御会に、

おなじ教へをあまたにぞきく　と云句に、

秋と吹荻のうはかぜ山嵐

と付給也。是をも人々申候へば、前句かはりて殊よく付候歟と覚申候。少しも不ㇾ苦候也。

もっとも、先達の句をそのまま用いるようなことは慎むべきで、近世、例えば瀬川昌坢は『道の枝折』[42]の中で、

未熟の人おほくは古連歌おぼえて口にあるてにをはばかり直し出す事あり。甚あしく、詞は古くとも心を引かへて用たらんこそ本意ならめ。

と注意している。これは同類・等類の望ましくないこととされたことからも当然のことであった。

心敬の方は『心敬法印庭訓』で、先に引いた部分に引き続いて、

その座にてはかろ〲とすべし。平生たしなむ人の句は、口にまかせてするやうなれども、よく〲聞ゆるもの也。ただの時たしなまぬ人の、たしなむ風情みせんとて、汗を流しうつ臥しあふのき案ずるは、かたはらいたくこそあれ、数寄とは見えず。

とも述べている。結局は、修行の結果、蓄積した胸中の句を土台とし、新たな句、もしくは新たに詠まれたと感じさせるような句が立ち現れるようであることを最上としたのであろう。句は日頃多く用意すべきであり、その上でそれらの句を捨てることのできる者こそが真の堪能とされたのだと思う。それは、

先師曰く「今の俳諧は日頃に工夫を経て、席に臨んで気先を以て吐くべし。心頭に落とすべからず」となり。（『去来抄』）

と述べた芭蕉においても同じであったに違いない。

注

（1）　中世の文学『連歌論集四』

（2）　日本古典文学全集『連歌論集　能楽論集　俳論集』

（3）注（1）
（4）鶴崎裕雄「上野国国人領主　岩松尚純の連歌とその資料」（「帝塚山学院短期大学研究年報」28・昭和五五年一二月）
（5）「日本古典全集」
（6）注（1）
（7）注（1）
（8）古典俳文学大系『貞門俳諧集一』
（9）注（8）
（10）新編日本古典文学全集『連歌論集　能楽論集　俳論集』
（11）注（10）
（12）今栄蔵『芭蕉書簡大成』（角川書店・平成一七年一〇月）
（13）角川書店・平成七年一〇月
（14）東京堂出版・昭和六一年六月
（15）日本古典文学大系『連歌論集　俳論集』
（16）『九州問答』注釈Ｉ」（「緑岡詞林」27・平成一五年四月）
（17）『九州問答』注釈Ⅱ」（「緑岡詞林」28・平成一六年三月）
（18）良基の論が会席における平句に関して、特に場を重視した上でのもので、芭蕉の論が発句を含めた作品のあり方そのものに対するものでもあったことは留意する必要があるが、芭蕉の「軽み」論が付合の方法から生まれた可能性は考慮すべきであろう。
（19）脇句も発句に添えるようにということから、結果としては当座の景に則することになる。
（20）「歌論歌学集成」10
（21）中世の文学『連歌論集二』
（22）続群書類従完成会。返点を付けた。

(23) 静嘉堂文庫蔵。「マイクロフィルム版静嘉堂文庫所蔵歌学資料集成」(雄松堂・昭和五一年一一月) による。
(24) 古典文庫『連歌論新集三』
(25) 「群書類従」27
(26) 『連歌資料集2』(ゆまに書房・昭和五二年七月)
(27) 『当風連歌秘事』では引用箇所のすぐ後に「当座発句」という語が出てき、発句が当座に詠まれることの方が異例であったことが分かる。
(28) 古典文庫『季吟俳論集』
(29) 「続群書類従」17下
(30) 校註俳文学大系『作法編第一』
(31) 『僻連抄』の改編本である『連理秘抄』ではこの部分を省いている。『僻連抄』が地下連歌師としての救済の教えが忠実に反映しているのに対し、より理想的な立場に立っての改編だと考えられる。
(32) 注(16)
(33) 『梵灯庵返答書』注釈I」(「緑岡詞林」37・平成二五年三月)
(34) 注(16)
(35) 古典文庫『良基連歌論集三』
(36) 古典文庫『宗養連歌伝書集』
(37) 注(21)
(38) 中世の文学『連歌論集三』
(39) 「歌論歌学集成」11
(40) 注(38)
(41) 注(38)
(42) 蓬左文庫蔵。国文学研究資料館のマイクロフィルムによる。

七　分句をめぐって

1　はじめに

連歌[1]が文芸として類例を見ない特殊な形態を持っていることは改めて言及するまでもないことである。その基本的な原理は、山田孝雄『連歌及び連歌史』[2]などをはじめとして、多くの先学によって説明されている。また、それを成り立たせる生成の場の実態も金子金治郎『連歌総論』[3]などで論究され、私自身も『連歌の心と会席』[4]などで既に言及したことである。それらの研究で、連歌が、興行の場所の設営、座敷の荘厳などから茶などの接待に関することまで、いわば我が国の総合的な文化の様相と深く関わることも明らかにされてきた。このような連歌の特殊性が文芸というもののあり方を根底から問い直す事柄であることは想像にかたくなく、この点についても『連歌の心と会席』で既に言い及んだことである。

しかし、これまで、自明なこととされてきた故か、あまり注目されてこなかったことがある。それは、鎌倉期以来の連歌作品を見ていくと気づくことであるが、発句を含め句数などに関して、ある立場の人々（連衆）が優遇されているらしく、そこには文学的優劣だけでは解決しない要素が含まれていることである。

勿論、このようなことは和歌においても存在した。勅撰集などの巻頭歌・巻軸歌作者の選定、歌合・当座探題歌会などでの貴顕への配慮は自明のことである。しかし、人々の集いを絶対条件にする連歌においてこのことは、より文芸のあり方の根幹に関わることであった。連歌という文芸は、個我の一途な張り合いではなく、人と人との関係、社会的な人間関係の調和が常に模索されていたのである。

連歌が作句の競い合いという性格を強く持っていた頃はともかく、連歌が会席の文芸という色彩を強めるに従って、それはおのずと意識されるようになった。その発露はある時期までは暗黙の了解のもとに行われていたのであろうが、連歌が成熟し、理論の裏付けがなされるにつれて、それは細かな点にまで及ぶようになり、また明文化もされてきた。そこには連歌の持つ会席の文芸という性格の自覚があった。連歌の特殊性の内でも、文芸のあり方一般に通底する重要な問題を提起するのは、こちらの方のように思われる。それは直接、作品の生成主体に関わることであるからである。

本稿ではこのような観点から、連衆に対する種々の配慮がどのようになされていたかを、いくつかの連歌論書の中から読み取っていきたいと思う。その際、特に、その端的な表れとして言及されている「分句《わけく》」という意識を念頭においておきたい。「分句」の詳細な検討は後に譲るが、ここで仮に概念を把握しておけば、連歌参加者にある程度の作句を保証する、という心の表れということである。これは、人々の集う心という点で、連歌が会席の文芸であることを如実に示していると思われるからである。

なお、以下の連歌論の引用は読みやすさを考慮し、句読点を補ったところ、表記を変えたところがある。

2　「分句」意識の萌芽

連歌は元来、作句を競い合う文芸であった。それは連歌の祖とされる日本武尊と御火焼の翁との「筑波の問答」[5]以来、連歌前史として立ち現れる短連歌の様相を確認すれば首肯できることである。この連歌の持つ性格は定数連歌[6]（長連歌）に発展しても基本的なあり方としては同じであった。というよりは、競い合いこそが定数連歌を完成させたと言ってよい。このことは『明月記』などに記録された後鳥羽院御所での連歌からも推察できることであるし、その実態を受けて、二条良基が『筑波問答』[7]で、

後鳥羽院建保の比より、白黒又色々の賦物の独連歌を、定家・家隆卿などに召され侍りしより、百韻などにも侍るにや。又、様々の懸物など出だされて、おびたゝしき御会ども侍りき。

と述べていることからも、それが連歌史についての早くからの認識であったことが分かる。

このような連歌発展史の中で、「分句」に見られるような、いわば譲り合う態度の必要性の認識は、連歌が会席の文芸となった画期を示しているに違いないのである。

このような心がいつ頃、どのように表れたかは難しい問題である。ただ、はじめそれが一般の連歌参会者（連衆）に対してではなく、特別な者に対するものであったことは想像にかたくない。競い合いが常であった後鳥羽院御所の連歌であっても、後鳥羽院への配慮が明らかに認められるのである。例えば、『明月記』[8]建暦二年（一二一二）十二月十八日条に記録された、紙を賭けた賭物連歌でさえ、だからこその面もあろうが、「御所十四帖、予十一帖、雅経九帖、光親卿八帖、家長七帖」などと後鳥羽院に第一位を取らせている。

賭物連歌の場合は暗黙の了解ということであろうが、発句については早く、『袋草紙』[9]に、

（発句は）口に任せて早速に発すべからず。当座の主君もしくは女房の事を暫く待つべきなり。

とあり、また、『八雲御抄』(10)にも次のような記述が見える。

発句者於二イテ当座一ニ可レベキ然ル之人得レ之ヲ。無レキ何人不レ可レカラ令ム。

「可レ然之人」「無レ何人」という限定は、『袋草紙』の記述が参考になるが、いずれにせよ、これは和歌撰集における巻頭歌の位置づけと共通することであり、巻頭たる発句の詠み手を特別な者とすることは当然のことであったのであろう。もっとも、良基は『筑波問答』の中で、

当道の至極の大事、ただ発句にて侍るなり。発句わろければ一座みなけがる。されば、堪能宿老にゆづりて、末座に斟酌あるべき也。

と述べており、貴顕とは限定しておらず、そこに良基の独自の立場があるとも見なせるが、それはともかく、この良基の認識は後世、このまま受け取られずに、「至極の大事」であるからこそ、熟達度に関わりなく特別な者が詠むべき、という方向へ流れ、さらには、宗牧『当風連歌秘事』(11)に、

発句は客人、脇は亭主、第三相伴の心也。

などとあるように、「客発句、亭主脇」と言われる慣習が改めて確認されることにもなった。このこと自体は身分による配慮ではないが、座において特別な立場の者、それが文学的なことを無視して尊重されたことを示していることは確かである。

このような連歌における礼儀作法と言ってよいようなものを、否定的に捉えようとしているのではない。発句のことを含めて、貴顕などの優遇、主客の立場の尊重などは、当時として当然のことであり、その前提が守られていてこそ連歌は会席の文芸として形を整えられたと言ってよい。文学の質のみに目を向けるのではないという連歌のあり方、

そこに会席の文芸としての連歌の成熟、到達点があったのだと思うのである。

3　出句の配慮

連歌における特別な者への優遇は発句以外にもあった。いくつかの方面に分類しつつどのような優遇が認識されていたかを確認していきたい。はじめは貴顕らと出句がかち合うようなことがないように、という注意に関わることである。

早い例としては『知連抄』（宮内庁書陵部本）(12)に次のように見える。

先連歌を出さんと思はん時は、上座を能々見つくろひて可《レシ》出《ダス》。

『知連抄』の成立時期は未詳であるが、南北朝末期の地下連歌師の諸説が入り込んでいると見られている。貴顕と同座の会で、地下連歌師がおのずからこのような態度を取ったことは想像にかたくない。これはその常識を反映していると考えてよいのであろう。

室町期になると、このことはより重大なこととして認識され記述されるようになる。次は心敬『私用抄』(13)に見える執筆の心得である。

句を出だし合ひ侍ることあり。かならず其座の賞翫の方、先達の句を請け取り侍るべし。

次は兼載の『梅春抄』(14)に見える連衆側からのものである。

貴人・上手の句と出合などする事は、其日に越度なり。いかにもさやうの人の顔をまもりて、句の有無を見て我句を申せば、出合はあるまじき也。（略）其座の好士・貴人の機嫌をとりて、其日の会にはあふべき也。さやうになくしては、其座の上手腹をたてぬれば、無《レク》曲候。惣而、座の人も心苦敷候。

貴顕と出句が一緒になった時は貴顕の句が優先されたことは言うまでもないが、そもそもそのようなことが起こること自体、心がけが足りないということで、一般の連衆は座の気配を常に意識していなければならないというのである。宗祇はこの心がけについて、『吾妻問答』[15]の中で次のように、心を「低くつかふ」と説明している。

低くつかふとは、貴人などの前に侍りては、いかにもいかにも、面白く付けよき所をば貴人にさせ申さむとすれば、斟酌がちに、句を持ちながら仕る事なし。[16]

このように出句に気を遣わねばならないのであれば、貴顕以外の者はできるだけ出句を遠慮するのがよいということにもなる。次は宗養の『三好長慶宛書状』[17]中のものである。ここでは時の実力者、三好長慶でさえも門跡に対しては遠慮すべきと忠告されている。

門跡の御会には句数不足を被レ遊バ可レク然ル候。幾度も御催促次第可レキ被レ遊バ也。四句置きか、六句置きは人数次第たるべく候。

句数の多寡は競い合いの中では力量によるのであり、室町期であってもこの連歌本来の性格は根底にあり続けるのではあるが、しかし、これが実は力量だけの問題ではないことを、連歌論書における以上のような記述は物語っている。

因みに、良基はこのことに関して、『九州問答』[18]で次のように述べている。

人の連歌を待ちて可二ク斟酌一ス候やらん。押して可二ク出一ダス候やらん。答へて云はく、晴の座席、堪能の人々会合の時は、もつとも初心の人可レシ有二ル斟酌一。

良基はここでも出句の可不可の基準を身分関係ではなく、連歌そのものの熟達度に関わらせているが、そこに良基自身の特殊性、もしくは時代性が垣間見える、といってよいのかも知れない。

4　雪月花の句

貴顕らに対する配慮は、句の数だけのことではなかった。句の内容にも関わっていた。早くには南北朝期の地下連歌師流の所説を取り込んだ『千金莫伝抄』(19)に、

　景物は、一座賞翫の人を、待つべし。

とある。

景物の内でも特に「花」が重んじられ、室町中期になると次に見ていくようなことが述べられている。はじめは兼載の『梅春抄』である。

　一の紙の花つかまつる事は人によるべき也。然べき好士又は児・若衆などの句に定め候歟。一の紙の花を何ともなき人の末座よりしほなく仕れば、はやく其日の連歌あひなく見え候。

宗長の『永文』(20)には次のようにある。

　月の句、平人仕り候へば、花の句は可レク有ニル用捨一候歟。但、事によりて梅などは可レク仕ル候。惣別、花の句は其座にて功者・道の人勿論、貴人以下は無ニク是非一候。

花の句は貴顕らに詠ませるべきであるという認識は当時一般的であったと思われ、心敬の『ささめごと』(21)での次の批判は、そのことを如実に示している。

　月・花・雪をことととして、おぼろけにも末座不肖の輩の申し侍ることあるまじきやうに見え侍り。先哲語り侍りし。この頃の好士もて出でたることとなり。二条太閤様の月卿雲客の千句にも、末座なりし周阿法師、花を三十本申し侍りしとなり。（略）この外、祝言の句などをも上つ方にはあながち庶幾なきを、追従を旨とする好士申し

なし侍る故に、道の誠は廃れ行き侍り。

因みに「二条太閤様（良基）」は『僻連抄』[22]で次のように述べている。

（初心の程―引用者注）さのみ花月の句を好むべからず。（略）景物はかまへて上手に与へて、左右なく出だすべからず。

良基にあっても、花の句は大事だと認められているが、それを貴顕とせずに、「上手に与へて」としたところを、心敬は考慮したのかも知れない。このような良基の態度は発句や出句数に関する所で引いたものと同じである。これは自分自身が貴顕であったという立場からの態度で、良基が地下をも巻き込んで連歌の文芸化、高尚化を目論んでいた時代、つまりその点からは草創期の熱気を反映しているのかも知れない。しかし、地下側からはそうは行かない面もあったとは思われる。いずれにせよ、心敬の「道の誠」が廃れたとの判断は心敬という特殊な位置にいた者の嘆きであって、それが心敬の言うように連歌の堕落であったのかどうか、その判断は文芸というものが何を目指すのかの根底に関わると言ってよいことだと思う。

結局、心敬の悲憤は後に受け継がれることはなかった。それが連歌成熟の形であった。次のものは宗養の『三好長慶宛書状』のものである。

連歌に余り雪月花ばかり好みて被レ遊バ候事、第一の不覚に候。花を被レ遊バ候共、一折は好士か児か老僧かへ御ゆづり候て可レク然ル候。其子細は一折の花は座敷定め候へば手立もなく花とばかり被レ遊バ候。末は下にても上にても能似合たる前句次第被レ遊バ候へば、手がら有りて珍しがるべし。公家門跡の御参会ならずは、雪月花共に被レ遊バても苦からず候。たとひ座により月などをば二句被レ遊バ候共、雪花は二句共被レ遊バ候事口惜く候。

紹巴の『連歌至宝抄』[23]では身分立場による差を明確にしていて、「花」に関して次のように述べている。

貴人功者ならでは平人は斟酌ある事なり。

5　さまざまな配慮

このような風潮の中で、貴顕らへの配慮はより細かな所にまで及んでいる。宗長『永文』の次の言は上句と下句の配分に関して、貴顕を特別視することを述べる。

連歌上句をめされ候へば、今度は下句、上下〳〵うちかへ〳〵仕り候事は、勿論本儀にて候。されども、恣には不レル成ラものにて候へば、上句は二句、下句は三句までも、面を替へては可レク仕ル候歟。上句三句まで続け仕り候事は可レク有ニル用捨一候。貴人は上句三句もさせらるべく候。平人は可レキ有ニル其憚一事候歟。

また、宗長著かとされる『五十七ヶ条』(24)では次のような言が見える。

面八句の内気遣とは、貴人・外人に面八句の内をさせ申す事、賞翫の義也。不レル然ラ時は、面八句の内、心掛くべし。晴の会席の稽古になる也。

これは「面八句」が発句に準じて重んじられたことからの配慮であろう。

連歌のこのようなあり方は式目でさえ絶対性を持たなかった。指合を指摘する立場にある執筆の作法に関わることとして、南北朝期の地下連歌流所説を含んだ梵灯庵『長短抄』(25)では、次のようにあり、

貴人・客人・児などの句の嫌物はちと心あるべし。しかれども貴人の御句、指合を多く書けば却りて尾籠のことなり。懐紙は散ることもあれば外見しかるべからず。おもしろき御句または句遠なる所にては少しの嫌物をば許すべきか。

同様の性格を持つ『千金莫伝抄』でも、

遠近をたゞし、声先を聞き分け、うら〳〵と受け取りて書くべし。貴人・児、又女なんどの連歌を、指合ありと言ひて返す事なかれ。

と述べられ、室町中期、三条西実隆の『篠目』(26)では、

執筆の大事とて人の申されしは、貴人・堪能・若衆などの稀なる連歌、遠き指合さのみ繰るべからず。五句七句の指合等も、一句などは近くとも書くべし。

とされている。

この貴顕らに対して指合を厳しく咎めないという配慮は、元来はここにあるように「句遠」、「稀なる」時という条件の下でのことであったらしいが、そうであったとしても、心敬『私用抄』では次のように、貴顕らの句が式目に抵触しないように、「已前の句」を訂正することもあるとまで述べられている。

高家・尊宿・少人などの句を、五文字より返し侍る、見ぐるし。先披露し侍れば、いささかのことをば其日の先達申し合ひてとどめ侍る也。尊者・高位の方の句の指合をば書きて、已前の句を直す事もまま侍り。

そしていつの間にか、式目の規定自体が緩められることとなる。長享二年（一四八八）の奥書のある宗祇偽書であるが、『宗祇執筆次第』(27)では次のようにある。

貴人・御児などの句は、たとひ七句の物なりとも、五句去り候はば、請け取り申すべく候。

このような貴顕らに対する配慮があるならば、それ以外の者に対しては、逆に、指合をことさら厳しく指摘して出句を却下するということも考えられることになる。次は『用心抄』(28)の論である。

座上の人、或いは堪能などのしつべき在所にて、不堪の輩し出だしたらん句をば、さして苦しからぬ指合をも求めて返すべし。

6　一順

「分句」は以上のような連歌会席のあり方が浸透するにつれて主張されはじめたものであった。貴顕、また堪能の者などが同座しており、さまざまな配慮が必要な会においては、一般の者、ましてや、もともと実力に欠ける初心の者などはいつ出句してよいか当惑するばかりであったであろう。一句も句を詠むことができずに満尾してしまう恐れさえある。

「一順（一巡）」というきまりもそれを避けるために考えられたことであった。この「一順」という、連衆全員が一通り定められた順番に一句ずつ付ける、という考え方は、「分句」と同類のことと見なすことができる。「分句」の考察に入る前に、この「一順」について少し触れておきたい。

「一順」という作法がいつ生じたのかは不明である。これに類した意識は前述のいくつかの配慮と同様に古くからあったと考えられるが、この漠然とした意識が、「一順」として規則化していくのはやはり室町期に入ってからだと思われる。[29] 現在、早い使用例として認められるものには次のようなものがある。

○かやうの句なりとも、まはり連歌、水もり連哥、一順などにては、人にまたるゝよりもすべし。
（『千金莫伝抄』明徳三年〈一三九二〉以前成）

○（句上を）一巡の名をはじめよりしるすこと、わたくしの儀なり。
（心敬『私用抄』文明三年〈一四七一〉成）

○源大納言入道一順之後被ㇾ参。
（『実隆公記』[30] 文明七年〈一四七五〉二月二十五日条）

○一巡の連歌をば、いかにもあさ〳〵とすべし。
（兼載『心敬法印庭訓』[31] 長享二年〈一四八八〉成）

○脇・第三は、主あると申せども、身にうけて思案候へば、四句目・五句目いづくを思ひざしにさされても、脇・

第三思ひ案じたる力にて早く出来る也。一順遅くすれば、句もすくなく、詞もつまり候也。
（『五十七ヶ条』〈一五〇〇年前後成か〉）

○一順の間、隙あきぬとて雑談し、近所の人にささめごとし、僕従など高声に召すこと聞きにくし。
（岩松尚純『連歌会席式』[32]〈一五〇〇年初頃成か〉）

「一順」とはどのようなきまりであったかは先に簡単に述べた。ただ、その定義で問題となるのは、「定められた順番に」という点である。身分・立場などの上位のものからということであるが、『五十七ヶ条』の記述は、発句・脇・第三はあらかじめ出句者が定まっているが、その後、「一順」としていつ自分の順番が回ってくるかわからないことが前提とされている。

「一順」が出句の順番まで厳密に定められていたのかそうでなかったのかは実は不明である。連歌会場での座席位置、また、現存の連歌作品を見れば、ある程度、順番の理由が推定でき、参加者がまったく自分の番を想定せずに会に臨んだとは考えにくい。しかし、位階などを持つ貴顕らはともかく、下位の立場の者たちは不確定であったかもしれない。『五十七ヶ条』はそのような場合のことを言っているのであろうか。『連歌会席式』では「隙あきぬとて」とある。これも下位の者は「一順」の後ろの方であるという漠然たる認識を前提にしての言とも考えられる。

いずれにしても、室町中期以後になれば、宗牧『当風連歌秘事』に、

ただ今、京都には（略）宗長・宗碩以来、発句等出で来候へば、五、三日以前より、一巡を文箱に入れて、人衆の次々へ送り侍るなり。然間、何も好士の宿へ持参して談合する也。

とあり、「宗長・宗碩以来」ということの信用性は不明であるものの、宗牧の時代には、連歌会の当日より前に「一順」が各家に回されることが多くなった。その場合の順番は主催者側で定められていたに違いない。

7　分句

「分句」という語の初出も室町中期と考えられる。ただし、注意すべきことがある。ここで問題にする「分担の句」という意味合いの術語としての「分句」ではなく、古くに別の意義で用いられていた「分句」があったことである。『知連抄』[33]には次のような使われ方が見える。

分句。たとへば

あるゝ里にも海士やすむらん

繋べき心なきかははなれごま

是尤当世連歌也。あるゝに駒、海士に心なきを付く也。前句の心にてはなけれ共、たゞ寄合を付け渡す也。是等分句なり。

梵灯庵『長短抄』にも次のようにある。

ワケ句

菊カアラヌカ花ノムラサキ　　ト云ニ

武蔵野ヤ山路ヨリ尚ワケカネテ

山路ノ菊ハ移ロフ事ナシ。サレバ移ロフ菊ニ山路不レ可《カラ》レ付《ク》。菊ノ紫ハ移ロフ色ナレドモ此付合ハ苦シカラズ。山路ニ菊ヲ付ケ、武蔵野ニ紫ヲ付ケタル也。カ様ニ付ケ分クルナリ。是ヲ分句ト云フナリ。

これらの「分句」は『連歌諸体秘伝抄』[34]で「分付」と呼んでいるものと同義で、前句に詠まれている素材の幾つかを句意に関係なく別々に扱って、それぞれの素材に関わる寄合を付句に詠み込むという付合の方法である。

「分句」のこのような語義での用い方はこれ以後見られなくなる。この事は、ここで問題にする「分句」という術語が『長短抄』以後、ある程度の時を経て、室町期になって用いられるようになったことの傍証としてよいのだと思う。

この「分句」は十五世紀から十六世紀にかけての連歌論書に見えはじめる。一例は、兼載『梅春抄』（文明十八年〈一四八六〉以前）の次のものである。傍線は筆者。

懐紙の移りの所、五句のうちをいそぎて分句を仕るべし。十句より後まで仕り遅れては、必さはり出来るもの也。其座の好士も十句より後まで遅るる事もあり。我もおもてを摺る事のかなしさに、申し侍れば、定めて其座の人、好士の句を待たぬとて、眉をしかむる事有るべし。初心又は末座の人は五句のうちをはやく可レシ仕ル。

次の『初学用捨抄』[35]（永正七年〈一五一〇〉以前）の例は兼載のものとほぼ同じである。

懐紙移りには、四句五句の内に早く分句をとまり給ふべし。其後句を案じ候へば、心おちしづまりて、いかやうのことも案ぜらるる物にて候。先一句もとまらぬ懐紙には、心遅れて摺りやせんなどと思ひ候時は、比興の句もせられぬ物にて候。[36]

『初学用捨抄』の方が簡略であるが、述べようとする内容は同じであると考えてよい。おそらく、それぞれが独自に主張し始めたのではなく、十五世紀中期頃にはこのような考え方が連歌師の中で一般化していたに違いない。

ここに見える「分句」に関しては、それぞれ木藤才蔵氏の解説がある。したがって、それを確認、参考にしつつ「分句」の意味を検証して行きたい。『梅春抄』[37]の方は次のものである。

初心の者や末座の者は、それぞれの懐紙に一句ずつぐらい出句するつもりでいて、その一句を早く詠出すべきだというのである。

『初学用捨抄』の方には次のようにある。[38]

百韻に参加する人数と、参加者の力量に応じて、それぞれの作者が何句ぐらい出句するかを、あらかじめ予定しておき、その句数にしたがって、初折には何句、二の折には何句というふうに、詠むべき句の配分をするのをいう。

「一順」は最初の一巡りということなので、一定の枠組みの中で分け与えられた一句ということであった。その箇所も立場順ということでほぼ定められていたと考察した。「分句」の方は、この二書によれば、「懐紙移り」云々の記述から、懐紙一枚もしくは一面に最低一句ということのようである。[39]つまり、二および三の折であれば、二十八句中に、一面にということであれば十四句中に、ということになる。「一順」ほどではないにしても、ある枠の中でということは共通する。ただし、「五句のうちをいそぎて分句を仕るべし」などとあることからすると、詠むべき箇所が厳密には定められていないことが分かる。

また、「分句」が初心・末座の者に関わって注意されていることが注目される。つまり、初心・末座の者に最低限の出句を許すことが、「分句」の趣旨であったと思われるのである。次の岩松尚純『連歌会席式』からもその意図が見て取れる。

貴人・上手の席に連ならば、己よき句せんと思はで、分句をやすらかに見扱ひてすべし。上座の人ありぬべき処をば斟酌すべし。また、貴人などと出合ひてすること、その日の落ち度の第一なり。およそ出合はぬやうに嗜むべし。あまつさへ、持たざる句を出だして後、案ずる人あり。比興のことなり。

問題は、「分句」が主催者や宗匠などから指示されたものであったのか、連衆の自発的な判断であったのか、である。木藤氏の先の説明には「出句するつもりでいて」「あらかじめ予定しておき」とあり、自発的なものとの理解のようである。ただし、「分句」とはされていないが、『用心抄』の次のような記述からは宗匠・執筆などから出句を促されることもあったかと推測できる。

その人に向かひて「御句遠く候ふ」と云ふ。また、「この面にいまだ御句なく候ふ」と云ひなして催促すれば、

これは貴顕らに対するものであるが、平人に対しても、『三好長慶宛書状』に、

執心により町人などの類を連衆に召出され候はゞ、節々御催促促可レク然ル候。

とある。基本的には各自が状況を判断して、詠むべき折を認識するのであろうが、遠慮がちであれば、宗匠などが出句を促したのだと思われる。

また、『連歌比況集』(40)には次のような記述がある。

問云。百韻などの座にて強《こは》き句などの出来せん時は、通し過して、なべらかに良き前句などの出来せん時をねらひて可レキ付ク物にや。答。不レ可レカラ然ル。(略)連歌士も百韻の中に我すべき所をば必のがるべからず。是は強き所をとて通して、好句の出来を待ち侍れば、面をする事必然也。此心持又専一成るべし。

「我すべき所」とはかなり切迫した状況が推定できる。これも自発的に「我すべき所」と意識したということなのであろうか、判断は難しい。後の俳諧では「句所」という術語が使われるようになる。青木鷺水『合類誹諧寄垣諸抄大成』(41)には、

句所とはたれ〳〵と云ひて名ざし置く所をいふ。

とある。これは明らかに詠むべき箇所が定められていたことを示している。「分句」も時代が下がるにつれ、宗匠などから指示が出ることが多くなった可能性を想定すべきなのであろう。

「分句」の用例をもう少し見て、その表す意味を付け加えておきたい。次は『五十七ヶ条』のものである。

千句の時、分句をかへりみよとは、初日より分句に一ふしあることをし侍らば、おぼえて後日にせじとたしなむべし。

これによれば「分句」とは普通の出句と違い、特別な意識をもって出されるべきように見えるがどうであったであろうか。

次は宗牧『当風連歌秘事』のものである。

上手は分句ばかりを能心に浮かびたる所を可《シ》レ致《ス》。たとひ、分句よりうちをばする共、分句の外はすべからず。余りに句数仕り候へば、其内に落句有るべし。

ここに至ると、「分句」設置の本来の目的からずれてきて、上手も含めて、参加者全員にある句数が割り振られていることになる、次の宗養『三好長慶宛書状』のものも同様に、全員が「分句」を与えられていたことを示しているようである。

先御連衆を御つもり候て、分句を可《ク》レ被レ遊《バ》候。三、四の紙に成りて、二、三句づゝも被レ遊《バ》可《ク》レ然《ル》候。是故実也。其故は末に成り候へば、自由自在に句もはたらく物に候。

最後は近世に入ってからの西順『連歌破邪顕正』[42]のものであるが、これも前二者と同様の考えによるもののようである。

人々の句数の事も其席により人のほど〱につきて、大かた分句さだまれる事なるべきを、あるいは分け過ぎて句数を人よりも多くせんときしろひ、わりなく人のする句前を奪ひとりなどせる事、まことに見ぐるしき事なるべし。

連歌は競い合いの文芸から人々の和を重視する文芸へと「進化」したのであった。

8　おわりに

発句・雪月花の句・去嫌・一順・分句などを取り上げて、会席を生成の場とした連歌のあり方の一面を考察してきた。ここで言及した貴顕などに対する配慮というものは規則ではない。連衆の心がけであり、礼儀作法と言ってもよいものである。連歌が「会席（座）の文芸」と呼ばれる性格を持つというのはこのようなことである。『会席二十五禁』[43]の末尾に「右条々連席に限るべからざるか」とあることは連歌という文芸の性格を如実に示している。

このような連歌が純なる文学と言えるかと問われれば、「純」ではないかも知れない。しかし、何を持って「文学」というのかに立ち返ってみれば、連歌のようなあり方が本来の「文学」、区別するなら「文芸」、であったと言えるのではなかろうか。「文学」の何たるかを改めて考え直すべきなのであろう。

「文学（文芸）」というものをここで述べたことを踏まえて捉え直せば、「文学」たる作品の質、作者に対する評価も、個たるものの成就という言ってみれば「純」なるものだけでは判断できないことになる。それは心敬も宗祇も、その継承者である芭蕉においても同じである。かれらの個性は時空を超えた共同体の上で発揮されたのに違いないのである。

注

（1）本稿では注記しない場合、百韻を主とした定数連歌（長連歌）を指す。「定数連歌」の語については、本書「序説」注（22）参照。

（2）岩波講座日本文学・昭和七年六月。「緒言」で明治以後の連歌研究において見るべきものとして、「佐々政一の連俳史」

以下、数名の研究を挙げている。
（3）桜楓社・昭和六二年九月
（4）風間書房・平成一八年九月
（5）拙著『連歌史試論』（新典社・平成一六年一〇月）第一章「連歌の嚆矢」参照。
（6）「序説」注（22）参照。
（7）日本古典文学大系『連歌論集　俳論集』
（8）稲村栄一『訓注明月記』（松江今井書店・平成一四年一二月）
（9）新日本古典文学大系『袋草紙』
（10）「日本歌学大系」別3
（11）中世の文学『連歌論集四』
（12）古典文庫『良基連歌論集二』
（13）中世の文学『連歌論集三』
（14）注（11）
（15）注（7）
（16）この宗祇の注意は同時代の著者未詳論書『初学用捨抄』でも繰り返されている。
（17）古典文庫『連歌論新集』
（18）『九州問答』注釈Ⅰ」（「緑岡詞林」27・平成一五年四月）
（19）『島津忠夫著作集』第五巻（和泉書院・平成一六年一〇月）
（20）注（11）
（21）「歌論歌学集成」11
（22）日本古典文学全集『連歌論集　能楽論集　俳論集』
（23）岩波文庫『連歌論集下』（昭和三一年四月）

(24) 注(11)
(25) 岩波文庫『連歌論集上』(昭和二八年一〇月)
(26) 注(11)
(27) 廣木一人・松本麻子・山本啓介『文芸会席作法書集』(風間書房・二〇〇八年一〇月)
(28) 注(27)
(29) なお、「再返(篇)」「再々返(篇)」という「一順」を繰り返すことも室町期(『連歌会席式』『白髪集』に「再返」の語が見える)には行われた。さらに後には一巻の末尾での「裏一順」という慣例も生じた。
(30) 続群書類従完成会。返点をつけた。
(31) 注(13)
(32) 注(27)
(33) 平松本『智連抄』(古典文庫『良基連歌論集二』)
(34) 中世の文学『連歌論集二』
(35) 注(34)
(36) 類似の記述は『白髪集』にもある。
(37) 中世の文学『連歌論集四』の頭注。
(38) 中世の文学『連歌論集二』の頭注。
(39) 「懐紙移り」は一般には次の懐紙を使用することをいうので、表から裏へ「面」を変えることではない。しかし、そうであると『梅春抄』に「十句より後まで仕り遅れては」云々の記述がほとんど意味を持たなくなる。「懐紙」表裏は二十八句分であり、まだ十八句も残っているからである。したがって、ここでは「面」の移りと考えるべきか。そうであれば、残り四句ということになり、この論述が意味を持つことになる。因みに、『三好長慶宛書状』(前掲)では類似の事柄を、次のように「面」ということで論じており、この部分の真意を理解する参考になる。
　序破急の事いかん。答云。(略)又一面の内にも初五句は序也。中五句は破也。末四句は急也。面に、二句する人は序と急にすべし。又三句もする人は、序破急共に尤可レキ然ル也。一句仕る人は同初中程に仕るべし。末四句の間は、好士貴人、二句、三句有るべき、御方の句を奪ひとる故、座の興さめてあしく候歟。下座の人は此心持肝要に候。但御下知くだり候はゞ早々仕べし。

なお、『当風連歌秘事』にも類似の記述が見える。

(40)　注(11)
(41)　『青木鷺水集』第二巻（ゆまに書房・昭和六〇年一月）
(42)　京都大学図書館蔵
(43)　注(27)

八　連歌・俳諧会席作法書について

1　連歌会席作法書

連歌会席をどのように運営するかを記した書の成立は、連歌という文芸の形態がほぼ固まった時期を待たねばならないことは言うまでもないことである。連歌がいつ頃完成したかは明確にし得ないが、百韻という形式は一二〇〇年頃には成立し、その頃には賦物の規定なども存在したようである。去嫌に類する式目も早い時点で作られたらしく、冷泉家時雨亭文庫蔵『私所持和歌草子目録』には藤原定家、藤原為家の作とされる式目の存在も確認できる。懐紙も後の懐紙と同様のものが使用されていたと推測でき、『明月記』の記事などでは連歌会には必ず執筆（連歌会席において懐紙に作品を書き留める役）がいたことが判明する。ただし、懐紙の枚数や書様などは、『明月記』時代には固定化していないようであるし、式目も多様であったらしく、その点からは宗祇らの時代のような会席の作法が鎌倉初期に定まっていたとは考えにくい。連歌会が和歌会の後に行われることも多く、和歌会の作法の方が先行していたはずであるから、それを利用できるところは利用し、その他はその場の判断に任せたのだと見なしてよいと思われる。

連歌が式目も含めて、ほぼ室町期の最盛期のもののようになったのは、鎌倉後期から南北朝にかけて、最終的には二条良基らの「連歌新式（応安新式）」（応安五年〈一三七二〉成立時期と言ってよく、連歌会席の作法、特に連歌会席においてもっとも重要な役割を果たす「執筆」の作法の精密化固定化も、その頃から始まったとするのが妥当だと考えられる。『筑波問答』(1)（一三七二年か）中「執筆作法」のはじめに、「連歌（略）作法にも故実侍るべきや」の質問に対し、「さしたる作法は侍らねども」とあることや、心敬の『私用抄』(2)（文明三年〈一四七一〉）にも同様な質問に対して、「歌の披講の儀式などをば、代々にさまざま掟侍れども、この事をば先人もあながちに記し侍らず」とあることなどは、上記のような事情を反映していると思われる。

ただ、心敬の言は少し言い過ぎで、作法への言及は良基・梵灯庵のものなどに既に見え、また、幾分時代が下がるが、宗砌の『初心求詠集』（永享元年〈一四二九〉）中にもあり、南北朝期にある程度の形が定まっていたと考えられる。恐らくは、執筆の作法を中心的な内容として、連歌師の中で口伝として伝えられていったものと思われる。

このような作法に関する教えが、ほぼ固定化し、多く明文化するのは室町中期頃であろう。一条兼良の『連歌執筆作法』（寛正三年〈一四六二〉）は簡単なものであるが、それは作法が定まっていなかったとするより、省略したと見なせるものである。宗祇の『吾妻問答』(3)（応仁元年〈一四六七〉）中の「執筆の事」には、冒頭に「執筆の事、我々さやうのこと不堪に候へば」との卑下の言辞があり、既にこの頃には定まった執筆作法があったと推測でき、それが権威化していた様子も窺える。後代になれば、自らの謙遜とは裏腹に宗祇こそが絶対的な作法樹立の中心人物と認識されたようで、近世に版本として流布した『宗祇執筆次第』や、『執筆の事（仮）』（和中文庫蔵）などは宗祇の名を冠して伝えられている。

このような作法の重視は連歌の地位の向上に伴うことと捉えるべきで、それは足利将軍家を中心とした連歌の晴の文芸としての位置づけ、それに伴う、北野連歌会所奉行や将軍家宗匠職の設置などと関わることであると考えられる。

このような連歌の高尚化を目指す動きの高まりの一方で、連歌の盛行に伴って猥雑な会も多くあったと思われ、『会席二十五禁』や岩松尚純『連歌会席式』の著述は、当時、巷間に行われていた連歌会の実態を示し、会席作法と裏腹の関係を示している。

また、前者の『会席二十五禁』が宗祇の名を冠して伝えられ、後代、俳諧にさえ、種々な形で影響を与えたことは、宗祇の連歌史上での立場と宗祇時代こそが連歌の地位確立期、作法の固定期との認識がのちのちにあったことを示している。

このような中で、前引の心敬の『私用抄』中の「執筆作法」は他の作法書と相違していて、注目すべきものである。この書は具体的な所作の記述より執筆の心構えに重点が置かれており、それは心敬という連歌師の志向を物語っている。作法が精神的なものを希求するようになったということは、別の面から言えば、作法の確立化を意味しているのであろう。

その表れとして、室町期には、より実際的な作法書として、三条西実隆に「執筆事」（『篠目』文亀二年〈一五〇二〉）の著作があるし、執筆者不明ながら『用心抄』や『連歌初心抄』中の執筆及び会席に関する記述など幾多の具体的作法書が書かれている。

近世に入るとその初期に刊行された総合的連歌手引書と言える応其の『無言抄』（慶長八年〈一六〇三〉頃刊）にも「執筆之事」、連衆一般に対しての作法を記した「会席作法之事」が項目立てられ、それらは連歌会席での常識として広く流布することとなった。以後、作法書は近世を通じて将軍家および各地の連歌宗匠家などを中心に多く書かれたようで、それらは写本の形で多量に残されている。また、特殊なものとしては徳川将軍家の連歌始めの会（柳営連歌）

があり、これは一般の連歌会とはまったく違う極めて儀礼的な作法を伴って幕末まで続けられた。
連歌会席作法書は近世に入ってますます多く記されたが、その調査・系統立てはまだ端緒にもついていず、今後、近世連歌研究のための重要な課題の一つと言える。

2　俳席作法書

俳諧の方の作法はその史的継続上、連歌での作法に準じて取り込まれ、常に連歌の作法を範としながら、その盛行のあり様と近世的志向とが絡みながら、徐々に独自性を加味しつつ展開したと考えてよい。俳諧が元来、連歌の余興として、くだけたものとしてあったことからすれば、厳格な会席の作法は矛盾するとも言える。しかし、松永貞徳が寛永六年（一六二九）、京都、妙満寺で「連歌の会の式法に毛頭たがは」ない俳諧の会を催して以来（『貞徳永代記』[4]）、俳諧の主たる担い手が連歌のような将軍家や上層公家らでなかったとしても、俳諧も貞徳の思いに従って、連歌に準じた会席を志向するようになった。そして、これを正式俳諧と称するあり方と認めたのであるから、俳諧は俳諧なりに儀礼化が求められたのである。

享保元年（一七一七）成かとみなせる香田正宣（朋水）『執筆作法』[5]の奥書に「これ紹巴法眼より先師長頭丸（貞徳）これを受け継ぐ」とあるのは、貞徳を介して、連歌会席作法が俳諧へと繋がっていったことを示している。この『執筆作法』より先に書かれた北村季吟の『誹諧会法』（延宝二年〈一六七四〉）もやはり貞徳の遺髪を継ぐもので、近世初期俳諧の会席作法の実態を示されている。

このような流れの中で、芭蕉がいかなる立場に立っていたかは不明である。ただ、芭蕉が俳席の作法を無視したとは考えられないことは、『三冊子』の末尾近くに記録されているように、芭蕉が「一順」を廻すことに関しての注意を与えていることや、『本式並古式（会席法度之古式）』などという『会席二十五禁』に類似した掟書や簡単ではあるが、その他の俳席の作法を記した書が、芭蕉の名で伝えられていることなどからも推察できる。

奇妙なことは、この後、俳諧において会席作法が、より詳細になり儀礼化したことである。枇杷堂『一得』（文化一一年〈一八一四〉春刊）に詳述される「匂の花」をめぐる儀礼、また、連衆に重硯と小短冊が用意され、それに付句を記して執筆・宗匠に提示する作法など、近世中期以後、繁雑な所作を伴って行われるようになった。それは茶道や香道などの種々の芸道の作法の煩雑化と共通のあり方であったとも言えるが、このような事態を迎えると、俳席の作法での作法が逆に連歌会の作法に影響を与えたこともあったかとも想像できるのである。

寛政二年（一七九〇）に初回が行われた二条家俳諧なども俳諧権威づけの一環として捉えられるもので、その会席作法はまさに格式あるものとして定められて行われ、俳諧の諸相の一面を見るためにも注意すべきものとなっている。

このような流れの中で、極めて多様な俳席作法書が書かれたが、八戸藩主南部信房（畔李）へ伝えられた貞居の『会席正儀伝』（一八〇九年・八戸市立図書館蔵）は「諸会之部」「会頭之部」「亭主之部」「執筆之部」「連衆之部」を備えた総合的な作法書で俳席作法の全体を知るのに貴重なものとなっている。このような書の成立に至るまで、俳席の作法は建前として、貞徳の遺風を受け継ぎつつ時代、流儀によって多様な面を見せており、それは俳諧史の重要な側面であったことは忘れてはならないと思われる。

3　連歌会席・俳席作法書解題

本稿は『文芸会席作法書集』（風間書房・二〇〇八年一〇月）の概説として執筆したものをもとしているが、この書には、連歌会席作法書として、『筑波問答』中「執筆作法」、『長短抄』中「執筆作法」、『千金莫伝抄』中「執筆作法」、

『連歌執筆作法』、『会席二十五禁』、『連歌会席式』、『宗祇執筆次第』、『用心抄』、『連歌執筆之次第』、俳席作法書として、『執筆作法』、『一得』を解題とともに収録してある。ここでは、『文芸会席作法書集』以前に、既に翻刻、解題がなされているものを除いた連歌作法書『宗祇執筆次第』、『連歌執筆之次第』、俳席作法書『執筆作法』の解題のみ掲載しておきたい。

なお、近現代の作法書、および作法に触れたものには次のようなものがある。

園亭萎文『俳諧正式鑑』（蔦廼家俳壇・明治三九年七月）
三森準一『連句の実際指導』（春秋庵・昭和七年三月）
山田孝雄『連歌概説』（岩波書店・昭和一二年四月）
伊地知鉄男『連歌の世界』（吉川弘文館・昭和四二年八月）
各務於菟「因縁―立机式を終えて―」（「獅子吼」57―10・昭和四八年一一月）
伐柯亭大林杣平『連句　実作の知識（付）正式俳諧興行の手引』（オートスライドプロダクション・昭和五一年一〇月）
八戸俳諧倶楽部「俳諧之連歌文台捌作法」（『八戸の俳諧』八戸俳諧倶楽部・昭和五六年五月）
鈴木勝忠「誌上再現「獅子門翁忌古式俳諧」」（「国文学」31―4・昭和六一年四月）
東明雅・他『連句辞典』（東京堂出版・昭和六一年六月）
金子金治郎『連歌総論』（桜楓社・昭和六二年九月）
乾裕幸・白石悌三『新版　連句への招待』（和泉書院・平成元年六月）
瀬尾千草・大野鵠士「獅子門道統第四十世浄泉亭伊藤白雲立机式の記」（「獅子吼」86―8・平成一四年八月）
廣木一人「会席の文芸としての連歌―連歌執筆・執筆作法書の発生に言及して―」（「青山語文」35・平成一七年三月）

（本書収録）
廣木一人「連衆は筆記用具を持っていたか―連歌会席及び俳席の実際」（「青山語文」36・平成一八年三月）（本書収録）
廣木一人『連歌の心と会席』（風間書房・平成一八年九月）
廣木一人「連歌会席・俳席における行儀」（「連句年鑑（平成十八年版）」平成一八年一〇月）（本書収録）
堀切実「吟声というふるまい―俳諧会席作法資料を探る」（「連歌俳諧研究」112・平成一九年三月）
堀切実「床飾りと俳席用意―俳諧会席作法資料を探る」（「近世文芸　研究と評論」72・平成一九年六月）

A　連歌作法書

○宗祇執筆次第

伝宗祇著。長享二年（一四八八）成。詳細で具体的な執筆作法書で、宗祇の名を冠して伝えられており、確証ないものの宗祇当時の作法書として大きくは矛盾はないが、一部後代風の記述も見受ける。明暦三年（一六五七）正月刊の『仮名仕近道之事』（夢老編著、御幸町通松本町・黒川又左衛門開板）に合綴されて世に知られるようになったと思われる。写本に国会図書館不忍叢書蔵「宗祇執筆記」、慶應義塾図書館蔵「宗祇執筆之次第（連歌執筆次第）」がある。前者には「古写の書を求め」て校合したことが、後者には「古写本一見」し書写したと記されているが、現在「古写本」の存在は不明である。いずれにせよ、三本には異同はほとんどない。

○連歌執筆之次第

永長（生没年未詳）著。天保六年（一八三五）成。幕末の執筆作法書で、基本的には室町期のもとと同じであるが、貴人に関しての記述のないことなど、公家社会から遠ざかった時代を反映している。また、いちいちの所作もこと細かく、一般の礼儀作法の様式化と軌を一にしていることが窺われる。ただ、俳諧の作法書と相違して、「句の花」や小短冊のことが記されていないのは、連歌はあくまでも室町期の作法を遵守していたことを示しているとも推察できる。大阪市立大学図書館森文庫蔵（外題「連歌執筆之次第」、袋綴、一五・八×二一・二センチ）は永長筆の原本か。他に異本は見あたらない。

B　俳諧作法書

○執筆作法

香田正宣（朋水）（寛文元年〈一六六一〉～享保二年〈一七一七〉）著か。享保元年（一七一六）成か。正宣が半時庵淡々に伝授した書。近世中期の代表的執筆作法書と見なしてよいもの。はじめに「文台飾り」に関する説明があり、次に「執筆作法」と題して、図を示しての詳細な記述があり、その後に補遺の条々を置く。末尾に俳諧の作法は連歌の作法を受け継いだものであることを明言していることでも推察できるように、この書は基本的な点は連歌における執筆作法を継承していると考えられる。したがって、『連歌執筆之次第』と同様、「句の花」や小短冊のことなどは記されておらず、このようなものが俳諧においても初期の作法であったと推測できる。伝本には九州大学図書館支子文庫蔵本（外題「執筆作法」、袋綴、一八・三×二五・七センチ）と徳島県立図書館森文庫蔵本（外題「執筆〈以下不明〉」、奥書に「連歌執筆之作法」、袋綴、一七×二四・六センチ）がある。前者は正宣が半時庵淡々に「享保二年初冬十三日」に伝授したとの奥書を持つものを、享保十八年（一七三三）六月十五日、頼性が書写した本である。後者は奥書に「其角／元禄十六年未年初冬十三日／淡々丈」とあるものを、「右一書者半時庵淡々先生之笥中より及写之もの也／碌々斎」として、天明四年（一七八四）三月上旬に碌々斎が霞舟に伝えたものである。両書は著者、成立年ともに相違しており、どちらの可能性もあり得るが、淡々以後の伝授を鑑みると前者の方が信頼できると思われる。

注

（1）日本古典文学大系『連歌論集　俳論集』
（2）中世の文学『連歌論集三』
（3）注（1）
（4）「日本俳書大系」32
（5）『文芸会席作法書集』所収。本稿の「3　連歌会席・俳席作法書解題」参照。

第二章　連歌師の諸相

一　連歌師という「道の者」

1　『七十一番職人歌合』中の「連歌師」

明応九年（一五〇〇）頃の成立かと言われている作品に『七十一番職人歌合』がある。[1]この六十六番に連歌師と早歌謡が番えられている。この両者がどうして番えられているのかをめぐって、外村久江氏は、

田楽と猿楽、白拍子と女曲舞がつがわれているのに対し、連歌師と早歌うたいが一対になっていることが、もっとも具体的に早歌と曲舞の享受の仕方や専門家の在り方の相違を示している。（略）早歌が中世社会の比較的上層部の人々のための教養乃至芸能に属するものであるのに対し、曲舞は専門の職業人の生計のための芸能であることが相違の重大なところである。[2]

として、連歌師および早歌謡を専門の職業人と認めがたいことを示唆、奥田勲氏も

連歌師を「職人」の一種とする見方もあるが、この歌合に出て来る七十一組百四十二種の職人とは、公家貴族をのぞくおよそあらゆる職種が含まれており、（略）いわゆる職業人という概念でとらえることは無理である。[3]

と述べている。

確かに連歌と早歌の担い手には外村氏が言うところの上層部の持つような教養が必要であり、上層部の人々自身がそれに関わったものでもある。そのことによって、もともと下層の民の芸能であった曲舞などとは区別されたのであろう。しかし、そのことをもって、連歌師を『七十一番職人歌合』作者が「職業人」として捉えていなかったとは断言はできない。たとえ、かつては上層部に属するものであっても、後述するように、時代が下がるにつれ職業人たる者の担う分野となったということもあり得ることである。

そもそも『七十一番職人歌合』の書名に見える「職人」という言葉からくる一般的概念がこの問題を複雑にしている面があるのだと思う。

「職人」という言葉は現在、手工業者などを想起させるものである。この点からは『七十一番職人歌合』は現代の一般的な意味での「職人」を集めた歌合とは言えない。「職人」を「職能人」と言い換えてその歴史的性格論を展開した網野善彦氏は、その著『職人歌合』(4)の「はじめに」で、

最初におことわりしておきたいのは、いま「職人歌合」という題名で呼ばれている作品は、中世、この歌合がつくられた時点では、おそらくこういう題名でよばれていなかったと思われる点です。(略)「道々の者」、あるいは「諸道」「諸職」という言葉に注目すべきで、本来は「道々の者」の歌合と考えられていたと思われます

と述べている。

そうであれば、「職人」という言葉から離れて、もう少し広い概念で『七十一番職人歌合』に描かれた人々を捉える必要があるのではないかと思う。網野氏の言葉によれば、この歌合に描かれた人々は「道々の者」、もう少し一般的な用語を使えば「道の者」(5)であったと言うべきで、この意味で、連歌師は「道の者」であったのだとしてよいので

あろう。少なくとも『七十一番職人歌合』の書かれた当時の一五〇〇年頃、後に言及する宗祇が没するのは一五〇二年であるが、その頃にはそのように認識されていたに違いない。

それではその「道の者」とはどのような人々であったのだろうか。今、便宜上、この語義を通行の国語辞典から抜粋したもので見ておきたい。

〇『日本国語大辞典　第二版』

一芸をきわめたそれを職とするもの。また、その道の達人。専門家。学者、芸能者、職人、俳優など、さまざまな分野に用いられた。

〇『角川古語大辞典』

その道の専門家。一芸に達した者。特に芸能の上手をいうことが多い。

〇『時代別国語大辞典　室町編』

学問・技芸など、それぞれの専門分野にたずさわる人。また、その達人。

このような概念規定の中で、重要なことは「道の者」とは、或る「道」の「専門家」であり、その専門分野を「職」とする者という点である。どのような状況下にあることによって「職」と見なすかはその境目が難しいのであるが、そのことは今は置いておくとして、「道の者」と呼ぶ時にはこの観点を外すことはできない。この観点から『七十一番職人歌合』の「職人」つまりは「道の者」を捉えれば、先の論考で奥田氏が否定的に挙げている「琵琶法師、山伏、相撲取、諸宗の僧侶、通訳」なども「道の者」として問題ないのであり、「連歌師」も「早歌謡」も同様ということになるのではなかろうか。

2 「連歌師」の定義

実はこの「道の者」に類似した概念規定の曖昧さは、「連歌師」という言葉においても繰り返し問題にされてきたことで、それは、奥田氏でも同じである。「連歌師」について、奥田氏は次のように述べている。

「連歌師」を「連歌を職業とする人」「連歌の指導で生計を立てている人」などといいかえることにおそらく異論はないであろう。しかし、連歌を生活の方便とするかたちはあまりにも多様で、たとえば、鍛冶、相撲取などという中世にあった職業のどれかを考えるように単純には行かないであろう。それは、歌詠みの実態を単純化できないのに似ている。（略）

職業としての連歌師が分離し、他からそう認識されて行くのは、いつ頃からであろうか。もちろん良基あたりの連歌史観は、すでに連歌師というものを別としているかのように見える。つまり鎌倉末期の善阿、南北朝の救済・周阿らの、われわれの通念でいう連歌師を特にとりあげているような態度はそれを示すものとも考えられる。しかし、これらの人々にしても、為世・為相・為藤らの連歌愛好者と接続するものとして記述しているのであり、双方を、非職業的連歌作者・職業的連歌作者として対立的に考えているのではなさそうであるから、まだこの段階でははっきりしていないと見るべきであろう。

これには当然、「連歌師」たちの生活形態の変化がかかわって来るのであろう。しかるべき職業を持ちながら、連歌愛好者として世間で認められる段階から、その本来の職業が一個の人間の中において占める割合がきわめて小さくなってしまう段階をもって連歌師の職業的自立の時期を想定できるであろう。（略）やはり、宗祇がひとつの区切り目になっていることは見通しとして立てることができよう。(6)

島津忠夫氏の説明も挙げておきたい。

連歌をよくする人の意であったのが、鎌倉時代の花下連歌の宗匠、点取連歌の流行した南北朝時代の遁世僧の中に半ば専門とするもの、北野天満宮の宗匠職などに連歌師の称呼を用いるようになる。宗祇以降は草庵に門弟を抱え、古典の講義、大名・高家を巡っての連歌の興行など、連歌師と呼ぶにふさわしい生活の一道を形成する。江戸時代には幕府より知行を与えられた里村家をはじめ、諸社の連歌所に属するものをいう。(7)

最後に筆者自身のものも挙げておく。

○『筑波問答』には「弁内侍・少将内侍などいふ女房連歌師」などと「連歌師」という呼び方が出てくる。連歌愛好者・連歌達者などの意での用いられ方である。しかし、これは今一般に我々が想定する連歌師とはずれがある。「連歌師」という時、職業として連歌に携わる者との意識があるからである。ただし、いかなる状態をもって職業とみなすかは難しい。連歌界の第一人者であってもその立場・生活が連歌とどれほど結びついているかはさまざまであるからである。曖昧ではあるが、生計の基盤として連歌に携わる比重の多い者、また生計のたずきとしてはそれほどではなくとも連歌に関わっての名声が高く、本来の立場より連歌の名手として処遇されることの多い者、そのような人々を我々は連歌師と呼べばよいということなのであろう。（略）（後者の「地下」―引用に際しての注）は法師・芸能者などを含めた民衆を意味する「地下」である。（略）「地下の連歌師」という時の「地下」の語は後者の意味で用いられていると取ってよいのであろう。（略）以上のように「連歌師」及び「地下」を捉えた時、この両者が実は矛盾なく結びつくことに気づく。堂上公家や高僧、上級武家などはいかに連歌の名手であっても「連歌師」とは呼びがたく、たとえ連歌史上の評価が低くとも、「地下」の者で生活上連歌に関わることの多かった者は連歌師と呼び得るからである。一般的に「連歌師」たるものは「地下」であるのは当然という

ことになろう。(8)
○連歌を職業とする人。（略）元来は連歌巧者・愛好者の意であったが、『知連抄』での使用例、『教言卿記』応永十四年（一四〇七）八月十七日条に「地下之連歌師」とあるなど、しだいに職業連歌師を指すようになった。『七十一番職人歌合』（一五〇〇年頃成）に「早歌謡」と番えられている例などはその端的な表れである。ただし、遁世者などでは職業的連歌師であるかどうかの境目が難しく、連歌をもって世に名のある者と捉えるべきか。(9)

ここで「連歌をもって世に名のある者」としているのは連歌師という規定の難しさを語っている。例えば、室町将軍の同朋衆であった能阿は連歌をもって職としていたのかには疑問がある。また、能阿と共に、宗祇によって連歌七賢とされた行助・専順・心敬なども最期までしかるべき僧位を持っており、かれらを宗祇と同様の社会的立場にいたと考えてよいかには留保すべき面がある。しかし、能阿はともかく、行助らはその生活のかなりの部分が連歌に関わっていたのだと想像される。先述の「連歌をもって」云々というのはそのようなことへの言及である。

3　「連歌師」の濫觴

連歌師という存在をこのように捉えてきて、次に問題となるのは、そのような人々はどのような歴史的経緯をもって登場してきたかであろう。

網野氏は「中世前期における職能民の存在形態」(10)の中で、「職人歌合」に登場する人々に関して、その歴史的在り方を次のように考察している。

人々の多彩な「所能」をとりあげた『新猿楽記』には、いわばこの二つの形が合流しているといえるので、武者、紀伝・明法・明経・算道の学生、相撲人、医師、陰陽、管絃、和歌、侍従宰相、頭中将、上判官、蔵人少将、左衛門佐、験者、受領郎等、天台の学生、楽人など、匡房と同様の人々があげられるとともに、博打、巫女、鍛冶、鋳物師、細工、馬借、車借、飛騨工、炭焼、遊女夜発、木道、絵師、仏師、商人など、まさしく「職人歌合」の世界に通ずる職能民が描かれているのである。（略）こうしたいくつかの系列の中で、第二の系列の職能民が、やがて十二、三世紀に「芸能」「職」「外才」と結びつく「道々の輩」として社会的な位置づけを与えられていったことは、別にのべた通りで、「東北院歌合」「鶴ケ岡放生会歌合」など、鎌倉期の「職人歌合」の成立はもとよりそれを背景としており、

網野氏は職能人を二つの系列に分類するのであるが、今、注目すべきは第二の系列とされている「博打、巫女」以下のものである。かれらは鎌倉期に職能人として固定化され、「「道々の輩」として社会的位置づけを与えられていき」、「職人歌合」に取り上げられるような社会的認知を得たという。網野氏はかれらはもともとは「宮廷の官職、職掌」の下に置かれていた者であるとするのであるが、それでは、「道の者」としての連歌師という存在はどのような経緯を辿って「道の者」になったと歴史的に捉えればよいのであろうか。連歌師は結果的には「第二の系列」に属する「道々の輩」となったと認め得るが、「宮廷の官職・職掌」の下にあったのではないはずである。

連歌という文芸は元来、公家などの手にあった。もともと卑賤のものとされるような第二の系列の「道の者」の手に担われていたものではなかった。それが第二の系列に入るような「道の者」となった。しかし、そうはなっても連歌師は卑賤視されるなどということもなく、上層の者からも能力あるものとして認められた。同じ連歌という分野で、上下の階層が競い、下層の者こそが「道の者」としてその分野の専門家として社会に認められた、ということなのだと思う。

このような新たな「道の者」の登場として連歌師を文学史・文化史の中に置いた時、連歌を典型とした室町文芸・

文化の特質が見いだせるのではないかと思う。

次なる問題はそのような連歌師、連歌の「道の者」がいつ頃出現したかである。「道の者」「連歌師」の定義が難しいことは先に述べた。それを前提にしてであるが、二条良基は『筑波問答』[11]の中で、連歌史を展開し、

地下にも花の本の好士多かりしかども、上ざま道の人々の上手にてありしかば、とりわけて抜け出でたるも聞こえ侍らず。道生・寂忍・無生などいひし者の、毘沙門堂・法勝寺の花の本にて、よろづの者おほく集めて、春ごとに連歌し侍りし。それより後ぞ、色々に名を得たる地下の好士もおほくなり侍りし。

と述べている。「花の本」で「名を得た地下の好士」とは、いわゆる「花の下連歌師」と呼ばれる人々である。「花の下」という言葉をそのまま受け取れば、一年の内の僅かな花見の期間に連歌師であったということで、私はかつて「季節的芸能者」に近いと言ったことがある。[12]かれらは出自も含め、どこまで職業的であったのか、季節を越えて連歌師としての活動をしていたのであろうか。冷泉家に伝わる『私所持和歌草子目録』[13]には「花下」と注記のある連歌書の記載があり、このことを重んずれば、かれらはある時期からは通年、活動していた様相が窺われる。そうであれば、ますます「道の者」に近づくかと思う。この「花の下連歌師」の登場活躍は一二五〇年頃のことである。

この花の下連歌師時代の次は、善阿・救済の時代となる。良基は『僻連抄』[14]で、

当時、堪能の地下の者ども、救済・順覚・信照、思ひ思ひなり。（略）堂上にも、少々名誉の人々侍れども、いかにも当時は地下の中に達者はある也。

と述べている。ここに見える救済の師が善阿であるが、かれの活躍は鎌倉末期である。

善阿も含め、救済らがどのような社会的階層の出身であったかは、まったく分からない。ここでいう「地下」は殿上人に対する言葉ではなく、おそらく、下層の意に近いと思われるが、少なくとも文学的教養は身に付けていたはず

であるということも考慮に入れると、どれほどの階層であったとすればよいのであろうか。

金子金治郎氏はかれらを「連歌師」の濫觴として捉えて次のように述べている。

善阿は、花下連歌を地盤とする活動によって、地下連歌を大きく前進させ、連歌を職業とする連歌師の進出する道を開いた。後宇多院時代のこの時期になると、彼等の社会的存在はきわめて顕著になっているのである。（略）

山田博士も、「花の下は善阿の出づるに至つて連歌師なるものが地平線上にあらはれはじむる」（『連歌及び連歌史』）とされた。連歌師なる呼称がいつ始まるかの実際は明らかではないが、善阿を連歌師の名で呼ぶのは差支えないと思う。(15)

ここに至って、再び「連歌師」の定義の暖昧さが露呈するが、善阿・救済らは一年の内のある程度の時間を連歌に費やし、収入を得、社会的にも連歌巧者として認知されていた、とは捉え得る。したがって、金子・山田両氏の述べるように、かれらは職業的連歌師のはしりと見なしてよいのであろう。

『僻連抄』に名が見えるのは、良基に認められた人々であるが、それは一部であるに違いない。その裾野にはかれら以外にも、連歌師と称してよい人々が多くいたと思われる。例えば、南北朝期に成立したと考えられている『和歌集心体抄抽肝要』や、この書と深い関わりを持つ『知連抄』という良基に仮託された連歌学書に見える諸説には、救済・良基などの裏に隠れてしまった地下である連歌師たちの手によるものが含まれているのではないかと想像される。

連歌という文芸は短連歌時代は勿論のこと、百韻連歌であっても公家社会で完成された文芸である。良基の連歌展開史で見られるように、後鳥羽院、後嵯峨院などを始め、摂関家も嗜み、かれらの中に多くの「上手」が出た。ところが、その連歌の担い手として鎌倉から南北朝期にかけて、地下の中に「名誉の上手」が出現してきた。もともと、上層階級が担っていた分野でありながら、かれら以上の能力のあるものとして「道の者」が出現したのである。以後、この様態は変わることがなかった。連歌は天皇・将軍をはじめ、上層の公武僧の間で盛行し続けた。その点では卑賤の文芸、卑賤の者の職能ではない。しかし、その一方で、専門的職業者としての連歌師が存在し質の面や職業的援助者としてその文芸を支えた。ここに文学の専門家が現れた。職業文学者の登場と言ってよい。

4「道の者」の時代

日本において、職業文学者はいつ現れたのであろうか。連歌はそれを実現させたもっとも早い分野なのではないかと思うのである。和歌の分野はそれより幾分、遅れた。その差は、連歌の持つ芸能性ということから来るのかも知れない。(16) 古くから芸能者という存在は職業的性格を持っていたと思われるからである。いずれにせよ、鎌倉から室町へという時代は文学を職にする者の発生へと動いていたことは確かであった。その典型が連歌であったのであろう。

ある身分階層の者というのではなく、能力のある者つまり「道の者」がその能力によって、階層を越えて認められる時代、逆に、高位のものであっても、必要とした能力を重視しようとする時代の到来と言える。後醍醐天皇やその子の護良親王などが武具を着し、その支配力を示そうとしたことなど、特異な人物の出現もそれを物語っているかと思う。

時代相ということからすれば、その時代に生きた兼好という人物もその時代を体現していた。少なくとも、「一芸に達した者」の価値を認めていた。『徒然草』に描かれた、水車作り（五十一段）・木のぼり（百九段）・双六の上手（百十段）・牛飼（百十四段）・博奕打ち（百二十六段）などに対する兼好の評価は新たな時代を認めようとする、もしくは認めざるを得なくなった兼好の心情を語っていると思われる。

ただ、兼好の連歌に対する思いは複雑で、「花はさかりに」から始まる第百三十七段には無粋な人間として「酒飲み連歌」する男が、また、第八十九段には賭物連歌をした「何阿弥陀仏とかやいひて、連歌しける法師」の失敗談が描かれている。

兼好は当時の連歌のありようをこのように批判的に見ていたのであるが、そこに描かれた連歌師の中に、花の下連歌を取り仕切った連歌師や阿弥号連歌師を彷彿とさせる存在が垣間見えることは興味深い。救済の活躍はこの後のことである。兼好は新たな時代潮流を意識していた。一方で、猥雑さを伴わざるを得なかった底辺の連歌師の存在を兼好は嫌ったということなのであろう。

しかし、その猥雑さの中から救済のような、公家も能力を認めざるを得ない人々が登場してきた。南北朝・室町期の文芸世界の様相は大きくはそのように捉えられるのだと思う。

兼好は和歌の方は第十四段で「和歌こそ、なほをかしきものなれ」と賞揚している。歌詠みであった自分は新興の連歌師風情ではないという矜持なのであろうか。しかし、そういう兼好も区分すれば、地下の歌人と言ってよいかと思う。小川剛生氏は「卜部兼好伝批判―「兼好法師」から「吉田兼好」へ」(17)の論考で、これまでの兼好の出自説を批判して、兼好は「凡僧」であり、卜部氏だとしても、所詮「諸道の輩」だと述べている。

かれを連歌師と同様の「道の者」と呼べるかどうかはともかく、頓阿など、いわゆる為世門の四天王と共に、新たな社会階層に属する歌人であったとは言える。一般には遁世者、歌僧などと称されている人々であるが、かれらこそ和歌の「道の者」のはしりではなかったろうか。

頓阿は良基に認められたが、それは救済に類似している。救済は連歌における第一（准）勅撰集『菟玖波集』の編纂に関わり、頓阿の方は『新千載集』の編纂に関わった。前者の完成が後者より二年ほど早いだけで、両者ともに一三五〇年代のことである。和歌・連歌ともに地下の文学者が大きな役割を果たしたことは、南北朝期という時代性を如実に示している。きわめて伝統的だと思われる和歌でさえも、頓阿およびその流れである常光院流、少し下がって、正徹とその招月庵流などが旧来の歌道家とは別に歌壇に大きな地位を占めるようになった。ここに文学史の大きな変化が見られるのであるが、それは当然のこととして文学の内容そのものを変化させることにもなったに違いない。

「道の者」が文学をどのように変えたのかはむずかしい問題である。担う人が違えば作品も違ってくるはずだという予測はつく。『風雅集』は和歌伝統の中では清新な詠みようを見せてはいるものの、歌道家の和歌なのであろう。それに対して、正徹の特異性はよく言われることである。小川氏は『正徹物語』[18]の解説で、正徹について、

求心力の低下した歌道家を尻目に、党派にとらわれず旺盛な作歌活動を展開したことが重要で、プロ歌人の嚆矢と称してもよい。

としているが、「党派にとらわれず」云々は歌風についてのことでもあるのだろうと思う。

尭恵や宗祇、肖柏[19]など室町中期の歌人・連歌師たちの和歌を見ていけばよいのであるが、ここでは宗長の和歌を『宗長日記』[20]（享禄三年〈一五三〇〉成）の中から一首だけ挙げておきたい。「銀杏の葉を拾はせて、人に遣はすとて」と前置きのある歌である。

梓弓銀杏のもとの薄く濃き落葉を風に拾はせぞ遣る

「銀杏」を詠むことも過去に例のないことであるが、それはそれとして、このような日常に心情を込めて、それを自在に詠むというあり方は、近世の地下歌人に繋がるものだと思う。

「道の者」としての専門指導者としての立場は、その指導書の作成にも反映したはずである。連歌に関わるもので言えば、南北朝から室町期には『源氏小鏡』などを含む寄合書、賦物一覧、後の歳時記に繋がる十二月題の解説書、用語解説書である袖下、歌枕書など初学の者向けに多くの手引き書が作られた。西田正宏氏は有賀長伯の『初学和歌

式』などの歌学書について、「教養と秘伝と―有賀長伯の歌学書出版をめぐって―」[21]という論考の中で、長伯の編纂した歌学書は「重宝」で「益」のあるものとして享受されたことが確認できる。（略）このように長伯の歌学書は出版以後、今日に至るまで、詠歌のための実用的な知識を得るためにすこぶる有益な書物であったのである。

と述べているが、このような書は、出版のことはともかく、すでに室町期にも師から門下へと示されていたものだと思う。

連歌師というものを軸にして、南北朝から室町に登場した「道の者」としての文芸の担い手のことを考えてきた。これは「文芸」というものが一部の上層階級の手から広く社会に開放され、その巧者は身分を越えてその能力が認められたことを意味していると考えられる。連歌神であった北野天満宮には兼載作と伝えられる『北野天神連歌十徳』[22]という効能書があるが、その十番目に次のようなものがある。

不貴交高位　誰が子をもはぐくむ君や親心　周阿法師

「貴からずして高位と交はる」ことができるというのであるが、そうであると逆も出てくる。上下が混ざってくるということで、身分のある者が「道の者」になるということである。連歌では宗砌などのように大名の家臣も、宗伊のように幕府の奉行衆[23]も、さらには肖柏のように公家出身者も立場を捨てて「道の者」になった。

南北朝・室町期になると、連歌・和歌に限らず、さまざまな職掌を担っていた「道の者」が社会の表に名を現してきた。心敬は『ひとりごと』[24]のなかで、次に引くように「無双の人々」の名を連ねている。これはかれらが当時の社会の中でそれなりの存在を認められていたことを示しているのであろう。ついでに言えば、この中に「連歌師」と「早歌謡」が含まれていることは、両者が他の芸能者とともに「道の者」として認知されていたことを示唆しているのだと思う。

天下に近き世の無双の人々愚僧見及び侍りしは、平家物語りしには、千都検校といへる者、奇特無双の上手といへり。（略）同じき比、絵かく人数をしらず。さる中にも、周文禅学、天下にならびなかりし最第一と也。（略）碁をうち侍りし近き世の無上の上手には、大山の衆徒大円といへる者也。おなじ比、あづまに三浦民部といへる上手、互に勝負なき計也。（略）早歌などとてうたへる人も、近くは、天下には清阿・口阿とて、二輪二翅のごとく申しあへり。いづれも坂口の坂阿が門弟也。（略）尺八などとて万人吹き侍る中にも近き世には増阿とて、奇特の者侍りて吹き出したり。（略）彼が門弟に頓阿とて、増阿が跡をつぎ、世一のもの也。（略）猿楽にも世阿弥とて、世に無双不思儀の事にて、色々さまざまの能ども作りおき侍り。今の世の最一の上手といへる音阿弥・金春大夫なども世阿弥が門流を学びつたへ侍り。音阿弥は近くは無双の者なり。（略）応永の比、永享年中に、諸道の名匠出で失せ侍るにや。（略）凡連歌、世にさかりなりしより、代々好士の名をしるし侍り。

このような南北朝期と室町期のありようを見てくると、文芸に限っても連歌や和歌以外に「道の者」の手になるものが多くあったであろうことが予想される。

岡見正雄氏が室町の文芸、精神を「室町ごころ」と称して概観したのは昭和二十六年のことであった。後にこの語を書名とした室町作品集が刊行された(25)。そこには次に挙げた多岐に渡る分野のものが収録されている。

新蔵人物語絵・車僧草子・魚類合戦河海物語・太平記抜書・二川物語・異本金言和歌集・玉吟抄・専順独吟・古今秘歌集阿古根伝・古今秘伝抄・四巻本風姿花伝・寛文五年版狂言記・倒痾集・日吉社叡山行幸記・醍醐寺雑記・語園・東勝寺鼠物語・長恨歌并琵琶行抄

これらが、というより、ここに見える分野の中で、これまで述べて来たような「道の者」の手によるものがどれだけあったのか。室町文学のありようを理解するにはその検証が大事だと思う。連歌のことに話をもどすと、その検証の結果として中世文学の担い手としての連歌師の特殊性、もしくは他との共通性が見えてくるに違いない。

注

（1）岩崎佳枝『職人歌合中世の職人群像』（平凡社・一九八七年一二月）
（2）『早歌の研究』（至文堂・昭和四〇年八月）
（3）『連歌師―その行動と文学―』（評論社・昭和五一年六月）
（4）岩波書店・一九九二年一一月
（5）網野氏は「道々の者」としているが、一般に当時の文献に見えるのは「道の者」という言い方だと思われる。各種の国語辞典類もこの語で項目を立てている。
（6）注（3）
（7）「連歌師」（『俳文学大辞典』角川書店・平成七年一〇月）
（8）「地下の連歌師登場」（「解釈と鑑賞」66―11・二〇〇一年一一月）
（9）「連歌師」（『連歌辞典』東京堂出版・二〇一〇年三月）
（10）『日本中世史研究の軌跡』（東京大学出版会・一九八八年四月）
（11）日本古典文学大系『連歌論集　俳論集』
（12）「出雲路毘沙門堂の花の下連歌」（「青山学院大学文学部紀要」33・平成四年一月、『連歌史試論』新典社・平成一六年一〇月所収）
（13）冷泉家時雨亭叢書『中世歌学集・書目集』（朝日新聞社・一九九五年四月）
（14）日本古典文学全集『連歌論集　能楽論集　俳論集』
（15）『菟玖波集の研究』（風間書房・昭和四〇年一二月）

(16) 廣木一人「レファランス／連歌の集団的演劇性」(「国文学」43―14・一九九八年一二月)。この論考から連歌の芸能性に言及している部分を掲載しておく。

〔連歌の芸能性〕

連歌の持つ他の文芸とは違った多面的な性格を、特に芸能性という視点で見直そうとしたのは、林屋辰三郎であった。林屋はその著『中世芸能史の研究』(岩波書店・昭35)の中で、次のように述べている。

(連歌の)製作過程である一座の興行もまた、演劇や茶道と同じ程度に瞬間的な芸術価値をもち、座衆の個々人と切り離して考えられぬものがある。かような場合に、連歌を完成された文芸作品の一面からのみ見ることは、明らかに誤謬であって、これを芸能として眺める立場も強く要請されるのである。

この林屋の視点は、芸能とはいかなるものかの認識と関わることで、一概に、連歌が芸能性を持つとは言い切れないが、この問題提起が注目すべきものであったことは確かなことであった。

林屋の後、その提言を受けて、より広範、詳細に連歌の芸能性を論じたのは、島津忠夫である。その最初の論考「連歌の性格―芸能性と文芸性」(「芸能史研究」7・昭39・10、『連歌の研究』角川書店・昭48所収)で島津はまず、芸能を広く芸道にちかいものを捉えた上で、連歌が「田楽や闘茶と隣り合はせのところにあつた」とし、

連歌といふ形態が、もともと興行の場において、その一座の人々によつて作り出されるものであるといふことは、茶や香などの芸道と共通する性格を多分にもつてゐるといふことができよう。

と述べている。さらには民俗芸能との関連を指摘し、「花の下連歌」などがそれらと類似し、宗教的行事でもあったとする。この宗教性を持つとの指摘も、芸能がその発生当初から宗教的な色彩を持っていたと目されることから、連歌の芸能性を見る上で重要であった。以後、島津は「会所の文芸と芸能」「連歌会と茶寄合」「連歌と宴」「祭りの中の連歌」(以上、『能と連歌』和泉書院・平2所収)などで連歌の芸能性もしくは芸道性について論究しており、連歌と芸能との関連を考える上での必読文献となっている。

〔連歌の演劇性〕

しかしながら、これまでの論考では、連歌の演劇的要素の有無を論じたものはほとんどない。今後の課題と言える

が、そのことを考える上で、先に引いた林屋の「瞬間的な芸術価値」との視点は一つの示唆を与えてくれていよう。演劇が文字に固定された文学と違い、時間芸術とすることができるならば、連歌も本来的には同様なものであったと言える。連歌においても、演劇のような論理的な構成はないものの、役者に擬え得る連衆によって、次々と話題や場面が提示されて行き、連歌の享受はその展開される当座にこそあったからである。この点に関しては、連歌の後継たる俳諧に関して、芭蕉も『三冊子』の中に次のような言葉を残している。

○歌仙は三十六歩なり。一歩もあとに帰る心なし。

○文台引き下ろせばすなはち反故なり。

このような連歌の時間芸術としての性格は音楽にも近い。小西甚一は、『宗祇』（筑摩書房・昭46）の中で連歌と音楽の類似性について力説しているので参考になろう。

演劇性ということについては、もう一点、考慮すべきは観客の存在であろうか。演劇というものは、演技者がおり、それを第三者として楽しむものがいるという形態が一般的であるのに違いない。連歌においてそのような場を唯一想定できそうなのは、「花の下連歌」であると思われる。「花の下連歌」については、後述したいが、この連歌では連歌の座の周辺にその興行を見守る人々がおり、連歌の出来に、喝采を浴びせるといった場が推測できるからである。

(17)　「国語国文学研究」49・平成二六年三月

(18)　角川ソフィア文庫・平成二三年二月

(19)　肖柏は内大臣、中院通秀の弟で、貴顕の家柄の出身である。それにも関わらず出世遁世し、和歌、連歌、古典研究などに携わった。言ってみれば、本稿で述べている貴顕から地下への流れを具現化した者と捉えることができよう。

(20)　岩波文庫・昭和五〇年四月

(21)　『浸透する教養　江戸の出版文化という回路』（勉誠出版・二〇一三年一一月）

(22)　伊地知鉄男『連歌の世界』（吉川弘文館・昭和四二年七月）

(23)　幕府評定衆であった波多野通郷も出家して連歌師を称したようで、『教言卿記』（史料纂集）応永十五年（一四〇八）三月二十一日条に「元喜入道　波多野（通郷）地下連歌師也」と見える。

(24)　中世の文学『連歌論集三』

(25)　『室町ごころ　中世文学資料集』(角川書店・昭和五三年九月)

二　梵灯庵の東国下向

1　はじめに

梵灯庵は九州や東国（東北）へ旅に出た。九州へのことは川添昭二氏に詳しい考証がある。[1]東国へは連歌論書『梵灯庵主返答書』[2]内に挿入された紀行文（仮称として「梵灯庵道の記」と呼ぶことにしたい[3]）に書き留められている。連歌師は旅を常態とした者が多く、早い例として周阿の九州下向が知られているが、梵灯庵の旅はそれに続くもので、後の連歌師のあり方の先駆けをなすものとなっている。

その旅の中でも東国へのものは特に注目に値する。梵灯庵の連歌師としての系譜を嗣ぐ宗砌、宗祇、宗長、宗牧らはみな東国を重要な旅の地としており、連歌に関わる事跡を多く残したからである。その系譜の主軸にはいないものの行助、心敬も東国に赴いたし、兼載は東国（会津）出身であるとともに、晩年、再び東国に戻っている（古河没）。

かれらの時代は応仁・文明の乱を挟み、戦乱の世であり、それは東国においても同じであった。東国は東国内での抗争というだけでなく都との関係も絡まって複雑な政治・戦乱状況下に置かれていた。

連歌師という存在の持つ性格上のこともあって、先に挙げた者たちはそのような社会情勢の中で、当然のこととして政治的な役割を担わされていた、もしくは担う結果となった。その典型的な例は宗祇で、その宗祇のありようについてはこれまで拙著[4]などで幾度か言及してきた。

梵灯庵も同様の性格を持つ連歌師の早い例として、政治的な役割を担わされて九州に下ったことは、先に触れた川添氏などによってすでに指摘されていることである。しかし、東国下向においてはどうであったのであろうか。少なくとも「梵灯庵道の記」からはそのような気配を読みとることはできない。この作品には漂泊、仏教上の行脚といった面が強く押し出されているからである。稲田利徳氏は、

厳しい修行、漂泊の旅を、格調ある文章で凝縮して記しとどめたもの。年月日や地名をあまり明確にしない叙述形式をとるが、足跡は東北の奥地に至り、その間、仙境のごとき山寺、眺望のきく海浜、静寂な湖水の辺りなどに籠りの生活も送る。それはまるで、山中の水、海辺の水、湖の水という「水を主題にした魂の記録」（金子金治郎『連歌師と紀行』）とでもよぶべき、清浄な心の獲得を希求した旅で、宗久の『都のつと』の旅の系譜につらなる。[5]

と述べている。

「梵灯庵道の記」を文学作品としてそこから中世知識人のこころのありようを読みとることはあるべき態度の一つであることは言うまでもない。しかし、連歌師というものの現実的側面を探ることも重要であろう。恐らく、文学はその相剋のあわいから立ち上がってくるのだと思うからである。

2　「梵灯庵道の記」の時期

梵灯庵の東国下向は門下の宗砌の書などいくつかの当時の文献によっても知られるが、そのうちでもっとも重要なものはこの「梵灯庵道の記」である。この紀行についてはこれまでも何人かの研究者によって言及されてきたが、その期間、帰洛の事情などまだ明確になったとは言えない。まず、この書を取り上げて再考すべき点を指摘していきたい。この紀行は次のような文章から始まる。

その比、知識と聞こえし人に、仏法の掟、さこそ律儀にも侍らん、と覚えて、真の心をこそ知らずとも、知識の法度をも伺はんがために、或いは一夏、或いは半夏、逗留せしかども、ただ江湖の僧、五百人千人集まりて、自他の褒貶のみにて、一座の修行をも成しがたかりしかば、一往は知識の会下を探ることも侍りしかども、後にはただ足に任せ、心の行くに従ひて浮雲流水を観じて、さまよひ歩きし程に、満々たる蒼海に出でては、友なし千鳥の類に身をなし、上の空に歩み行くに、峨々たる霊崛聳えたるに、松柏の枝を交せるあり。

梵灯庵は仏法を極めようとして、あちらこちらの寺院を訪れたが、それらは「自他の褒貶」をしているばかりで満足できない、そこで「浮雲流水」のごとくに彷徨い出たというのである。

この紀行を含む『梵灯庵主返答書』は連歌に関わるさまざまな箇条が並べられているものであるが、この「梵灯庵道の記」はその途中で唐突に「その比」と始まる。脈絡なきがごとくであるので、ここに記された出来事がいつのことかを明確に知ることはできない。梵灯庵の東国下向はこれまで応永初年（一三九四）頃から応永十五年（一四〇八）頃とされてきた。(6) このことの是非も含めて、はじめに「その比」からどのようなことが読み取れるのかを推論しておきたい。

この紀行文が唐突に始まると述べたが、それではこの文章は『梵灯庵主返答書』成立後、全文の構成と無関係に紛れ込んだと言えるのであろうか。『梵灯庵主返答書』中のこの箇所に最初からあったにせよ、一通り完成した後に挿入されたにせよ、いずれにしても意図してこの部分に置かれたとは考えられないのであろうか。たとえ、後の挿入であったとしても、相伝の過程で後人は違和感を持たずにこれをそのまま伝えたのであろうか。

現存する本書のもっとも古い本は応永三十一年（一四二四）二月書写とする神宮文庫本である。[7]書写者の「右筆甚阿」は未詳であるが、この奥書を信ずれば、この写本は本書成立時の応永二十四年閏五月からそれほど時を経ていない時期のものであり、梵灯庵が生存中であった可能性もある。このように考えてくれば、「その比」の「その」の指示語は梵灯庵の認識の上でのもので、『梵灯庵主返答書』の中に位置づけて考えてしかるべきだと思われてくる。

それでは「その比」とはいつ頃を指すと考えたらよいのであろうか。『梵灯庵返答書』は全般的に二条良基の言動を記すことが多い。良基との思い出を語るといった側面がある。このことからすれば、「その比」は大きく言えば、良基在世中、梵灯庵が膝下に侍っていた頃とするのが一案である。しかし、それは考えられない。良基は嘉慶二年（一三八八）六月十三日に没している。梵灯庵は貞和五年（一三四九）生まれとされており、嘉慶二年は三十九歳、まだ、在俗時代である。知られているように、明徳三年（一三九二）八月二十八日の行事を記した『相国寺供養記』[8]に「帯刀」として「朝山出雲守大伴師綱」の名が見える。良基の逝去はそれよりも四年も前である。

したがって、「その比」とは、良基没後、『梵灯庵主返答書』が書かれた時点から振り返って、まだ、連歌界の第一人者と認められずにいる頃、世俗を捨て連歌師として立とうとしている頃を指すと捉えるべきなのであろう。恐らく、この紀行に記された行脚は最初の目的はともかく、結果的には連歌師としての修行の最終段階として、ここに置かれていると考えてよいのではなかろうか。

「梵灯庵道の記」は『梵灯庵主返答書』上巻に挿入されていると先に述べたが、細かく言うと中程というのではなく、末尾に近いところに置かれている。上巻はこの後に、「邪正の事」とされた、「邪」をはじめから排除しては「正」を悟ることができないという、連歌に限定されない論が続き、最後にこの論を前提にする形で、連歌というものは「道に酔」うことで詠み出すことができる、として終わっている。

つまり、『梵灯庵主返答書』上巻は良基の教えの中での連歌修業を経て、精神的なあり方を求めて仏道修行、行脚、それらすべてがその後の自身の連歌道の形成に役立つものであったが、最終的には、技術的な巧拙を越えて、連歌そのものに没入することこそが大切であることを悟ったとして閉じられた書と言えるのであろう。

このように「梵灯庵道の記」は現状の『梵灯庵主返答書』の中に位置づけられるものと捉えることができる。この点において「梵灯庵道の記」は梵灯庵の思考の中で唐突なものではなかったと思われる。

それにしてもやはり問題になるのは、連歌論を記述している時に、どうして東国下向に筆が走ったかである。このことについては、この紀行の直前の文章を検討する必要がある。その文章は次である。

先年、九州探題より［于時今川与州］尋ね申さるる句ども、両三句侍りしやらん、年久しくなりて定かにも覚えず。

　我よりも人に水上涙川

「何水上を尋ねけん」、あまりに本歌の詞多く侍らん。

　　木の葉をも時雨と聞くに袖濡れて

これまた、「それにも濡るる我が袂」、相変はらず斯様のこと、後世の為に仰せ下さるべきよし申されたりしに、歌にては憚りもや侍らん、連歌には苦しからじ、とぞ仰せありし。

九州探題、今川与州は今川了俊のことである。その了俊から二条良基へ連歌句についての質問があって、それに良基が答えたという逸話である。良基もまだ存命、了俊も九州探題として活躍していた時代、梵灯庵自身も連歌愛好の足利義満の奉公衆として安定した地位にあった時代のことである。

「先年」は良基の没年を考慮すれば、問題としている「その比」よりも少なくとも数年は前ということである。続く、「その比」は思考の流れから言って、その時代に対する懐旧の思いを引きずっているのではなかろうか。かつて、自分も了俊も良基のもとで連歌を学び、社会的立場についても前途に期待をもっていた時期があった。「その比」とはそのような順調であった時期の回顧の中で浮かび上がった言葉ではなかったかと思うのである。

了俊と梵灯庵自身は良基没後も連歌などを通じて親交を暖め、順調な生活を送っていた。ところが、「そのような比」、ある時期に転機が訪れた、ということである。このような回想が漂泊という思いがけない出来事へと筆が移行する要因だったのではなかったろうか。

3　もう一つの東国下向記事

『梵灯庵主返答書』にはこの折の東国下向に関わる記述が「梵灯庵道の記」以外にもう一箇所ある。それは本書下巻の末尾に近いところにあるものである。つまり、『梵灯庵主返答書』は実質的に上下巻ともに、東国下向に関わる記事で閉じられていることになる。このことは『梵灯庵返答書』が東国下向を経て都への復帰という転機を重要視した構造を持っていることを示しているのだと思われるが、こちらも了俊との繋がりを読み取ることができるのではないかと思う。しばらく、「梵灯庵道の記」そのものから離れて、こちらの記事を見ておきたい。

下巻の記事は、梵灯庵が若い頃に鹿苑院殿（義満）に出仕する際の「佇まひ」を「御指南」してくれた人に対する思いと絡めて記されている。

鹿苑院殿いまだ稚く渡らせ給ひし時より祇候し侍りし人の、数にもあらざりしを御覧ぜられしより、直垂の衣文など引き直させ、出仕の佇まひをも御指南ありしなり。後には布衣に召し加へられて、常に金吾相共に全勤せしなり。よろづ水と魚との思ひをなしてこそ罷り過ぎしか。

身の浮沈せし後は万里の山川を隔てし間、心のうちばかりにて申し、通ずるに及ばず。奥州松島に茅庵瓦缶の陰をなして侍りし比、御音信ありしぞ、不思議にも、また古を思しめし、忘れざりける御心ざしのあまりかとも覚えし。青き鳥の翅も休めず、遙かの境まで飛び離りけること、ものの自然に相叶ひ侍る、豈、蘇武が雁書に変はり侍らんや。さるほどに思ひの外に都へ上りて後も、李源円降が約せしに劣らず。そのよしみの深きことを思ふに蘭麝よりもなほ香ばし。賢慮定めて同前か。

この文章で梵灯庵は何を述べたかったのであろうか。端的に言えば、それは、「御指南」してくれた恩人から「奥州松島」に隠棲していた時に「御音信」があった。梵灯庵はそれにより、望郷の念が湧いた、その後、そうこうする内に「思ひの外に」帰洛することになったということであろう。

これまでの研究においては、ここに見える人物同定が問題となってきた。箇条書きにすれば、

①「御指南」してくれた人

②金吾

③「御音信」の差し出し人

が誰かである。

これを考察するに際して、考慮に入れるべき資料がある。それは惟肖得巌の賛「梵灯庵主」(9)で、これにも東国下向

の記述があり、そこには帰洛に関して次のように書かれているのである。義満に仕えていたが、とある後の記述である。

俄了世相如幻、改服参尋知識、東遊羽陽、檀護際会、開山光明、有将終焉之志、而公、雅善連歌、禅悦余暇、風月興到、一吟一咏、暢写性霊、好事者抄記四書、以為矜式焉、勝定相公聞之、徴命甚厳、不得已再入洛、

「勝定相公」は足利義持である。この義持が、東国で終焉を迎えようとしていた梵灯庵という者が連歌などの風雅に通じ、学識を好むことを聞いて、都に戻るように厳命した。それにより梵灯庵はやむを得ず帰洛した、というのである。

惟肖が何によって梵灯庵のことを知り得たのかは不明であるが、惟肖は延文五年（一三六〇）に生まれ、永享九年（一四三七）に没した禅僧で、梵灯庵の同時代人である。それなりに信頼すべき記事と言えよう。

先の箇条書の③から考えてみたい。これまで、この賛に見える「徴命」と「梵灯庵道の記」の「御音信」は同一のものとして、③を勝定相公、実質はその裏にいた義満とされてきた。(10)「勝定相公聞之、徴命甚厳」とあるのは表面上で、実際は義持を操っていた義満の意志とする説である。しかし、それは正しいのであろうか。

さらにこのことを前提として、梵灯庵の帰洛を義満の生存中とするのであるが、そのように理解してよいかどうか。そもそも、義満なら梵灯庵が連歌、学識に通じていることは承知していたことではなかったのか。後述するが、梵灯庵の東国下向は、当初はともかく、長期の遍歴は義満の意向に添うものであったらしく、それはその途中で政治的な役割を担わせて九州に赴かせていることでも分かる。その義満が最晩年に突然、梵灯庵の学識等に関心を寄せて、京に呼び戻すという心境は理解できない。

「勝定相公聞之」という言辞は義持自身が梵灯庵の存在に気づいたことを示しているのであるから、「徴命」は義持

自身の意志と解釈するのが素直であると思う。そうであれば、『梵灯庵主返答書』の「御音信」の差し出し人と同一人物とは考えられない。「御音信」の人物は「古を思しめし、忘れざりける御心」とあることから、京を離れる前から親身であった者でなければならない。梵灯庵の離京が応永初年（一三九四）頃とすれば、その時、後に帰洛の「徴命」を下した義持はまだ九歳であったからである。これを数年遅らせてもまだ若年である。

それでは「御音信」の差し出し人だけを義満とすればどうであろうか。これにも疑問がある。絶対権力者であった義満に対して、「よしみの深きことを思ふに蘭麝よりもなほ香ばし。賢慮定めて同前か」などという感慨を述べるであろうか。これらの言辞にはもう少し親密な関係にあった者を想像させる。そもそも「御音信」が義満のもので、帰洛の「徴命」が義持によるというのは不自然である。

惟肖の賛に言い及んだが、③が義持でも義満でもないことの確認であった。それでは誰であろうか。惟肖の賛にあるような梵灯庵の実績を義持に伝え、「徴命」まで至らせた者、それこそが③、漂泊中の梵灯庵に手紙をよこしたものであったに違いない。

『梵灯庵主返答書』下巻の記事をもう一度はじめから読み解いていきたい。

①は鹿苑院殿（義満）が幼い頃から義満に仕えていた人であり、ある時期から私（梵灯庵）に「出仕の佇まひ」を指南してくれた人である。「布衣に召し加へられて」とあるが、これは梵灯庵自身のことであろう。「布衣」は将軍への御目見が許されたということを指すかと思われる。梵灯庵は至徳四年（一三八七）六月以前に従五位下に昇進している。

また、康暦二年（一三八〇）正月二十日の『鹿苑院殿御直衣始記』(11)に見える「衛府侍八人」の中に「朝山次郎左衛門尉」の名が見えるが、これが梵灯庵（朝山師綱）かと思われる。(12)同書には六位とある。『地下家伝』(13)に「任左衛門

尉　任出雲守　任安芸守　入道号梵灯」とあることが参考になる。
「朝山次郎左衛門尉」の名は『花営三代記』[14]に記録された康暦二年十二月二十五日「御着陣記」の「衛府十人」の中にも見える。なお、『花営三代記』にはこの行事の先例として康暦元年七月二十五日の「右大将家御拝賀散状并路次第」が掲載されているが、ここに見える「衛府侍十人」のひとり「朝山八郎左衛門尉」の「八郎」は「次郎」の誤写で同一人物かと思う。そうであれば、「衛府十人」に加えられたのは一年遡る。

梵灯庵（朝山師綱）は若年時に①の人物に出仕の儀礼の指南を受け、間もなく義満の随身として出仕するようになったということなのであろう。

『梵灯庵主返答書』は次に「常に金吾相共に全勤せしなり」と続く。この「金吾」は文章の繋がり上、①の自分を指南してくれた人で、その人とともに義満に仕えたということを意味すると考えられる。そして、その人とは「水魚の交わり」を持ったとする。

これまでの研究ではこの「金吾」が誰を指すかに議論があった。その中で、この「金吾」は今川了俊とする説が多かった。しかし、木藤才蔵氏はそれまでの研究を紹介しつつ次のように述べている。

この金吾を水上甲子三氏や川添氏は今川了俊を指すものとなし、両者の交遊を推測しておられる。了俊は貞治六年以後は侍所頭人に引付頭人を兼ねていて幕府の要職にあり、しかも二十歳前後の年配で布衣に召し加えられた梵燈よりは二十三歳ほど年長で、年齢といい地位といい梵燈との間には距離があり過ぎて、「常に金吾相共に全勲せしなり」という表現をするのは、ふさわしくないように思われる。しかし、次の点でこの両者は相当早くから親密な関係にあったのではないかとも考えられる。まず、梵燈が良基に師事した時期が、了俊が九州探題として九州に出立した応安四年二月以前であったと仮定することが許されるならば、両者の間には、同門の連歌愛好者どうしとして緊密な交遊が成立していた可能性もなくはないのである。その上に、梵燈は後述するように応安五年以前に冷泉為秀の門にはいって和歌を学んでいたと考えられるが、それがもし応安四年二月以前のことであれば、この面からも了俊との交遊を考えることができるのである。（略）義満のもとに出仕したのも、一つには、その方面の才能を買われてのことではなかったか。(15)

この論考以後、「金吾」＝了俊説が定説になったと言える。この論考中に引かれている川添昭二氏も木藤氏の指摘を受けて自説を訂正して次のように述べている。

何よりも、金吾は衛門尉の唐名であるから、伊予守の了俊に当てるわけにはいかない。現段階ではその何人であるかは不明というより外ない。(16)

しかし、金吾＝了俊説は可能性のまったくないことなのであろうか。官職の食い違いにどのような事情があったのか不明であるが、心敬が『ささめごと』(17)で次のように言及している「源金吾」は今川了俊に違いないと思われるからである。

源金吾と申す人、冷泉の黄門《中納言為秀ノ事》に付き給ひて、年久しくこの道を学びて、いにしへのことをも知り、和歌の道をも興し給へるとなり。

また、『看聞日記』(18)応永二十三年十月十三日条には次のような記事が見える。

今月二日、前管領上杉金吾発謀叛。（略）同四日、左兵衛督持氏館以下鎌倉中被焼払了。此由注進申。室町殿因幡堂御参籠之間、諸大名馳参有御評定。駿河ハ京都御管領之間、先駿河へ可入申之由、守護金吾《今川金吾》被仰。関東へ先御使可被下云々。

この中の「今川金吾」は了俊の三代後の駿河守護、今川範政である。この範政が「衛門尉」であった記録はない。

それにも関わらず「金吾」とされているのは、駿河守護今川氏は巷間で「金吾」と呼ばれていたことを示していると思われるのである。『梵灯庵返答書』の「金吾」は了俊と見なしてよいのではなかろうか。

　この了俊は梵灯庵の若年時に「出仕の佇まひ」を指南し、その後、梵灯庵を伴って「相共に全勤」した。了俊は応安三年（一三七〇）に九州探題に任命され、翌年二月に任地に赴いているので、このことはこれより前、梵灯庵二十歳前後のことである。

　つまり、東国遍歴の梵灯庵が風雅に造詣が深いことを義持に伝え、梵灯庵の都への復帰の「徴命」を義持から得ることを働き掛けたのは他ならぬ了俊であったのであろう。前引の木藤氏の論でも了俊と梵灯庵との親密さが指摘されている。「音信」が直接「徴命」を伝えたものではなかったにせよ、これらは同じ願望の中で梵灯庵に示されたのに違いない。

4　梵灯庵の東国下向時期

　このように梵灯庵帰洛に関わることを推論してきて、先に、了俊との関わりを示唆しつつ漠然と捉えていた「その比」、つまり梵灯庵の離京、東国遍歴はいつごろのことであったのかに論を戻すことにしたい。

　応安四年から九州探題として多くの功績を挙げた了俊は、応永二年（一三九五）閏七月、突然解任、京都に召還され、間もなく、領国の遠江国に居を移すことになった。了俊を九州探題に任じた細川頼之が失脚、替わりに明徳四年（一三九三）六月、管領に再任された斯波義将の意向が働いたのではないかという。(19)梵灯庵が出家、東国に下向したのはこの前後であった。

　梵灯庵の出家、東国下向の要因として、梵灯庵に特別な失策があったとの証拠はない。先にも触れたように、漂泊中の応永十一年（一四〇四）六月、義満の命によって九州に赴いてもいる。[20] 義満から叱責を被ったとは考えられない。

そうであれば、出家には内的な理由も考え得るものの、時期を考えれば、直接の理由は義満の出家に追随したものとするのが常識的なのではなかろうか。[21] 義満の出家は応永二年六月二十日のことであった。この時には、多くの有力武将・公家も出家したと伝えられている。[22] 惟肖得巌の賛「梵灯庵主」から引用した箇所の冒頭の「俄了世相如幻」はこのことを示しているものだと思う。

梵灯庵が出家した直後、了俊が九州探題を解任された。梵灯庵はこの現実をどのように感じたであろうか。梵灯庵の厭世観はこの時に深まったと考えられないであろうか。すでに、出家を遂げていた「梵灯庵道の記」の冒頭に見られる仏道希求への思いは確固たるものになったはずである。問題にしていた「その比」はこのように了俊との関わりの中で捉えられるのだと思う。

もっとも、梵灯庵のこれまでの立場を考えれば、離京するに当たって、義満の承諾が必要であったかと思う。義満にとって梵灯庵の東国下向は期待するところでもあったのではないか。両者の真意が相違するとしても、東国下向という行為については両者の思惑は一致していたと見てよい。

梵灯庵の出家、離京の理由、時期を考察してきた。以上のことを踏まえれば、梵灯庵の離京は応永二年の秋から冬にかけてとしてよいかと思う。当時、四十七歳であった。

ただし、その時期を確定するためにはいくつか検討すべきことがある。その一つは心敬の『老のくりごと』[23] に見える次の記述である。

梵灯庵主よろしき好士にて世もてはやし侍りしに、四十路の比より陸沈の身になりて、ひとへにこの道を捨てて、筑紫の果て、東のおくに跡を隠し侍ること、二十とせにも及び侍るにや。其の後六十あまりにて都に帰り侍りて

は、

先に指摘したように、梵灯庵は明徳三年（一三九二）八月末までは在俗している。心敬の「梵灯庵主よろしき好士にて世もてはやし侍りしに」という言は「梵灯庵主」としているものの、これは出家後と受け取る必要はないであろうから、梵灯庵は在俗中にすでにある程度、好士として認められていたと考えてよい。それはそれとして、その後、出家し、「四十路の比」、漂泊の旅に出た。さらに後、二十年ほど「筑紫の果て、東のおく」に漂泊し、六十あまりに帰洛したという。

この記述を先の梵灯庵離京時の推論と重ね合わせると、梵灯庵が都を離れていたのは四十七歳から足かけ二十年間、六十六歳までということになり、再び都に姿を見せたのは応永二十一年（一四一四）のこととなる。梵灯庵は、応永二十一年四月の細川満元主催の「頓証寺法楽一日千首」に四首の和歌出詠しており[24]、この推論でいけば、これは帰洛直後のこととなろうか。

ただし、帰洛は応永十六年（一四〇九）夏頃までと推測させる事柄もある。了俊が応永十六年七月に執筆した『了俊一子伝（弁要抄）』[25]に梵灯庵が在京しているかと思わせる記述があるのである。ここには次のように梵灯庵に言及した箇所がある。

今程、朝山梵灯連歌をば或いは下がりたり、或いは下手なりなどゝ申すとかや。諸道は上手こそ品をば知るべきに、今、梵灯にまさる人、誰ありて如レ此沙汰あるぞや。

「今程」云々という言い方は、梵灯庵が都の連歌壇に復帰して、都の連歌師が久しぶりに梵灯庵の連歌に接した折の評価であったと思われる。そうであれば、梵灯庵の帰洛は応永十六年、六十一歳までということになり、これだと足かけ十五年の漂泊ということになってしまう。心敬『老のくりごと』の「四十路の比より」「二十とせにも及び」

との記述とかなりのずれが生ずる。これをどのように考えればよいであろうか。

心敬の単なる誤り、もしくは概略ということかも知れないが、一案としては、「筑紫の果て、東のおくに」という記述が東国下向前の九州下向のことを含めての言であったとの推測も可能ではなかろうか。川添氏は、『祢寝文書』所収の「前出雲守師綱」、『島津家文書』所収の「了俊」による二通の書状を示して、

梵灯（その在俗時）、将軍近習の上使として、今川了俊の探題時代末期の明徳三年（一三九二）か、おそらくは同四年の十二月に九州に下ってきたということになる。[26]

と述べている。「了俊の薩隈日三ヶ国経営に関しての上使として」ということである。

先に触れたように、梵灯庵は東国遍歴中の応永十一年にも義満の上使として、九州に下向しており、[27]これを『老のくりごと』の「筑紫の果て」に当てるのがこれまでの説であったが、このことは『梵灯庵返答書』には記されていない。心敬はこの下向を知る由もなかったのではなかろうか。心敬の言う「筑紫の果て」云々とは、より公的なものであったであろう明徳三、四年頃のことを意識しての言で、この行動を三年後の東国下向に連続するものと誤解したのではなかったろうか。明徳三年であれば、梵灯庵、四十四歳である。この時から帰洛の応永十六年までは足かけ十九年となり、心敬『老のくりごと』の記述にほぼ合致する。

5　下向の理由

梵灯庵、出家理由、東国下向時期について考察してきた。残る問題は東国下向の理由である。このことは不明と言うしかない。「梵灯庵道の記」の記述をそのまま信ずれば、世を厭っての出家行脚と受け取ることができるが、漂泊途中に九州下向を要請されたことを考慮すれば、それだけの理由であったとするのには不審もある。漂泊の直接のきっ

かけは厭世観によるとしても、東国遍歴の間には何らかの政治的な役割を負わされたと見ても不思議ではない。

大まかに考えられる事情は、東国の不安定な政治状況であろう。当時の鎌倉公方は貞治六年（一三六七）五月に没した足利基氏の跡を継いだその息の氏満である。着任当時はまだ九歳であったが、次第に力をつけて、将軍義満に対峙しようとの野心を持つようになった。康暦元年（一三七九）三月には、義満からの土岐氏討伐の命を受ける形で、関東軍を上洛させようとした。『鎌倉大草紙』(28)には次のようにある。

美濃国土岐大膳大夫島田が讒言にて御退治あり。国々の御勢を召さる間、関東よりは此時の管領上杉憲春の舎弟入道道合を大将にて五百余騎、御旗を給はり出勢す。此時、京都の動闘に付けて内々勧め申す人ありけるにや。鎌倉殿思し召し立つ事有り。已に憲春に御評定あり。上杉大いに驚き、諫め奉るといへども御承引なし。（略）氏満公へ御謀反叶ふまじきよしを再三自筆に書きおき、持仏堂へ入りて則ち切腹たまひける。法名を道珍と号す。鎌倉殿大いに驚き、忽ちに京都の公方将軍の御望みを止められ、御後悔ありて同卯月晦日に三島まで打ち立ちける。（略）是は去三月十日に発向しけるを三島に滞留ありて領状を申し上げける也。

渡辺世祐氏はこのことについて、「氏満自ら驕り、京都に上り義満に代りて将軍たらんとするの野望を抱」いたためとする。(29)この時は関東管領、上杉憲春の諫言によって収束するが、その後も氏満の叛意が噂され、嘉慶二年（一三八八）九月には、義満が氏満牽制のために、富士遊覧と称して駿河国まで下向している。

このような将軍と鎌倉公方との確執の中で、下野国守護職をめぐって宇都宮基綱と争っていた小山義政の反乱が起きている。康暦二年（一三八〇）六月、氏満は小山義政追討の御教書を発する。義政は永徳二年（一三八二）四月に自害するが、その後も息、若大丸の抵抗は長く続いた。若大丸が自害し、小山氏の乱が終結したのは応永四年（一三九七）のことであった。

この東国の動乱を義満は放置しておくこともできず、明徳二年（一三九一）二月、対立してはいたものの、関東に加えて、陸奥国・出羽国も鎌倉公方、氏満の管轄下とした。『喜連川判鑑』[30]に、

二月、京都義満公より大館氏信を関東に差下さる。出羽国陸奥国をも管領御政治有るべきよし御教書を添へらる。

氏満公御領掌。

とある。小山氏の後ろには陸奥国の田村氏などがついており、鎌倉公方から追討された関東武士が陸奥国に逃れるなどし、足利政権を揺るがすものとされたからであると考えられている[31]。

梵灯庵の東国下向はこのような内乱の最終局面の時期であった。先述したように梵灯庵は数年前には内乱中の九州に上使として下向している。足利幕府にとって、九州の次に取り組まねばならないのは東国動乱の鎮圧であったはずである。このような情勢の中での梵灯庵の動向には義満の政治的な意向が潜められていたとしても不思議ではないと思う。「梵灯庵道の記」の旅で梵灯庵はまさしくこの動乱の地を廻っている。

鎌倉公方、氏満は応永五年（一三九八）十一月に没した。跡を継いだのは満兼であった。満兼は翌六年、奥羽を統治するために代官として、弟の満貞・満直を派遣し、自らも奥羽に赴いた。『喜連川判鑑』には

七月二十八日、出羽奥州御分国御巡行の為、鎌倉を御立、奥州白川に赴き、稲村の御所に御逗留。十一月鎌倉に還御。

と見える。梵灯庵が奥羽を遍歴していたと思われる時期である。

この新鎌倉公方、満兼は奥羽巡行の直後、応永六年十月に義満に反旗を翻した大内義弘の挙兵、いわゆる「応永の乱」に呼応して、関東軍を率いて上洛しようとした。『喜連川判鑑』に、

十一月二十一日、京都へ御加勢のため、満兼武州府中へ御発向。実は大内義弘、土岐詮直等と内通有りて、京都

を攻んと議す。

とある。義弘は十二月二十一日に「被誅」、満兼はしばらく「武州に御逗留」していたが、結局は応永七年三月五日、鎌倉に戻った。上杉憲定の諫言によるとされている。

この時期に、今川了俊は義弘蜂起に呼応して領国である遠江国から、さらに相模国藤沢に移った。甥の泰範によって、遠江半国守護の地位を奪われたことによるともされたが、足利義満は了俊が満兼を煽動する危険を感じ、憲定に討伐を命じる。『今川家譜』(32)には次のように見える。

中国の大内義弘、竊に使を以て鎌倉へ申し通し、応永六年の冬泉州堺迄攻め上り、鎌倉殿へ御上候へと再三申通しける。其間に公方御出馬成さる。大内が堺の城を御攻成され御退治有りけり。鎌倉殿も上杉房州頻に諫め申ける間、大内一味の逆心を翻し、京都へ御和談ありけり。其頃、今川了俊藤沢に居住して、氏満公と一味し逆心を勧め申し候由、鎌倉へ聞えしかば、忽に誅伐致すべき由、鎌倉へ仰付られしを、甥の泰範は日来相論の事有る了俊とは不快にて有りしかども、斯る事は内親の恨み也。此時いかで忍ぶべきとて、身命を抛て頻に御訴訟申す。

結局は憲定の取りなしもあって、満兼にも見捨てられたことで了俊は上洛せざるを得ないことになる。小川剛生氏はこれらの経緯に関して、『吉田家日次記』の応永七年八月十七日条、十月七日条を引用して、了俊は八月十七日以降、遠江国に戻り、九月四日に上洛したことを論証している。(33)

「梵灯庵道の記」には記されていないが、梵灯庵が鎌倉にも立ち寄っていることは、了俊『落書露顕』(34)の記事で分かる。

去年、梵灯庵の鎌倉に侍りける比、関東の上手にて信夫とかいふ人ありけるに、かれが発句に、

雨にだに露なき松のあらし哉

としたりける所へ、梵灯思はずも来ける間、此発句を取りかくして、梵灯の発句を所望しけるに、梵灯発句、

　雨ふりて露なき松のあらしかな

此句、信夫発句には、「だに」と云ふ言ばかりこそ替けるを、信夫、後に申しけるは、「上手の位はことなる事に侍り。退屈し侍き」と実に感じけると、聞き及びて侍りしを、後に愚老に語る人の申し候ふは、「雨聞きて露なき松のあらし哉、として侍りし」と申し候ふを、「あな面白や」と侍りし後、作者に「かゝる発句やせられたる」と問ひて侍りしかば、「雨ふりてとこそ仕りて候ひしか」と云々。

　この出来事がいつであったかは不明であるが、了俊は応永七年（一四〇〇）、相模国藤沢に居住していた折[35]に「聞き及」んだ可能性がある。この時期に梵灯庵が了俊と接触したかどうかは不明というしかなく、梵灯庵が「応永の乱」に関与する了俊の問題にどのように関わったか、関わらなかったかは分からないが、鎌倉公方の動向に無関心であったとは考えにくい。梵灯庵の鎌倉滞在には政治的な匂いが感じられる。

　なお、川添氏は、

　林下の雲水は時衆と近い関係にあり、梵灯は連歌人として時衆に接する機会は多く、その遊行も時衆を思わせる。藤沢清浄光寺の『時衆過去帳』遊行十三代他阿弥陀仏応永廿四年四月十日の項には「意阿弥陀仏〔朝山殿〕」（刊本一〇四頁）がみえる。朝山氏に時衆がいたことは明らかである。これが梵灯その人だとすると梵灯が時衆であったという明証になる。[36]

と述べており、そうであれば梵灯庵は藤沢に深い縁のあることになる。

6　帰洛

このような動乱の東国を遍歴、梵灯庵は応永十六年（一四〇九）夏頃に帰洛した。前引の『梵灯庵返答書』下巻の記述にあるように、梵灯庵は帰洛できることを思ってもみなかったという。義満はすでに没しており、都に戻っても果たすべき役割はないと考えていたのかも知れない。

了俊の方もすでに政治的な野心を持ち得ない状態に置かれており、歌論の執筆に生き甲斐を見出していた。両者ともに政治上は自分たちの時代は終わったと認識していたことであったろう。このような時に了俊の頭に、かつて良基の元で共に学び、九州でも親交を深めた梵灯庵のことがよぎったとしても不思議ではない。義満はすでに没し、了俊にとって障害の一つはなくなった。新将軍、義持が独自性を発揮し始めていた。了俊はこの義持に梵灯庵の存在を知らせ、その力によって梵灯庵を都に呼び戻すことを思い立ったのではなかろうか。東国遍歴中の梵灯庵にもたらされた「御音信」はこのような了俊の思いによって発信されたものであったと思うのである。

前引した『了俊一子伝（弁要抄）』の中で、了俊はみずからが呼び戻したであろう梵灯庵の連歌が巷で衰えたと噂されることに関して、反論を試みていた。これは梵灯庵帰洛直後のことと思われるが、最晩年の著作、『落書露顕』の中でも同様のことを、良基との繋がりの中において述べている。梵灯庵と了俊の強い絆を示すものであると思う。

摂政家のあそばしおかれて侍る物どもにみえたる上は、定め給ひし位をぞ今は先達とすべきを、風聞の如くは、「梵灯僧連歌下がりたる、平井道助が句させる事なし」などゝ申すとかや。そもそも、今、此両人に勝りたる人誰人ぞや。仏隠れ給ひし後は、経説をこそ金言と尊び侍るめれ。

注

（1）『中世文芸の地方史』（平凡社・一九八二年一月）
（2）『「梵灯庵主返答書」注釈Ⅰ～Ⅲ』（「緑岡詞林」37～39・平成二五年三月～平成二七年三月）
（3）この名称は金子金治郎氏の『連歌師と紀行』（桜楓社・平成二年五月）で用いられ、その後、新日本古典文学大系『中世日記紀行集』（岩波書店・一九九〇年一〇月）解説（福田秀一）、新編日本古典文学全集『中世日記紀行集』（小学館・一九九四年七月）解説（稲田利徳）でも踏襲されている。
（4）『連歌師という旅人　宗祇越後府中への旅』（三弥井書店・平成二四年一一月）、『室町の権力と連歌師宗祇出生から種玉庵結庵まで』（三弥井書店・平成二七年五月）
（5）新編日本古典文学全集『中世日記紀行集』「解説」
（6）水上甲子三「梵燈庵主伝記小考」（『中世歌論と連歌』私家版・昭和五二年八月所収）など。
（7）「連歌貴重文献集成」２（勉誠社・昭和五四年四月）
（8）「群書類従」24
（9）『東海瓊華集』二（『五山文学新集』二・東京大学出版会・一九六八年三月）
（10）水上甲子三「梵燈庵主伝記小考」（前掲）など。
（11）「群書類従」22
（12）木藤才蔵『連歌史論考上』（明治書院・昭和四六年一一月）に次のようにある。
官職については、九条家文書中の朝山関係の文書に記すところを整理して、年代順に配列してみると、
康暦元年閏四月廿七日　朝山安芸次郎師綱
康暦元年五月廿七日　朝山次郎左衛門尉師綱
康暦元年六月十八日　右に同じ
明徳元年七月十八日　朝山出雲守師綱
（13）「日本古典全書」

(14) 「群書類従」26
(15) 注(12)
(16) 注(1)
(17) 「歌論歌学集成」11
(18) 「続群書類従」補遺二
(19) 川添昭二『今川了俊』(吉川弘文館・三九年六月)
(20) 注(12)
(21) 川添昭二氏も「梵灯出家の直接の動機は端的にいえば足利義満の出家にあったろう」(『中世文芸の地方史』〈前掲〉)と述べている。
(22) 『荒暦』応永二年六月二十日〜七月五日条(「大日本史料」)
(23) 中世の文学『連歌論集三』
(24) 稲田利徳「梵灯庵の作品補遺―正徹と関連する資料のなかから―」(「連歌俳諧研究」35・昭和四三年九月)
(25) 「日本歌学大系」5
(26) 注(1)
(27) 注(12)
(28) 「群書類従」20
(29) 『関東中心足利時代之研究』(雄山閣・大正一五年)
(30) 「続群書類従」5上
(31) 田辺久子『関東公方足利氏四代』(吉川弘文館・二〇〇二年九月)
(32) 「続群書類従」21上
(33) 『足利義満』(中公新書・二〇一二年八月)
(34) 注(17)

（35）『難太平記』（「群書類従」21）、『今川家譜』（「続群書類従」21上）

（36）注（1）

三　宗砌の東国下向
――梵灯庵・真下満広・木戸孝範に触れて――

1　宗砌の東国下向時期

多くの連歌師と同様、宗砌もその前半生はほとんど明らかにされていない。そのような中で、次に引く永正十一年（一五一四）成、馴窓衲叟著『雲玉抄』(1)中の東国下向の記事は注目に値する。

孝範の父、木戸小府と申して、文武にすぐれ、連歌の上手と申しき。鎌倉盛りのころ、縁覚寺、月の夜いまして俄に和漢あるに、発句

月にきて氷をたたく戸ぼそかな

月下門により薄く冷えさびて時宜おもしろきをや。

かの小府、持氏様京都御野心のこと諌め奉りて、一両年出家し隠家にておはせしころ、宗砌下向し藤沢六密にて一座ありしかども、人前停止なれば夜に入り、頓世者のまねして縁に居て聞き給ふに、宗砌、一句申されよとあり。亭主もさらぬ体にて、何阿弥あらば申せとありしに、宗砌と出だし合せて帰り給ふをかたく言はれしかば、

見てわかるるぞなほもくやしき

といふ句に、宗砌は、

旅人のあさ川渡る袖濡れて

とあり。小府は、

とても花夢なるべくは夜散らで

この句聞きあへず、宗砌縁に走り下りて、かかる御句関東には木戸殿より他はいかがとて、なづきを地につけて感じ申されしかば、その時会釈ありしとなり。

終に都鄙相代はりければ小府自殺し、三年の内に持氏様御生害ありし。孝範六歳にて、めのと引き具し甲州へ忍びしを、普光院《ママ》きこしめし、九歳の時召し上らせ、冷泉持為に預け給ひしかば、歌筆の両道に勝れて、後花園院御弟、伏見殿御指南にて仙洞の白州に召して、三河前司になされしかば、その時の歌

思ひきや雲の上なるみかは水流れの末に結ぶべしとは

木戸孝範の逸話を語るついでのごとくに記された記事である。「藤沢六密」は神奈川県藤沢市に現存する時衆道場、清浄光寺と考えられる。

『雲玉抄』のこの記事はこれまでほとんど関心が持たれてこなかった。『雲玉抄』に連歌師に関する記述が多く見られることは、島津忠夫・井上宗雄両氏が古典文庫『雲玉和歌抄』「解題」で、

関東歌壇の様相については詳しい事実を語っている。（略）正徹・正広・常縁・心敬・道灌・忍誓（擔）・宗砌・孝範・宗祇ら著名な歌人・連歌師に関する事蹟や挿話には注目してよいものが多く、

と述べているものの、その指摘で止まっている。

その後、もう一歩踏み込んで言及したのは松本麻子氏である。氏は一連の論考で『雲玉抄』の成立事情、正徹の影響、『梵灯庵主返答書』『兼載雑談』等との類似点を挙げているが、宗砌に関しても『雲玉抄』中から前引の記事を引いて、

詞書にある「持氏様京都御野心のこと」とは、永享十年（一四三八）に起こった永享の乱のことで、『雲玉抄』の記事を信じるならば、永享十年（一四三八）に宗砌は関東に下向し、藤沢六密、つまり清浄光寺での連歌会に参加したという。(2)

と述べている。

これまで、宗砌の東国下向についての言及はこれらのみで、先学による宗砌伝においては、金子金治郎「連歌師宗砌の生涯」(3)、木藤才蔵『連歌史論考上』(4)第七草「宗砌の伝記」にも、奥田久輝「宗砌年譜」(5)にも記載がない。しかし、『雲玉抄』の記事を疑う理由は見出せない。『砌花発句』(6)に収録された次の発句は清浄光寺滞在の思い出が底にあるに違いない。

浪や藤沢べに庭の野すぢ哉　（一四一三）

是は七条道場へ藤沢より時衆上洛ありしとき

また、松本氏が指摘しているように『雲玉抄』中に宗砌を経由した梵灯庵などの連歌論が多く見出せること、関東在住の桃井野州(7)に関して同書に、

桃井野州と申せし宗砌の跡を残させ給ふ方

などと記述があることからも宗砌の東国下向は確かなことと首肯できる。それではこの東国下向はかれの伝記の中でどのように位置づけられるのであろうか。

時期についての手がかりは「持氏様京都御野心のこと」である。この記述は「孝範の父、木戸小府」に関わってのもので、木戸小府は木戸範懐、その範懐が鎌倉公方、足利持氏の野心を諫め、一、二年の間、出家し身を隠していた頃に、という話である。持氏の野心は最終的には永享の乱の終結をもって潰えたものであるが、当然のことながら、それは突然と生まれたわけではない。『雲玉抄』で記されている野心はいつ頃のことをいうのか、この検証が、宗砌下向の時期を判断するもっとも重要な事柄となる。

まず、『雲玉抄』からどのようなことが分かるかを見ていきたい。そこにある記事で確実に判明する年代は「持氏様御生害」である。これは永享十一年（一四三九）二月十日のことであった。この記事の前には「終に都鄙相代はりければ小府自殺し、三年の内に」とある。これによれば、小府が自殺したのは永享八年の内ということになる。

さらに記事を遡ると、小府（以後、範懐と記す）は持氏を諫め出家したというのである。「一両年出家し隠家にておはせし」とあるから、範懐が持氏を諫めたのは、少なくとも永享六年（一四三四）のことということになる。

それでは、清浄光寺で範懐と宗砌が出会ったのは永享六年であったであろうか。そもそも、一、二年の出家遁世と「自殺」の時期を直結させてよいかには疑問もある。出家して主君、持氏と縁を切ったはずの遁世者が自殺する必要があるであろうか。また、「一両年」という言い方からは、ある時期にその期間のみ、ということを暗示しているのではなかろうか。宗砌の履歴側からすると、範懐との出会いのあった、宗砌の東国下向を永享六年頃とするのは考えにくい。後述するように当時、宗砌は都で連歌師として着々とその地位を築いていた時期であるからである。

範懐が自殺したのは、「都鄙相代はりければ」という状況変化によるということで、これは範懐が再び、持氏の元に戻って後のことと考えてよいのではなかろうか。範懐は「一両年」、持氏を諫めるために出家遁世した。しかし、その後、再び持氏に仕えることになったが、「終に」、京都との力関係が決定的に不利になったことを悟って「自殺」

したと見るのが自然であるかと思う。そうであれば、「持氏様京都御野心のこと」を諫めたのは永享六年より前のことになる。

『雲玉抄』から分かるのはここまでである。永享六年より前のいつ、持氏が「京都御野心」を持ったのかを知るには、当時の持氏の動向を見ていく必要がある。

足利持氏は応永十六年（一四〇九）九月に父、満兼の逝去の後、家督を継いだ。十二歳であった。持氏が家督を継いでからしばらくは東国も政情不安であった。そのような状況をもたらした最大の事件は応永二十三年十月から翌年正月までの禅秀の乱である。その後も応永二十六年三月の上総国坂水城合戦、同二十九年八月の小栗反乱などが続いた。(8)

持氏はこのような混乱を鎮圧していく。木戸範懐はこの両者の戦いで持氏側の武将として戦功を挙げていることが指摘されている。(9)このような戦いを通じて持氏は東国支配に自信を持っていったであろうし、範懐も持氏配下の武将として信頼を勝ち得ていったことと思われる。

したがって、「持氏様京都御野心のこと」はこの時代のこととも考え得るが、ただ、「京都御野心」は京都の公方、つまり将軍就任を意味するのであろうから、この時はまだ、そこまでの「野心」はなかったのではなかろうか。この時期の持氏の意志は鎌倉府の支配を承服しない「京都御扶持」の討伐であって、(10)それは確かに、将軍、足利義持の反感を買ったものの、東国支配に関わる範囲のことであった。

この時の対立は、『看聞日記』(11)応永三十年（一四二三）八月八日条に、

関東討手大将進発治定也。

と見える討手の大将軍に、今川駿河と桃井駿河が就き、両人に御旗が下され、(12)応永三十一年二月に持氏の謝罪という

形で結末を迎える。(13)

このような経緯を鑑みると、持氏の明確な「京都御野心」が示されるのは、もう少し後、『看聞日記』応永三十二年十一月三十日条に記録された次のような出来事であったと思われる。

抑関東武将御使、建長寺長老上洛、条々被申。其一、室町殿無御息之間為御猶子、令上洛可致奉公之由被申。此事難儀之間、長老無御対面云々。

これは、義持の息、義量が応永三十二年二月二十七日に没したことを受けて、持氏が義持の猶子となることを望んだものである。この申し出はこの記事の末尾に見えるように、あまりにも無理な申し出であるので、使者の長老は義持に会うこともできなかったとある。(14)

それでも、持氏はこれ以後も将軍就任への野望を募らせていった。応永三十三年正月十六日にはそれまでの花押を改め、将軍家代々の花押の特徴を組み入れたという。田辺久子氏はこの事実を指摘して、これは「持氏の将軍職への意欲の表れではなかろうか(15)」と述べている。

『今川記(16)』は義量没後のことから、義持の没後のことまでの持氏の野心を次のように言及している。

京都公方義量公御悩のよしきこえけるか。次第に重らせ給ひて、応永二十三年(ママ—引用者)三月二十七日、御年十九歳にて終にむなしく成給ふ。（略、父公方は—引用者注）又御世をつぎ給ふべき御子なくして、内々は持氏公へ御代をつがせ奉るべきよし思召しけるにや。御重代の御鎧又御剣以下の御宝物をゆづり給ふ。（略）正長元年正月十八日、御年四十三歳にてむなしくならせ給ふ。（略）御存生の中、御遺跡を御さだめもなかりし故、御没後に至りて、御家督の定め評定有。或は御連枝の中、御門跡衆あまた有。是を俗に成し奉り、御跡御相続有べしと云儀も有。或はかねて御望有りし事なれは、鎌倉殿をのぼせ奉り、御相続有べしと云儀も有し。関東の方ざまにては持氏公一定御上洛ありて、御相続必定と沙汰しける。

『喜連川判鑑』[17]中「持氏」の項の正長元年（一四二八）三月の条には次のようにある。

義量逝去有て京都に継嗣無き故、持氏を養君になさんと兼約あり。雖然管領畠山満家不快の故、石清水八幡宮にて御鬮を取て、青蓮院義円継嗣に定む。自是京都鎌倉不快。

『雲玉抄』に記された持氏の「持氏様京都御野心のこと」とはこのような流れを念頭にしてのものと見なすことができる。『喜連川判鑑』では京都と鎌倉が「不快」になったのを、正長元年三月としているが、その契機は義量の死に関わっての持氏の言動にあった。つまり、応永三十二年（一四二五）末のことである。この野心は叶うべくもなかったが、将軍への抵抗として持氏は正長二年九月五日に永享と改元されても、長く正長を用い続けてもいる。[18]『雲玉抄』に見える木戸範懐が野心を諌めたのはこの時のことではなかったか。応永三十五年（一四二八）正月、義持の後継は義円（義教）と定まる。持氏の野望は一応ついえたことになる。範懐はこのような状況の変化を見て、再び持氏の元に戻ったと推測すれば、その期間はほぼ二年で、『雲玉抄』の記載に合致すると思う。

この時期、応永三十二年時点で、持氏は二十八歳、範懐はそれより十歳くらい年上ではなかったかと思う。因みに、『建内記』[19]によれば正長元年五月に上杉憲実が持氏の行動を諌めたとあるが、この憲実は応永三十二年当時、関東管領職ではあったものの、まだ十五歳で、[20]かれに代わって範懐が持氏を諌めたのであろう。憲実がまだ若輩であったためと考え得る。

しかしながら、範懐がどのように持氏を支えても、将軍の懐疑はもはや消えることはなかった。義教は永享四年（一四三二）九月十日、富士遊覧と称して京都を出立した。この行動は『満済准后日記』永享四年八月三十日条に、

関東雑説以外、仍鎌倉殿怖畏間、為身用心万一雖五騎十騎候。近所者臨期馳参事候者、一向無正体儀可出来歟。

後々雑説又不可断候。当年事ハ平ニ被相延候者、尤以珍重可畏入云々。

とあるように、持氏に対する示威行動と捉えられていた。

持氏の野心はそれでもなくなることはなかったが、上杉憲実の京都と鎌倉の両公方の和睦を求める働きもあって、次第に力を失っていった。(21)『雲玉抄』に見える「都鄙相代はりければ」という状況はこのような事態を言うのではないか。永享八年頃のことと考えてよい。

足利持氏の動向から、その野心がいつ頃生じたのかについて探ってきた。この考察によって、『雲玉抄』に記された木戸小府（範懐）が持氏の野心を諫めて出家遁世した時期を改めて推測すると、それは応永三十二年（一四二五）から応永三十三、四年のことであったと思われる。その間に藤沢、清浄光寺に旅宿を解いていた宗砌と出会い、「会釈」を成したということになる。

2　宗砌と木戸孝範

この東国下向の時期をこれまで判明している宗砌の履歴中にどのように矛盾なく位置づけられるかを考察することが次に必要になるが、それは後に検討するとして、『雲玉抄』の記事に関して、もう少し言及しておきたい。

このあたりの『雲玉抄』の記述は文意が取りにくい。「宗砌、一句申されよとあり、亭主もさらぬ体にて、何阿弥あらば申せ」というのは、縁に居る木戸小府に対し、宗砌が付句一句詠むことを要求、それに便乗して、亭主も同様に要求した、ということである。寺の亭主が木戸小府に「何阿弥」と呼びかけていることは、時衆が「阿弥」号を名乗っていたことと符号する。遁世者を清浄光寺の亭主がそのように呼びかけたことは自然なことである。

次の「宗砌と出だし合せて帰り給ふをかたく言はれしかば」は、宗砌が同じ前句に付句を詠むならば、自分も詠んで帰ることにすると、かたく言ったので、の意であろう。つまり、競作の要求である。それを受けて、宗砌も付句を詠み、木戸小府も詠むことになった。それが次の作品であると続く。

宗砌の付句は前句の「苦しき別れ」を旅立つ者の心境ととってのものであるが、木戸小府の句は、「花」との別離を詠む。この展開に宗砌は感嘆した、ということである。

このようなやり取りは、前提として宗砌が清浄光寺で連歌を取り仕切る立場にいたこと、それまでは面識はなかったが、範懐も宗砌も互いを連歌達者として認知していたことを示している。もともと両者ともに武士であったという共感もあったのかも知れない。ただ、宗砌は元来、山名氏に仕えた武士として京都側の者であり、鎌倉側の範懐との立場の相違はある。この接触に政治的な背景があったのかどうかが気になるが、それは不明とするしかないであろう。

『雲玉抄』の話題は、次に、範懐・持氏の死を述べ、その後、「孝範六歳にて、めのと引き具し甲州へ忍びし」として孝範の話題に移る。このことがこの逸話の主題であったと思われるが、それを描くのに範懐・持氏のことは必要としても、範懐と宗砌との連歌記事が挿入されているのは不可思議なことではある。この話の裏に宗砌の関与があったかにも疑える。

孝範のことに戻ると、「孝範六歳にて、めのと引き具し」が注目に値する。これがいつの時点かを、範懐が「自殺」した時、というなら、先述したように範懐の「自殺」は永享八年（一四三六）中と考えられるから、孝範の生年は永享三年ということになる。持氏の「御生害」の永享十一年というなら、永享六年であるが、父親の自殺によって、とするのが常識的であろうか。

『雲玉抄』作者の馴窓は孝範と深い関係のあった者と考察されている。井上宗雄氏は次のごとく『雲玉抄』に収録された馴窓の若年の頃の歌合の歌（一〇六、一〇七番歌）に孝範が判者として評価を加えたことを踏まえて、「木戸孝

範の指導を受け」と述べ、

若年の比、はじめて哥合に遠山の落花を

竜田山あらしやこしてあま小舟はつせにかゝる花のしら浪

孝範判者にてあまりにこえすぎたる白波かな、とのたまひて、（略）

此ころや雪を雲井にかへすらん花のふもとにさはく春風

点のうち也

さらに、次の『雲玉抄』二九七番歌が孝範の家集にも見え、その詞書に「ともだちなりける人、かみつふさにまかりて」とあることから、「親交の程が裏打ちされる」ともしている。(22)

むかしあからさまに此国に罷越し時孝範より

霜はらふしゐの浦風身にしめて海上かたに月にみるらん

孝範に関する記事がこのように『雲玉抄』に見られることも鑑みて、「孝範六歳にて」云々の記事も信頼のおけるものと見てよいのではなかろうか。

ちなみに、神宮文庫本『雲玉抄』にはこの引用箇所に次の頭注がある。

永享四生　木戸孝範九歳時普光院召之使徒冷泉持為学哥

これまで、木戸孝範の生年は『和歌大辞典』(23)では「永享六年」、『和歌文学大辞典』(24)では「永享初頃」とされてきた。(25)神宮文庫本を信ずると父、範懐の「自殺」は永享九年ということになる。ここまで、範懐の「自殺」は永享八年としてきたが、「三年の内」をどのように考えるかによるが、誤差の範囲と見てよいかとも思う。

引き続いて記される、普光院つまり足利義教が九歳の孝範の境遇を案じて都に召した、ということも根拠のあることであったかと思う。孝範の生年を永享三年とすれば、九歳は永享十一年のこととなる。先述したように持氏はこの年二月に没しており、都鄙の争いは決着がついていた。このような東国の状況が孝範の上京を許したのではなかろうか。

宗砌は永享五年（一四三三）二月十日の義教主催の『北野社一日一万句連歌』に参加、同年十月十日には草庵披きの歌会を催しており、都でその地歩を固めていった時期に当たる。義教の孝範への関心は、その父と面識のあった宗砌の口添えがあったためかも知れない。先に、『雲玉抄』中の孝範の履歴の記述の中に、唐突に宗砌と範懐との関わりが挿入されていることの不可解さを指摘したが、孝範の上洛などに宗砌が関与していたとするなら、宗砌と範懐の「会釈」の記事には必然性があったと言えよう。

都において孝範は冷泉持為に預けられたともある。持為は義教に冷遇されており、このあたりの事情はよく分からない。持為は為尹の息で、為尹は宗砌の歌道の師である正徹の師で、正徹は冷泉流の歌道家である持為を支えていた。ここにも宗砌の働きがあったのかも知れない。

3　宗砌の履歴

論が幾分脇に逸れたが、宗砌の東国下向の時期に関しての仮説を宗砌の履歴の中に入れて考えるとどういうことになるかに論を戻したい。

宗砌の前半生がほとんど不明であることは本稿の冒頭でも述べた。そのような中で、これまで判明していることの一つは、『古今連談集』の上中下の各巻の末尾に「高山民部入道沙弥　宗砌」、山名家の家臣、太田垣忠説の聞書『砌塵抄』（連歌諸抄本）(26)の序文に「其比、高山の宗砌と云人有て、世こぞりて此道をまなぶ」とあること、また、『新撰菟玖波集作者部類』(27)鶴岡本に「宗砌法師　山名家人　高山民部丞源時重」、彰考館本に「宗砌《山名内》法師」とあることから、もと山名氏の家臣で高山（源）民部丞時重と称していたことである。当時の山名氏の家督は時熙であった。つまり宗砌はその前半期、山名時熙に仕えていた武士ということになる。出家した後も山名氏との関係は絶えることなく、時熙（常熙）の息、持豊（宗全）が失脚し、領地の但馬に退隠した時には、それに伴って宗砌も但馬に戻っている。

近世における伝承もほぼそれに添って書かれており、その紹介は金子金治郎氏の「連歌師宗砌の生涯」(28)に詳しい。そのような宗砌が出家したのがいつで、理由はどのようなことであったか、連歌師として自立したのはいつかなどは詳らかにされていない。現在知られている宗砌の履歴を示す早いものは、『連歌愚句』(29)に見える

　　永享二年四月或所に而

卯花の木の下やみの月夜かな

の句である。

その次は後述するように応永二十五年（一四一八）七月以後、永享五年（一四三三）正月末頃までの間の成立と考えられる『初心求詠集』の執筆、およびその書に見える高野山居のことである。その後、宗砌は永享五年二月十一日の『北野社一日一万句連歌』に招請され、しだいに連歌界の第一人者として認められるようになる。

『初心求詠集』(30)の高野山山居をめぐる記述は次のものである。

①田舎にては連歌の下がると申し候。げにもさぞ候らん。乍去、その用心のあらんには、いかでかさる事の候べき。後爰、真下加賀守満広、身浮沈にして高野山居の後、灯庵主両度参詣ありしに、一座づつ張行ありけるとなん。後の登山の時、下向して申され候しは、「都にて数寄の比も、若衆には此人こそと覚え侍しに、今度隠居の後は、

まことに上手の位にいたりぬ。おそらくは近付かんとする人も有難くあるべし。況や誰か肩をならぶべき」と度々申されし程に、それがし思はく、さては田舎の塵に身を交へたりといふとも、心を京洛の花に遊ばしめけるにやと、朝夕ゆかしく侍るぞかし。思ひきや今おなじ山中に庵をならべむとは。

②此三賢の跡を庵主一人残しとどめて天下の鏡たりしに、去年文月の夕の露と消え、秋の霧におかされし時のまのなげき、釈尊、其二月の夜半の夢とさめ、春の雲にかくれ給ひし昔の愁におとり侍らん哉。彼はかりに滅後をあらはし、是は長に此世を出。それがし此山中に任して其期をしらず。是又、迦葉尊者の鶏足山にして、御入滅にあはざりし恨にあひ似たり。真下慶阿、幸に当山に隠居の間、愚身又一河の流を受けし心ざしをあつくして、彼師匠の恩徳を報ぜんがために、二百韻張行せしに、

袖ぬらすおもひの露や花すすき

と慶阿のせられたりしにぞ、いよ〳〵愁涙にむせびし。某も言葉つたなく心たしかに侍らざりしかども、

夕露の玉のありかや草のかげ

と申たりしやらん。

②はこれまで、梵灯庵の没年推定の資料として重視されてきたものである。金子金治郎氏は「初心求詠集の成立について」(31)で、この記事を取り上げ、

初心求詠集の中に梵灯庵が「去年文月の夕の露ときえ」たとある点と、それが宗砌の高野山山居時代であったといふ点に注意しなくてはならぬ。右の「去年」はそれだけでは昨年の意味と過去の某年の意味と両様にとれるが、直ぐ下に「文月」と限定された月を続けてある点から見て「去年」は昨年の意味でよいと思ふ。（略）本書成立の前年七月に梵灯庵が没した時も宗砌は高野山に居住してゐたことが知られる。

と述べている。この理解の問題点の一つは「去年」の解釈である。長谷川千尋氏はこのことに関して、引用箇所は、梵灯の死を釈迦の入滅になぞらえたものであり、「去年文月」を「その二月」に、「秋の霧におかされし時のまのなげき」を「春の雲にかくれ給ひしむかしの愁」に対比させるために、文月を明示する必要があったと考えられるから、この「去年」は必ずしも昨年のことであるとは限らないだろう(32)とする。しかし、追善の二百韻張行は一周忌にふさわしく、また、『初心求詠集』には別に、

梵灯一周忌名号連歌発句

中空の月こそ行末去年の秋

の句も載せており、「去年」は一年前を示すと取るのが自然だと思う。

『初心求詠集』の成立に関しては、木藤才蔵氏が連歌合集本の序文を受け、「成仏院の久阿の求めに応じて」と指摘していることをめぐって、長谷川氏は前引書で、

成仏院は、文明五年（一四七三）の『高野山諸院家帳』に見える高野山谷上院谷の成仏院（現在の宝城院）のことであろうから、成仏院の久阿の所望に応じたと考えれば、本書が高野山で執筆されたことにも符号する。

と述べて、結局は梵灯庵の最後の著作とされる『梵灯庵主返答書』が書かれた応永二十四年（一四一七）以後、宗砌の都の連歌界への復帰時期、永享五年（一四三三）の間とする。これは金子金治郎氏の説以来の定説と重なるものである。

成立年の大枠は現在判明している事柄から言えば、これ以上は不明であるが、もう少し、詰めれば、『梵灯庵主返答書』の奥書の日付は応永二十四年（一四一七）閏五月十八日で、梵灯庵の没したのは七月、その一周忌以後であるから、応永二十五年七月以後、下限は、永享五年（一四三三）二月十一日の『北野社一日一万句連歌』の参加の日、

ということになる。宗砌がその日に下山したとも、また、下山当日に『初心求詠集』の執筆を終えたとも考えにくいので、遅くとも永享五年正月末までということになろうか。

『初心求詠集』は梵灯庵の影響を強く受けたものである。[33]宗砌が梵灯庵に師事していたことは、『初心求詠集』をはじめとして種々の資料から判明する。したがって、『初心求詠集』成立のことを考察する上では、宗砌がいつ頃に梵灯庵に師事したかも重要である。

梵灯庵は『梵灯庵主返答書』の記事によって、明徳四年（一三九三）頃から応永十五年（一四〇八）頃までは主として東国を行脚していたとされてきた。[34]愚案によれば、応永二年（一三九五）の秋か冬から応永十六年（一四〇九）夏まで、と思われる。そうであれば、至徳三年（一三八六）頃の生まれとされる宗砌の年齢を考慮すると梵灯庵に師事したのが行脚前とは考えられない。[35]帰洛後のこととしてよいのであろう。梵灯庵帰洛の応永十六年だと宗砌は二十代初めである。

先の引用①に見える、満広が梵灯庵に誉められたということを聞いたのは、応永三十五年（一四二八）まで続く応永年代の後期であったに違いない。梵灯庵は二度高野山に赴いている。その二度目に、高野山に山居している間に満広が連歌に上達したと認識したというのである。木藤氏も推測するように上達するには数年以上の年功が必要であろう。[36]梵灯庵が満広をはじめて高野に訪ねたのは、満広が「身浮沈にして高野山居」するようになって、ほどなく、その身を心配してということではなかったろうか。満広の出家遁世の時期は不明というしかないが、『八幡社参記』[37]中の応永十年（一四〇三）三月二十八日の「御方御所様、八幡宮御社参始」の「衛府侍」のひとりとして名が見え、これ以後であることは判明する。梵灯庵の離京時期にということもあり得るので、応永十年代のはじめの頃とも考え得るが、都での連歌界の状況を把握していたのであろうから、帰洛後であろうか。そうであれば、満広の遁世も応永十六年以後とするのが妥当性が高い(38)。

満広がいつまで生存していたかについては、『所々返答(39)』第一状に記された次の心敬の連歌史に関わる記述が参考になる。

其後応永の比よりは、朝山梵灯など此道の先達、是又賢出の作者と見え侍り。（略）此末つかたには、真下満広うるはしき好士と見え侍りしかど、其世の中、目も耳も大かたに侍るにや。又、上つ方などにも道のほまれなくて失せ侍り。此事を宗砌法師にも両度物語り侍るに、返答に、「勿論の事、其比ならぶ好士あるべからず。われも若かりし比は日夜ちかづき侍りし」など申せしなり。この満広みまかりしを、清岩和尚聞き給て、「天が下の連歌こそ死にたれ」との給ひし、ありがたき御言葉なり。

ここには梵灯庵が「応永の比」よりの先達であるとした上で、満広を応永の「末つかた」の好士としている。続いて、満広の死を語る口調からは、満広が応永末年からほどなく没したことを示唆しているかに思える。そうであれば、梵灯庵が二度目に高野山に訪ねていき、満広の連歌が上手の域に達したのを知ったのは、応永の後期と考えることができるのではなかろうか。

したがって、宗砌が『初心求詠集』からの引用の①に見える「おなじ山中に庵をならべ」た時、②に見える「それがし此山中に住して」は応永末年頃と考えるのがよいと思う。満弘の没年は不明であるが、宗砌が満広と庵を並べたのは、『初心求詠集』によれば、満広（真下慶阿）がまだ「二百韻」の連歌を宗砌と共に張行、後に引く『古今連談集』に見えるように「面白く取成」すようなことができた時で、『所々返答』の心敬の歴史認識からすれば、応永年間と考えるべきだと思う。

木藤氏は「満広が連歌学書において、しばしば在俗の時の名満広で呼ばれている」ことを指摘しているが、それは満広が慶阿として高野山居した時期が、応永十六年頃以後、応永末年頃までで、連歌に上達した後はそれほど長く生存していなかったことを示しているかと思う。

宗砌は応永末期に近い頃、高野山に一年余隠棲した。その期間は『初心求詠集』に見える一年余前の梵灯庵の死の時に高野山にいたという記述や、『古今連談集』[40]に、

満広はむかしの跡を残し、今の世をくみしれる上手也。一年高野にて念仏のひまには、我も人も不定のならひとて、時々の慰めに二人連歌をして有りしに、つまる所もなくいかなる事をも面白く取成て付けられし也。[41]

とあることからも分かる。

梵灯庵の死について言及すれば、高野山で満広と宗砌が追善の連歌を巻いた時より一年余前ということになるが、その没年はこれまで、『梵灯庵主返答書』の奥書の日付と『初心求詠集』の成立時の間としかされてこなかった。しかし、これまで本稿で述べてきたことからは、もう少し狭めて、応永末期頃としてよいかと思うのである。

残った問題は、宗砌の東国下向は高野山居の先であるか後であったかである。先に宗砌が東国下向し、範懐と出会ったのは応永三十二年（一四二五）から応永三十三、四年頃と推測した。その東国下向を先だとすれば、応永三十四年頃に東国から高野山に入り、その一年余に上洛。逆だとすれば、東国下向の前、応永三十二年頃に、高野山に入り、その後、東国下向、上洛ということになろうか。いずれにせよ、上洛のきっかけは応永三十五年正月十八日（四月二十七日に正長と改元）、義持が死去し、義教（義円）が将軍後継者と定まったことであったのかも知れない。

東国下向と高野山居のどちらが先であったかは決定できないが、東国に『梵灯庵主返答書』などの梵灯庵の言説が伝わっている形跡があるとの前掲の松本氏の指摘を鑑みれば、これは宗砌が梵灯庵没後、東国下向して伝えたと考えるべきかも知れない。そうであれば、宗砌は応永三十二年頃に高野山隠棲と合わせて出家、師の梵灯庵の死去を聞い

た後、高野山を下り、東国下向、正長（一四二八）中に帰京、都の連歌壇に復帰、というのが妥当であろうか。

注

（1）古典文庫『雲玉和歌抄』
（2）『『雲玉和歌抄』から見る関東歌壇」（『和歌文学研究』90・二〇〇五年六月）、「『雲玉和歌抄』に見える連歌と連歌説―梵灯庵・兼載を手がかりとして―」（『連歌俳諧研究』110・二〇〇六年二月）、両論考とも『連歌文芸の展開』（風間書房・二〇一一年六月所収）
（3）「連歌師宗砌の生涯」（『国語国文』7―4・昭和一二年四月、『新撰菟玖波集の研究』風間書房・昭和四四年四月所収）
（4）明治書院・昭和四六年一一月
（5）「園田国文」4・昭和五七年一〇月
（6）貴重古典籍叢刊『七賢時代連歌句集』（角川書店・昭和五〇年三月）
（7）松本麻子「『雲玉和歌抄』に見える連歌と連歌説―梵灯庵・兼載を手がかりとして―」（前掲）に、「桃井野州」が『新撰菟玖波集作者部類』に見える「源宣胤関東桃井」だとして、
　『新撰菟玖波集』には三句入集した実績のある連歌好士であり、関東では名の知られた人であったようだ。（略）「跡」とは何を指すのか判然としないが、宗砌から連歌を学んだと考えて良いのではないか、いずれにしても、桃井野州つまり源宣胤は宗砌と面識があったということである。
とある。
（8）渡辺世祐『関東中心足利時代之研究』（雄山閣・大正一五年六月）第三編第二章「禅秀乱」
（9）田辺久子『関東公方足利氏四代』（吉川弘文館・二〇〇二年九月）
（10）『兼宣公記』（史料纂集）応永三十年八月十七日条には「関東事、自京都御扶持之輩大略滅亡之由有其聴云々、為之如何」とある。

（11）「続群書類従」補遺二
（12）『看聞日記』応永三十年八月十一日条
（13）『満済准后日記』（「続群書類従」補遺一）応永三十年十一月二十九日条に「自関東懇望使節勝西堂上洛由、粗達上達云々」、応永三十一年二月五日条に「関東事、先日告文々章聊雖不如上意、已重捧誓文被懇望申上ハ、御和睦不可有子細旨、管領右京大夫両人被召御前、内々被仰出、両人珍重由申入」とある。
（14）『関東中心足利時代之研究』（前掲）では、

一概に信用し難きものなり。之を要するに義持と持氏との関係に就きては持氏は義持の養子若くは猶子たらん事を望みし事はありしならんも義持との間に其約束は成立せざりしなり。啻に成立せざるのみならず持氏よりかゝる事を義持に申込みし事すらあり得べからざる事と思はるゝなり。

とするが、持氏が将軍後継を望んでいたことは、その後の動向でも推測できよう。
（15）注（9）
（16）「続群書類従」21上
（17）「続辞書類従」5上
（18）注（8）（9）
（19）『建内記』（大日本古記録）正長元年五月二十五日条に、「関東事、可《(足利持氏)》上洛之由被相企之条勿論、仍方々有注進歟、而管《関東上杉》領《房州(憲実)》種々令教訓」とある。
（20）注（9）
（21）『看聞日記』永享七年十一月二十七日条には「関東事物言属無為。御馬数十疋被進被申御礼云々」とある。
（22）『中世歌壇史の研究　室町後期（改訂新版）』（明治書院・平成三年三月）
（23）明治書院・昭和六一年三月
（24）古典ライブラリー・平成二六年一二月
（25）小川剛生氏は『武士はなぜ歌を詠むか』（角川学芸出版・平成二〇年七月）で、木戸三郎実範を孝範の前名として、その事跡から「永享初年（一四二九）頃の生」と述べている。
(26) 大東急記念文庫叢刊『連歌Ⅰ』（大東急記念文庫・平成一五年七月）
(27) 貴重古典籍叢刊『新撰菟玖波集　実隆本』（角川書店・昭和四五年三月）
(28) 注（3）
(29) 貴重古典籍叢刊『七賢時代連歌句集』（角川書店・昭和五〇年三月）
(30) 中世の文学『連歌論集三』
(31) 「連歌と俳諧」1・昭和一一年三月
(32) 『京都大学蔵貴重連歌資料集』第一巻（臨川書店・平成一三年一一月）「解題」
(33) 序文に「故梵灯庵主諷諫の旨を一筆注付侍なり。走て師の説に相違し侍らん」とある。
(34) 『連歌史論考上』（明治書院・昭和四六年一一月）。愚案は本書「第二章　連歌師の諸相」中「二　梵灯庵の東国下向」参照。
(35) 注（34）
(36) 注（34）
(37) 「群書類従」2
(38) 『初心求詠集』①には、梵灯庵の言葉として「今度隠居の後は」とあり、これを二度目の隠居と取ることもできる。そうであれば、満広は一度目の隠居の後、都へもどり、再び隠居したということになる。
(39) 注（30）
(40) 古典文庫『宗砌連歌論集』
(41) この記述には引用箇所の次に、満広が京都に召し返され、梵灯庵に誉められたとあるが、この辺りは記憶に混乱があるかと思われる。

四　玄清
——宗祇を継承した連歌師——

1　はじめに

玄清は一五〇〇年を挟んでほぼ四十年間、中央の連歌壇で活躍した連歌師であった。『実隆公記』[1]大永元年（一五二一）十一月十四日条に、

宗碩来。談㆓昨日玄清示寂㆒。正念云々。七十九才歟。有㆓和哥㆒。

とあることから、嘉吉二年（一四四二）生まれ、大永元年十一月十三日、七十九歳で歿したことが分かる。玄清の事跡は『実隆公記』『後法興院記』『後法成寺関白記』『宣胤卿記』などの公家日記に見え、このような事実は当時の連歌壇の主流、宗祇流連歌師の典型であったことを示している。

玄清の存在が資料で確認できるのは、文明十四年（一四八二）三月七日の「薄何百韻」への参加からである。発句は宗祇、この時に玄清は十一句詠んでいる。続いては、文明十五年一月十六日の宗祇の発句による「何人百韻」（二十七句のみ現存）に参加、文明十七年十一月二十四日、肖柏発句の「何路百韻」に十一句出句、文明十八年三月二十

七日、宗祇発句の「何船百韻」に六句出句と続く。

玄清は月舟寿桂著『幻雲文集』(2)中の「皈牧庵記」に「源三位頼政后昆肥田武庫春仲」とあり、また『新撰菟玖波集作者部類』(3)鶴岡本に「細川阿波守／河田」、大永本・青山本に「河田兵庫助」、彰考館本に「細川阿波守内河田」、さらに『明翰抄』(4)では「細川家従者」として名が挙げられ、「法師。細川阿波守内」とされており、もと細川阿波守配下の武士であった。細川阿波守が誰であったかの推察は木藤才蔵氏によって、

細川阿波守が誰かは問題で、もしこの阿波守を安房守の誤写と見なすことが可能ならば、尊卑分脈の細川氏の系図などに、「民部少甫　安房守　永正十五、正、九卒」と注記のある細川政春と考えることができるであろう。もし、阿波守が正しいとすると、応仁記に見える細川勝信をさすものと見てよいであろう。なお、尊卑分脈に「兵部少甫　阿波守」と注記のある細川頼久、あるいは「民部大甫　阿波守」と注記のある細川持久なども一応は考慮にいれることができる。(5)

との考察がなされているが、誤写説を取る理由もないので、和泉国半国守護の細川勝信としてよいのではないか。

その玄清が出家したのは「皈牧庵記」に、

歳未㆓四十㆒、脱㆓屣俗累㆒、受㆓衣吾宗㆒。今年六十。法諱玄清云者也。

とあることから、四十歳になる文明十四年以前のことであった。それは専門連歌師として立つ決意に伴うものであったとも想像される。「皈牧庵記」には前引の文章に続けて、

玄清直承㆓洞上㆒。傍参㆓済北㆒。逃㆓禅之外㆒。連歌為ㇾ業。

とある。出家したものの、同時に「済北」に赴き、禅から離れ、連歌をなりわいとしたというのである。「済北」は洛北をいうようで、後述するようにその辺りに住していた宗祇のもとに参じたということであろう。

先に指摘したように出家したのとほぼ同時期の連歌で十一句詠んでいることからは、出家以前にそれなりの連歌修養を積んでいたと思われ、宗祇への師事は出家前からのものであったと推察できる。宗祇と細川家また和泉との関係などを鑑みればそれは不思議なことではない。出家以後、玄清は宗祇に親密に付き従うようになった。

2　三条西実隆との関係

まもなく、玄清は三条西実隆邸にも出入りするようになる。『実隆公記』文明十八年（一四八六）六月二十九日条には「玄清来」と見える。四十四歳でのことである。この頃には実隆にも認知される連歌師となっていたのであろう。ただし、同日記の文明十七年九月二十六日条の

　源氏物語若菜下今日終功。羞二餛飩献酬一。滋野井・姉小路・宗祇・宗歓・玄盛等在レ座。

に見える「玄盛」、同十八年正月十一日条の

　宗祇来。源氏物語竹河巻講レ之。肖柏・宗作・玄成等在レ座。

に見える「玄成」も玄清であるとすれば、玄清の実隆邸訪問をもう少し早めることができる。一般に連歌師が貴顕邸をはじめて訪れる折に単独であることは考えにくい。初参は文明十八年より前に違いなく、「玄盛（成）」が玄清と同一人である可能性を捨てきれない。

いずれにせよ、玄清は次第に実隆との関係を強めていった。前引の記事に続いて、長享元年（一四八七）十一月二十四日条には、

　肖柏・玄清等来。源氏物語系図事談二合之一。

同二年二月二十日条には、

宗祇法師・玄清法師来。源氏系図事談合。大略治定了。留二玄清一羞二晩湌一。今日召二筆工一令二結筆一。

と見える。

実隆と宗祇、肖柏の間で作成が進んでいた「源氏物語系図」に関わる記事の中での実隆邸訪問である。「玄盛」「玄成」の記事は宗祇による『源氏物語』講釈などに関することであった。このことも玄盛（成）が玄清であることを示唆しているように思われるが、それはともかく、玄清はその頃から宗祇の膝下で『源氏物語』なども学び、有力な片腕となっていったのだと思われる。

3　宗祇門下での位置

この時期、宗祇の高弟には肖柏と宗長がいた。長享元年当時、肖柏、四十四歳、宗長、三十九歳で、肖柏と同齢の玄清も既に四十四歳になっていた。しかしながら、肖柏は公家の出身であり、宗長は駿河に拠点を置く者であることから、宗祇は両者を恒常的に身近に置いておくことはできなかったに違いない。また、もうひとりの有力連歌師、三十五歳であった兼載は宗祇流の直系とは言い難い存在であった。

このような師弟のあり方の中で玄清は次第に頭角を現していった。そもそもこの時期にいたるまで名をなした専門連歌師たる弟子を宗祇はほとんど持っていなかったことも玄清重視に繋がったと思われる。

因みに、八年後の『新撰菟玖波集』の入集数を見ると、肖柏・宗長・兼載を除けば、宗祇門の連歌師と呼べるような者で、七句入集の玄清を越える者は十二句入集の宗般くらいである。この宗般は能登の出身で畠山氏との関係が深かった上に、『新撰菟玖波集』完成後間もなく没している。あとは印孝が九句であるが、日蓮宗の僧で、『新撰菟玖波集作者部類』彰考本集作者部類』大永本によれば「本国寺」に住しており、膝下の弟子とは言い難い。『新撰菟玖波で「宗祇同宿」と注記された者には、別格である宗長以外に、宗益・宗仲がいるが、それぞれ一句しか入集していない。

　宗祇はこの直後、長享二年（一四八八）三月二十八日の北野連歌会所奉行就任、さらに数年後、『新撰菟玖波集』編纂に携わることになり、名実ともに連歌壇の第一人者となる。玄清はこのような連歌壇の動静、宗祇の社会的立場の向上の中で、宗祇を身近で補佐する者、宗祇の代理のごとき者としての認知度を高めていったのだと思われる。この点では玄清は宗祇絶頂期を支えた連歌師であったと言ってよい。

4　皈牧庵

　玄清は宗祇の期待に添うように、宗祇の本拠、京都の種玉庵の間近に自庵を結んだ。帰（皈）牧庵である。その庵の所在地は『実隆公記』明応五年（一四九六）閏二月二十七日条に、

　　未刻許有レ火。入江殿近所之由見レ之。仍差二進人一了。自二彼御寺南土蔵一火出云々、中御門大納言・玄清等遇二此災一。不便々々。

とあることから凡そ推察できる。当時の入江殿（三時知恩寺）の場所については、金子金治郎氏は「同寺での見聞であるが」として、次のように述べている。

　　昔の地域は、北は立売通り辺まで、南は中御霊図子（新町通今出川一丁上ル東入）、東は室町瓢箪図子（室町と新町の間上立売下ル）、西は新町通りの茶畑まであった。境内は、本院はほぼ現在地にあり、東庵・西庵があった。[6]

また、近衛政家の日記『後法興院記』[7]には、

　　午刻許巽万有二火事一。以外近々仰天無レ極、松木大納言・玄清等在所焼失。此家門無為併神慮也。

とあって、近衛邸が近くにあったことも分かる。さらに、玄清の庵の場所は「皈牧庵記」に、

玄清所ㇾ隠、乃九重城裏十二街中、左近㆓皇居㆒、右接㆓相府㆒。

とある。「相府」は室町将軍邸で、「九重城裏十二街」は内裏の裏、西北の地である。室町御所のすぐ西北の肩に入江殿、その西に接するように近衛殿（現、近衛殿表町、同志社大学新町キャンパス辺り）があり、入江殿の南土蔵（近衛殿の巽）の出火によって被災した玄清の庵は入江殿の東南側、左手には皇居、右手には「相府」（室町邸）が見えるような位置関係である。

宗祇の種玉庵も『実隆公記』明応五年（一四九六）閏二月二十七日条の前引した箇所に続く記事に、

驚歎之余、事散之後、竊駕㆓板輿㆒参㆓入江殿㆒。先相㆓訪見外斎㆒。無為尤珍重事也。則所々訪ㇾ之、参㆓入江殿㆒。

誠神変之遁避也。頗珍重之由申㆓入之㆒。

とあって、入江殿の近辺にあったと推測される。実隆は火事のことを聞いて心配し、最初に見外斎つまり宗祇を訪ね、続いて入江殿に参じたというのである。種玉庵の場所は、後、宗碩がこの草庵を継いでからの実隆の家集『再昌草』[8]に見える次の永正九年（一五一二）二月の記事も参考になる。

廿四日、宗碩法師が庵室、もとの宗祇法師□（跡）、三時知恩院のうちへありしごとく、道をあけたるよし申侍りしに、

これらを整理すると、入江殿と地続きに種玉庵があった。明応五年閏二月二十七日、入江殿の南土蔵から出火して、中御門大納言（宣胤）と玄清の家は延焼し、入江殿そのもの、種玉庵は類焼を免れたということである。入江殿と宗祇の種玉庵の位置関係はよく分からない。金子氏は先に引用した論文で、「類焼の危険のあったことが知られる。これから考えて、入江御所の反対側ではなく、門人玄清宅と同様に南側と見るべきであろう」とする。このあたりの文意は通りにくいが、金子氏は入江御所（入江殿）の南土蔵を起点に、種玉庵と玄清の帰（皈）牧庵が南土蔵と同様に

入江御所の南側にあったと考えているらしい。しかし、先述したように、帰（皈）牧庵は東南にあったが、種玉庵は入江御所と近衛殿の間、つまり入江御所の西側にあったと考えられる。明応五年の火災で帰（皈）牧庵が類焼し、種玉庵が免れたのはそのような位置関係だったからであろう。(9) いずれにせよ、これらの建物は京都御所の西北の辺りにかたまってあったことは確かだと思われる。

因みに、明応七年（一四九八）閏十月十一日に玄清は南昌院宗棟長老主催の連歌会を火災後再建された自庵で催している。『実隆公記』に次のように記録されている。実隆・宗祇をはじめとして宗祇一門を迎えてのもので、玄清の連歌壇での地位を示すものであった。

早朝向二玄清法師庵一。是南昌院宗棟長老連哥興行。予会合可レ為二本望一之由、先日内々相示之間、依レ難二黙止一罷向者也。連哥人数、予・宗棟長老・宗祇・宗長・玄清・宗作・宗坡（執筆）・宗仲・宗碩・正善都聞（普広院東隣）・玄宣（明智入道）・政宣（明智中務少輔）・承意法印（常寂院）・宗朗侍者（南昌同宿之僧）等也。

玄清がいつここに自庵を営んだのかは不明である。「皈牧庵記」には玄清が一度定めた庵を移したことは記されていないことからも、「参二済北一」じた当初から同所に住んだと考えてよいのであろう。玄清は出家後間もなく、種玉庵のそばに住んで、宗祇に私淑するとともにさまざまな雑事を担うようになったのである。

5　宗祇の片腕として

この帰（皈）牧庵を結んだ当初、先に見たように玄清は宗祇・肖柏と共に実隆邸に赴き、「源氏物語系図」に関する「談合」に関わった。このことに関して玄清がどのような役割を果たしたかは不明であるが、『実隆公記』長享二年（一四八八）十二月九日条には、

玄清来。種玉庵会定日事為二相談一也。廿二日、四日両日之間可レ然歟之由命レ之。

とあって、この時には種玉庵での歌会の日程を実隆に相談している。明応四年（一四九五）正月十二日条には次のような記事も見える。

昨夕及レ昏、自二禁裏一懐紙被レ下レ之。宗祇合点事被レ仰レ之。去七日御製・親王御両所被レ遊之御一座云々。同連哥嫌物御不審条々被レ注二下之一。今朝遣レ之。以二玄清一送レ之。則令二進上一了。宗長法師同来。仍両人勧二一盞一。杉原一束玄清恵レ之。不慮之芳情也。

後土御門天皇から御製に合点するよう宗祇に要望があったが、その合点を玄清が実隆のもとに持参した、というのである。

明応四年は『新撰菟玖波集』編纂の年であった。これにも玄清は関わった。『実隆公記』の記事で確認していくこととする。まず、明応四年正月二十四日条である。

玄清来。自二禁裏一被二仰下一連哥事等、同忍誓句等可レ遣二宗祇法師一之由申二付之一。

次の明応四年五月二日の記事は兼載と共にのことである。

兼載法師一荷両種携来。玄清同道。勧二一盞一。数刻雑談、今度連哥集事談合也。

明応四年八月九日条には次のようにある。

進藤筑後・玄清等来。就二新撰事一自二一条一追加事被レ仰二宗祇一。其事相二談之一。

既に中書本の内覧を経て、六月二十日付で「被レ准二勅撰一」（『実隆公記』二十九日条）れた後の一条冬良の要望であった。以後、清書本完成に関わる校合においても玄清は協力している。九月十三日条に、

新撰菟玖波集廿巻遂二校合一。宗祇法師率二肖柏・玄清・宗仲等一悉校二定之一。

と見える。この時期、玄清は宗祇に伴われ、もしくは単独で頻繁に実隆邸を訪れている。どのような用向きであったかを記すことがないので、理由を明らめることはできないが、このうちの多くが『新撰菟玖波集』編纂に関わることであったのではなかろうか。

このように『新撰菟玖波集』編纂に関して宗祇を助けた玄清は、先述したように七句の入集を果たした。校合に際しては宗仲や宗坡の名も見えるが、宗仲は一句、宗坡は入集を果たしていない。同年正月六日、種玉庵で張行された『新撰菟玖波集』完成を祈念しての『新撰菟玖波祈念百韻』でも宗仲三句、宗坡二句に対して、八句を詠んでいる。

さらに、同年十二月十五日には宗祇とともに、完成を謝して長門国住吉神社に奉賽する和歌を依頼しに実隆邸を訪れている。これは、翌明応五年三月二十三日に『法楽百首和歌』として奉納されることになるが、玄清はこれにも肖柏・宗長とともに和歌を寄せた。これらの事実は当時の宗祇門下中での玄清の存在の大きさを示していると言えよう。『新撰菟玖波集』完成以後も、玄清は宗祇とともに実隆邸を訪れることが多く見られるが、宗祇の地方下向に関わっての伝達役を担っていることも重要である。時代が遡るが、『実隆公記』長享三年（一四八九）三月二十九日には、宗祇が中国に下向したことを記した記事に続けて玄清が訪れたことが述べられている。次のようである。

今日宗祇進発云々。玄清来。

これは宗祇が京を離れたことの報告であった可能性がある。明応三年（一四九四）二月十三日条には、

玄清来。源氏物語内不審事少々問レ之。愚存趣答了。宗祇法師書状持二来之一。来月上洛云々、返事可レ遣之由報レ之了。

とある。当時、宗祇は越後府中に下向して、一年近くになろうとしていた。その宗祇は玄清を介して実隆と通信しているのである。

宗祇は明応九年（一五〇〇）七月十七日、最後となる越後府中訪問のために離京した。その宗祇と実隆を結ぶ記事に玄清の名の見えるものがある。『実隆公記』文亀元年（一五〇一）三月十二日条、

　宗祇法師青蚨、鳥子等送レ之。玄清法師来。

文亀元年九月十五日条、

　玄清来。宗祇法師古今集聞書切紙以下相伝之儀、悉納レ函付レ封今日到来。自愛誠以道之冥加也。尤所二深秘一也。

文意が不明確なところがあるが、前者の「青蚨、鳥子等」、後者の「古今集聞書切紙以下相伝之儀」の「函」は玄清が持参したものであったのではなかろうか。玄清は宗祇の留守を守る立場にいたと言えるのであろう。

宗祇は翌文亀二年（一五〇二）七月三十日、相模国箱根湯本で没した。この臨終に立ち会っていた門下は宗長、宗碩、宗坡らであった。この出来事の実隆への通知には改まったものとして、『宗祇終焉記』[10]がある。末尾に、

　自然斎此度道中死去。彼御知音の方々いかゞなど尋ね給ふべく候哉。被見のために注し付け侍り。

　　宗長

　水本与五郎殿

とあり、宗祇の従者であった水本与五郎が帰京して、人々から宗祇の最期について尋ねられた時の報告のために宗長が書き記したとするものである。

国立公文書館（内閣文庫）蔵本にはこの次に実隆の同年十二月七日付の返事が収録されていて冒頭に、「去月五日、与五郎候」とある。これにより水本が帰京して実隆邸を訪れたのは十一月五日のことであったことが分かる。

当然のことながら、宗祇の死はそれより早く都に伝えられていた。『実隆公記』文亀二年九月十六日条に次のようにある。

玄清来。宗祇法師去七月廿九日《毎日云々》於二相模国一入滅之由相語。驚歎無レ物二于取一喩、周章無二比類一者也。

同様のことは『再昌草』文亀二年九月の項にも見える。

十六日、すぎにし七月廿九日宗祇法師相模国湯本《箱根山の麓也》といふ所にて、身まかり侍りぬる。（略）亡くなりぬるを、桃園《会下にて彼住持の禅師、天以と道号をつけられ侍るとなん》といふ所にて葬りぬるよし、玄清語り侍りし。

途中を略したが、こちらはかなり詳細に語られたことを記録している。

宗長は門下として別格であり、宗祇に同行していたこともあって、報告として詳しい事情を書き記したのであろう。それとは別に京都において留守役としての報告を玄清がしていることは、玄清の立場を如実に示している。実は水本与五郎が十一月五日に実隆のもとを訪れたと先述したが、その時もはじめは玄清を介しての報告であったらしい。『再昌草』には、

十一月五日、宗祇に従へる水本与五郎といふ者、まかり上りて、かの終はりのさまなど申し侍るよし、玄清語り出だして、

とある。

このような玄清の立場、宗祇後継者のごとき立場は、その後の追善供養への関与にも見られるが、それは後述するとして、生前の宗祇を補佐する者としての玄清のあり方をもう少し追っておきたい。それは実隆の俗事への関与である。

6　三条西家の俗事

宗祇流の連歌師が宗祇を含めて実隆のさまざまな俗事に関わったことは、本書「第二章　連歌師の諸相」中「五

連歌師と苧公事―宗碩・宗坡・周桂・宗仲など―」で指摘した。それは主として三条西家の苧公事に関しての言及であるが、玄清においてはそのことに関する事柄はほとんど現れて来ない。玄清の方はそれに代わって、三条西家の淀魚市に関与した事実が知られるのである。『実隆公記』明応七年（一四九八）二月二十九日条には、

　玄清来。魚市事有二相示事一。

とあり、明応八年六月九日条には、

　玄清来。魚市事明日早朝可二差下一人之事等談レ之也。

とある。当時、魚市にかぎらず三条西家の収入源であった荘園などの権利は在地武士などによって侵食され、実隆の苦悩は深かった。宗祇流連歌師らはその解決に東奔西走した。魚市の事柄もそれと同様のものであった。この時の懸案は幸いにしばらく経って解決する。明応八年六月二十二日条に、

　玄清来。魚市月別事等天津次郎右衛門申旨在レ之。重種罷向可二相談一之由報了。大略事治定。珍重々々。

とある。

玄清はこのように三条西家の魚市に関与したのであるが、実はこれには宗祇も関わっていた。明応八年五月十九日条には、

　魚市事自二摂州伊丹兵庫助許一可レ然之返事到来。旨趣以二愚状一示二宗祇一了。

と見え、引き続いて、明応八年五月二十四日条に、

　宗祇法師来話。魚市事有二示旨等一。

とある。そしてさきほどの解決を見る直前、明応八年六月十五日条には、

　天津自二魚市一上洛。有二命之旨一。中務少輔・玄清等委細加二問答一了。遣二書状於江州宗祇法師一了。

とあって、全体の仲介の中心に宗祇がいたことが分かる。宗祇が三条西家の淀魚市に関わったのはこれよりもかなり前のことであったようで、それを窺わせるように明応四年（一四九五）八月二十五日条には、

宗祇法師来。魚市事催促之儀遣三雑掌之状於二松田豊前許一了。

という記事が見える。つまり、この三条西家の淀魚市に関しても玄清は宗祇の補佐としての役割を担ったとみてよいのであろう。

三条西家の越前国田野村の荘園についても述べておきたい。この荘園に関して宗祇が尽力したことは延徳三年（一四九一）五月の越後府中下向に際して、途中の越前国田野村の荘園のことを依頼されていることなどからも分かる。『実隆公記』同年四月二十九日条に、

宗祇法師入来。古今集聞書以下和哥相伝抄物等一合付レ封預二置之一。老生遠路旅行、再会難レ期之間、若無二帰京一之儀者令二付属一之由丁寧談レ之。（略）越前国田野村事、可レ然様可二入魂一之由同命二彼法師一了。

とあり、帰京後の同年十月六日条には、

宗祇法師下国之刻所二預置一之抄物櫃儀一合今日返二遣之一。越前田野村事同以二書状一申二遣之一。

とある。さらに同年十二月四日条にはこれが功を奏したことが次のように記録されている。

越前田野村公用千疋慈視院執二沙汰一。宗祇法師送レ之。当年不慮之子細也。可レ謂二天之所一レ与者也。

宗祇が越前に赴いた理由のひとつとしてこのようなことがあったことを指摘し得るが、玄清の最晩年の越前下向もこの荘園関係のことが関わっていたかに思われるのである。玄清は永正十七年（一五二〇）三月二日に越前に向かった。『実隆公記』に、

玄清今日下二向越前一云々。

と見える。その後、同年同月二十六日には、

田野村年貢到来。珍重。自越前絹一疋、鳥子百枚送之。

とあり、さらに同年四月一日条にも、

越前田野村年貢到来。

とある。これらの記事には玄清の名は出てこないが、宗祇の事跡や玄清の下向時期と絡めて鑑みれば、ここにも玄清の働きがあったと考えてよいのではなかろうか。玄清はその役割を果たして、同年の内には帰京したらしい。『後法成寺関白記』(11)同年十一月二十九日条には近衛尚通邸を訪れたことが記録されている。

7　近衛家との関係

ここまで、主として『実隆公記』の記述によって玄清の事跡を見てきたが、近衛家との関わりについても少し言及しておきたい。玄清は宗祇門の連歌師として名が知られるようになると近衛家にも出入りするようになった。その初参は明応二年（一四九三）二月二十一日のことで、宗祇とともに近衛邸に出向いている。『後法興院記』に、

小月次連歌会。余発句、冷泉前亜相父子・前藤中納言・民部卿・甘露寺黄門・姉少路宰相・寿官・宗祇・玄清等来。其外如例。

と見える。その後、政家家の和漢聯句会、月次連歌会などに臨時の連衆として参加が要請されることが多くなった。『後法興院記』に名の見える箇所の年月日のみを記しておくと次のようである。宗祇に同行しているものには＊印を付けたが、単独での訪問は宗祇が都を離れている場合が多く、その時は宗祇の代理、同行している時は宗祇の随行者の趣が強く感じ取れる。

明応2年	2*・21	3*・5	閏4・5	12・14			
明応3年	1・24	1・29	7・7	8*・5			
明応4年	2*・30	3*・7	3*・27	4*・28	5*・15	6*・11	12*・22
明応5年	2*・23	2・27	4*・19	8*・5	10*・7	12*・30	
明応6年	1*・8	4・29	9・7	9・21	12*・11		
明応7年	2・7	2・11	7*・19				
明応8年	1*・8	2*・26	3・19	5*・29	6・19	10・14	
明応9年	3・4	4*・3	4*・17	5*・7	7・27		
明応10年	1・15						
文亀2年	5・18						
文亀3年	6・5	12・3					
文亀4年	1・11						
永正2年	1・10						

近衛政家は永正二年（一五〇五）六月十九日に没した。その跡は子の尚通が継いだが、玄清はその尚通邸にも最晩年まで頻繁に訪れている。『後法成寺関白記』に見えるその記録は鶴崎裕雄「「尚通公記」に見る連歌師宗牧」(12)中に一覧されている。宗祇没後はその連歌師としての役割を引き継いでの来訪と言ってよいのであろう。

8　宗祇没後

宗祇が没した直後のことは先述した。玄清の役割は宗祇門の代表者として実隆などに宗祇の亡くなったことを伝えることにあった。その後、宗祇と関わっては直後にはその思い出を語り伝えること、続いてはその追善の催しを執り行うことが玄清に課せられたことであったと推測できる。『再昌草』文亀二年（一五〇二）九月の項に、次のようにあることにも玄清の立場が垣間見える。

廿四日、玄清がもとより宗祇の事など申して、一昨日嵐の紅葉見にまかりぬるに、古寺の門前に草庵ありて、宗祇源氏物語見るとて、籠もりゐたりし跡など申出す人ありしかば、あはれなど申して

散るも惜し惜しとも言はじあはれ世や誰もあらしの山の紅葉葉

返事に

色を知る人もあらじの末の世に残るや何の紅葉なるらん

同年十一月四日には、追善の経文連歌のための発句を実隆に要望している。『再昌草』には体調不良により発句を詠めないと言うと、玄清がせめて脇だけでもと望んだ旨が記録されている。

玄清法師、宗祇追善とて経文の連歌し侍るとて、発句の事申したりしかども、所労の時分辞退し侍りしに、脇の事しひて申し侍りしかば

玉ながら光とゞめぬ霰かな　　玄清

むすぼゝれゆく霜の下草　　予　　十一月四日

また、翌文亀三年正月六日には実隆邸を訪れて、宗祇在世中のことを引き継いで当座和歌を詠むことを要望してい

る。『再昌草』に次のような記事が見える。

六日、玄清法師など来る。そのかみ宗祇ありし世にはいつも年の初めに当座の歌詠み侍しをなど、申し出したりしかば、俄に題を探りて十首歌詠みしに

宗祇の没したことの連絡も含め、宗祇没後のこれらの動きはまさに玄清が宗祇の跡を継ぐ者としての立場であったことを示唆するものである。

この年の二月二十九日には忌日ということで、追善の連歌が張行されている。『実隆公記』の同日条に、

連哥張行レ之。中山中納言・玄清・泰諶・宗仲・宗碩・慶千世執筆、専存子也等也。秉燭之後終二百句功一。所謂宗祇法師発句一有之由宗碩物語之間、今日当二彼忌日一所二興行一也。

何路

片端と誰かみ山の桜花　宗祇
霞ひとつの春の曙　予
鶯も音せぬ宿は雪冴えて　玄清

一回忌に際しては、まず七月二十三日条に、

早朝連哥張行。玄清・宗碩・慶千世執筆、只三人。為二宗祇一回追善一凝二沈吟一之処、人々又及レ晩不レ慮来会、一両句結縁人々在レ之。

とある。七月二十六日条には、

今日為二宗祇法師一廻追善一五十首和哥取二重之一。

とあり、追善和歌が公家らによって詠まれたが、その披講に際しては、

玄清接講頌席・宗碩・慶千世・丸七郎等聴聞。

とあり、玄清は宗碩らを従えて陪席、聴聞している。因みにここに見える慶千世は、前引の『実隆公記』文亀三年二月二十九日条に見えるように、宗祇の師であった専順の孫（専存の子）であるが、玄清はこの連歌師の家系を亡き宗祇に代わって、もしくは連歌壇の長老として後援していたようで、例えば『実隆公記』文亀三年九月一日条には、

玄清来、慶千世名字専芸、名刑部卿、仮出家之後初而来。

とも見える。

永正五年（一五〇八）七月は宗祇七回忌に当たる。『実隆公記』同月二十三日条には、

明日宗祇追善品経和哥披講事宗長張行。

とあって、当日は玄清も同座している。二十六日条には、

肖柏・玄清・宗長等来。謝㆓一昨日事㆒。

とあり、追善品経和哥披講に玄清も深く関与していたことが窺われる。三十日には次のように玄清の庵で追善連歌が張行され、実隆は発句を贈っている（『再昌草』にも記録が見える）。

今日於㆓玄清庵㆒有㆓宗祇追善連哥㆒。予発句所望之間遣㆑之。

このような宗祇を継ぐ者としての玄清の立場が変化し始めたのは、宗碩が永正七年四月頃に種玉庵を継承した辺りからであろうか[13]。翌年永正八年の年忌に際して、実隆は追善の和歌を宗碩のもとに送っている。『実隆公記』七月二十九日条には、

今日宗祇法師月忌也。別而念誦回向。早朝摘㆓槿花㆒詠㆓和哥㆒遣㆓宗碩許㆒。

とある。『再昌草』に見える同日の記事には実隆の歌に対して、宗碩だけでなく玄清も返歌しているが、それにも関

わらず実隆が「宗碩許」にとするのは、宗碩が種玉庵主であることからであろう。実際上の宗祇後継者として宗碩が認知され始めたのだと思われる。永正十一年（一五一四）は十三回忌であったが、『再昌草』七月の記事には、

　廿七日、明後日宗祇十三回、宗碩法師彼旧跡の草庵にて、千句連歌すとて発句請ひ侍りしに（略）同宗碩勧進五十首和歌に、

とあって、種玉庵主である宗碩が宗祇追善を取り仕切っている。

そうは言っても玄清の連歌壇での地位は揺るがなかったらしい。『後法成寺関白記』[14]によれば、永正十三年二月二十五日に、

　於二景陽軒(亡父政家弟)一有二連哥一。従二　禁裏(後柏原天皇)一被レ仰二連哥懐紙点事一。申二玄清一。

また同十四年八月二十三日にも、

　従二　禁裏御一連哥点之事、申二付玄清(帰牧庵)一可二進上一之由被二仰下一間、即申二遣之一了。

など後柏原天皇参加の連歌の合点を依頼されているし、逆に同十四年十一月十七日に記録されているように、玄清は自分の連歌への勅点を願い出ている。

　及レ晩玄清来。連哥勅点之事所望也。内々可二申入一之由令二返答一。

また、『宣胤卿記』[15]永正十四年十一月十六日条には宣胤らの月次連歌会に特別に参加した玄清について、「当時第一連哥上手也」と注記されている。

何をもって宗祇後継者と呼ぶべきかは分からない。宗祇の種玉庵を継承し、兼載を挟んで、北野連歌会所奉行・宗匠職を継承した者を後継者とすれば、それは宗碩であった。しかし、それは永正八年正月のことであって[16]、少なくともそれまでは、実隆らに宗祇の後継者として意識され、その死まで、中央の連歌壇で力を持っていたのは玄清であっ

たと言えるのではなかろうか。宗碩も玄清の生前中は実隆邸でも近衛邸でも所々の連歌会でも常に玄清に兄事していた。

玄清は大永元年（一五二一）十一月十三日に没した。それを実隆に告げたのは宗碩であった。宗碩が名実ともに宗祇後継者となったのはその時からである。実隆は玄清の死を悼んで、一回忌の大永二年十二月（十一月の誤りか）には追悼の和歌を詠んでいる（『再昌草』）。

十三日、玄晴法師一回に、思ひ出でゝ
一とせのうつる光や風の前のあるにもあらぬ夜の灯

次は大永五年のものである。

十一月十三日、玄清月忌に思ひ続けし
過きつる人はかへらぬ年月に物忘れせぬ老のはかなさ
月雪の友も此世のうちばかり誰にとはれん南無阿弥陀仏

翌年大永七年十一月、七回忌にも追善している。

十三日、玄清法師正忌七年にあたるにやと思ひて、念誦焼香の次に、名号に事よりて思ひ続けし
七年はむなしき夢の跡なれや見し世の友のたづぬるもなし

これらの事実は玄清の存在の大きさを示すものだと思われるのである。それにも関わらず、連歌師系譜では宗祇の後継は宗碩とされ、それは宗牧、宗養へと継承された。玄清が名に「宗」を持たなかったことも含め、理由は不明であるが、年齢のこと、いわゆる「子飼い」でなかったことなどが影響しているのであろうか。

注

（1）続群書類従完成会。返点を付けた。
（2）「続群書類従」13上
（3）『新撰菟玖波集　実隆本』（角川書店・昭和四五年三月）
（4）「続群書類従」31下
（5）『連歌史論考　上　増補改訂版』（明治書院・平成五年五月）。井上宗雄『中世歌壇史の研究　室町後期〔改訂新版〕』（明治書院・昭和六二年一二月）では「阿波」を「安房」として、この人物を細川政春としている。
（6）『宗祇の生活と作品』（桜楓社・昭和五八年二月）。ただし、この言に続いて、『京都市の地名』（平凡社・昭和五四年九月）によって、正親町帝の時に現在地に移ったと認め、最終的には「現在の三時知恩寺の西面新町通りを南下し、今出川通りを越えて一条通りに交わる西」と先の説を訂正している。しかし、この訂正説は玄清の庵に関する記事などからは納得しがたい。
（7）「続史料大成」
（8）「私家集大成」
（9）種玉庵については、「種玉庵の所在地」（「青山語文」44・二〇一四年三月）で考証し、それに手を加えたものを『室町の権力と連歌師宗祇　出生から種玉庵まで』（三弥井書店・平成二七年五月）中「第四章　種玉庵」として公刊した。
（10）金子金治郎『宗祇旅の記私注』（桜楓社・昭和四五年九月）。国立公文書館蔵本は新日本古典文学大系『中世日記紀行集』に翻刻がある。
（11）「大日本古記録」
（12）「堺女子短期大学紀要」18・一九八二年一一月
（13）金子金治郎氏は「連歌師の家庭」（「国文学攷」50・昭和四四年六月）で、『再昌草』永正七年四月三日の「宗碩草庵宗祇旧跡也にて、明日連歌あるべし。発句とて請ひ侍りしかば、／初音もや宿は昔のほとゝぎす」という記述を挙げ、「この発句で、昔の宿における初音だというのは、宗祇旧跡における会始めであることを示すものと考えられる。この会に近い時期に入庵したものと思われる」と述べている。

（14）　注（11）。返点を付けた。

（15）　「増補史料大成」

（16）　金子金治郎「連歌宗匠の行くえ」（「國学院雑誌」72―11・昭和四六年一一月）。金子氏はこの考察に当たって、『実隆公記』永正八年正月十四日「北野会所常住人丸賛哥」を宗碩が実隆に依頼してきたことを重視しているが、前年八月十九日条には「玄清来。北野会所珠厳法師携二柳一荷一来。賜レ盃了。万句代所望」とあって、玄清が珠厳を実隆に取り次いでいるかに見える。そうであれば、玄清も北野連歌会所と深く結びついていたのであろう。

五　連歌師と苧公事
―― 宗碩・宗坡・周桂・宗仲など ――

1　宗碩

『実隆公記』(1) 永正五年（一五〇八）八月二十九日条に次のような記事が見える。

　宗碩自二濃州一上洛、紙十帖持二来之一。苧関用脚斎藤弾正運送之状持来、自愛也。

苧関に課せられた「用脚」（通行税）を運んで来るという斎藤弾正の書状を、美濃から上洛した宗碩が三条西実隆にもたらした、というのである。宗碩はこの時より一年ほど前に美濃国に下向、その折にこれに関わると想像される書状などを実隆から託されている(2)。この記事はその成果を示すものなのであろう。

苧《そ》は青苧《あおそ》のことで、苧《からむし》という植物から繊維を取りだしたもので、布に織る前段階の製品である。ここで扱われているものはその苧の中でも最高級品であった(3)。「苧関」は苧の輸送路に設けられた苧課役を徴収するための関である。この関税を含め、当時、苧に関わる公事は三条西家の経済を支えるもっとも重要な収入源であった(4)。ここに見る「苧関」は美濃国に置かれた関で、「濃州苧関」と称されたものである。この苧関は後に引く『実隆公記』長享二年（一四八八）十一月二十八日条に「香厳院領大井郷」とあることから、現在の岐阜県恵那市大井町に設置されていたらしい。

青苧の最大の産地は越後国で、この越後の苧は室町期、都や摂津に運ばれて全国に流通していた。一般にこの越後苧の輸送経路は越後国の柏崎から若狭国小浜に船で運ばれ、そこから琵琶湖に出て都や摂津にということであった[5]。したがって、濃州苧関の置かれた大井郷は中山道筋であることから、越後苧がここを通過したかには疑問がある。後代の記録であるが、武田晴信（信玄）に出された室町幕府奉書に、信濃・甲斐の苧のことが見え[6]、濃州苧関を通過する苧は信濃苧であったのかも知れない[7]。

越後苧であったか信濃苧であったかはともかく、実隆はその美濃に関をおいて、そこからの通行税徴収を目論んだのである。『実隆公記』長享二年三月十二日条には、

美濃国苧関事纐纈八郎左衛門代官事所望、今日補任礼申レ之。珍重々々。

とその関の代官任命に関わる記事が見える。ここに見える纐纈八郎左衛門は直接の関管理に携わるものであったようであるが、美濃国守護、土岐氏側の折衝役は斎藤弾正が担っていた。冒頭に挙げた記事はそのことを示している。

しかし、この美濃苧関設置は簡単に運ばなかった。八ヶ月以上経過した長享二年十一月二十八日の条には、

濃州苧関事、香厳院領大井郷内可レ立二役所一之由、纐纈八郎左衛門尉廻二計略一之処、和気三郎左衛門難渋之間干レ今不三立二置之一。可レ申二届香厳院一之由以二使者一申上之間、内々申試之処、可レ立二関所一之条難治之趣也。仍其旨可二返答一之由仰二重種一了。

という記事が見え、濃州苧関の設置が難渋していることが記録されている。

このような困難を押しての関設置であったが、設置後も順調に運営されたわけではなかった。本稿のはじめに挙げ

た記事はこのような経緯の中でのものである。

この記事における宗碩の役割は単なる書状の伝達役にも見えるが、しかし、宗碩の役割はそれだけに留まらなかった。例えば、これより前、『実隆公記』永正二年（一五〇五）十二月十三日条に次のような記事がある。

宗碩上洛、濃州苧課役到来。自愛□□。

冒頭の公事のことに関しては、永正五年九月二十九日条に、

美濃苧公用残且㆑納㆑之。宗碩送㆑之。

とある。また、永正六年閏八月十七日条には、

宗碩来。濃州苧公事々有㆓申旨㆒。

とあって、実隆は宗碩と濃州苧公事について密談を交わしている。さらに、永正七年十二月三日条には、宗碩に苧公事の請取を渡したとある。

宗碩法師来。濃州苧公事請取遣㆑之。

宗碩はこの時期、毎年のように美濃の苧公事に深く関わっていたのである。

宗碩は文明六年（一四七四）生まれ、若年から宗祇に期待をかけられ、宗祇の最後の越後滞在の折には宗祇のもとに馳せ参じている。永正五年（一五〇八）当時は三十五歳、師であった宗祇没後、その直系の弟子として連歌壇の第一人者と認められつつあった時期であった。永正七年正月には北野天満宮連歌会所奉行および将軍家宗匠に任命されている。先ほどから述べている濃州苧関に関わる動きはまさにその時期に当たることになる。

三条西家と苧公事については、小野晃嗣氏による「三条西家と越後青苧座の活動」をはじめいくつかの論考がすでにある。[8] しかし、これらの論考は主として三条西家の苧公事を追ったものであり、連歌師に焦点は当てられていない。

ところが、宗碩も含め、三条西家の苧公事には当時の主要な連歌師の多くが関わっていた。実隆の苧公事に関する事柄を明らかにするのには連歌師を除いては不可能であると同時に、連歌師という存在の一面を知るのに、実隆の苧公事はきわめて貴重な資料となる。本稿はこのような観点から、『実隆公記』中の三条西家の苧公事を軸として連歌師の行動の一面を確認していこうという試みである。

導入として宗碩と濃州苧関の関わりを見たが、そこでも触れたように、苧公事に関わる主要な場は産地の越後および北陸道、そこから都や摂津への経路であった。その点では濃州苧関の問題は傍系の事柄と言ってよいかと思う。そのこともあってか、以後、しだいに宗碩は濃州苧関に関わらなくなっていったようであり、実隆自身の関心も大永三年（一五二三）七月二十日条に、

持明院晩飡請伴。明日可㆔下㆓向濃州㆒云々。苧公事々書㆓遣状㆒了。

などの記載や、注（6）に引いた「武田文書」のものなどはあっても、全体として本来の越後苧、またその輸送経路の方へと戻っていったようである。

そのような中で、宗碩の苧公事への関与も三条西家の苧公事の主軸と言ってよい北陸道に移っていかざるを得なくなっていった。『実隆公記』大永八年六月十八日条には、宗碩の能登下向に関わって次のような記事が見える。実隆は宗碩に苧公事の事を相談し、依頼したというのである。

及㆑晩宗碩来。近日可㆔下㆓向能州㆒云々。仍苧公事間事聊談合。委細得㆓其意㆒之由諾者也。

宗碩が実際に能登に出立したのはそれから二ヶ月余後のことであるが、その折の享禄元年（大永から改元、一五二八）八月二十三日条にも次のような、苧公事に関する記事が見える。

宗碩来。今夕進発可㆑向㆓山科㆒。能州逗留可㆑至㆓明年㆒云々。賜㆑盃。苧公事々委細演説。

能登は産地の越後から都への経由地であり、また、後に引く『実隆公記』享禄二年（一五二九）二月十七日条にも見えるように、そこに所属する船も苧の輸送を担っていた。苧荷はここを無事に通過できなければならなかったのであり、この相談はそれに関わることであったのであろう。当然のことながら、産地の越後の状況も重大な関心事であった。享禄元年十二月十五日条には、

宗碩書状十一月廿三日一見。越後事未レ能二一左右一云々。如何。

とある。宗碩は能登にいて、越後を含め、北陸道全般の様子を把握、その円滑な運営を図っていたと思われる。しかし、苧公事の問題はなかなか進展しなかったらしい。享禄二年二月十七日条には、

神余越前来。（略）越後舟於二能登一留レ之。又能登船於二越後一留レ之。仍当年商人未二下向一云々。是京都商人中有二欝訴之事一云々。

とある。神余越前は神余昌綱のことで、越後上杉氏の苧公事代官であり、本所の三条西家との折衝役であった。その昌綱も手を焼いていた。越後と能登との紛争が商取引に支障をきたしていたのである。だからこそ両者に知己を持っていた宗碩が有用されたのだとも言える。

2　宗坡

宗碩と三条西家の苧公事との関係を追ってきたが、三条西家の苧公事に関わった連歌師は宗碩だけではない。次に宗坡のことに触れておきたい。

宗坡は生年未詳であるが宗碩とほぼ同年輩であったと思われる。長命でなかったこともあってか宗碩ほど連歌史上の活躍は見られないが、宗祇最後の旅（『宗祇終焉記』の旅）に同行した宗祇最晩年の弟子であった。

この宗坡は宗碩が美濃苧関に関わっていた頃に続く時期、越後に滞在していた。文亀二年（一五〇二）、宗祇終焉の旅で越後を出てから六年ほど後のことである。『実隆公記』永正八年（一五一一）九月二日条には、その宗坡に実隆が書状を送っていることが見える。

遣二越後宗坡一之書状調レ之、遣二神余許一。

ここには先ほど言及した神余の名が出てくるが、この記事だけでは越後と都を行き来していた神余に書状を託したというだけのこととも見える。しかし、次の永正八年十一月十一日条を見るとやはり宗坡も苧公事に関わっていたことが判明する。

神余言伝、自二越後一使者上洛。香取一昨日着二坂本一云々。苧座中事如レ形之由宗坡書状在レ之。且二安堵一。祈念者也。

この時期、苧公事が円滑に運営されない事情があった。主たる理由は越後国の政変である。明応三年（一四九四）十月、宗祇を親しく保護した上杉房定が亡くなり、跡を継いだ次男の房能が、永正四年（一五〇七）八月に越後守護代の長尾為景に殺害されるという事件が起きた。その後、五年抗争と称される内乱が繰り広げられたのである。必然的に苧公事にも支障を来した。『実隆公記』永正六年八月二十九日条には、

越後国七月廿七日牢人出張、□国悉滅亡云々。天王寺商人等上洛。以二全身命一為レ詮之由称レ之。当年又苧公事可二空手一歟。牢籠之基為レ之如何。仰二彼蒼一而已。

という記事が見える。この事態の中でこれまで越後から坂本、さらには摂津まで青苧の取引・運送全般を管轄していた天王寺苧座が立ちゆかなくなった(9)。

永正七年四月二十九日条には、

自㆓天王寺㆒光康男上洛。（略）越後国無㆓静謐㆒者公用難㆑進之由申㆓切之㆒。雖㆓存内之事㆒歎息而已。

永正八年七月二日条には、

磯山弥三郎自㆓天王寺㆒上洛。香取同道。天王寺座中無力之間、直可㆔催㆓促越後衆㆒之由、座中申者也。

とある。越後の混乱もあり、力を失いつつあった天王寺苧座に代わって、越後には産地独自の座が形成されるようになっていたのである。[10]本所である実隆としては新たな事態に対処する必要があったのだと思われる。宗坡の越後滞在はまさにこの時期であった。

神余は越後上杉氏の代官として、宗坡は実隆の使者の役割として、その解決に当たっていたと想像できる。おそらく、二十歳代で宗祇に付いて越後に赴き、一年半ほど滞在した折の人間関係などが大いに役立ったと思われる。逆に言えば、そのような縁故を持っていたからこそ、実隆は宗坡に期待を掛けたのであろう。[11]

3　宗仲・玄清・宗長

ちょうどその時期、宗碩・宗坡より少し年輩らしい宗仲、また、宗祇終焉の旅の折には都で宗祇の留守を守っていた玄清もそれなりの働きをしていた。永正八年（一五一一）九月二十日条には、

宗仲法師来。明後日可㆔下㆓向越前㆒云々。

翌日の二十一日条には、

玄清越前下向可㆑為㆓明後日㆒云々。

とあり、二人は越前に赴き、宗坡・神余の動きを助けていたらしい形跡が見える。宗仲は能登の出身で、その点では北陸道に縁があった。これらの結果として、永正八年十月一日条には、

今日聞、越後事無為二無事一。苧荷多着二若州一云々。

とある。無事に青苧は若狭国小浜に到着したというのである。さらに翌年の永正九年三月二十日条には、

香取来。去年越後割符皆二済之一。

とあり、課役支払いの「割符」がもたらされて、ようやく永正八年度のもめ事が解決することとなった。

この時期は宗碩はまだ美濃苧関に関わっていた可能性があるが、産地の越後および北陸道輸送路については宗坡・宗仲・玄清が実隆側の者として、陰日向に策動したということなのであろう。宗坡のことに戻ると、宗坡は役割を果たし永正九年閏四月二十六日に上洛して実隆のもとを訪れている。その一週間後の永正九年五月四日条には、

宗坡来。紅燭廿廷恵レ之。秘蔵々々。

とある。土産として越後の名産である紅燭を実隆に持参したのであった。

宗祇終焉の旅とも関わって玄清の名を出したので、ここで、この玄清と、『宗祇終焉記』を著した当人の宗長のことを簡単に触れて、当時の主要な宗祇門下の動向の一端を探っておきたい。

玄清は宗祇終焉の旅でも都で宗祇の留守を守っていたことで分かるように、遠方への旅にはあまり出かけなかったようである。そのためもあってか苧公事に関わることはあまりなかったらしい。ただし、摂津へはたびたび足を運んでおり、その途次にあった三条西家の知行の一つである「魚市場」に関する公事に関わっていたことが知られる。[12]

『実隆公記』明応七年（一四九八）二月二十九日条には、

玄清来。魚市事有二相示一事。

明応八年六月九日条には、

玄清来。魚市事明日早朝可三差二下人一之事等談レ之也。

などの記事が見える。

「魚市場」は桂・宇治・木津川の合流点であり摂津・西国への要衝であった淀に設置されており、この辺りには三条西家の荘園がいくつかあった[13]。勿論、玄清の摂津下向が魚市公事のためだけとは考えられないが、摂津への途次であることから実隆の要請に応じることもあったのであろう。そもそも摂津は細川管領家の領国であった。また、天王寺もあったし、接している堺など、日本のみならず中国などにも開かれた港もあった。宗祇も宗碩も遠国に出かけていない時には日を置かず摂津へ赴いている。この付近に連歌愛好者が多かったこともある。そのことも含め、宗祇らの摂津下向の目的が何であったのかの全容は今後、解明すべき重要な事柄だと思う。

宗長の方は自分の出身地であることから駿河国守護、今川氏と実隆を結ぶ役割を担っていた。それを示す記事は『実隆公記』に多いが一例だけ挙げれば、永正五年七月六日条には、

今川五郎弐千疋送㆓給之㆒。宗長取㆓次之㆒。今日到来。不慮之芳志也。欠乏之時分聊蘇息者也。

という記事が見える。今川五郎は今川氏親で、この時期に駿河守護に加えて遠江守護に任じられている。ここに見える「弐千疋」はこの守護任官と関わるものなのであろうか。宗長は都と駿河を頻繁に行き来しており、それに伴っては、実隆と今川氏との仲介役が当然のことながら期待されたのである。宗長は宗祇とともに地方の有力大名との関わりも強い。越後上杉氏、関東管領上杉氏、中国の大内氏などである。その中でとりわけ今川氏との関係がもっとも重要であったことは言うまでもないことである。

4　周桂

苧の事柄に戻りたい。永正年間（一五〇四〜二一）に宗坡らが、また、大永から享禄にかけて（一五二一〜三二）美

濃苧関に関わっていた宗碩が北陸道経路でも役割を果たすようになったことは先に見た。その間の大永年間には周桂がこれを担っていたようである。周桂は宗碩より四歳下で宗長・宗碩に師事した連歌師であり、宗碩没後は宗牧とともに連歌界の第一人者として活躍、門下として紹巴を育てた人物である。宗祇には直接学ばなかったようであるが、宗祇の孫弟子に当たる。

周桂と苧公事のことは大永三年（一五二三）七月二十五日条の

周桂来。苧公事状共可レ出云々。

という記事から見られるようになる。この記事だけからは詳細が分からないが、続いて三十日の条には、

及レ昏越前状周桂持二来之一。自愛々々。

とあり、先の「苧公事状」は越前に向けてのものであったと推察できる。越前国はもともとの守護職であった斯波氏を襲って朝倉氏が実権を握ってからかなりの時を経過していた。この書状も守護、朝倉教景宛のものであったと思われる。永正九年（一五一二）三月に一応の解決をみたものの苧公事の困難は恒常化しつつあったと思われる。

今回の紛糾は青苧取引業者もしくは輸送業者が苧全般の権益を持っていた三条西家にしかるべき公事を支払わずにいたことに要因があったらしい。その原因を小野晃嗣氏は、

越後の戦乱に越後座衆疲弊し、青苧公用銭を充分納入し得なかつたものゝ如く、(14)

と述べている。しかし、そう考えるよりも、越後苧座衆がいままでどおりの苧課役を公然と無視しようとしたことに要因は求められるのではなかろうか。天王寺苧座が表に立っていた時は三条西家との間にそれなりの了解がなされていたのが、時代が変わったということであろう。

その原因についてはともかく、実隆としてはこの事態はなんとか解決しなければならない事柄であった。先の越前

への書状はそれに関わるものだと思われる。さらに実隆は直接の交渉役を粟屋右京亮元隆に依頼した。粟屋右京亮は小野氏によれば、若狭守護武田氏の四家老のひとりであり、また、実隆と姻戚関係にあった者だという(15)。実隆は若狭において事態打開を図るように、この粟屋右京亮を仲介役とし、実隆の代官のごとき者として波々伯部兵庫正盛を立て、さらに、実隆の側近として周桂を召し使ったのである。越前の朝倉氏がどのような斡旋をしたかは不明であるが、苧を載せた船はしばらくして若狭に到着した。大永三年（一五二三）八月六日条には次のようにある。

　粟屋右京亮状越後舟一艘留置之由注進。先以珍重々々。此子細申二遣波兵一了。

「波兵」は波々伯部兵庫正盛のことである。これが第一便で、続いて、大永三年八月二十九日条には、

　若州苧船四艘着之由注二進之一。松井自二越前一廿六日七時分帰二若州一云々。朝倉大郎左衛門送二初雁一。

とあり、大永三年九月三日条には、

　松井上洛。若州舟十一艘著岸。各留二置之一。

とある。「松井」は伝令のようである。粟屋はこれらの苧船を若狭で差し押さえ、実隆にその旨を報告した。しかるべき、苧公事を支払わない限り、苧荷を動かすことを禁ずるというのである。因みに、前条の記述に、付け足しのように朝倉教景が「初雁」を送ってきてくれたことが記されているが、これは教景がこの件に関わったことを示す挨拶替わりであったのかも知れない。

　この後、苧荷商人と実隆の交渉が始まることとなった。周桂はこの交渉に際して実隆の意向に従って画策した。『実隆公記』には連日のごとくこのやり取りが記録され、周桂は頻繁に実隆と密談を交わしている。例えば、大永三年九月二十一日条には、

　周桂来。苧荷間事有二密談事一。

とあり、大永三年十月九日条には、

　周桂早朝来。苧公事間事有二申旨等一。

などとある。

　また、大永三年九月二十七日条には、

　宗長来。同、越前朝倉太郎左衛門昵近僧宗長同道来。（略）周桂来。苧間事書状又遣二波兵一。

という記事があり、後半は例のごとくであるが、宗長が朝倉教景と親しい僧を実隆のところに伴ってきたのは、苧公事のことと関係があったのかどうか。宗長はこの年の四月十日に越前国に下向、九月十五日に上洛していた[16]。普段あまり苧公事に関わらない宗長も事態の紛糾を知っての行動であったとも疑える。

　宗長のことはともかく、息の長い交渉の結果、一と月余を経て、ようやく打開策が提案されることとなった。大永三年十月十三日条には次のような記事が見える。

　周桂来。商人万疋分領状。但荷物先可二渡給一。立二請人一公用可レ致二沙汰一。又請文等同可二調進一云々。此上者任二置波兵一之由申之処、香川・秋場遣二右京亮書状案一送レ之。此方書状可二書給一之由也。相二談吉田一可レ遣之由報レ之。晩頭又周桂来間、書二遣之一。又四郎此由可レ仰之由申二付之一。

　苧商人はこのたびの苧課役として万疋を出すので、苧荷物を先に返せという。さらに、この約束に関しては請文が必要であるともいう。周桂はこれら商人の要望を実隆に伝えた。波兵（波々伯部）、香川、秋場、右京亮（粟屋）などが間に入っていて、それぞれがどのような立場で働いたのかは判然としないが、少なくともこの時期の周桂は実隆の側近として直接に実隆と接していた者であったことは確認できる。

　打開案が提示されたのに続いて、今月中に処理するようにという日取りの約束も取り交わされた。大永三年十月十

四日条に、

入レ夜波々伯部為二右京大夫使者一来（周桂同道）。苧荷物事商人種々有レ申二子細一。但当年万疋事今月中可二沙汰一之由請文送レ之。後年事同堅申二付之一云々。喜入之由謝二道之一。

とある。この時は波々伯部が当時の管領、右京大夫細川高国の使者の立場で直接に実隆のもとを訪れて苧公事の取り決めを伝えている。実隆が打開のために管領に訴えたという事情があったのであろう。その折に周桂が共に来ていることは、この件に関しての周桂の立場を如実に示している。当時、おそらく様々な便宜供与のこともあってか、周桂も含めて連歌師らは高国とも密接に接触していた。『実隆公記』にそれを示す記事も多い。このことも連歌師という存在のありようを知る重要な手がかりであるが、ここでは繁雑になるので、言及を避けておくこととする。

経過について元に戻ると、大永三年十一月四日条には、

周桂来。苧商人物昨日到来。鷹野日暮間、今日可二送給一歟云々。但人夫不足之間、今日不レ送云々。

とある。「鷹野」は現在の京都市北区紫野のあたり、「日暮」は京都御所、後の蛤御門の西の地域と思われ、当時の実隆邸はここにあった。[17] ようやく苧公事が実隆の手元に渡るところまで来たのであった。

大永三年の苧公事について複雑な経緯を追ってきたが、終始、周桂が立ち働いていたことが確認できたことと思う。『実隆公記』に見える周桂の苧公事に関する尽力はこの折ばかりではなかった。大永六年にも問題が引き起こされた。三条西家の苧公事はもはや安定したものにはなり得なかったのである。この時の紛糾がどこに原因があったのか、全体像がつかみにくいが、以下、この折の周桂と苧公事との関わりを示す記事を一覧しておきたい。まず、八月十九日のことであるが、次のような記事が見える。

周桂来。苧事波兵直可二催促一。当年松□〔木〕不レ可二□□〔存知〕一［　］。并某両人座中事沙汰之由申レ之。

松木は松木藤左衛門、京都下京の商人、波々伯部兵庫の被官と見なされている者である。(18)

十月二十八日条、

周桂来。苧公事催促儀、波兵事申二合彼法師一了。

十一月一日条、

周桂来。苧公事々談合。遣レ状帰之処、則立帰。且二三千疋納一之由申レ之。使速水源兵衛云々。

十二月二十九日条、

入レ夜為二右京兆使一波兵来。（略）苧公事本員数請文事等委細申二含之一。波兵承諾了。今日周桂来。此事同相談了。

（略）

青苧公用残一貫七百文。

先の事例のごとく周桂が実隆の苧公事に深く関わったことが窺える。

5　宗牧・宗瑎・宗仲・紹鷗

周桂の苧公事についての動向は以上のようであるが、続いてその役割を担うべきは、周桂と同様に宗碩の弟子であり、周桂とほぼ同年輩と思われる宗牧である。宗牧はこの時期五十歳代であったらしく、天文五年（一五三六）には連歌宗匠に任命された。

宗牧の苧公事をめぐっての事跡は明確にできないが、大永七年（一五二七）十二月二十二日条に、

神余越前以二使者一五百疋送レ之。是苧公事内可レ致二秘計一之由、先日内々申含之処、今日吉曜之間、且二持送一之由申レ之。自愛々々。小時越前来。猶以可二秘計一之由堅申レ之。去春隼人秘計五百疋、同加二此内一之由申レ之。諾了。

宗牧同道之間、勧㆓一盞㆒、暫言談。

などとあり、宗牧も苧公事に関与していたかに見える。ただ、宗牧は享禄二年（一五二九）に中国・九州地方になど、諸地方に赴くことが多く、それほどの働きはできなかったらしい。

宗牧の次には宗瑎である。宗瑎の事跡は知られていないが、宗碩の門弟であったらしい。大永六年（一五二六）九月十三日の「何人百韻」で宗長・宗碩と同座、そこでは執筆の役を勤めたと思われる。享禄元年十一月二十日条に、

宗瑎書状越後商人伝来令ㇾ見ㇾ之。苧事難ㇾ成之由申ㇾ之。迷惑也。

とあり、この時期、宗碩と共に越後で苧公事のことに尽力していたようで、このふたりは次の享禄二年四月二日条にあるように、半年後上洛、労をねぎらわれている。

宗瑎来。昨日上洛云々。宗碩上洛云々。今度越後事種々談ㇾ之。辛労無㆓是非㆒之事也。

享禄四年二月二十七日条には、

宗瑎来。会下長老扇可㆓伝達㆒之由命ㇾ之。又苧公事々等談合。

などともある。

同時期には先にも見た宗仲も関わった。当時六十歳前後だったと思われる。享禄二年四月二十六日条に、

祐全来。越後公用事宗仲有㆓申旨㆒。委細遣㆓返事㆒。

享禄二年九月二十七日条に、

不孤来。宗仲有㆓書状㆒。越後公用事注進也。

享禄二年十一月七日条に、

宗仲有ㇾ状。苧公事五千疋可㆓沙汰㆒之由也云々。言語同断也。雖ㇾ然遠路之儀不ㇾ能㆓是非㆒。近日送進云々。先三百

疋只今為替幸遵房持来。則可レ遣二帥方一之由也。

享禄二年十二月二日条に、

宗仲書状苧公事三千疋到来。則仮請取遣レ之。用脚遣二帥方一。当年又五千疋分進納也。沙汰外事也。

などとある。宗仲に関してはさらに、享禄四年四月八日条にも、

苧公事両年請取可三調二遣此使者一。貝屋与太郎使者、也明日直可三下二向越後一云々。仍請取調レ之遣了。以前去年請取已雖レ遣二宗仲一、預二他所一之由也、仍書遣也。

とあり、享禄五年三月二七日条にも、

宗仲返事□□〔来〕。小秘計事等、有二被レ示之旨一。苧公事取次事、貝屋故障事同被レ申レ之。

と見える。

この頃になると、後に茶人として名をなした武野紹鷗も登場してくる。最後にこの紹鷗について触れておきたい。次の享禄三年十二月十八日条の記事は先の宗仲が紹鷗を実隆の苧公事に巻き込んでいる例である。

宗仲書状到来。苧公用可レ渡二武野宿一云々。則彼状遣二新五郎一了。

新五郎は紹鷗のことである。享禄三年十二月二十一日条には、

武野新五郎弐千疋送レ之苧公事。替也。則遣二西向方一。

二十二日条、

武野千疋又進レ之。以上参千疋、以前又五百疋、都合卅五貫也

二十三日条、

遣レ人三於二武野一。宗仲彼公用武野弁済之趣遣二書状一。慥可二伝達一之由申送。

引き続いて、十二月三十日条には、

武野来。千疋進上。不慮事也。対面賜ㇾ盃謝ㇾ之。宗仲書状到来。

とある。この千疋も苧公事の代替であった可能性があろう。

武野紹鷗は『山上宗二記』によれば三十歳まで連歌師であったという。(19) 宗碩門、宗仲の弟弟子で、文亀二年（一五〇二）生まれであるから、享禄二年（一五二九）当時は二十八歳であった。これまで見てきたように宗祇流連歌師が代々引き継いできた三条西家の苧公事交渉に、その系譜にいた紹鷗が関わったことは必然的なことであったのである。

6　宗祇

以上、連歌師と三条西実隆の苧公事との関わりを見てきた。宗祇流の連歌師の系譜は連歌壇の主流であった。しかし、その宗祇流「筑波の道（連歌道）」は一面では苧公事の職務の継承でもあったかに見えるのである。

当時、「雑掌」という立場があった。『国史大辞典』の項目解説で安田元久氏は雑掌について次のように説明している。

最も一般的には、荘園制のもとで荘園領主（本所・領家）たる寺社や公家諸家がその荘園の管理にあたらせ、雑務を沙汰させた雑掌のことである。この雑掌のうち主として現地にあって年貢・公事の徴収にあたるものが庶務（荘務）雑掌で、預所の別称でもあった。

雑掌がこのような役目であれば、本稿で見てきた連歌師たちは、雑掌とも言ってよいような役割を果たしている。もっとも、ここで取り上げた連歌師たちは『実隆公記』において雑掌とは呼ばれていない。分量からすればかれらと実隆との関わりは連歌・古典を含め文芸に関わることの方が多い。しかし、本稿では言及しなかったが、三条西家の荘園にかれらが関与したことも所々に見られるのである。また、当時の管領・守護など有力武将との交渉役を果たすことも多い。これらの事実は連歌師が陰なる雑掌と呼べるような立場にいたとも言える事柄ではあろう。

その元の宗祇はと言えば、宗祇と苧公事の関係を示す記録は残されていない。ただし、宗祇が越後上杉氏と深い関わりを持っていた頃、苧公事に関して既にさまざまな問題が起こっていた。上杉房定の時代、文明十八年（一四八六）五月二十六日には次のような室町幕府奉行人奉書[20]が出されており、越後において本所である三条西家を無視して、青苧の売買をする者が出現していたことが分かる。

三条侍従中納言家雑掌申㆔苧□〔座カ〕衆等言㆓上青苧商売事㆒。帯㆓綸□〔旨〕御判御教書以下之證文㆒。自㆓往古㆒為□致㆓成敗㆒之処、近日座衆之外甲乙人□〔於カ〕㆓越後国府中㆒恣令㆓売買㆒云云。言語道□〔断〕次第也。所詮速停止新儀、如㆓先々㆒□〔本カ〕座□〔衆カ〕等全商買可㆓専公役㆒之旨、可㆑被㆓下知㆒之由所㆑被㆓仰下㆒也。仍執達如件。

文明十八年五月廿六日　　信濃守

沙弥

上杉相模守殿

注（9）で引いた、明応三年（一四九四）や明応六年の毛利越中守重広関係の文書に見えるような事柄も起こっていた。

表だっては見えないものの宗祇が苧公事とまったく無関係であったとは思われないのである。例えば、三条西家の荘園に関しては、次のような記事が『実隆公記』に見える。越前国にあった三条西家の荘園、田野荘をめぐってのことである。

延徳三年（一四九一）四月二十九日条に、

宗祇法師入来。（略）老生遠路旅行。（略）越前国田野村事、可㆑然様可㆓入魂㆒之由同命㆓彼法師㆒了。

延徳三年十月六日条に、

宗祇法師下国之刻所二預置一之抄物。（略）今日返二遣之一。越前田野村事、同以二書状一申二遣之一。

明応元年（一四九二）十二月四日条に、

越前田野村公用千疋慈視院執二沙汰一。宗祇法師送レ之。当年不慮之子細也。可レ謂二天之所与一者也。

宗祇の関東下向および都合八度の越後下向の意味については拙著『連歌師という旅人　宗祇越後府中への旅』[21]で詳しく論述した。宗祇は山口の大内政弘のもとにも出かけたし、その折には九州にも足を運んでいる。摂津・近江下向は枚挙に遑ない。播磨に出向くことも多かった。これらがすべて遊山の旅であったとは思えない。また、地方武士との連歌会、文芸教授のみを目的としていたものとも思えない。何が主であったかはともかく、政治的・経済的などの世事の役割・依頼が付随していたことは確かだと思われる。本稿では宗祇流連歌師とはどのような人々であったのかの一端を示すために、苧公事のことにほぼ限定して論じた。ここに記した連歌師たちはそれ以外にもさまざまな世事に関わっていた。その一つ一つを明らかにしていくことは次の課題としたい。

注

（1）続群書類従完成会。返点を付けた。
（2）『実隆公記』永正四年五月十三日条
（3）永原慶二『苧麻・絹・木綿の社会史』Ⅱ「古代・中世における苧麻と布」（吉川弘文館・二〇〇四年一二月、『永原慶二著作選集　第八巻』吉川弘文館・二〇〇八年二月、所収）
（4）芳賀幸四郎「中世末期における三条西家の経済的基盤とその崩壊」（『日本学士院紀要』13—1・昭和三〇年三月、芳賀幸四郎歴史論集Ⅳ『中世文化とその基盤』思文閣出版・昭和五六年一〇月、所収）参照。

（5）小野晃嗣氏は「三条西家と越後青苧座の活動」（「歴史地理」63―2・昭和九年二月、『日本中世商業史の研究』法政大学出版局・一九八九年五月、所収）の中で、琵琶湖に運ばれた苧荷について次のように述べている。
坂本を経由した苧荷は一方は東口街道を通過して京都に、一方は恐らく水運により、瀬田川、宇治川、淀川と流れを下り、大坂湾頭に出で四天王寺門前に運送せられたのであらう。
（6）「武田文書」（小野晃嗣「三条西家と越後青苧座の活動」（前掲）による）。
三条大納言家領青苧白苧役事、近年無沙汰、太不可然。早任先規甲信両国於在々所々人力之所及、堅申付可致沙汰。由緒異干他之条、縦雖為公武之役人、於勤其職者不可免其役之由、天気所候也。仍執達如件。
天文十六年二月七日　　左中弁（花押）
武田大膳大夫殿
（7）永原慶二氏は、永禄元年（一五五八）十月二十八日の「保内商人中跡書」（中村研編『今堀日吉神社文書集成』）を引いて、
桑名は（略）「十楽津」といわれる賑わいを示しており、信濃布・越後布・越中布なども桑名に搬入され、そこから近江の保内商人・枝村商人の馬背運送で山越えし、近江や京都に送られた
（『苧麻・絹・木綿の社会史』Ⅱ「古代・中世における苧麻と布」〈注3〉）
と述べている。大井郷の濃州苧関を通過した苧は木曽川を下って、桑名に運ばれるということになろうが、ここに見えるように越後布・越中布もその荷であったとすれば、濃州苧関で課税された苧は越後苧であった可能性もある。
（8）脇田晴子『日本中世商業発達史の研究』第二節「都市隔地間商人の没落と領国御用商人」（御茶の水書房・一九六九年三月）、竹田和夫「中世後期越後青苧座についての再検討―本座・新座関係及び商人衆を中心に―」（「新潟史学」20・一九八七年一〇月）、中島圭一「三条西家と苧商売役」（『遙かなる中世』12・一九九二年一二月）、永原慶二『苧麻・絹・木綿の社会史』Ⅱ「古代・中世における苧麻と布」（注（3））など。
（9）天王寺苧座がいつから存在していたのかは不明であるが、『天王寺執行政所引付』（文明三年以降）には、「ヲノ座借屋一間ヨリ百文宛」「カイケタ六間ノヲノ座ヨリ荒ヲ十把代、七百文下行ス」（『四天王寺古文書』1・清文堂出版・一九九

六年三月）と二箇所に「ヲノ座」の名が見える。この天王寺苧座が力を失っていったのは、後に引く、文明十八年（一四八六）五月二十六日の室町幕府奉行人奉書などにその兆候が見え、明応になるとそれは顕著になる。明応三年（一四九四）九月二十日の上杉家臣で、柏原を管理していた毛利越中守重広が出した「制札」の第三条には、当地の関所課役として、

一からむし、布こ、ミわた、かミ、一駄廿文

（『越佐史料』三「毛利文書」）

と規定し、明応六年二月二十四日に守護代、長尾能景が毛利越中守重広に与えた書状には、天王寺衆の関料免除の主張を否定すべきことが次のように記されている。

天王寺衆如佗言者、御領関所前々不致其役之由候条、尋申候処、先年朝広番仁被成之候御奉書越給候、委曲被見、然旨被仰処無余義候上、天王寺衆堅令折檻候、向後猶不可有相違候、恐々謹言

十一月廿四日　　能景（花押）

毛利越中守殿

（『越佐史料』三「刈羽郡旧跡志」）

（10）脇田晴子氏は、「都市隔地間商人の没落と領国御用商人」（注（8））で、越後座はもともと、三条家を本所として、当初から存在したというよりも、天王寺苧座商人を中心とする青苧座の越後国における独占権の支配下に、在地に成立してきたもので、天王寺苧座商人の独占ルートの一環としての新座的存在であったと述べて、それが、越後の戦乱を契機に、「天王寺座が越後まで購入に赴かず、活動を停止した」ゆえに、「越後座の独立、活動の拡大」をもたらし、直接に「三条西家の苧公事役、座公事役の対象となった」としている。

（11）原勝郎氏は、

越後上杉家の雑掌神余隼人が実隆と別懇になったのも、直接あるいは間接に宗祇の越後通いによって作られた因縁だろうと察せられる。

（講談社学術文庫『東山時代に於ける一縉紳の生活』・一九七八年四月）

と推測している。そうであれば、宗坡は宗祇からその関係を受け継いだということになろう。

（12）玄清と魚市場の関係については本書「第二章　連歌師の諸相」中「四　玄清―宗祇を継承した連歌師―」でも詳述した。

（13）芳賀幸四郎「中世末期における三条西家の経済的基盤とその崩壊」（注（4））

（14）注（5）

(15) 注(5)
(16) 『実隆公記』大永三年四月九日、九月十七日条。
(17) 芳賀幸四郎『三条西実隆』(吉川弘文館・一九六〇年)。拙稿「種玉庵の所在地」(「青山語文」44・二〇一四年三月)、拙著『室町の権力と連歌師宗祇　出生から種玉庵まで』(三弥井書店・平成二七年五月)中「第四章　種玉庵」参照。
(18) 小野晃嗣、前掲論文、注(5)
(19) 「紹鷗ハ卅ノ年迄連歌師ニ候、三条逍遙院殿詠哥大概之序ヲ聞」(岩波文庫)
(20) 『実隆公記』文明十九年四月十一日至廿一日裏
(21) 三弥井書店・平成二四年一一月

六　連歌壇における里村紹巴

1　はじめに

安土桃山期は連歌の時代であった。その時代の文芸を特徴づけるものは連歌であった。しかし、正宗白鳥は大正十五年（一九二六）六月一日発行の「中央公論」に発表した戯曲『光秀と紹巴』の中で、その時代の連歌界の第一人者であった紹巴に次のように語らせている。

わたしどもの守つてゐる連歌の道はもう末で御座います。誰れも彼も、前人の模倣ばかりをして、千篇一律無味乾燥になりましたから、近年ますます連歌の衰へるのも無理は御座いますまい。山崎宗鑑や荒木田守武の開いた俳諧の道に志す者を、一概に下賤な好みとして嘲る訳にはまゐりません。

紹巴は大永四年（一五二四）または五年に奈良興福寺一乗院の小者、松井昌祐の子として生まれ、慶長七年（一六〇二）に没した。戦国動乱期、織田信長・豊臣秀吉の時代を経、徳川家康の登場までを生き、その時代の連歌を領導したが、逆に見ればこのような時代が彼の連歌師としての立場を決定したとも言える。紹巴は連歌俳諧史の方から見れば、宗祇（一四二一〜一五〇二）と一世紀の差があり、近世俳諧の祖とされる松永貞徳（一五七一〜一六五三）の師であった。白鳥の語らせた事柄はこれまでの文学史を繙けばおのずから帰結する判断であったと言える。

2　文学史上の評価

このような紹巴の文学史上の位置づけは、紹巴の同時代人、続く近世の人々にとっても自明のことであったらしく、天正七年（一五七九）のものと伝えられる『紹三問答』[1]では、

宗祇・宗長の連歌を誹り、総じて古人の句を悪口するは、我が連歌の邪路に入りたる故なり。

と紹巴は批判されている。紹巴没後間もなく書かれたと思われる『歌道聞書』[2]でも、紹巴自身が宗祇の「はしごあたりへも寄」れないと認めたという言を記し、「七十まで寿を保たらば、宗祇に及ぶべからん」とされた宗養が没して、「連歌は断絶なり」と述べている。

さらに、『詞林拾葉』[3]（一七三九年成）には、「連歌も紹巴頃より悪しくなりたるなり」とあり、『義正聞書』[4]（一七七五年以後成）にも、「紹巴などより爾来、次第に歌を止めて連歌師といふになりてから大分悪くなり候事なり」とあって、白鳥のような紹巴連歌の評価は近世を通して一般的なものであったと認めてよいのであろう。

この流れは近代に入っても通念であったと考えられ、久松潜一氏は、

長享二年正月の水無瀬三吟百韻や延徳三年十月、有馬温泉でよんだ湯山三吟等のなされたのを絶頂として固定化、衰退化の道をたどつて居る。心敬や宗祇に至つて連歌としては到達すべき窮極に達したのである。[5]

と述べている。「水無瀬三吟」「湯山三吟」が絶頂かはともかく、心敬・宗祇が連歌文学史上の「窮極」であったのは、誰しもが認め得ることで、それに反論する者はいないであろう。問題は連歌史を総合的に見渡した時に、どのような

現象をもって絶頂とするか、の判断である。
例えば、両角倉一氏は、「紹巴連歌試考―二つの千句を中心に―」(6)の中で、「作家として、連歌史上最高の人であったということを意味しない」としつつ、
啓蒙的活動にエネルギッシュな作家活動を添へて、紹巴を伝統的連歌の様式の最後の完成者といっておこう。
と述べ、奥田勲氏は『連歌師―その行動と文学―』(7)「V　紹巴―ある連歌師の典型」で、
宗祇時代に収束した中世詩としての境地は、次ぐ時代・社会の多様化と歩調を合わせるように分裂して行き、紹巴が収束したところの社交的レベルにおける連歌の位置は、すでに詩としての厳格さを見限らざるを得ない所にあったというべきである。
としつつ、
観点を換えて考えれば、紹巴は伝統的文芸の偉大な継承者と見ることができよう。そのような評価を可能にするのが、連歌史上空前の連歌人口を現出させたという事実である。
と述べるがごとくである。
もっとも、紹巴の連歌をそれなりに評価しようとする立場を取るものが、皆無だったわけではない。福井久蔵氏は昭和五年（一九三〇）刊の『連歌の史的研究　前編』(8)で、
細川幽斎が紹巴の死を悼みて「惜しきものなり、もう出で来まい」と言ったのは流石に隻眼を具えた評であろう。
と評価しているし、山田孝雄氏も昭和七年刊「岩波講座　日本文学」中の「連歌及び連歌史」で、
要するに宗養の頃より連歌は内容形式共に一変革を起し、紹巴之が大成者であつた観がある。
と述べている。

福井・山田両氏が漠然と紹巴を認めたのに対して、具体的に表現の細密化、後世への影響という面から、紹巴の連歌を高く評価した者もいる。それが小西甚一氏で、小西は、「いよいよ細かくなり、ちょっとしたテニヲハの用法に神経をとぎすますような傾向」を紹巴の連歌から見て取り、次のように述べている。

> 連歌の衰退は、十八世紀になってからのことであり、十六世紀は、むしろ完成期と考えなくてはならぬ。（略）この期を代表するのは、里村紹巴で、わたしどもがいま連歌制作の模範とするところは、紹巴風の行きかたにほかならぬ。連歌史は、紹巴において、第三の峰を通過することになる。[9]

以後、紹巴の評価は、連歌史上での位置づけ、また、紹巴連歌に見出される宗祇らにない特徴抽出の模索を中心としてなされてきたと言える。いずれにせよ、連歌史論において紹巴の存在を無視することができないという認識では共通し、二条良基・心敬・宗祇などに次いで、連歌研究者たちの関心を引いてきたことは確かなことであった。

小西氏以後の紹巴に関する論考を幾つか羅列すれば、島津忠夫「連歌固定への道」[10]、斎藤義光「紹巴連歌の特質―貞徳俳諧の先蹤として―」[11]、両角倉一「紹巴連歌試考―二つの千句を中心に―」[12]、両角倉一「里村紹巴小伝」[13]、奥田勲「紹巴年譜稿（一）～（四）」[14]、奥田勲「中世末期連歌研究のための序章―紹巴の周辺―」[15]、上野さち子「連歌における心情表現と感覚表現―千句連歌を中心に―」[16]、小高敏郎『ある連歌師の生涯―里村紹巴の知られざる生活―』[17]、木藤才蔵『連歌史論考　下』[18]「第十三章　固定期の連歌」、奥田勲『連歌師―その行動と文学―』[19]「V　紹巴―ある連歌師の典型」、勢田勝郭「紹巴流連歌についての試論」[20]などが挙げられ、「千篇一律無味乾燥」という評価にはそぐわない取り扱いを受けてきたのである。

これらの論考の中から幾つかを取り上げれば、早くに小西氏の評価を覆して、紹巴連歌を連歌史の末期と位置づけたのは島津忠夫氏であった。島津氏は「連歌固定への道」の中で、小西氏の論は実作体験者としての立場を踏まえてのもので、紹巴の方法が後々までの規範となったことで評価することはできないとし、近世における紹巴評を踏まえながら、紹巴を「連歌の終焉に大きくつながるもの」とした。続いて木藤才蔵氏も前掲著書の「固定期の連歌」の章で、

紹巴の句風が連歌界を支配し始める永禄の末頃から、俳諧の台頭によって連歌が衰運に向かう慶安・承応頃までの間を、連歌の固定期として一括して扱い、

として、紹巴を取り上げた。

これらに対して、紹巴連歌自体に積極的な価値を認めようとしたのが斎藤義光氏で、斎藤氏は「紹巴連歌の特質―貞徳俳諧の先蹤として―」の中で、

紹巴の宗祇への抵抗は、結局はマンネリズム化した宗祇的付合の否定にあった。

とし、「遣句付けの頻繁な使用」、「僅かな付合の交流にのみ頼る」こと、「付合せの素材の配置上で内容の多彩化・複雑化」などをその付合の特徴として挙げ、さらに「俳諧的傾向」を見、貞門を準備したとする。

この斎藤氏の論拠は両角氏の前引論考「紹巴連歌試考」によって一部否定され、紹巴連歌に宗祇を超えるような文学的充実は見られないと結論づけられるが、以後も、紹巴連歌に宗祇らの連歌に見られない特徴を見出そうとする試みは続けられてきた。

3　紹巴連歌の特徴

前掲の上野さち子氏の論考もその一つであるが、勢田勝郭氏は「紹巴流連歌についての試論」[21]で紹巴連歌の語句を詳細に調査した。この論考は後に『連歌の新研究　論考編』第五章第一節「宗祇以後紹巴に至る時期における連歌風

体の変化」として加筆訂正されたが、ここで勢田氏はそれまで指摘されてきた紹巴連歌の特徴を次のように纏めている。

〈i〉付合と行様の面で―遣句付けが繁用され、二句間があまり緊密でない付け離れた感のある付合が見られる。

〈ii〉題材の面で―生活に身近な題材も採りあげられているが、本質的には宗祇時代のものと大異がない。

〈iii〉式目の面で―『連歌新式追加並新式今案等』には見えない種々の規定が、紹巴の時代になって『無言抄』等において式目化された。

勢田氏はこれを踏まえた上でさらに、「宗祇の連歌と紹巴の連歌の相異点」を十三項目の箇条に纏めている。煩雑になるので、詳細は勢田氏の論考を見てほしいが、結論だけ引くと次のようである。

宗祇没後約三〇年の間で大きく変化し、その風体が宗牧、宗養と小変化しつつ継承され、やがて永禄の後半から天正にかけての時期に、紹巴によって更に大きく変化した

また、細かくは紹巴自身のものでも、

弘治～永禄期のものと天正期のものとの間にはっきりとした作風の相異がある

と述べている。

勢田氏のこの調査によって、紹巴連歌の特色の把握は一段と進んだが、勢田氏自身も検討不足を認識していることではあるが、句もしくは付合全体での特色の把握はあまり進展していないことも事実である。したがって、この点に関して、今まで指摘されていなかったことを、簡単にではあるが数例挙げて付け加えておきたいと思う。

初めに挙げるものは、宗養と紹巴の両吟（脇句だけ永原重興）「永原百韻」[22]（一五五六年成）からのものである（数字は句番号）。

12　田中に続く片岡の村　　紹巴
13　鳴き落つる雁の羽風もうち霞み　　宗養
14　夢も惜しまじ曙の春　　宗養
15　帰るさを恨みん花に宿借りて　　紹巴
16　深き心の見えぬものかは　　紹巴

百韻の一部であるが、これを見るだけでも紹巴と宗養の付合の方法が相違することが分かる。紹巴の15番句は14番句の「惜しまじ」の理由を、16番句は「恨みん」の理由を述べたものである。それに対して宗養の句は13番句も14番句も前句に対する理屈を付けたものではない。前句の景に景を添えた句となっている。付合のあり方で言えばこのような景を付けなくとも構わなかったと言え、この点からは必ずしも密接な付け合わせとなっていないのである。

この相違は「永原百韻」全体を見渡せば多く見つけることができるが、この特色は例えば紹巴と昌叱による「毛利千句」[23]（一五九四年成）など、晩年になっても変わらない。「毛利千句」の第一百韻のはじめの辺りから紹巴の付合を数例、紹巴自身の注と共に挙げてみたい。「巴」は紹巴である。

①8　漂ひ出づる水の浮草　　巴
9　山賤の荒田も作りかへけらし　　同
荒田に浮草などのあるを、作りかへば流れ出づべきか。

②20　結びもあへず露こぼるなり　　巴
21　徒人の前渡りもや絶えざらん　　同
徒人の門前に往来繁き間、露も結びあへぬとなり。

③32　新参りより御前にぞ召す　巴
33　忍ぶるも聞けば名高き身の昔　同

ただならぬ人、宮仕へに出ながら、名を隠されしも顕はし、上臈になさるるとなり。

①は何故「浮草」が漂い出たのか、②は何故「露」がこぼれるのか、③は何故「新参り」なのに御前に召されたのかの解決を付句で果たした付合であり、その理屈による付け方は自注でも解き明かされているのである。

このような付合の方法が紹巴の連歌の特質であったことは、紹巴の門弟、松永貞徳が『戴恩記』[24]の中で紹巴の述懐を記した次のような記事でも分かる。

また、ある時、紹巴法橋、宿にて千句ありしに、天満の由己と丸と二人、夜深く行ひたりしに、いまだ連衆一人もなし。紹巴自剃りをしておはしけるが、

「　人に語らば偽りにせん

といふ句に、

一声は秋の山路の時鳥

と古人の句あり。連歌は前句によりて名句あること、今もかやうの前句あらば、我らも付くべけれども、今はかやうに一句の道理なきことはせぬによりて、付句によき句なきなり」と申されき。

紹巴は、何故「偽りにせん」というのか明確にしない前句に、それは「秋」に鳴く「時鳥」であるからであると解決を付けている例を挙げ、このような理屈で解くことのできる謎句のごとき「道理なき」句こそ前句に相応しい句であるとするのである。紹巴のよき前句がこのようなものであれば、先の「毛利千句」の付合が、「巴」つまり紹巴自身の前句であった理由も納得できる。紹巴自ら謎解きに相応しい付合を企んだということになるからである。

『戴恩記』には次のような自讃の句も挙げられている。これも同様の理屈による付合であると言えよう。

我らが連歌に今まで付けおほせたると覚ゆるは、ある千句の中に、

ただそのままに世こそ治まれ

よきにのみなさんとするや悪しからん

と付けたりしを、世の人も感じけるとなり。

紹巴連歌の特徴として遣句が説かれることが多く、確かに「毛利千句」の注でも遣句であること、もしくは「隠れなし」と付け筋の明白なことを注することも多いが、それらとは別に、付合に工夫を凝らそうとした時には、ここで述べたような方法が用いられているのである。

『詞林拾葉』では、紹巴の句に対して、

巧みなる面白き句なれども、風体甚だ劣れり。宗祇の句、ただ何となく余情限りなし。

と評するが、風情・余情のなさはこのような付合の裏返しであったと言えるのではなかろうか。

このような、言ってみれば前句を理屈で解決するという付合の方法は短連歌での方法に近く、長連歌時代になっても、南北朝期には多く見受けられるものであった。心敬・宗祇の連歌はそこからの脱却を図ったもので、それこそが宗養にまで脈々と継承されてきた詠み方であったはずである。『歌道聞書』の「宗養死して連歌は断絶なり」がこのような紹巴連歌の性格に対して言ったのだとすれば首肯できることである。

ただし、紹巴の連歌が以上のようであるからと言って、紹巴時代を「衰退期」とするかどうかとは話が幾分違う。紹巴の付合の方法は「生得」の才能がなくとも、努力や経験によってある程度なし得る方法で、誰しもがその巧みな付合の処理に喝采できるものであった。連歌の文学化の方向からは逆戻りしたかも知れないが、心敬・宗祇は勿論、

宗養の詩心などは望むべくもなかった多様な連歌愛好者を維持するには、遺句も含めてこのような方法こそが相応しかったのである。

白鳥戯曲に話題を戻すと、この戯曲では、紹巴の、一兵卒に対してでさえ、おどおどとする卑屈さが描かれている。しかし、直接に紹巴を知る貞徳は『戴恩記』の中で、次のような紹巴の戦国武将風の風貌を描いている。

ただ、正直正路にて、ものを飾らず。力も心も大剛の人にて、秋の野といふ所にて、辻斬りに会ひても手をも負はず。却りて、彼が刀を奪ひ取り、信長公に褒められし人なり。（略）昔の文覚上人のごとく、心たけく、少しもまだるきことを見ては、こらへかね腹を立てて、貴人高人を言はず、怒られしかば、皆恐れき。顔大きにして眉なく、明らかなる一皮目にて、鼻大きにあざやかに、所々少し黒みて、耳輪厚く、声大きに、きつき響きありて、戯れ言申さるるも、怒らるるやうに侍り。

どちらが紹巴の真実を伝えているのか、恐らくは両面を持っていたのであろうが、それが戦国期を生き抜く連歌師の処世術だったとも言えるのであろう。連歌自体にもそのような両面があったに違いない。

真の性格がどうであったかはともかく、紹巴はよく知られる明智光秀との関係以外に、多くの戦国武将の連歌の座に加わり、公家との交流も深かった。その交流においては膝下に伺候するというだけではなく、彼らを豪奢な自宅に招くこともあった。『醒睡笑』(25)には、

紹巴の方へ烏丸殿そのほか公家達の御入りありて、樹木などご覧あれば、

と、その事実が記録されている。秀吉でさえ、天正十五年（一五八七）十二月三日、紹巴宅に赴き連歌を楽しんでいる（『兼見卿記』(26)）。その前、天正十二年十月四日、秀吉・細川藤孝（幽斎）らと連歌を巻いた折には百石の知行を授けられてもいた（『多聞院日記』(27)同年同月十六日）。

『戴恩記』によれば、紹巴は、

人は三十歳のうちに名を発せざれば、立身ならぬものなり。つくづくと、世の有り様を見るに、連歌師は易き道と見えて、職人町人も貴人の御座に連なれり。

と考えて連歌に志したという。そうであれば、彼はその念願を叶えることができたと言える。しかも、その子孫、里村南家（娘を嫁がせた師昌休の子昌叱の家系）・里村北家（実子玄仍の家系）は徳川幕府成立後、徳川幕府から知行を得、柳営連歌師として、分家を生みつつ、幕府崩壊まで存続したのである。

それに伴い、紹巴の著作は重視され、その連歌学書『連歌至宝抄』は古活字版で刊行されて以来、整版でもたびたび刊行され、その著作は早い時期のものだけ挙げても、寛文五年（一六六五）に『連歌新式増抄』、延宝三年（一六七五）に立圃の編によって『明鏡』、元禄十年（一六九七）に『連歌世々の指南』中で『連歌教訓』が出版されている。この数は心敬、宗祇を越えている。また、寛永十七年（一六四〇）には『紹巴発句帳』が刊行されているが、これは連歌句集の出版書としてもっとも早い例である。(28)

宗祇の足下にも及ばないとされながら、近世二百数十年、その血筋が連歌を支え、その連歌創作の方法が連歌界を支配したと言えるのであろう。さらには、貞徳という門弟を育て、俳諧の系譜にも大きな地位を占めた。紹巴はそのような点からは連歌史上、もっとも成功した者と言わねばならないであろう。今後、その存在は近世期の各藩での連歌の様相が判明してくるにつれて、より大きくなると思われる。

注

（1）古典文庫『連歌論集三』

(2) 木藤才蔵『歌道聞書』(「日本文学誌要」12・一九六五年六月)
(3) 「日本歌学大系」6
(4) 「近世歌学集成」中
(5) 『日本文学評論史　詩歌論篇』(至文堂・昭和二五年一〇月)
(6) 「国語と国文学」39―3・昭和三七年一月
(7) 評論社・昭和五一年六月
(8) 成美堂
(9) 『日本文学史』(弘文堂・昭和二八年)
(10) 「国語国文」25―8・昭和三一年七月
(11) 「国語と国文学」34―9・昭和三二年七月
(12) 「国語と国文学」39―3・昭和三七年一月
(13) 「連歌俳諧研究」24・昭和三七年一二月
(14) 「宇都宮大学教育学部紀要」17・昭和四二年一二月、18・昭和四三年一二月、19・昭和四四年一二月、23―1・昭和四八年一二月
(15) 「国語と国文学」46―4・昭和四四年四月
(16) 「連歌俳諧研究」41・昭和四六年九月
(17) 至文堂・昭和四二年一二月
(18) 明治書院・昭和四八年四月
(19) 注(7)
(20) 「津山工業高等専門学校紀要」20・昭和五七年一〇月
(21) 桜楓社・平成四年二月
(22) 新編日本古典文学全集『連歌集　俳諧集』

(23) 金子金治郎『連歌古注釈の研究』(角川書店・昭和四九年三月)
(24) 日本古典文学大系『戴恩記　折たく柴の記　蘭東事始』
(25) 岩波文庫『醒睡笑　上』(一九八六年七月)
(26) 「史料纂集」
(27) 「増補続史料大成」
(28) 本書次節「七　「中世」連歌の近世」参照。

七　「中世」連歌の近世

1　はじめに

中世文学の終わりをどこにするかは、一つの事象をどう捉えるかにもよるのであろう。これは逆に言えば、近世のはじまりをどこに置くかに関わることでもある。政治史においてのごく一般的な認識では、近世は江戸時代を言うようで、『広辞苑』にはそう書いてある。因みに『国史大辞典』には、「近世とは、安土桃山時代と江戸時代とを合わせた時代名称」とある。

少し学問的なことになれば、このような認識が単純に認められているわけではない。それは、文学研究においても同じであるが、そうであっても、連歌史に関して旧教科書風に言えば、近世は連歌が終焉し、俳諧の勃興・盛行の時代とされてき、その近世が、安土桃山はともかく、江戸幕府樹立からと漠然と思われてきたことは否めない。そうであれば、連歌を中世文学と捉えるかぎり、連歌は江戸時代初頭からも抜け落ちてしまい、ともすると近世韻文学史は俳諧から記述されることになってしまう。しかし、江戸時代初頭の文学状況を見渡した時に、少なくとも寛永時代

（一六二四〜四四）ぐらいまでは連歌の時代であったことはすぐに気づくことである。

2　近世初頭の連歌状況

この時期の連歌興行の一端を知るには『連歌総目録』(1)、勢田勝郭氏による「連歌データベース」(2)や『国書人名辞典』(3)が簡便で、それらにはさまざまな所で催された連歌作品がかなりの数、記録されている。ただ、これらの目録中の作品データは作品自体が現存するもののみであり、それも網羅しきれているとは言いがたい。実際ははるかに多かったことであろう。興行の事実だけで言えば、例えば公家世界のものは、『御湯殿上日記』『隔蓂記』『時慶卿記』、地方で言えば、奈良連歌は、『春日社司祐範記』などに記録されており(4)、年表としては、木藤才蔵『連歌史論考下　増補改訂版』(5)付載の「連歌史年表」が有用であるが、これも近世は手薄い(6)。

江戸幕府の柳営連歌をめぐる状況は勿論、猪苗代家や石井家という連歌宗匠家が慶長頃から伊達家に関わり、しばらくして仙台藩に召し抱えられたことなどは(7)、一概に「中世」連歌の隆盛の存続とは言えない面があるものの(8)、また、当時は連歌を愛好し、連歌隆盛を支えた戦国武将の文化的名残が留まっていたとは思われ、それは周防の毛利家や加賀の前田家、本書「第三章　連歌・和歌の諸相」中「六　榊原家の文芸―忠次・政房―」で取り上げた姫路の榊原家(9)などいくつかの地方の諸藩でも確認できることである。

肥後の加藤家で言えば、清正の家臣、加藤正方（風庵）が連歌を愛好し、その小姓として仕えた宗因が主家断絶の後に、連歌をもって身を立てた経緯を鑑みれば、江戸初頭まで連歌愛好の土壌が熊本にあったことが推察できる。太宰府天満宮連歌屋元祖、木山紹印はもと、肥後国木山城城主であったこともそれを推察させ、その連歌屋を再興させた黒田如水も他の戦国大名に連なる連歌愛好の思いを持ち続けたのであろう(10)。

地方についてもう一つだけ指摘しておけば、元禄期、『続近世畸人伝』によると、加賀国には、芭蕉が『奥の細道』の旅の途次にその発句を慕って訪ねたという能順がいた。能順は当時、小松天満宮別当であった。もともと、かれは北野天満宮上乗房の社僧で、連歌所および学問所たる北野学堂創建時の連歌宗匠であり、この点では柳営連歌師の里村家などと共に、当時の連歌界の一翼を担っていた者であったと言える。没後、弟子の歓生により連歌発句集『聯玉集（梅のしづく）』が編まれたが、そこからは加賀藩の連歌の盛んな様相が垣間見える。[11]

これらの事実は、戦国期の名残を留めた時代性を示していると認められ、その時代性は元和九年（一六二三）の徳川秀忠の死を経て、家光統治が完成する時代、寛永期（一六二四〜一六四四）の中頃まで続くと考えてよいのであろうが、「中世」連歌もその時代まではまだ当時の主たる文芸であったと認識するのが妥当なのだと思われる。

寛永十九年（一六四二）に書かれた『歌道聞書』[12]には、

この頃京に、俳諧の宗匠など名乗りして、つやつや狂言綺語をいふ事はやり候。これもそのかみよりある事に候や。ざれくつがへりたる事にて、よき人の口すさびになるべき事にもあらず聞こえ侍るはいかが。

という問が出され、

俳諧は連歌の一体にありて、今俳諧といふは、狂句・ざれ句といふべきにや。（略）この頃京にはやり候よし、よからぬ事に候へば、年をおひて、こころのままの蓬の茂りにもをりぬべし。

という答えが用意されている。ここには、俳諧流行の時代になったことに対して、苦々しく思う心情が吐露されている。時代の変化は認め得るものの、それを否定的に見る者がまだ寛永末期にもいたのである。

貞徳が本格的に俳諧に乗り出したのがその時期と重なることは偶然ではない。貞徳の俳諧活動の画期と考えられるのは、寛永五年二月、「俳諧の式目なき事を憂」う人のために示した、「俳諧は式目なきぞ大方は和漢のごとく去り嫌ふべし」から始まる十首の式目歌の制作、(13)『貞徳永代記』(14)に記録された、翌年十一月に妙満寺で催された「連歌の式法に毛頭違は」ない「俳諧の会」の興行などである。

これらの事跡があるということ自体は、これ以前に俳諧への志向があちらこちらに見え始めたことを示しているのではあるが、文壇全体としてはこの頃までは、まだ連歌の時代であったと言ってよいのであろう。

里村昌叱と紹巴が歿したのは慶長七年（一六〇二）、多くの連歌会に加わり、連歌論書・学書の著述のある細川幽斎の没はそれから八年後の慶長十五年であった。紹巴の跡を継いだ里村北家の玄仍はそれより前の慶長十二年に亡くなっているが、その子、玄陳は寛文五年（一六六五）、弟の玄仲は寛永十五年（一六三八）、南家の昌琢は寛永十三年まで存命し、それぞれ連歌師として活躍している。

かれらは江戸幕府の柳営連歌に関わり、それは連歌の儀礼化を示すのでもあるが、一方では本拠地を京都において、実質的な連歌宗匠としての活動も持続していたのである。里村家のある者が、御所近くに居住していた新在家衆と呼ばれた芸能者たちの中にいたことも少し後のものになるが、『京羽二重』（貞享二年〈一六八五〉刊）に記録されている。(15)

肖柏の当時から商人らの連歌が盛んであった堺では、江戸期に入ってもその伝統が受け継がれ、『明翰抄』(16)には、慶長期まで中心的な活躍をしていた宗柳以後の好士達の名が、「堺連歌師」として連ねられている。『明翰抄』に関して付け加えれば、江戸期を含む「奈良連歌師」「山口連歌師」の名簿の記載も重要である。

3　『醒睡笑』の連歌笑話

このような連歌活動を「中世」連歌の残滓というべきなのかどうかは判断の基盤をどこに置くかによるのであろうが、この時期に完成した安楽庵策伝の『醒睡笑』(17)を見ると、連歌および連歌師関係の話が多く収められており、江戸時代に入っても、ある人々にとって、「俳諧」ではなく「連歌」の方が身近であったことを示している。

この作品は自跋によれば「小僧の時より（略）反故の端にとめ置」いたものを、元和九年（一六二三）に整理し、寛永五年（一六二八）三月に京都所司代、板倉重宗に献呈された書ということである。策伝は天文二十三年（一五五四）生まれであるから、載せられている話は江戸時代前のものも多く含まれることになるが、重要なことは、これらが寛永に入っても生き生きとした笑い話として受けとめられたということである。

この『醒睡笑』にどれほどの数の話が収められているかは数え方により一概に決定できないが、鈴木棠三氏が編集した岩波文庫本によれば、一〇一二話である。このうち、連歌および連歌師関係の話と思われるものが一一七話ほどある。[18]和歌や歌人に関するものが多いのは当然であるが、それ以外、例えば、目につく、能や茶に関するものに比べて、この数は圧倒的に多い。

例えば連歌師で言えば、連歌七賢の智蘊（親当）・能阿弥・心敬をはじめ、その後の宗祇・兼載・肖柏（夢庵・牡丹花）・宗長・宗鑑・元理・宗椿・宗牧・周桂・宗養・紹巴・紹宅など、連歌史上の重要な連歌師の逸話が載せられている。

「連歌」「祈禱連歌」「移徙連歌」「百韻」などの語、および連歌に関わる、例えば「宗匠」「執筆」「懐紙」「月次初心講」などの語も散見される。

さらに注目すべきは「連歌師」とされた者の実態が描かれていることである。巻七「似合うたのぞみ」の第十二話にはこうある。


連歌師のもとに奉公したりし小者、今度は町人方に居けり。友たる者訪ぬる。「今は夙に起きず、宵より寝ねて心やすきか」と言へば、「そちが言ふごとくなり。さりながら今の亭主も、時ならずうかと空を眺め眺めするが、悪うしたらば、あれも連歌師にならうかと思うて案ずるよ」と。

この話は連歌師が朝早くから夜遅くまで起きていなければならない者たちであるという共通認識があったことを示している。それゆえに、次のように盗人と間違えられるような者とされている。

路の傍らに埴生の小屋あり。かれに住む者、夜半過ぎて人しはぶきせし。静かに通る音を聞きつけ、女の声にて内に言ふ。「何者ぞ、さてこの路の悪きに、今まで寝ねずしてうとうと歩くは」と。男の声にて、「あれやうに今時分歩くに、別の者があらうか。ばくち打ちか、数寄者か、連歌師か、三いろの内でなくは盗人であらうまでよ」と。

この逸話がいつのものかは分からないが、それでも『醒睡笑』が成立した頃までは、このような連歌師に対する通念があってこその笑い話なのであろう。

先に示した宗祇らの連歌師がまだ人々の間にある特定の性格を持った著名人であるという認識が行き渡っていた時代、連歌に関する用語が違和感なく理解された時代、寛永期はそのような時代であったとしてよいのだと思う。それは著者、策伝と、献じられた板倉重宗の二人だけに限られたことではなかったに違いない。中世を起源とするとは言え、実質的にはほとんどが近世になって台本としての形が定まった狂言に多くの連歌話のあることも、連歌というものが広く世に知られていたことを示している。例えば、主たるものを挙げると、『千切木』『毘沙門（毘沙門連歌・連歌毘沙門）』『八句連歌』『富士松』『箕被』『連歌十徳』『連歌盗人』などである。

もとより、庶民的な、とされる俳諧が連歌を母胎にしていることからすれば、俳諧に興味を持った者が連歌のことを知らなかったということはあり得ず、このことは母利司朗氏によって、

骨身をくすみくすむ連歌師

改まる袴肩衣小脇差　（『寛永十四年熱田万句』甲）

など、多くの俳諧作品に連歌のことが詠まれていることが指摘されていることからも分かる。[19]

勿論、『醒睡笑』から俳諧の勃興を見ようとする立場もある。主として笑い話を集めたものであるのであるから、連歌と言っても俳諧風になるのは当然のことで、その面を重視する見方である。しかし、ここに載せられた発句・付合など多くは、連歌を詠もうとして結果的に俳諧風になってしまったのであって、それが滑稽味を醸し出すのである。例えば、宗祇の次のような逸話は俳諧を詠もうとしたわけではない。

宗祇東国修業の道に、二間四面のきれいなる堂あり、立寄り、腰をかけられたれば、堂守の言ふ。「客僧は上方の人候ふや」。「なかなか」と。「さらば発句を一つせんずるに、付けてみ給へ」と。

新しく作りたてたる地蔵堂かな

物までもきらめきにけり

と付けられし。「これは短いの」と申す時、祇公、「そちの弥言《いやこと》にある〈かな〉を足されよ」とありつる。

（巻三「文字知り顔」第九話）

このようなものを俳諧の曙と取ればそうとも言えるが、何度か述べているように、それは時代をどちらから見るかの視点の相違なのであろう。歴史観はともかく、『醒睡笑』には、明確に「俳諧」とされているものはきわめて少ない。巻一「謂へば謂はるる物の由来」第二十話、巻一「祝ひ過ぎるも異なもの」第七話、巻四「そでない合点」第三十四話、巻六「恋のみち」第四話、巻八「頓作」第十四話の五話のみであり、この内、はじめの話は昌叱、最後の話は宗長に絡んだ連歌師の戯れとしてのものである。『醍睡笑』において何をもって連歌とし、何をもって俳諧としているかは今後精査しなければならないが、結果的に諧謔性を持つとしても、ここに載せられている句・付合は連歌であると認識されていたに違いないのである。

4　近世の連歌論書・学書

以上述べたような連歌の創作活動そのもの、連歌に対する人々の意識も江戸初期の文学状況を考える時には重要であるが、もう一つ注目すべきなのは、連歌論書・学書の流布・板行である。

中世から近世へかけての連歌壇でもっとも重要な連歌師は紹巴であるが、この紹巴には広く読まれた書として『連歌至宝抄』がある。この書は天正十四年（一五八六）に豊臣秀吉に贈られたものであるが、一般に流布しはじめたのは慶長古活字版・寛永古活字版、それ以後、寛永四年（一六二七）・寛永九年・寛永十一年・正保二年（一六四五）・正保三年などに版を重ねた板本によってで、つまり近世の連歌書と言ってもよいものなのである。

紹巴関係のことでは、紹巴の指導のもとで慶長二年（一五九七）に書かれた応其の『無言抄』も慶長八年頃に古活字版として刊行された後、慶長十五年など二度の古活字版、さらに、元和九年（一六二三）・正保二年・慶安三年（一六五〇）・万治四年（一六六一）の版本などが出されて、広く世に読まれた。

『匠材集』は紹巴の跋文を持つ紹巴に近いところで書かれた、いろは順の用語・異名集であるが、これも元和頃の古活字版があるほか、寛永三年・寛永十五年・慶安四年の整版が知られている。

また、紹巴の『連歌新式』の注である『連歌新式増抄』も寛文五年（一六六五）に板行された。

『連歌至宝抄』は連歌の詠み方、本意や切れ字のことから、連歌用語の解説まで、連歌一般の知識を思いつくままに記した書であるが、『無言抄』は連歌式目に関係する言葉をいろは順に並べて解説することから始め、さらに四季・釈教・神祇・述懐などに分類した用語の解説、「執筆の事」「会席作法の事」などについて、さらに「和漢篇」まで、網羅的で整理されて記された総合連歌解説書であり、用語辞典の『匠材集』とともに座右において参照すべき実用書である。

連歌を学ぶためには、あとは寄合書があればよいということになるが、これに関しても、『随葉集』があり、寛永頃に三種の古活字版、以後、寛永十四年・寛永十八年・正保五年・寛文元年・寛文十年など版を重ねている。[20] それのみではなく、この書の影響は大きく、同じ書名を冠した書として、山岡元隣編『随葉集大全』が寛文十年に、編者未詳『随葉増集』が延宝二年（一六七四）に刊行されており、多大な影響関係にあるものとして、枝隼人編『拾花集』が明暦二年（一六五六）、編者未詳『竹馬集』が同じ頃に出されている。[21]

他に元禄末までに刊行された連歌論書・連歌学書類を先述したものも含めて年代順に一覧しておくと次のようなものがある（他で取り上げた書は最初期の刊行時期のみ記した）。

匠材集（未詳）	慶長二年古活字版・他
連歌至宝抄（紹巴）	慶長古活字版・他
無言抄（応其）	慶長古活字版・他
連歌初心抄（了意）	覚永四年・他
連集良材（未詳）	覚永八年・他
詞林三知抄（未詳）	覚永十二年・寛文五年
随葉集（如睡か）	寛永古活字版・他
大原三吟（未詳）	寛永十七年
宗祇初心抄（未詳）	寛永二十一年

拾花集（枝隼人）　明暦二年
竹馬集（未詳）　明暦頃
言塵集（了俊）　承応三年
連歌新式増抄（紹巴）　寛文五年
三湖抄（未詳）　寛文四年
随葉集大全（元隣）　寛文十年
随葉増集（未詳）　延宝二年
明鏡（紹巴・立圃編）　延宝三年
温故日録（友春）　延宝四年・他
宗祇袖中抄（未詳）　延宝六年
連歌至要抄〈連歌うすもみぢ〉（未詳）　貞享五年・元禄十二年
ささめごと（心敬）　元禄三年
連歌破邪顕正（西順）　元禄六年
連歌世々之指南（竹葉山草夫）　元禄七年
　連歌諸体秘伝抄（伝宗祇）
　角田川〈吾妻問答〉（宗祇）
　連歌要心問答〈若草山〉（兼載）
　連歌教訓（紹巴）

連歌会席式（尚純）　　元禄十年
雨夜記〈連歌作例〉（宗長）
産衣（混空）　　元禄十一年

この内、紹巴関係のものは先述したので、他で注目すべき書について簡単に触れておきたい。刊行順に述べると、まず、了意著『連歌初心抄』である。この書は、全体として寄合書の傾向の強いものであるが、それに合わせて発句以下の詠み方なども説いたものである。成立は天正期らしいが、寛永四年の初版以後、寛永七年・寛永八年・寛永十一年・寛永十四年・正保二年と版を重ねている。

次の『連集良材』は連歌の本説となるべき中国の故事・仏典を解説した書で、対をなすような一条兼良『歌林良材集』（十六世紀初頭成・寛永二十年以後版を重ねる）に先駆けて[22]、寛永四年以後、寛永八年・慶安二年・寛文十二年に板行された。

杉村友春著『温故日録』は、連歌の四季の語を十二ヶ月順に、さらに雑の語を証歌を挙げて解説した十三巻・目録一巻のきわめて大部の書で、延宝四年に初版が出、以後貞享二年（一六八五）に、元禄以後も記せば、享保十八年（一七三三）・元文四年（一七三九）に板行されている。

以上の書は実用書と言ってよいものであるが、元禄七年（一六九四）の『連歌世々之指南』は編者である竹葉山草夫が、連歌の隆盛を願って刊行したとしており、室町期の連歌論書など多岐にわたる書を集めている。この書は後に『連歌をだまき』と書名を変えて、宝永五年（一七〇八）・寛延二年（一七四九）に再刊された。

その四年前に出された心敬著『ささめごと』も含め、このような書の板行は連歌そのものというよりも、元禄期の俳諧において連歌論が注目されたことにもよるらしいが、しかし、このようなことがあったという事情も注意すべきことなのであろう。

また、元禄六年に板行された西順による『連歌破邪顕正』は、随流の『俳諧破邪顕正』が延宝七年に高政著『俳諧中庸姿』（延宝七年）の論難書として出され、その反論として惟中著『破邪顕正返答』が延宝八年に、さらにその反論が難波津散人著『破邪顕正返答之評判』（同年）、またその反論が惟中著『評判之返答』（同年）と出されたことに刺激されて書かれたもので、これは時代がいよいよ俳諧隆盛の時代になったことを示しているものの、それでも西順の著作には連歌の地位を保とうとする意志が感じられるのである。

以上のように連歌論書・連歌学書・連歌用語辞書などの板行が相次いだのであるが、勿論、比較すれば作品集を含めた俳諧関係書の方が寛文年間頃から圧倒的に多くなったことは否めない。(23)『連歌破邪顕正』の書かれた事情でも見たように、時代は大きく連歌から俳諧へと動いていったことは確かで、先に引いた『歌道聞書』が、連歌の史的展開を追ってきて、俳諧愛好が広まり連歌がないがしろにされつつあることを嘆いているのは、社会の趨勢を示してはいる。

5　俳諧にとっての連歌論書・学書

しかし、そうであったとしても、この時期の連歌と俳諧の関係において考慮すべきことがまだ二つある。その一つは先に少し触れたように、幕末まで継続する連歌論書・学書の執筆や板行が連歌のみならず俳諧師に読まれた可能性である。このことは連歌が単純に俳諧に駆逐されたとだけ捉えることのできない事実を示している。

木藤才蔵氏は『明鏡』や『連歌至要抄』が俳諧作者の参考に出版されたこと、季吟の『俳諧埋木』などに『ささめごと』からの引用が見えること、さらには宗養著と伝えられる『天水抄』が、貞徳系の伝書と合わせられて『天水抄

連歌俳諧秘伝之書』として寛文十年に出版されていることなどを挙げ、連歌論書・学書の板行の面から、

> 元禄前後から、連歌や俳諧をたしなむ人々の間で、室町中期の連歌に対する関心が急速に高まってきていることを推測できる。

と述べている。[24]特に、付合法の分類・てには論・会席作法などはほとんどそのまま連歌のものを踏襲していると言ってよい。

もう一つ考えるべきことは、貞門・談林の俳諧運動が行きづまった後、天和調と称される一時期の破調を経ての蕉風俳諧への道筋が連歌と無関係ではなかったことである。

一般に貞門・談林の挫折は主として二点から説かれている。一点は両者ともに根底に保持していたパロディーの限界、もう一点は百韻・歌仙などの座の文芸の限界である。前者に関して乾裕幸氏は「談林俳諧のあり方」を考察して、次のように述べている。

> かくして同じ本歌・本説を出所とする付物が繰り返し用いられると、当然彼らの否定した貞門的マンネリズムが再びそこに抬頭してくる。これは、反貞門的な意外性を生命とする談林俳諧がもはや存立の意義を喪ったことを意味するのである。[25]

後者に関しては鈴木勝忠氏に次のような言及がある。

> 俳諧史は、まさに、連句の解体の歴史なのである。そして、この形態の変易は、本質的に、連句文芸の体質改変につらなり、連句という中世的座興文芸が、発句―折句―俳句という発句的一句立と、前句付―冠付―狂俳―狂句―新川柳という平句的一句立との二つの新形態に解消してゆくことなのである。[26]

結局、俳諧はこの二点に関わる困難を乗り越える、というよりは無視することによって生き残らざるを得なかった。

このように考えてくると芭蕉の俳諧というものが、俳諧の本道と捉えてよいのか疑問に思えてくる。雲英末雄氏は天和以後の俳諧の状況を今栄蔵氏の言を引きながら、次のように述べている。

貞享二、三年（一六八五、八六）頃から俳壇には句体のやすらかな、優美な作を喜ぶ傾向が強まってきて、それはいってみれば和歌や連歌にきわめて近い風体であったことを明らかにされている。（略）こうして貞享期の言水や信徳らを中心として「当流」の優美なる俳風は、しだいに世に認められるところとなり、元禄初年には確固たる呼称として確立したものと思われる。(27)

芭蕉に限らず、この頃の作風が「当流」と呼ばれた連歌風に近づいていったことの指摘であるが、このように俳諧が「連歌にきわめて近い風体」になっていったことは当然の帰結であったと思われる。

例えば、元禄三年刊の『黒うるり』(28)では、「近年の宗匠」が、

百韻のうちは連歌の句四十句あまりも言ひ出しけるを（略）しほらしきなどとほめて懐紙にとめられける

とし、翌年刊の『京大坂誹諧山獺評判』(29)では、

惣じてこの頃は都に連歌はやるとて田舎まで連歌の真似を学ぶなり

と当時の風潮を喝破している。

6　芭蕉俳諧の特質

これらの宗匠たちとは文学性において同一には考えられないものの、芭蕉の俳諧とされるものがこうした傾向に沿ったものであることも疑えない。例えば、「行く春を近江の人とをしみけり」の発句の「近江」の意義について、『去来抄』(30)で「古人もこの国に春を愛する事、をさをさ都におとらざるものを」と述べ、結局は歌枕の本意に立脚して説い

ている。芭蕉が景気の句を多作したこと、軽みを提唱したこと、など句風において連歌の行き方に類似していることは先学も指摘していることである。

歌仙形式であっても、連歌の形態を保持する「俳諧連歌」を重視したこと、そのためには旅に生涯を費やさねばならなかったこと、点者をやめ、隠遁生活をみずからに課し、隠者的風貌を持つこと、等々、芭蕉の行き方自体が中世連歌師風であったことは言うまでもないことである。

今栄蔵氏は俳諧史を叙述して、

元禄俳諧という言葉に接する時、私たちはすぐ、芭蕉あるいは芭蕉的なものを連想する習慣を持っている。そうして、この芭蕉あるいは芭蕉的なものの持つ、静寂さ、もしくは何か中世的なものを思わせる一種の風格をからませて、元禄俳諧を考えるのである。(31)

と述べ、芭蕉の俳諧を俳諧史上は異質なものと見るのであるが、連歌史の側から見れば、それは俳諧運動の激動を経て、連歌風へ回帰したものとすることができ、その中世的性格は不可思議なことではないのである。

勿論、俗語や俗生活を作品の中に取り込んだことは俳諧を経てきたことの証しではある。しかし、鈴木勝忠氏が、『猿蓑』の世界を、

宗祇連歌との差異は、俗生活や俗情が俗語を交じえて表現されている点のみで、全体を流れる主情的哀感は共通のものといえる。(32)

としていることからすれば、何をもって別種の文学と呼ぶのかには熟考すべき点がある。和歌・連歌においても言葉の拡充は常に議論の対象になってきたのであり、それは一つの文学形態中での新風と捉えられてきたのである。

俳諧運動が、文学は何を表現すべきかの大議論を巻き起こしたことは、日本の文芸史上特筆すべきことで、その俳

諧がどこまで遡れるか、それを明確化するために、俳諧を連歌と切り離して追求することの意義が充分にあることを否定するものではない。しかし、中世に成熟した事象が後代にも深く浸透したことを見ることによって、近世の特質が明らかになることも事実であろう。

俳諧は長い伝統を持つ連歌の達成に、いかに立ち向かったのか、もしくは手を結んだのか、常に連歌文芸を意識して見ていく必要があると思う。そう言えば、鈴木勝忠氏は『俳諧史要』(33)の序文、「俳諧史の方法とその方向」で次のように述べていたことであった。

そもそも、俳諧の呼称は「俳諧の連歌」の下略なのだから、まず、その本体としての連歌様式の一体と考えるのが当然であり、連歌に対する内容的な修飾語「俳諧」が、不思議にも思われずに様式名として慣用されて来た時代背景には、対連歌意識、さらに和歌の世界が、常識的な了解事項として存在していたはずである、だから、俳諧史は、連歌を常に念頭に置きながら、その展開の中での俳諧性を考えなければならない。

寛永半ばまで滔々たる流れであった連歌は、半世紀ほどの俳諧運動に埋め尽くされたかに見えたが、その伏流は消えることなく、芭蕉の文学において再び表面に見え隠れしながらも表れた。連歌を中世文芸とすれば中世はこのようにして近世になだれ込んだことになる。

注

（1）明治書院・平成九年四月
（2）国際日本文化センターのホームページ上で公開
（3）岩波書店・一九九三年一一月～一九九六年六月

（4）川崎佐知子「慶長期南都連歌壇の様相―『春日社司祐範記』を手がかりとして―」（「連歌俳諧研究」108・平成一七年二月）
（5）明治書院・平成五年五月
（6）「連歌大観」3（古典ライブラリー・二〇一七年一二月）に多くの近世連歌句集が紹介された。
（7）『仙台市史5　別篇3』（仙台市役所・昭和二六年五月）、綿抜豊昭『近世前期猪苗代家の研究』（新典社・平成一〇年四月）
（8）これらの連歌の儀礼的な側面は考慮する必要がある。
（9）好文大名として著名な榊原第三代、忠次には『一掬集（第四冊『半歌集』）』（「連歌大観」3〈注（6）〉）という連歌発句集がある。
（10）筑前国福岡城主、黒田家の公的連歌始は「福城松連歌」として幕末まで継承された。
（11）綿抜豊昭『近世越中　和歌・連歌作者とその周辺』（桂書房・一九九八年七月）
（12）木藤才蔵『歌道聞書』（「日本文学誌要」12・昭和四〇年六月）
（13）『新増犬筑波集』（古典俳文学大系『貞門俳諧集』）
（14）日本俳書大系『俳諧系譜逸話集』
（15）増補京都叢書6。田宮仲宣『東牖子』（一八〇三年刊、「日本随筆大成」第一期19にも。仙台藩連歌師となった石井家も新在家衆であったことは『顕伝明名録』の記載から推察できる。高橋康夫「洛中洛外図屛風にみる建築的風景」（「文学」52―3・一九八四年三月）、中島謙昌「大鼓方石井滋長の周辺―織豊期・京都新在家における文化的環境―」（「能と狂言」2・二〇〇四年三月）参照。
（16）「続群書類従」31下
（17）岩波文庫『醒睡笑　上下』（一九八六年七月、九月）
（18）誰を連歌師と見なすか、また、引用されている作品が連歌なのか俳諧なのかの判断には揺れがあるので、数はおよその数である。

(19)『俳諧史の曙』(清文堂出版・平成一九年九月)
(20)『書林出版書籍目録集成』には寛文十年以後のものもある。注(21)の論考参照。
(21) 深沢真二『連歌寄合書三種集成』(清文堂・二〇〇五年一二月)
(22) 和歌に関わることが遅れたのは一般の歌学書類が利用されていたのだと思われる。
(23)『俳文学大辞典』「俳文学年表」、堀切実『芭蕉と俳諧史の展開』(ぺりかん社・二〇〇四年二月)「近世俳論史年表」、『江戸時代初期出版年表』(勉誠出版・二〇一一年二月)
(24)「新日本古典文学大系・月報26」(岩波書店・一九九一年五月)
(25)『初期俳諧の展開』(桜楓社・昭和四三年六月)
(26)『近世俳諧史の基層』(名古屋大学出版会・一九九二年一二月)
(27) 新日本古典文学大系『元禄俳諧集』「解説」
(28) 近世文芸資料『北条団水集』上巻・俳諧篇(古典文庫・昭和五七年一二月)
(29) 京都大学図書館潁原文庫蔵。国文学資料館マイクロフィルムによる。
(30) 新編日本古典文学全集『連歌論集　能楽論集　俳論集』
(31)「国語国文研究」10・昭和三三年四月(『初期俳諧から芭蕉時代へ』笠間書院・平成一四年一〇月所収)
(32)『俳諧史要』(明治書院・昭和四八年一一月)
(33) 注(32)

第三章　連歌・和歌の諸相

一　日本の詩歌にとっての「四季」と「暦」

——明治改暦と「歳時記」に言い及んで——

1　はじめに

日本の詩歌（和歌・連歌・俳諧など）にとって四季にまつわる事柄はもっとも重要な題材であった。それは早くから日本の文学の中で意識的に取り上げられてきた。日時の定まった行事は勿論のこと、景物（自然物）、それに伴う人々の行為もそれぞれどの四季に適合するかが分類されて共通認識のもとで文学化された。現存する最古の歌集『万葉集』[1]巻第八や巻第十には、次のような項目が見られ、すでに四季の概念が明確に示されている。

春の雑歌・春の相聞・夏の雑歌・夏の相聞・秋の雑歌・秋の相聞・冬の雑歌・冬の相聞

『古今集』以下の勅撰和歌集では、はじめに四季の部がおかれ、そこでは自然や事物によって保証された順行する四季の推移が詠まれ、恒久たるべき治世への祈願が示されることとなり、四季の詠歌の重要性はさらに強調されることとなった。

『万葉集』以降、このように詠み続けられることになる四季は、具体的には概念化された「季の詞」[2]によって具現化されることとなる。そして、この「季の詞」は連歌においては、百韻という文芸の存立に関わるものとして、和歌とは違った面からも重視され、それは四季に大きく分類された十二月題として、連歌学書に一覧された。[3]「季の詞」は、和歌では題詠のための課題として、また、歌集での四季の部立、およびその中での配列の基準として意識されてきたのであるが、連歌では発句の必須の要素となり、百韻の行様《ゆきよう》、式目などで示される文芸の方法と切っても切り離せないものとして存在するようになったのである。

近世に入ると、俳諧、特にその発句において、この「季の詞」はさらに重みを増し、数を増し、体系化されて、「季寄」「歳時記」[4]という用語集を生み出した。

「季の詞」はそのような過程と深化を経て、膨大なものとなって、現在に存続するものとなる。そして、そこに示された「季の詞」が、いつの間にか和歌・連歌・俳諧のために留まらず、日本人の一般的生活における季節観の枠組みともなったのである。

以上のような日本文化、日本文学においての四季認識の重要性はこれまでも多く説かれてきたことである。いまさら再論するまでもないかも知れない。しかし、もう一度、立ち止まって考えると、これまでの「四季」論は、四季という観念の成立そのもの、そのことと文学との関わりについては、ほとんど言及されてこなかったことに気づく。春夏秋冬という区分を既成のものとして、春の「季の詞」の把握、その詞の本意などを論ずることが中心であった。

当然のことながら、『万葉集』以来の四季の区分けは、自然発生的な漠然とした感覚によるのではない。いつからいつまでが「春」であり、いつからいつまでが「秋」であるのかは、厳密な科学的な基準によって決定されていき、それは具体的には「暦」として示された。本稿では「暦」を論考の基盤に置いて、「四季」の詩歌をめぐる諸問題を考え直してみたい。

2　四季の認識

日本において、春夏秋冬という季節の明確な把握はいつごろ、どのようになされたのであろうか。また、それはどのように日本の文学に反映したのであろうか。

元来、人間にとって時節の推移は農耕などの必要からおおまかに意識されてきたことであった。人間はある気候になれば、種を蒔く準備をし、ある気候になれば冬支度をした。その営みの中で、時節の変化を明確に知り得るには昼間の長さの把握が最も有効であった。その最長の時が、太陽が天の最高地点に達する時（夏至）であり、最短の時が冬至であった。それは物の影の長さとしても実感できることであったであろう。次に体感できたのは、昼夜が同じ長さになる時（春分・秋分）であろうか。そして、これらが周期的に訪れることもおのずと認識できたことに違いない。

その周期を一年と数え、それを生活上の必要度に応じて細分化していったのであろうことも容易に想像がつく。ただし、その細分化は太陽の運行を見ていただけではなかなか明確にできないことに違いない。一日の昼夜は明白であるものの、それより期間の長い時節の変わり目を示す太陽の軌道の変化はわずかなものであるからである。したがって、時節の細分化に当たって有効であったのは月の満ち欠けであった。その満ち欠けの繰り返しが十二回で、ほぼ一年の周期に合致したことは都合のよいことであったと言える。

こうして昼夜の繰り返しと一年の周期については太陽によって把握し、そのほぼ十二分の一の月の周期は月の満ち欠けによって把握するということで、人々は時節の推移を認識するようになる。古代の日本人も一般の生活の上では、この漠然とした把握でそれほど不自由はなかったと思われる。

しかし、このようなおおまかな時節の推移の把握では明確な四季という概念の形成には至らない。四季の区切りである立春・立夏・立秋・立冬は見た目では把握できず、天文学上の計算を必要とする。その知識がなければ四季の区分自体が成り立たないのである。世界中の諸民族がどのように太陽の運行に関する計算法を獲得し、四季を分類するようになったかは明確にし得ないが、少なくとも日本においては、中国の天文学、それに伴う暦法の移入によってそれを手に入れたことは間違いない。この暦法の教示によって日本人も四季を認識するようになったのである。

その折の中国の暦法は先述したような人間の実体感を基盤にした、つまり四季の推移は太陽により、その一年は月（太陰）の満ち欠けによってほぼ十二等分するという暦法であった。その原理による暦は太陰太陽暦と呼ばれているが、日本に移入された暦もその太陰太陽暦である。

「暦」という語が日本の記録に見える最初は『日本書紀』(5)欽明十四年（五五三）六月の条で、この時、欽明天皇は百済に使者を遣わして、「暦博士」の交代要員を要請している。この要請によって、翌年二月の条には暦博士固徳王保孫が来日していることが見える。また、同書推古十年（六〇二）十月の条には、百済僧観勒が暦本を日本にもたらしたことが記されている。これらによれば中国の暦法は六世紀頃に、百済の人によって日本に伝えられたということになる。当時は、朝鮮半島は三国時代で、その国々および中国との関係の中で、日本も統一した国家の成立を模索していた時期であり、その時期に国家統一のために欠くことのできない暦が日本において必要とされたのは当然のことであったと考えられる。そのような経過の後、国として公式に暦の使用が布告されたのは、『政事要略』によれば六〇四年正月一月、また、『日本書紀』によれば、六九〇年十一月十一日のことであった(6)。同書持統四年の条には、

勅を奉りて、始めて元嘉暦と儀鳳暦とを行ふ。(7)

と記録されている。この時代が大和朝廷が支配を確固とした時代であったことは、後の勅撰和歌集が和歌によって季節の推移を示すことを基盤にすることに繋がることを示唆している。

また、この時代は日本における文学誕生の時期と言ってもよく、この点で、日本文学は暦を基準とした文化としての四季の意識とともに始まったと言ってもよいのであろう。

春夏秋冬の「語」そのものはと言えば、『日本書紀』の神代の巻での国生み神話に、「大日本豊秋津洲を生む」と日本を示す地名の一部に出てくるのが早いが、これが季節の「秋」をどこまで意識しているのかは判然としない。その後、同書神代巻の五穀創出の神話に「その秋の垂《た》り穎《ほ》」と見え、これは明らかに季節の「秋」を意味しており、早い例となる。「春」の方も同じ巻に稲を巡って「春は重播種子《しきまき》し」とあるのが早い。

それに対して「夏」「冬」の語の出現は遅く、同書神武天皇紀の冒頭部付近に「春」「秋」と共に、「其の年の冬十月」「乙卯年の春三月」「夏四月」「秋八月」などと見えるのが早い例である。これは月の記述を伴っており、明らかに暦法に則った記載である。

もっとも、これらの言葉が、記録されたその時代に遡るわけではなく、『日本書紀』が纏められた七二〇年もしくはその原典が書かれた幾分か前の時代の記述と考えるべきであることは留意すべきことである。それにしても、季節を表す最も古い言葉である「春」と「秋」が農耕と絡んで記述されていることは四季を考える上で示唆的で、古代人にとっては、その時節の認識こそがもっとも大切であったことを語っているのだと思われる。神武天皇紀の記事の方は暦法移入後の記述と考えられ、この事実は『日本書紀』の記述が先述した暦の公的採用時期よりも下ることを示している。

詩歌の方では、『万葉集』巻第一・第十六番歌として、額田王の著名な春秋優劣歌があり、これも日本においての「春」「秋」「冬」の語の早い用例の一つと言える。詞書から引用すると次のようである。

天皇、内大臣藤原朝臣に詔《みことのり》して、春山万花《しゆんざんばんくわ》の艶《えん》と秋山千葉《しうざんせんえふ》の彩《いろ》を競《きほ》ひ憐《あは》れびしめたまふ時に、額田王、

歌を以《もち》て判《ことわ》る歌

冬ごもり　春さり来れば　鳴かざりし　鳥も来鳴きぬ　咲かざりし　花も咲けれど　山をしみ　入りても取らず　草深み　取りても見ず　秋山の　木の葉を見ては　黄葉《もみち》をば　取りてそしのふ　青きをば　置きてそ嘆く　そこし恨めし　秋山そ我《あれ》は

この和歌は「近江大津宮に天の下治めたまひし天皇の代」の和歌と注記されており、天智天皇の治世、六六八年から六七一年の間の作と考えられる。先述したように、日本が百済から暦博士を招聘して以来、暦が定着しつつあった時期の和歌と考えて矛盾がないものである。天智天皇の近江朝は漢詩文の盛んであった時代とされ、「春秋競憐」を課題として文雅の遊びがしばしば行われていたという。(8) この額田王の和歌はそうした風潮の中で作られた。この和歌からは、単に「花」と「黄葉」に彩られた山の比較というだけでなく、四季の推移を詠むところに日本にもたらされた暦への関心を読み取ることができる。

ただし、日本語の「はる・なつ・あき・ふゆ」という語が暦の移入以後に生まれたということではない。おそらく古代から存在したそれらの語は、暦法の普及につれて中国語の「春夏秋冬」に当てはめられて科学的に区分された四季を示す語となったと考えるべきで、その明確な四季の認識が額田王の和歌の作られる背景にあったとしてよいのだと思われる。

3　「暦」と日本の古典和歌

「はる・なつ・あき・ふゆ」の語の発生については不明と言わざるを得ないが、前節で述べたように七世紀に入って日本人は急速に四季を明確に区別するようになった。それは先進の中国文化の影響であり、中国で形成された概念の移入であったと言ってよい。つまり、日本文学における四季の描写は最初期からそのような影響下のものであったのである。しかもそれは四季よりも細分化された二十四節気さらに七十二候[9]などという時節の把握をも伴っていたらしい。日本は暦のない時代に突然、高度な暦法と同時に細かな季節観も教えられたことになる。

文学というものが公的な性格を強めるほど、もしくは意識的に文学であろうとすればするほど文化的な営為になるのだとすれば、そのような文学としての『万葉集』の四季の和歌の多くが、中国からの暦の概念のもとで作られた可能性があるということになる。例えば、『万葉集』の「春」の到来を詠んだ巻第八の冒頭の和歌も、七十二候の「草木萌動」などという「春」の概念を意識して作られたと考えてよいのではないか。

志貴皇子の懽びの御歌一首

石走る垂水の上のさ蕨の萌え出づる春になりにけるかも

二十四節気や七十二候のすべてが日本人の季節観を代表するものとはならなかったものの、二十四節気の「立春」「立秋」や、秋で言えば「白露」「霜降」など、この内のいくつかが日本人の季節観の指標となったことは疑いない。七十二候について言えば、例えば、『古今集』[10]の第二番歌、

春立ちける日、詠める　　紀貫之

袖ひぢてむすびし水の凍れるを春立つ今日の風や解くらむ

が、七十二候の第一の「東風解凍」の概念のもとに作られ、秋の部立の巻頭歌、

秋立つ日、詠める　　藤原敏行朝臣

秋来ぬと目にはさやかに見えねども風の音にぞ驚かれぬる

が、七十二候第三十七、立秋の最初である「涼風至」と合致する概念を詠んでいることは明白である。

このように日本人の季節観が暦というものと密接な関係があることを辿ってくると、近代になって正岡子規が「再び歌よみに与ふる書」(11)（明治三十一年〈一八九八〉）の中で、

貫之《つらゆき》は下手な歌よみにて『古今集』はくだらぬ集に有之《これあり》候《さふらふ》。（略）先づ『古今集』といふ書を取りて第一枚を開くと直ちに「去年《こぞ》とやいはん今年とやいはん」といふ歌が出て来る、実に呆《あき》れ返つた無趣味の歌に有之候。日本人と外国人との合《あい》の子《こ》を日本人とや申さん外国人とや申さんとしやれたると同じ事にて、しやれにもならぬつまらぬ歌に候。

と、批判した『古今集』の第一番歌、春の巻頭歌、

旧年《ふるとし》に春立ちける日、詠める　　在原元方

年の内に春は来にける一年を去年とは言はむ今年とや言はむ

が子規が述べるような単なる知的「しやれ」だけで作られ、その興味だけで巻頭に掲げられたのではないことが分かってくる。「はじめに」で述べたように、四季の循環は日本人として自然愛好などという単純なことではなかったはずで、暦法の把握は、四季の正しい順行、それはとりもなおさず治世が正しく行われることの確認であり、現実に巡ってきた暦のずれをどのように判断するかは、国家にとって重要な問題であったからである。

「年の内」に立春が来る、「年内立春」という呼ばれる事態は太陰太陽暦ではしばしば出現することであった。この和歌はそのようなしばしば起こる困惑する事態を、たとえ、まだ正月になっておらず、十二月に立春が訪れるにしても、その日を新たなる年の始まりであるとする、と表明したものだと言える。「年内立春」という事態は太陰太陽暦の宿命的な欠陥であったのであり、順行を旨とする国家としては困惑する事柄であったわけであるが、おそらくはそれを治世によって「春」の訪れを早めたと捉え、かえって寿ぎとしたのだろうと考えられる。そうであれば、ますま

す、元方の歌の重要性が認識でき、この和歌は正しく最初の勅撰和歌集の第一番目の歌としてなくてはならないものとなる。この歌が後代にも重要な意味を持つものとなったのは当然のことであった[12]。

この和歌が歌集の初めにあって、新年が始まったとされたからこそ引き続いて初春を題材とする和歌が掲出され得ることとなる。先に引いた貫之の「袖ひぢて」の和歌が疑念なく第二番歌として採録され、引き続いて四季の歌を連ねることができたのはその前提があってからこそのことであった。後に藤原俊成が『古来風体抄[13]』の中で、この元方の歌について、

理《ことわり》つよく、またをかしくも聞こえてありがたく詠める。

と評していることは、正しい理解であったと言えよう。

4　閏月

「年内立春」は太陰太陽暦を用いた日本人にとって困惑をもたらすものであったが、それと関連することであるものの、暦法としての大きな欠陥となることがもう一つあった。一年が十二の月で収まらないということである。それは月の満ち欠けでひと月の日数を定めていたことから起こることである。この暦は人の見た目、感覚によく合っており、その点では自然な暦と言ってよい。しかし、太陽の運行を基準とする一年の長さと合致させるのが困難でもある。月の満ち欠けはおよそ二九・五日であり、それを何倍しても一年の三六五・二五日にならないからである。太陰太陽暦では基本としては、三十日の大の月と二十九日の小の月を、月の満ち欠けとずれないように組み合わせて十二ヶ月として一年とするが、どのように組み合わせても十二ヶ月とする限り[14]、一年が三百五十四日前後であることに変わりがない。一年で十一日ほど不足してしまう。つまりは二年半くらい経つと一ヶ月ずれが生じることとなる。したがっ

て太陰太陽暦ではそのずれを調節するために、ある年には閏月と呼ばれる月を一ヶ月加え十三ヶ月とすることにしたのである。

どのような時にどの月に閏月を加えるかについては、細かな説明を省くが、太陽の運行による二十四節気の「中」がない月がないようにという判断による。「中」のない月ができる時は、ない月と同じ月を「閏月」として付随させ、「閏月」ではあるものの、その月に「中」があるとして「中」のない月をなくすことにしたのである。一年は二十四の節気つまり十二の「節」と十二の「中」で成り立っており、月の初めに「節」が、中程に「中」が来るのが基本であるから、便宜的ではあるが、これは合理的な処理と言えよう。

このような閏月のある年がどのくらいの割合で巡ってくるかは、簡単な計算をすれば分かることで、十九年に七回ほどということが古くから言われ、これを七閏《しちじゅん》法などと呼んでいる。

繰り返し述べているように、暦というものは日本人にとって中国からもたらされた先進文化であり、知性に関わるものであった。それを信じることがあり得るべき新時代人であったのであろう。ところが、暦は万能ではなく、一月一日から春という大原則に合致しないことが起こることも、一年が十二ヶ月でないことがあり得ることも、同時に知らされたのである。暦を文化として取り入れた当時の人々は困惑と、得体の知れない不可思議さを覚えたに違いない。先述したように「年内立春」という矛盾については、立春を優先することで解決法を見出した。

それでは、もう一つの困惑である閏月の方はというと、こちらは、知的な遊戯の中で取り上げ、困惑を解消しようとした。それは閏月を詠んだ和歌として残されている。

閏月の違和感を詠む典型的なものは七夕の和歌に見ることができる。閏月は二度目の、ということがその最大の特質であることからすれば、年に一度ということがその本質であった七夕との齟齬は抜き差しならないものであったからである。例えば、その矛盾を詠んだ和歌に次のようなものがある。

閏七月七夕

二たびや逢瀬待つらん天の川今年加はる今日を迎へて

『公賢集』

牽牛星と織女星は七夕の夜、年に一度しか出会うことができないのに、今年は閏七月があるために、七夕が二度あり、もう一度逢瀬を待っているのだろうか、というのである。

七月以前に閏月があるので、年に一度の七夕の逢瀬が遠のき、つらい思いをしなければならない、と詠んだ和歌もある。次はその例である。

閏五月に

七夕は秋待ち遠に嘆くらし五月の今年二つみゆれば

『能因集』

七夕以外に、例えば時鳥の例などもある。時鳥は初夏の鳥というのが本意で四月に来て鳴くとされていた。ところが次の源実朝の歌は今年は閏正月があり、正月が二回あったので、三月の内に時鳥が鳴いている。まだ三月なのに今年は既に四ヶ月経っており、季節としては一ヶ月進んでしまっているのであろうが、本来、三月に時鳥が鳴くなどとは聞いたことがない、というのである。

正月二つありし年、三月郭公の鳴くを聞きて

聞かざりき弥生の山の時鳥春加はれる年はありしかど

『金槐集』

日本の歌人たちはこれらのように暦の不具合を知的興味として取り上げ、それを文学的興趣として和歌に詠み込んできた。前節で引用した正岡子規のような近代の文学観によれば、現実を離れた言葉遊びのように見えるかも知れないが、逆に自然と身近に接していたからこそ、人工的に作り上げられた暦との齟齬が不思議でもあり、何とかつじつ

まを合わせなければならないと思ったのであろう。時には神秘的にも思い、時には皮肉ってもみたくなったのだと思われる。別の角度から言えば、日本人は四季を単純に自然感だけによって把握していたのではない。日本文学における四季の重要視を日本の自然の豊かさなどと簡単に結び付けてはならないのであろう。

5　明治改暦

以上のように暦は、毎月の進行、また季節の指標ともなって、日本の政治、行事は勿論、自然観・精神生活などの基盤として大きな役割を果たしてき、文学上での関心をも喚起してきた。その暦は幾分かの変遷はあるものの、太陰太陽暦であった。その千年余りに渡る暦の歴史が大きく変わったのが、明治政府が誕生して間もなくのことである。明治政府は明治五年（一八七二）十一月九日、改暦の「詔書」を公布した。この詔書はこれまでの太陰太陽暦の煩雑さ、季候と暦日が年ごとにずれること、さらに注記される吉凶が迷信に属することなどを改暦の理由に挙げ、

　自今旧暦ヲ廃シ、太陽暦ヲ用ヒ、天下永世之ヲ遵行セシメン。百官・有司、其レ斯旨ヲ体セヨ。

と結んでいる。

詔書に記されているのはこのようなことだけであるが、同時に出された太政官の「達《たつし》」にはその施行に当たっての具体的な指示が見える。これには大きく三つのことが示されている。１は太陽暦の採用、２は明治五年十二月三日を明治六年一月一日にすること、３は時刻の不定時法から定時法への変更、である。

２はこの改暦が単に暦法のことだけでなく、西欧の暦日に合わせたということを意味している。いわゆるグレゴリウス暦の暦日を採用するということであった。３の定時法の採用については暦とは直接関わらないので、ここでは話題から外しておくが、それまでの日本の時刻制度は昼夜それぞれで時刻を定めるもので、絶対的な時間が季節により

昼夜の長さの変化によって相違していた。それも西洋に合わせたということである。

日本人は長く太陰太陽暦に親しんできた。自然観も行事などもそれによっていた。それが日本人の生活のリズムで、いわば心臓の鼓動のようなものと言ってもよいかもしれない。それがある日突然変わったことになる。ましてや単なる太陽暦採用ではなくグレゴリウス暦の暦日の採用であり、それまでの暦日とおよそ一と月ほどずれることになった。その戸惑いは大きかった。この改暦が日本中に大混乱を起こし、文学、とくに暦と密接な関わりを持っていた俳諧（俳句）文芸に衝撃を与えたことは言うまでもないことであった。

勿論、改暦ということはどこの国でも多かれ少なかれ行われることで、それまで長く使用してきたユリウス暦からグレゴリウス暦への改暦ということについては西欧でも抵抗のあったことである。その変更は多かれ少なかれ混乱を引き起こしたであろうが、日本ほどではなかったらしい(15)。

明治政府がどうして五年に改暦を決行したかは、政変後五年経ってようやく混乱が収まりかかり、さまざまな制度の改革を実行し始めたことと軌を一にしたということで理解できる。明治五年には例えば郵便制度・学制の制定、新紙幣の発行、徴兵令の施行などが行われている。改暦もその一環であったのである。これ以後、それまでの暦は旧暦、新たな暦は「新暦」と呼ばれることとなった。

このような多くの急速な社会制度の変更はまだくすぶる明治政府への反感と相俟って、各地に暴動さえ引き起こした。暦に関して言えば、日常の生活習慣や寺社の行事などに関わっており、旧体制への思慕と共に旧暦への愛着を人々は捨てきれなかった。旧暦を「徳川暦」、旧正月を「徳川の正月」と称するなど新暦の一般への普及は困難を極めたと言える。

新体制側からすれば、暦の混乱はゆゆしき問題で、したがって新暦に関する啓蒙書が多く出されることにもなった。

その中でもっとも流布したのが福沢諭吉の『改暦弁』である。この小冊子は改暦と同時の明治六年一月一日付で、慶応義塾版として発行されたもので、福沢はこの中で、

此改暦を怪む人は必ず無学文盲の馬鹿者なり。

と述べ、改暦を擁護し、いかに太陽暦が合理的であるかを説明している。

以後、政府、役所関係、学校教育現場での使用などの現実、また種々の場面での啓蒙活動を通じて、新暦は日本人に浸透していくことになるが、それでも日本人が自然と解け合った生活の中で使用してきた太陰太陽暦を完全に捨てきることはできなかった。それは、現代でも旧暦で祝う行事を残していることからすれば、過去のものとは言えない。

例えば、言語においても、「新春」つまり新しい春という語は新年を意味するのであり、「十五夜」というのは満月を、「一日《ついたち》」というのは「月」が立ち始めた時、新月の日を意味するのであるから、新暦の使用は日本人たる者の拠り所である日本語さえも危うくするものであるからである。

旧暦が広く文化や自然現象と結びついている例は枚挙に暇ない。それゆえに今も捨てきれずにいるわけで、例えば、徳川幕府で伊勢暦として出され、現在も発行され続けている「神宮暦」(16)には今も旧暦が注記されており、それよりも遙かに現在流布している、「おばけ暦」(17)などと総称されている運勢暦は旧暦は勿論のこと、それに因んだ吉凶の占いの基盤となる干支や九星・六輝などが記されているのである。明治改暦で政府が廃棄を目論んだ旧暦、さらに暦日に絡んだ迷信でさえ、それほどに民間に根付いていると言えよう。

いかに改暦が庶民感情に反していたかの一端を述べたが、当時の人々の強引な改暦への反発を代弁した狂歌も詠まれている。次に挙げる二首は、明治六年八月に出版された「小倉百人一首」のパロディー、総生寛著『童戯百人一首』に見られるものである。

正三位家隆

古と今と暦はかはれどもみそぎぞ夏のしるしなりけり

素性法師

十五夜も丸くはならぬ新暦の有明の月を待ち出づるかな

前者は、旧暦で夏の最後である六月末に行われた水無月祓での「みそぎ」を詠んだもので、多くの行事の季節が変わってしまったのに、この「みそぎ」は六月のものであるから新暦でも運良く夏からずれなかった、と皮肉った狂歌である。後者は十五日の夜の月が満月でないことへの困惑を詠んだものである。このような狂歌に当時の人々の率直な心情が吐露されていると言ってよいのであろう。(18)

6　改暦と「歳時記」

明治改暦が日本社会のさまざまなところに波紋を起こしたのは、前節で述べたとおりであるが、文学に関しては暦と絡んだ「季の詞」を存立の基盤にしていた俳諧（俳句）において影響がもっとも甚大であった。例えば、福沢諭吉が『改暦弁』で主張し、現在も一般の通念となっているような、三・四・五月を春、六・七・八月を夏、九・十・十一月を秋、十二・一・二月を冬とする四季の区分によると、本来秋のものであった旧暦七月七日の「七夕」、八月十五日の「仲秋の名月」の行事などは夏のものとなってしまうのである。

古来、日本では両者ともに秋の風情と絡めて看取されてきた。その例は枚挙に暇ないが、七夕の例を挙げると、世阿弥作かと考えられている能『関寺小町』(19)は、かつては絶世の美女と称えられたものの、今は百歳を越えた老女となった小野小町の七月七日の姿を描くが、その作品は、

待ち得て今ぞ秋に逢ふ　星の祭りを急がん

と始まり、

颯々《さつさつ》たる涼風と衰鬢《すいびん》と　一時《いつし》に来たる初秋《はつあき》の　七日の夕べにはやなりぬ

などと七夕の華やかな行事と初秋の季節感に老いた美女の心情が絡められて描かれているのである。俳諧では芭蕉に次の句がある。

七夕や秋を定むる夜の始め(20)

この句は立秋も過ぎ、七夕の夜ともなると秋の気配もはっきりと定まった、という意である。

仲秋の名月の方は七夕以上に日本文学に取り上げられてきた題材で、ことさらここで挙げる必要もないであろうが、ここでは、散文の例として、『源氏物語』(21)「夕顔」の巻の一部を挙げておきたい。光源氏が夕顔の家を訪れた折の描写である。

八月十五夜、隈なき月影、隙多かる板屋残りなく漏り来て、見ならひたまはぬ住まひのさまもめづらしきに、暁近くなりにけるなるべし、隣の家々、あやしき賤の男の声々、目覚まして、「あはれ、いと寒しや」、「今年こそなりはひにも頼むところすくなく、田舎の通ひも思ひかけねば、いと心細けれ。北殿こそ、聞きたまふや」など言ひかはすも聞こゆ。（略）白栲の衣うつ砧の音も、かすかにこなたかなた聞きわたされ、空とぶ雁の声とり集めて忍びがたきこと多かり。（略）ほどなき庭に、されたる呉竹、前栽の露はなほかかる所も同じごときらめきたり。虫の声々乱りがはしく、壁の中のきりぎりすだに間遠に聞きならひたまへる御耳に、さし当てたるやうに鳴き乱るるを、なかなかさま変へて思さるるも、御心ざしひとつの浅からぬに、よろづの罪ゆるさるるなめりかし。

次に韻文から芭蕉の著名な句を一句挙げておく。

名月や池をめぐりて夜もすがら[22]

十五夜は秋の半ば、寒さを感じるようになった夜長の時節である。その季節感を玩味しないと『源氏物語』やこの句の情趣は感じ取れないと言ってよいのであろう。

俳諧（俳句）ではこのような季節感を語の一つ一つに負わせて、日本語の語彙体系を築き上げ、日本人の季節感をも形成してきた。「歳時記」はその目に見える形での集積であった。俳諧（俳句）側から言えば、古人が作り上げてきた財産である「歳時記」をその文芸の基盤としてきた。改暦はその盤石に見えた土台を揺るがせたのである。俳人にとってその衝撃ははかり知れないものであった。

しかし、衝撃がいかに大きくとも、世間一般では次第に新暦が浸透していった。公的な行事、宮中行事も新暦で行われるようになった。正月最初の宮中行事である四方拝は新暦の一月一日、さきほど取り上げた水無月祓は、新暦六月三十日の行事となった。宮中行事としてもっとも重要なものの一つである新嘗祭の日でさえも、新暦の十一月二十三日と定められたのである。新嘗祭は本来は旧暦の十一月（新暦に換算すると大体十二月に当たる）の卯の日、太陽がもっとも低くなり夜が長くなる時節、つまり季節のめぐりの終わりの時節、冬至に関係の深い行事であり、その年の収穫を感謝し再生を祈る祭事で、西欧のクリスマスの行事と共通するものであったはずが、およそ一と月前に固定されてしまったのである。

このような事態になれば、俳諧（俳句）のみが旧暦にしがみついているわけにはいかなくなった。「歳時記」の改編が急務となったのである。明治七年（一八七四）七月に能勢香夢は太陽暦による『俳諧貝合』を越前の酒井文栄堂から刊行した。この「歳時記」は十一月から一月まで冬、二月から四月を春、五月から七月を夏、八月から十月を秋と注記し、各月ごとに分類して季語を載せた書である。このように、一と月だけ旧暦をずらす方式は、福沢諭吉のように二ヶ月ずらすより、旧暦との齟齬が少なくてすむが、一月に「睦月」と同時に旧暦十二月の異名である「臘月」を挙げ、以下、三月には旧暦二月の異名「如月」を挙げるなど、随所に違和感のあるものであった。因みに夏とされる七月の項には旧暦六月の異名「水無月」を挙げ、「七夕」もここに記されている。そうかと思うと、元来八月十五夜の月である「名月」は九月の項にある。

この「歳時記」が引き起こした問題の中で、例えば、「水無月」などは頻繁に俳諧（俳句）に用いるものではない、ということにすれば、あまり問題を引き起こさないとも言えるが、日本人の生活・行事、言語感覚にもっとも深く関わり、違和感をどうにもできなかったのが、正月の生活・行事などであった。正月は新しい季節の始まりであるという意識は日本人に深く根ざすことであったからである。しかも、他の月の季語と比べて遙かに語彙数が多く、正月のことを詠むことは重要な主題であり、それを詠み込まずに済ますことはできないことでもあった。『俳諧貝合』とほぼ同時期に、四睡庵永安壺公によって『ねぶりのひま』(23)という太陽暦「歳時記」も出された。この「歳時記」は、『俳諧貝合』にあったような正月をめぐる欠点の解消を試みたものであった。基本的な旧暦とのずれを一と月とすることは『俳諧貝合』と同様であるが、四睡庵は月ごとの区分と別に、一月に先立て「新年」、十二月の次に「歳暮」という項目を設けたのである。これによって、「新年」をめぐる季語は冬とされた「一月」と切り離されて幾分、日本人の心情に添うものとなった。苦肉の策であるが、ここに『ねぶりのひま』の最大の工夫があった。これ以後、「新年」の部を設けることは「歳時記」の基本的な編纂法となった(24)。

現代の「歳時記」は、『ねぶりのひま』での「新年」を四季と別立てにするという工夫と、旧暦との矛盾を顕在化するような月ごとの区分を後ろに隠し、四季の区分を大きな枠組みとする、という工夫によって、何とか旧暦との齟齬を目立たせないように編纂されている。[25] こうすることによって、それぞれ元来の季節感を維持させ、何月であるかを意識させずに、「五月雨」は夏の季語、「星祭（七夕）」や「十五夜」は秋の季語として処理することができるようにしたのである。[25] 近現代の代表的な「歳時記」と言える『俳諧歳時記』[26]や『図説俳句大歳時記』[27]などもそのような方法によっている。

このような「歳時記」編纂の流れの中で、広く流布したものとしては少し変わっているのが昭和九年に刊行された高浜虚子編の『新歳時記』[28]であった。この「歳時記」は、旧暦をひと月ずらして季語を載せることは他の「歳時記」と同様であるが、「新年」の区分を立てず、また、四季の中を明確に月ごとに分類しているのである。虚子は「序」で次のように述べている。

　新年は子規以来四季の外に区別せられる例であつたが本書は冬の一行事として取扱ふことにした。

「新年」を立てないことに関わって虚子は、新年を表す「春」の語を載せることを極力避けようとしているが、完璧にはなされていず、[29] また、月ごとに季語を分けたことで、『俳諧貝合』と同様に、春の部の二月の項に「睦月」が載せられるという奇妙な事態も引き起こしている。「師走」「極月」を例外的に、「陰暦十二月のことであるが、今は一年の終りの月といふ意味」ということで、十二月の項の終わりに近いところに採録しているのは虚子の工夫であったが、これが誰しもが認め得ることかどうかは疑問が残る。旧暦で行われていた四季の分類を新暦に直すことの矛盾がこのようなところにも露呈していると言ってよいのであろう。結局は、近代俳句界の巨人と言ってよい虚子の提案であってもこの方式は「歳時記」の主流とならなかったのである。

日本人の季節感と太陰太陽暦での暦日との結びつきを、明治改暦から一四〇年以上経っても無視できないのは、それが日本語そのものと関わっているからであり、日本の自然観・文化を形作ってきたからでもあるからであるが、それが直接的に顕現したのが「歳時記」であった。しかし、そうは言っても改暦から一世紀半以上経った現在、新暦の季節感を基盤とする新しい「歳時記」編纂の試みをなす人々が絶えないのも当然のことであろう。

現代俳句協会は平成十一年に「現代俳句協会創立五十周年の記念事業」として『現代俳句歳時記』(30)を編んだ。金子兜太による「序にかえて」にはこの「歳時記」を編纂した意図が次のように示されている。

第一の特色は、現行の太陽暦（明治五年に改暦したグレゴリオ暦）に基づいて月次割で季節区分を行ったことである。歳時記の多くが、現行の暦との接点を探っているが、かつての太陰太陽暦との妥協の産物であることをまぬかれない。（略）この歳時記が立春を冬に配していることに驚く向きが多いはずである。それは、この歳時記が、三月から五月までを春としたためで、立春には、間近に来る春への期待感があるものとして、冬の終わりに配し、名づければ「さきがけ季語」としたものである。また新年も特別扱いとせず、十二月から二月までの冬期に含めている。新年も一貫した季節感の中で捉えようとしたものである。

現行太陽暦によって培われてきた生活実感にあわせることが眼目だから、たとえば、雛祭、七夕など、すでに陽暦に馴染んだ行事は三月、七月に位置づけた。

さらに、無季の語を「無季」の枠で取り入れたことに関わって次のように述べている。

広義に受け取って歳時記とは、「歳時にかかわる語の集成」とすることが歴史的にも正しいのであって、これを単なる季語集とするのは狭い。歳時とは一年中の出来事であり、仕事の謂である。近代から現代へと私たちの生活は、海外からのさまざまな文化・文明を受容し消化しながら、拡大し複雑化してきた。それにともなって言葉も多様化し、季によって整理される語が増加する一方では無季の語も増えている。季語を増加させながら、無季語をも収録していく、それは自然な行為であって、歳時記のあるべき姿なのだ。

ここには一四〇年前まで日本人が積み上げてきた季節観と違った新しい季節観、それは文化そのものであると言ってもよいが、その再構築の主張がある。したがって、「例句は、現代俳句協会の会員の作品が、その中核をなしている」のであり、芭蕉の名月の句はここにはない。このことをどう評価するかはともかく、そうせざるを得ないところに、日本の暦と季節観の問題があると言ってよいのであろう。

7　おわりに

日本人がどのように季節観を獲得してきたか、季節を詠むということはどのようなことであったのかを検証してきた。原始時代、狩猟採集の生活であっても人にとって時節の推移を知ることは重要であったであろうし、農耕においてはいつ種を蒔いたらよいかなど、細かく時節を知る必要があったであろう。しかし、四季の区別、さらに一つの季節の内での移りゆき、しかもそれを人々の共通の認識とするには、高度な暦の知識がなければならなかった。

日本人はその暦法を六世紀頃に中国からの移入によって手に入れた。それはちょうど日本文学の草創期と言ってよい時期であった。文学が文化的営為であるとすれば、自然観も文化的営為であり、日本人は中国でのそれらを学びつつ、日本に適応した四季観を文学の史的展開の中で育て上げていったのである。

この文学の営為の中での四季観は最終的には「歳時記」という形で結実した。この「歳時記」では日本人の自然観や生活が四季の推移に結び合わされて記述されてきた。季節観というものが実際の体験というものと無関係に形成されることはあり得ないが、それが「本意」などと名付けられた各個人や地域や時代を超えた概念となるには、文学などの文化的な営為の助けが必要でもあった。素朴な実感などではない。実感と概念が相互にやり取りしつつ、その中で形成されてきた四季観は芭蕉の言葉を借りれば、「不易」なものとして日本人の心や生活に根を張ってきたのである。この点でかつての「歳時記」は文学と生活の幸福な結合といってよかったかも知れない。

明治改暦はこのような日本の四季観を揺るがせた。その困惑は改暦から一四〇年以上経った現在でも残っている。勿論、生まれた時から新暦になじみ、公的な生活をそれによって営んでいる、また、旧暦の時代には存在しなかった新しい文物・行事などを取り入れてきた現代の日本人が、現在、全面的に旧暦での四季観で生きることはできなくなっていることも事実である。新しい「歳時記」が待ち望まれたことも当然の成り行きであったと言える。旧暦と新暦を融合させた四季観の形成はきわめて困難なことであるが、しかし、それは文化である限りいつか解消されることであるとも思う。

恐らくそれ以上に問題であるのは、自然そのものが変化してしまいつつあることかも知れない。我々はすでに食べ物に関しては人工的な栽培などによって、旬というものを認識しなくなってしまった。見かける動植物も入れ替わった。地球温暖化で、桜が二月に咲くような時代が近づいているかも知れない。そうなれば、皮肉なことに旧暦をおよそ一ヶ月ずらした新暦が結果的には旧暦の季節と合致するという事態になる。しかし、我々はそのような皮肉を望んでいるのではないであろう。

注

（1）新編日本古典文学全集『万葉集』
（2）現在、一般に「季題」「季語」という用語が使われるが、これらの言葉は、明治になって一般化したものであり、時代性のことを鑑みて用いないこととした。
（3）本書「第三章　連歌・和歌の諸相」中「二一　連歌発句で当季を詠むということ」参照。
（4）「季寄」も「歳時記」も同義といってよいが、「歳時記」の名を持つものは、曲亭馬琴によって編纂された『俳諧歳時記』

（一八〇三年）がもっとも早いものである。近代以後は「季寄」も含めて、季語を一覧、解説し、例句を挙げた書を「歳時記」と総称することが一般的である。この「季寄」「歳時記」について、尾形仂は次のように述べている。

　詞寄せ・季寄せを含めて、近世に編述された歳時記類の数は、およそ百五十部。その間に季語の数は、連歌の固定期を代表する紹巴の『至宝抄』（天正十四〈１５８４〉）所掲の約三百から、馬琴・青藍の『俳諧歳時記栞草』所掲の三千四百二十余へと、飛躍的な激増ぶりを示している。

（5）新編日本古典文学全集『日本書紀』

（6）『政事要略』二十五「中務省奏暦」（『新訂増補国史大系』28）には「儒伝に云く、小治田朝十二年歳次甲子正月戊戌朔を以て暦日を始む」とあり、これは推古十二年（六〇四）のことにあたる。また、同書同条には持統元年（六八七）正月に「大上天皇元年正月諸司に暦を頒く」とあり、六八七年に暦をすべての役所に頒布したとある。この『政事要略』の記事と『日本書紀』のものとがどう関係するか説の分かれるところである。

（7）元嘉暦と儀鳳暦を併用したように記述されているが、前注で述べたように暦移入に関しての記事が錯綜しており、細かな事情は不明というしかない。

（8）新編日本古典文学全集『万葉集一』

（9）七十二候は『礼記』第六「月令」中の語句を抽出して作られた。それらは、日本において、「東風解㆑凍（とうふうこほりをとく）」「蟄虫始振（ちつちゆうはじめてふるふ）」「魚上㆑氷（うをこほりをのぼる）」などのように、訓読されたと思われる。

（10）『新編国歌大観』

（11）日本近代文学大系『正岡子規集』

（12）「年内立春」は俳諧においては、十二月の最後に置かれた。

（13）新編日本古典文学全集『歌論集』

（14）単純に大小の月を交互に並べればよいようにも思えるが、月の運行は常に変化していて、その運行に正確に合わせるために、天文学上の計算によって大小を複雑に組み合わせた。したがって、大小は規則的ではなく、どの月が大の月でどの月が小の月かは年によって異なり、人々にとって最低限それを知ることが暦日を知るために必要であった。近世にはその大小を示した暦、絵で示したもの、言葉の遊戯で示したものなどが多く作られ庶民階層にも流布した。

(15) 暦法のことだけで言えば、暦日の一月一日を太陽運行のどの時点に置くかは自由であって、人為的に定めればよいことである。実はその人為的であることが問題の要点で、ローマ法王グレゴリオ13世は一五八二年二月二十四日にグレゴリウス暦採用と共に、春分の日をその暦での三月二十一日前後になるように定めたのである。これはキリスト教においてもっとも重要な日である復活祭の日が、春分の日の後の満月の後の日曜日と定められており、春分の日を決定するためには必要欠かさざる事柄であった。

　ローマ法王によりこの変更がなされた折、カトリック教国は法皇庁と同時に改暦したが、新教国での改暦は、ドイツ・オランダ・デンマークが一七〇〇年、イギリスが一七五二年などであった。キリスト教国以外ではさらに遅れ、ギリシアは一九二四年、中国では一九一二年、ソビエトでは一九一八年であり、現在でもイスラム暦などを使用している国も存在する。したがって、日本での一八七二年の改暦は特別に遅れていたわけではない。しかし、西欧の国々と相違し、その変化の大きさが衝撃的であったのである。

(16) 「神宮暦」は現在「大暦」と「略本暦」が神宮庁から発行されている。その内、「略本暦」では本文中に、「大暦」では付表に旧暦を記している。

(17) 例えば、神宮館から出されている何種類かの高島易断所本部編纂の暦は現在も多く流布している。

(18) 岡田芳朗『明治改暦』（大修館書店・一九九四年六月）にはその他の例も採録されている。

(19) 新編日本古典文学全集『謡曲集一』

(20) 新編日本古典文学全集『松尾芭蕉集一』

(21) 新編日本古典文学全集『源氏物語一』

(22) 注（19）

(23) 『ねぶりのひま』には四睡庵自身の明治七年二月付の序文、為山執筆の五月付の序文があるが、刊記などはなく、出版の詳細は不明である。また、取り上げた季語は少なく、その替わりに月ごとに例句を多く挙げている。

(24)「歳暮」の方は冬の季語に取り入れても、季節との齟齬がないので、現在の「歳時記」からこの部はなくなった。「新年」は現在は「春」部の始めに置く。
(25)近世初期の「歳時記」の多くは月ごとに季語を区分し、季節はそれぞれの月の説明の中に注記している。『俳諧手挑灯』(一七四五年)、『俳諧四季部類』(一七八〇年)、『俳諧歳時記』(一八〇三年)などは四季の区分を初めに立てるが、それでもその中を月に部類しており、季語を月ごとに分ける意識は強かったと思われる。本書「第三章　連歌・和歌の諸相」中「二　連歌発句で当季を詠むということ」参照。
(26)改造社・昭和八年
(27)角川書店・昭和四八年一一月
(28)三省堂
(29)徹底に欠けていて、「春着」「春場所」が冬とされた「一月」の項に残っている。
(30)はじめ、平成十一年六月の現代俳句協会から発刊。後、学習研究社から平成十六年五月に再刊されている。

二　連歌発句で当季を詠むということ
——十二月題という当座性——

1　折節の景物

連歌が当座の文芸であることは言うまでもない。しかし、その当座性は原則的に作品そのものに関してはほとんど反映されない。連歌百韻の中でそれが意図的に表れるのは発句および脇句（第三も含まれることがある）であった。発句などに見られるこの当座性は連歌興行の場全般の事柄に渡ることも往々にしてあったが、(1)そのうちでもっとも重視されたのは時節であった。そしてそれは、連歌・俳諧の発句、さらには俳句にいたるまで、「季題」「季語」の問題として論じられてきたことである。

「季題」「季語」などという熟語は明治も終わり近くになってからのものであろうが、(2)「季」を含む「題」ということならば、和歌にもあった。しかし、それは往々にして当季とは無関係に、百首歌のような組題であれば、四季すべてに渡るものとして、歌会に際して題者から与えられるものであった。

連歌における「季」の題は和歌の影響を受けてのものであることは言うまでもないが、連歌の発句においてのそれは、常に当座性を示すものとして意識されてきた。しかも、「季」の題が当座性と関わる時、それは単に「季」をおおまかに示すというだけでは不足とされた。連歌発句での「季」は細分化され、月ごと、場合によっては日ごとの時節として示されたのである。

「季題」「季語」をめぐる論考はこれまでさまざまな角度から数多くある。[3] 連歌に関しても、金子金治郎氏に論がある。[4] しかし、連歌の発句において一般に「当季」などと呼ばれていることが、当時、どのようなものとして認識されていたか、また、それは時代的にいつから意識されるようになったのか、などに明確な論は見えない。改めてこのことを考え直してみたい。

連歌発句についての早い言及は『袋草紙』[5]、引き続いて『八雲御抄』[6]に見える。前者には次のようにある。

　連歌は本末ただ意に任せてこれを詠む。然りといへども、鎖連歌に至りては発句は専ら末句を詠むべからず。

この書ではこれ以後、短連歌に関してのみ言を費やしており、いまだ定数連歌[7]（長連歌）の完成前の様相を示している。したがって、発句の当座性については特に見るべきものはない。

後者には発句に関して次のような記述がある。

　発句者必可二言切一。「なにの」「なには」「なにを」などはせぬ事也。「かな」共、「べし」とも、又「春霞」「秋の風」などの体にすべし。

『八雲御抄』の書かれた時代には定数連歌が既に形としては成立していたはずであるが、発句の当座性については取り立てて何も記されていない。ただ、言い切りの形の例として「春霞」「秋の風」を挙げていることからすれば、発句にこのような語句が多かったことを推測させ、それならば、発句にはおのずから当季が詠み込まれていたということになるであろう。

後代の『吾妻問答』(8)に見えるものであるが、阿仏尼説話に次のようなものがある。

為相卿母阿仏と云ふ人、東へ下りけるに、長月晦日の比、ある人連歌を仕るべきよしにて、阿仏に発句を請ひけるに、

今日ははや秋のかぎりになりにけり

とし侍りければ、人々百韻して、翌日に又一座侍りけるに、なほ阿仏に発句を所望しければ、

今日は又冬にはじめになりにけり

と書きて出だして、其の次いでに云はく、「歌は題を発句とし、連歌は発句を題目とせり。然れば、其の時節よく違へずあるべき事なり」と申されけるとかや。かの阿仏は、安嘉門院四条とて、女房の歌よみなり。いかでか、初冬の発句に、無下に心中にかなはで、か様には有るべきや。道をもつぱらに教へ侍る、尤もありがたき事なるべし。

十月一日になればその時節に合う句を詠むべきであること、つまり発句には当座性が重要であることを教えたもので、「今は又」云々の句は安易に詠んだものではない、という話である。これが事実であれば、阿仏尼が鎌倉滞在の時期ということで、弘安二年（一二七九）から弘安六年（一二八三）の間のこととなる。「歌は題を発句とし」とするあたりに、後代の認識が垣間見え、疑わしい点があるが、実は、この説話は『井蛙抄』(9)にあるものの類話で、そこでは阿仏尼ではなく、次のように為家（禅門）の句となっている。

信実入道、九月尽日、好士あまたさそひて、深草立信上人許にまかりて連歌侍けるに、禅門発句に、

けふははや秋のかぎりになりにけり

夜もすがら連歌にあかして、次朝、帰駕をもよほしけるに、今日は初冬にて侍るにいかゞ。さては候べきと上人

被レ申て、又連歌有けり。自余好士に式代もなくて、又禅門発句を被レ出けり。

今朝ははや冬にはじめになりにけり

発句は宴をおこすことをいふばかりにて、あながち風情をもとめざる歟。

ここには、疑念を催す言はない。末尾の「発句は宴をおこすことをいふばかりにて、あながち風情をもとめざる歟」との謂いは、『吾妻問答』で理論化されるよりも前の段階として、発句で当座の時節を詠む必要性を素朴に語っている。為家の出家は康元元年（一二五六）、没したのは建治元年（一二七五）であり、その時代には発句はその時節に合うように作るという認識があったとしてよいと思われる。

その後、連歌発句の時節と結びついた当座性をめぐって明確な発言をしたのは、康永四年（一三四五）成の二条良基の著『僻連抄』(10)である。ここでは次のように述べられている。

発句に折節の景物背きたるは返す返す口惜しき事也。ことに覚悟すべし。景物の宗《むね》とあるはよき也。

この言説で注目すべきは、「季」とは述べていないことである。発句に必要なのは「折節の景物」であるというのである。この良基の主張は連歌発句において「当季」とされてきたことが、実はどのようなことであったのかを示している。「折節」とは厳密に言えば「季」という大まかなものではなく、月ごとの、極論すれば、日々の景物と言うべきものだったのである。

以後、この良基の考えは後代の連歌論に踏襲される。宗祇門の著述らしい『連歌初心抄』(11)には次のようにある。

発句をせんには、其日（「月」、「月日」とする異本あり──引用者注）の景気を題として、雨露・霜雪・花鳥・風月に心を寄せて案ずべし。景気相違すれば、たとひ面白きふしある句なれ共、当座よろしからず聞こえて興すくなし。時節の景気を思ふべき事、第一たらんと也。

発句に求められたこのような「折節の景物」は、次のような形で具体的に示された。良基が前引の文章に引き続いて『僻連抄』で提示している一覧の、冒頭の部分、季節でいうと「春」に当たる箇所を挙げておきたい。

正月には、余寒　残雪　梅　鶯
二月には、梅　待つ花より次第に、
三月までは、ただ、花をのみすべし。落花まで毎度、大切也。

実は、良基は「折節の景物」の具体例を同じ『僻連抄』中でもう一カ所、末尾に掲載された「連歌式目」に付属するものとしても記している。「十二月題」と題されたもので、これも「春」に該当する部分を引いておきたい。

一　十二月題
正月　立春　子の日　芹つむ　若菜　鶯　解くる氷　雪消へ　焼野　冴え返る風　梅（二月まで）
二月　春日祭　柳　桜　蕨　帰雁（二月十五日より三月の初めまで）　雉　田返す　苗代
三月　蛙　春駒　雲雀　喚子鳥　杜若　款冬　躑躅　遅桜　藤　暮春

後者の方が数をかなりふやしており、また互いに幾分かの出入りがあるが、このことについて、金子金治郎氏は後者が式目中のものであることから、発句のみのためのものではなく、平句のためであったからであろうとしている。[12]しかし、当時、平句に関して「季」を越えた詳細な区分が必要であったか不審である。少なくとも室町期を通しても、このことに関する論は見当たらない。

金子氏も言を及ばせているが、これは元来、発句を想定してのものを、式目の最後に便宜的に付加したものと考えるべきであろうと思う。平句に関しては「季」の区分だけでよかったと思われ、それは式目の途中に、「可キレ定ム二時節ヲ一事」として、具体的な語に四季のみを注記して示している。『僻連抄』が『連理秘抄』に改訂された時には、この

「十二月題」が削除されているが、それは以上のような事情があったためと思われる。

この両者の「十二月題」のうち詳細な後者には、景物を月ごとに分類するだけでなく、例えば、「梅」や「帰雁」が月を跨いで、また、日にちにまでの規定があることは注目しなければならない。良基の言う「折節の景物」という当座性は、まさしく、このような具体的な「十二月題」で保証されていたからである。

以後、室町期を通して、発句は単なる「季」ではなく、この「十二月題」を詠み込むことが要諦となった。良基の教えを受けた梵灯庵の『長短抄』(13)にも「花鳥」に限ったものであるが、

花鳥

正月、柳・鶯。二月、桜・雉。三月、藤・雲雀。四月、卯花・郭公。五月、橘又樗・水鶏。六月、常夏・鵜。七月、女郎花・鶴。八月、萩・雁。九月、薄・鶉。十月、菊・鶴。十一月、枇杷・鴴。十二月、梅・鴛。

とあり、『宗祇袖下』(14)には、次のように『長短抄』をはるかに越える数の語を並べている。

春之季詞之事

正　星を唱ふる　若水　あを馬　梅が枝　年越て　のり弓大内　子の日の松　門松　あればしり大内　初春　冬をきのふ　あら玉　今朝みれば四方の空のかすむ　むつまし月

二　衣替着　初花桜　きゞす　霞　夜をさむみ　(略)

三　弥生　藤　青柳　遅桜　若鮎　(略)

宗祇または兼載の著作かとされる『初学用捨抄』(15)も同様である。ここでも、

発句をつかふまつるに、春夏秋冬共に共時節に相当の発句を旨とすべし。すこしも其時にたがひたるは不可然。先、春の季の物にても、正月の物・二月の物・三月の物・三月共に渡りて仕物、是有べし。然を、四季共に注分

侍。

と述べた後に、

春三月分別あるべき物

正月は

梅　残雪　氷消る　寒帰る　若菜（是は正月七日に限也）　野辺の下萌　荻の焼原　星を唱ふる（正月一日事也）（略）

霞　柳　長閑なる　鶯　ひばり　これらは春三月共にあるべき詞也

と、一応は四季の大枠に分類しながらも、題（語）を十二ヶ月に分けて示しているのである。

四季の分類は勅撰集を代表とする和歌撰集での伝統的な区分方法であり、連歌においてもそれを無視することはできなかったのであるが、連歌発句においてはその大枠の提示だけでは不足であったのである。そこに当座性を求めた連歌発句に関わる主張があったのであろう。

勿論、和歌の撰集の配列においても、「季」のみを基準にしているわけではなく、「季」ごとにおける時節の推移が考慮されてはいた[16]。しかし、和歌撰集が類書の分類に類似した景物のまとまりを重視する面があったこと、また、時節の推移に関しての厳密さに欠けること、より重要なこととしては当座性との関わりなど、やはり連歌とは立場が違うと言ってよいと思われる。

和歌と連歌発句とのこのような立場の相違は、『堀河百首』題を踏まえた宗牧の『択善集』[17]を見るとよく分かる。宗牧はこの書の序文でみずから『堀河百首』の題による連歌発句撰集であることを宣言し、一覧としては「季」ごとに題（語）を挙げるものの、その前に春であれば次のような言説が記されているのである。

立春、元日の発句さのみ差別もあるまじきにや。（略）霞・鶯などは元日より三月尽までもあるべし。子日・若菜・節日さだまれる事なればしるすにをよばす。梅・春氷・柳・残雪、大略同時分ながら、氷は立春より正月中むすびとく風情有べし。残雪は二月末つかたまで可然歟。梅は旧年よりさく物なれどなを次第あるべくや。（略）

『択善集』では『堀河百首』にあった「恋」と「雑」の部を省き、その代わりに「雑春題」などと「雑」を冠して、四季の題（語）を追加するという操作を行っていることも重要である。これは、発句の題を提示するのに絶対的に必要なのは「季」の題であったということの表れなのであろう。前述のことと、このことを合わせて、『択善集』は、連歌発句においていかに「折節の景物」に留意しなければならなかったかを如実に示しているのである。

以上のように、連歌発句においては当座性が重視され、そのために、「折節の景物」を詠むことが求められてきたわけであるが、誤解してはならないことがある。それは、当座性と言っても、単純に実際に目の前に見えるものを詠むということではなかったということである。「折節の景物」とはその「折節」にふさわしいと考えられる景物であり、眼前の景から、ある時は眼前にはなくとも、その時節にあるべき「もの」「こと」から選ばれる必要のあるものであった。景物は実物ではなく、観念としての景物であったのである。

そもそも、良基であっても、この景物を「題」と呼んだことにそれが暗示されている。それは、その「折節」という「時節」が必然的に与える「題」、つまり、その「折節」のあり得べき景物であった。そのようなものを詠むことで、連歌発句は現実世界を越えた当座性を確保したのである。

前引した金子氏の論考でも、「十二月題」と本意とを結びつけた論を展開している。その指摘にないところを補えば、本意とは単に個々の景物の本意というだけでなく、「時節」の「本意」とでも呼ぶべきものであったと思われる。それは、兼載著『梅春抄』(18)に次のようにあることからも推察できよう。

初春の発句などを仕候ば、梅が香の雪まを分る体、梅咲てこその嵐の寒からぬ体、松の葉の煙よりかすみ初たる体、梅の花を見よと雪の消たる体、(略) このほかいかほども有べし。

以下、この書では月ごとにその「折節」にふさわしい景を列挙するが、ここで言っていることは、「梅」の本意、「霞」の本意などというものではなく、「初春」という「時節」の本意であるに違いない。それに気づけば、本意論として著名な紹巴著『連歌至宝抄』(19)の次のような記述も、「春」という季節の本意の指摘でもあったことが見えてくるはずである。

連歌に本意と申事候。たとひ春も大風吹、大雨降共、雨も風も物静かなるやうに仕候事本意にて御座候。

2　発句規定の成立時期

連歌の発句における「当季」と一般に考えられているものが、実は「十二月題」というべきものであり、場合によっては、それさえも細分化した「折節の景物」であったということ、それが本意という形で、当座性を保証したものであったことを述べてきた。それならば、連歌における文芸的なあり方にとっても重要なこの事柄が、連歌史の中でいつ頃から共通認識としてでき上がったのか。以下、この点について考察を加えておきたい。

前節のはじめに引用した、良基の『僻連抄』には、「発句に折節の景物背きたるは返す返す口惜しき事也」という言があった。これは当時、「折節の景物」に背く発句があったことを示唆するとも読み取れる。しかし、後世の『初学用捨抄』でも類似の注意がなされていたことを考え合わせると、良基の言も、それに離反することの不可をことさらに強調したのであり、必ずしも、時節を背く発句が多く作られていたと考える必要はないのかも知れない。いつの時代でも、慣例を遵守しない者がいたと思われるから、これは時代の変化を示すものではなく、どの時代にもある揺れと考えてよいとも思える。

実情を把握するためには当時の資料に幅広く当たる必要があるが、成立時期の定数連歌の様相は資料の少なさもあってよく分からない。ここではともかくも、これまで判明しているものの内、南北朝期以前のものを検討することによって、発句の時節の当座性を探ってみたい。

鎌倉期、長連歌最初期の発句の具体例を豊富に収めているのは、『菟玖波集』巻第二十「発句」の巻である。この発句群をめぐっての「季題」に関する考察は、既に金子金治郎氏によってなされているので、まず、そこから関係する所を引用しておきたい。

> 季題がすべての発句に取られているか、無季の句はないかということが第一の問題になるが、答はまことに簡単で、一一九句の発句に無季の句は全くないと結論することができる。当然のことのようであるが、当季を読まない発句も古くは存在したのであるから、この平凡らしい結論も、菟玖波集にとっては、必ずしも平凡ではない。おそらく編者は、当座性の要求を厳しく自らに課して、その選択に当ったものであろう。当季を読まない発句には、弁内侍日記に阿弥陀仏連歌の「名残をばいかにせよとて帰るらむ」（建長二・八・十五）がある。[20]

ここで金子氏はまず、『菟玖波集』の発句に「無季」の句のないことを指摘している。勿論、「季」が当季であったのかどうかは議論の余地があるが、わざわざ発句に他季を詠み込むことは考えにくいとすれば、定数連歌はその成立時期から、それが「十二月題」に合致するかどうかはともかく、必ず「当季」を詠み込んでいたことになる。

ただし、金子氏はこのことに関してみずから疑念を挟んでもいる。『菟玖波集』中の発句に「無季」の句がないことに、『菟玖波集』編纂者の意図を感じ取っているのである。そうであれば、『菟玖波集』中の発句から鎌倉期の発句のあり様のすべてを知ることはできない、ということになる。結局、ここから判明するのは、編纂者の作品改訂の可能性を考慮しなければ、長連歌成立初期から、「当季」（というより「折節の景物」であったであろうが）を詠むことが往々にしてあったということ、である。

それでは「当季（折節の景物）」を詠まない例はどれほどあったのであろうか。これについては不明と言うしかない。金子氏は例として、『弁内侍日記』(21)の連歌を挙げている。確かに、指摘された発句には「季」がない。しかし、これは特殊な例であったからではなかろうか。改めて確認すると、この日記中の連歌に関する事情は次のようなものである。

八月十五夜、例の御会なり。雨降りていと口惜し。事ども果てて、妻戸開けさせ給ひて御覧ぜられしかども、月の曇りたる、いと口惜し。「名残に、阿弥陀仏連歌、ただ、三人せん」と仰言あり。「言捨てならんこそ念なけれ。少将、覚えよ」と仰言ありし。

なごりをばいかにせよとて帰るらん　御所
もしやと待たん秋の夜の月　少将
あかなくにめぐり逢ふ夜もありやとて　御所

（略）

夜も明けはなれにしかば、「残りは又の御連歌にし続がん」とて、名残多くてぞ帰りにし。

この日記の記事を迫っていくと、金子氏が「当季」を読まない発句の例として挙げたものが、本来「言捨て」となるような、その場での座興に詠まれた連歌であることが分かる。しかも、これは阿弥陀名号を頭に詠み込むことが要請された特殊なものでもある。

そもそもこの日に予定されていた連歌会は十五夜に因んで催されたものであった。その連歌は記録されていないが、当然のことながら名月に関する発句が詠まれたと想像して間違いない。連歌会がある特別な日に行われれば、それに関わる事柄を詠むことが期待される。それは和歌でも同じことであったと思われる。連歌の発句の場合はそれがより一般化したと考えればよいわけであるが、問題はそれがいつからなのかである。

『弁内侍日記』の記事は建長二年（一二五〇）のものであった。初期定数連歌史においてもっとも重要な記録である『明月記』の時代からそれほど隔たっていない。道生・無生が毘沙門堂で、寂忍が法勝寺で盛んに「花の下連歌」を行っていたのは寛元三年（一二四五）から宝治二年（一二四八）であった[22]。これらの連歌の発句のいくつかは『菟玖波集』に記録されているが、それは前引の金子氏の言の通り、すべて当季というより「花」を詠み込んだものである。『菟玖波集』に採録されたものだけというのではなく、「花の下連歌」という特殊な状況下での発句であればそれは当然のことであったであろう。十五夜での「月」と同じことである。

当時の断片的な連歌記事には『沙石集』[23]巻第五の中のものがある。この中で、明確に定数連歌の発句と分かるものは次の一句である。詠まれた事情を記した逸話を含めて引いておく。

東の入道病の床にふして日久し。頼みなく覚えければ、日来あそびなれたる歌仙よびて、最後の会と思ひて、月の夜病床にふしながら、亭主、

あはれげに今いくたびか月をみん

発句には禁忌に覚えて、人々付け煩ひたりけるに、簾中に、

たとへばながき命なりとも

此句あまりにおもしろさに、心地宜しくなりて、そのたびはたすかりたりけり。妹の若狭の局の句也。

発句を詠んだ東の入道は東胤行、素暹のことである。素暹は宝治元年（一二四七）以前に出家、弘長三年（一二六三）以前に没、と推定されているから、この話は先述の「花の下連歌」の頃に当たる。素暹の発句には「月」が詠み込ま

れている。「最後の会」は「月の夜」とあることから、十五夜の会であったに違いない。そうであるからこそ「月」という当座の景を詠んだ。これも当たり前過ぎることである。

ここまで見てきたものは、「花の下」「十五夜」という特殊な場での連歌ばかりであった。これでは、常の会の時のことは分からない。時代の下るものがほとんどであるが、断簡を含めて現存する長連歌を次に見ておきたい。煩雑ではあるが、鎌倉期末までのもので、発句の現存する作品の発句のみを挙げておく。時節を示すと考えられる語・事柄に傍線を引いた。なお、点線で示したものは「語（語句）」ではなく、叙述として時節を表現したものである。いずれも便宜的なもので、当座の「折節」の景をそれのみで的確に示すものではない。□は欠損箇所、一文字とは限らない。

①「東大寺要録裏文書」[24]

a　一二四一年七月〜九月間「賦何屋何水連歌」

しかのねもまつのとにこそおとづるれ（五師）

②「建治弘安頃賦何草連歌」[25]

a　一二七七年〜一二八一年「賦何草連歌」

枝ごとににほひそふかきむめのはな（聖什）

③「新古今和歌集　文永本」紙背文書[26]

a　一二七五年三月以前「賦何人連歌」

いろにいでゝはやさきそめよ小はぎはら

b　一二七五年三月以前「賦何物連歌」

はつこゑをはやなきそめよ郭公

c　一二七五年三月以前「賦何目連歌」

年の内にさきだつ春はちかづきぬ（全教）

d　一二七五年三月以前「賦何物連歌」

さゆるよの嵐に月ぞふけにける（禅忍）

e　一二七五年三月以前「賦何船連歌」

ふゆの日ののこり程なき今年哉（冷）

f　一二七五年三月以前「賦何人連歌」

いづくをかたづねてもみむをそざくら（禅忍）

g　一二七五年三月以前「賦山何連歌」

□ゆへは秋こそ人のまたれけれ（亭）

④「承空本私家集紙背文書[27]」

a　一二九七年一月一〇日「賦何木百韻」

山はなを雪げに月ぞかすみける（始阿）

⑤「来迎寺連歌懐紙[28]」

a　一三〇八年九月二二日「賦何木連歌」

をりもせぬ錦は秋のもみぢかな（聖）

b　未詳「賦何舟連歌」

草のなのはなにかくれぬまがきかな（星）

c　未詳「賦何船連歌」

ふくたびにゆきげをすてぬあらしかな（星）

d　未詳「賦何人連歌」

うす霧のまがきの庭に露そおく

e　未詳「賦何船連歌」

はならぬもみぢも秋のかざしかな

f　未詳「賦何人連歌」

あめ晴てなを霧のこる夕哉

g　未詳「賦何船連歌」

雪のいろに光をかすか夜半の月（妙）

h　未詳「賦何木連歌」

空は皆月の光になりにけり（聖）

⑥「改元類記紙背文書」[29]

a　一三一一年八月二四日「賦何船連歌」

露にはや色つきそむる木すゑ哉

b　一三一四年七月一九日「賦山何連歌」

風のをともすゞしき秋のこよひかな

c　未詳「賦何船連歌」

梅がかにしみたる夜半の嵐かな

d　未詳「賦何物連歌」

なかむれば花をも□（□）

⑦「薩摩新田神社所蔵の鎌倉末期連歌懐紙」[30]

a　一三二〇年六月一一日「賦何目百韻」

□さを風のわけ□ほかげかな（寂）

b　一三二二年正月五日「賦何人百韻」

□やかすめる月□るらん（和）

⑧「厳島神社蔵反故裏経」[31]

a　一三三〇年七月以前「賦何船連歌」

夕立はひかずかさねてふりにけり（実相）

b　一三三〇年七月以前「賦小何連歌」

□の花はさ月の空□ちりにけり（御句）

⑨「金沢称名寺阿弥陀堂連歌」[32]

a　一三三二年九月一三日「連歌」

月は秋あきも名あるは今夜哉（一）

b　一三三三年一〇月二三日「連歌」

雨の名をゝとにきかする木葉哉（印）

c　年未詳八月一五日「連歌」

月の名にひときはつらし秋の雨（一阿）

この二九の発句例のすべてが少なくとも「季」を詠み込んでおり、(33)月日の判明する発句で言えば、すべて「折節の景物」を詠んでいることが分かる。前述したように、十五夜などの特殊な時でなくともそれは同じである。恐らく、興行月日が不明な作品でも、その具体的な景の描写から鑑みれば、「折節の景物」を詠んだと見なしてよいと思われる。

これは偶然と考えられるであろうか。定数連歌成立期より時代が下がったからなのであろうか。定数連歌を作り楽しむ、という会、控えめに言っても、後鳥羽院を中心とした遊戯性の強い連歌が下火になり、定家を中心として幾分か文芸化し始めた時の会では、発句に「折節の景物」を詠むことが一般化していた、とする方が妥当なのではなかろうか。別の言い方をすれば、定数連歌の文芸化、そのことがこのような時節の当座性を要求した。真に文学としての百韻連歌が成立したことと、発句に時節の当座性が明確化されたのは同時であった、とも思うのである。

以上、連歌発句の当座性が「十二月題」に裏付けされたものであったこと、そのような共通認識は定数連歌成立からほど遠くない頃からあったらしいことを確認してきた。問題はこのような意識がどこから来たかであるが、それについての明確な論証は得られない。連歌発句が当座性を重んじたということは確かであろうが、なぜ当座性、特にそれを時節の景物に求めたのかについては不明と言うしかない。

発句の当座性の重視について論ずることは連歌という文芸の性格を明らめるのに重要なことであるが、ここではその余裕を持たない。僅かに言い及べば、前引した『井蛙抄』の記事にあった、「発句は宴をおこすことをいふばかりにて」が、漠然としているが的を得ている解答なのかも知れない、ということくらいである。これは「宴」つまり会席の開始においては時節の挨拶とでもいうべきものがおのずから要請された、ということを示しているらしいからである。

また、和歌会との関係も検証する必要があるであろう。続歌のような定数歌を前提とした会では、歌題は四季の順に並べられ、取り立てて連歌発句のような当座性は要求されない。しかし、七夕の会、十五夜の会での歌題は当然のことながら、その時節の景物を含む歌題が出される。他の時期の会でも、このことは大きくは外れない。ただ、四首題以上になると、四季ごとの題が出される傾向が強く、当座性とはずれてくる。[34]これは和歌が当座性よりも、部立などによって編纂された形を正式のものと意識していることを示していると思われる。いずれにせよ、連歌発句の当座性のあり方と和歌会とにどのような影響関係があり、また独自性があったかは今後の課題とせざるを得ない。

連歌の当座性は冒頭でも触れたように、脇句にも大きく関わり、また、場合によっては第三にも言えることでもあった。蕉風俳諧において『宇陀法師』や『三冊子』に書かれている次のようなことは、宗祇の『吾妻問答』で既に主張されてきたことである。

発句の季三月に渡る物ある時、脇の句にて其月を定る事、連歌の式也。（『宇陀法師』[35]）

したがって、「十二月題」を論ずるためには、このことにも言及すべきであった。また、「十二月題」と言っても含

3　おわりに

まれる語は連歌論書によってかなり相違する。(36) この比較検討、和歌の「季」の題との関係も具体的に見るべきであったであろう。

注

（1）拙著『連歌史試論』第四章「三　良基における発句の当座性—眺望又花亭を尋ぬべし—」（新典社・平成一六年一〇月）
（2）井本農一『俳文芸の論』（明治書院・昭和二八年一月）
（3）東聖子『蕉風俳諧における〈季語・季題〉の研究』（明治書院・平成一五年二月）など。
（4）金子金治郎『連歌総論』Ⅵ「連歌の表現」（桜楓社・昭和六二年九月）
（5）新日本古典文学大系『袋草紙』
（6）「日本歌学大系」別3
（7）本書「序説」注（22）参照。
（8）日本古典文学大系『連歌論集　俳論集』
（9）「日本歌学大系」5
（10）日本古典文学全集『連歌論集　能楽論集　俳論集』
（11）中世の文学『連歌論集四』
（12）注（4）
（13）岩波文庫『連歌論集上』
（14）中世の文学『連歌論集二』
（15）注（14）
（16）『正徹物語』（「歌論歌学集成」11）には「季の題に、題の前後によりて季の初後もかはる也。能心得て読まば、初後を分別すべき也。（略）山月にて、長月の在明などはよむまじき也」とあって、四季の分類だけを認識していてはならないことへの注意がある。しかし、この言はあらかじめ与えられた「題」をめぐってのことであって、当座の時節に関して直接に述べているのではない。

(17) 尊経閣文庫本（「連歌貴重文献集成・第十集」所収）。句読点・濁点を付けた。
(18) 中世の文学『連歌論集四』
(19) 岩波文庫『連歌論集下』
(20) 『菟玖波集の研究』（風間書房・昭和四〇年一二月）
(21) 新編日本古典文学全集『中世日記紀行集』
(22) 拙著『連歌史試論』第二章「一　出雲路毘沙門堂の花の下連歌」（注（1））
(23) 岩波文庫『沙石集』
(24) 伊地知鉄男「八雲御抄撰成当時の連歌懐紙—仁治二年書写東大寺要録の裏文書—」（「連歌俳諧研究」通号7・8・昭和二九年六月、『伊地知鉄男著作集Ⅱ』汲古書院・一九九六年一一月）
(25) 永島福太郎『古文書入門　百人の書蹟』（淡交社・昭和四〇年一月）
(26) 冷泉家時雨亭叢書『冷泉家歌書紙背文書　上』（朝日新聞社・二〇〇六年六月）。「一二七五年三月以前」と推定されているが、句例の時節から判断すると、この年以前の秋・冬の作もあると思われる。
(27) 冷泉家時雨亭叢書『冷泉家歌書紙背文書　下』（朝日新聞社・二〇〇七年八月）
(28) 伊地知鉄男「十四世紀初頭の連歌懐紙の断簡五十六紙—当時の連歌・張行その他を考える—」（「連歌俳諧研究」27・昭和三九年八月、『伊地知鉄男著作集Ⅱ』汲古書院・一九九六年一一月）
(29) 「伊地知鉄男「善阿時代十四世紀初頭の京都公家の連歌懐紙」（「連歌俳諧研究」11・昭和三一年三月、『伊地知鉄男著作集Ⅱ』汲古書院・一九九六年一一月）
(30) 大内初夫「薩摩新田神社所蔵の鎌倉末期連歌懐紙」（「語文研究」19・昭和四〇年二月）
(31) 金子金治郎「鎌倉末期の連歌懐紙断簡」（「国語と国文学」28—12・昭和二六年一二月）
(32) 潁原退蔵「現存最古の長連歌」（「国語国文」2—3・昭和七年三月、『潁原退蔵著作集　第二巻』中央公論社・昭和五

四年一二月）

（33）⑦ａのみ判読不明字があって、確かめられないが、類推するに「涼しさを風のわけいるほかげかな」ではなかろうか。そうであれば、六月二十日という晩夏の時節にあった発句ということになる。

（34）『後鳥羽院御集』（『新編国歌大観』）所収の「建保五年四月十四日庚申御会」での歌題は「春夜」「夏暁」「秋朝」「冬夕」「久恋」である。ただし、平成二十年十二月二十日俳文学会十二月東京例会（於青山学院大学）でのシンポジウム「季語研究の可能性」において、田渕句美子氏は「歌合・歌会における当季―鎌倉前期を中心に―」と題した発表で、鎌倉前期の歌会の歌題も一般的には当季のものであることを多くの資料を挙げて論証した。今後、歌題の当季性が連歌発句での当座性とどのように通じ合い、または相違するか、精査論究していく必要があるであろう。

（35）古典俳文学大系『蕉門俳論俳文集』

（36）注（3）の東氏の論著に代表的な連歌論書の比較表がある。

三　心敬の文学

1　連歌師と『新古今集』

歌人が『新古今集』を重視し始めたのはいつからであろうか。それに対して、連歌師（ここでは連歌作家の意）における『新古今集』重視については、早くに小島吉雄氏が二条良基『近来風体』（一三八七年成）中での「新古今ほどおもしろき集はなし」や「連歌には新古今までをも取るなり」という本歌をめぐっての言を受けて、

由来、連歌師の方では、非常に新古今集を尊重するのである。(1)

とし、連歌師においては早くから『新古今集』尊重の風が見えると述べている。

また、大村敦子氏は、

連歌という長句と短句を付けていく形式と、『新古今和歌集』の上句と下句との続き様に見られる特色とが互いに関わり合っていた。

として、

『新古今和歌集』に特徴的な表現形式を、（略）連歌に援用したのが二条良基の時代の連歌である。(2)

と述べ、伊藤伸江氏は、連歌の本歌取りに言及しつつ、

良基は（略）『新古今和歌集』が到達した詩の高みを共有する一つの可能性をみいだしていた。(3)

とし、良基の『新古今集』尊重の姿勢を指摘している。さらに、小川剛生氏の題詠に関しての論に、新古今歌人の積極的に試みた詠歌法と良基の連歌付合との類似性についての言及がある。

定家の詠四首（略）本来詠み据えるべき文字まで廻す、極めて高度な手法である。これを積極的に試みたのが新古今歌人、就中定家であり、「定家は題の沙汰いたくせぬ者也」（後鳥羽院御口伝）という批判さえ生み出した。（略）題をいかに鮮やかに「まわし」て詠むか、を追求し続けている。そして、題字を無視したようでいながら、実はこれを詠みおおせている、そのような表現の妙味を狙うには、一首の世界が高い詩的境地に到達することが必要条件であり、そこで良基の連歌論に於ける付合の理想と非常によく重なって来る。(4)

このような指摘を見てくると連歌師はかなり早い時点、少なくとも良基時代から『新古今集』を重んじてきたかに受け取れる。

確かに、連歌の付合の方法と『新古今集』歌の詠法との類似の指摘は、連歌（百韻連歌）が『新古今集』撰者らのもとで完成した事実と結びつくことで、当然過ぎることとも言える。また、連歌史上での後鳥羽院ら新古今歌人の重要性を良基らが充分に認識していたこともその論書から確認できる。宗祇らの「水無瀬三吟」が後鳥羽院の事跡を称える形で巻かれたこともその一端を示している。連歌師にとって新古今歌人もしくは新古今時代が特別な存在であったことは疑う余地のないことであろう。しかし、これらのことと、文芸たる連歌にとっての『新古今集』そのものの位置づけとは別に考えなければならない。

例えば、連歌が和歌の三句切れを前提にしていることや、前句付句が独立性を持つことは、『新古今集』から学んだことではない。前者については、『新古今集』以前、短連歌の早い時点から連歌は、五七五句と七七句でほぼ固定していたし、後者についても既に『俊頼髄脳』に明確に論じられていることであった。さらに、厳密な言い方をすれば、題詠や本歌取りなどの種々の詠法を新古今歌人に学んだとは言えても、そのことと『新古今集』という歌集尊重とは完全に重なるものではない。それはよく知られている『井蛙抄』[5]跋の、

新古今は自余また撰者の御計らひにて、京極殿の心ならぬ事も侍らん。新勅撰の撰者の歌十一首、家督の歌六首、（略）これを尤も風体の本と見ならふべきにや。

の記述を見れば明らかなことであろう。

連歌師にとって『新古今集』風の詠法がおのずから浸透していたことは認め得るとしても、連歌師による意識的な『新古今集』尊重という点に関してはより慎重に考えるべきで、少なくとも、連歌師が『新古今集』尊重の風潮を主導したとは考えられないのである。

この観点から、まず、諸氏が取り上げていた良基の論を、もう一度読み直してみたい。まず、『近来風体』[6]でのものである。その箇所を前引した先まで引く。

新古今ほど面白き集はなし。初心の人には悪し。心得たらむ人は此の集を見むこと、いかで悪しかるべき。

これは「勅撰は続後撰」、「宝治の民部卿入道の御百首、歌の本にて侍るべき」などと述べたことに引き続いての言である。良基の『新古今集』への関心は見て取れるものの、それはあくまでも「面白き集」としての捉え方であり、しかも「心得たらむ人」を前提にしてのものであることは注意すべきである。

本歌取りに関しても同書で良基は、

勅撰は後拾遺までを取るべしと申しき。但し、今は金葉・詞花・千載・新古今などを取りたらむはなにか苦しかるべき。（略）連歌には新古今までをも取るなり。

とする。しかし、ここで『新古今集』を挙げるのは、時代を下げてきた結果であって、取り立てて重んじたとは受け取れないのである。

「連歌には」とあるのは、『僻連抄』などに収録された連歌式目を念頭にしてでのことであろうが、その『僻連抄』では項目の首書に「式」とある。この注記は為世選定かともされる「弘安新式」に既にあったことを示すと考えられ、『新古今集』を本歌としてよいとするのは、良基の発案ではないのである。

一五〇一年、肖柏は「連歌新式今案追加条々」として「連歌新式」を改訂した。そこでは本歌取りの規定に、「至続後撰集可用本歌之由又被定」と注している。このようなことからも「連歌新式」での本歌の規定が必ずしも『新古今集』を重視したというのではなく、時代を経たかどうかが問題であったのだということを推察させる。

そもそも連歌において『新古今集』を良基が取り上げるのは、『十問最秘抄』(7)で「歌も万葉・古今・新古今以下見る風体は変はれり」とした後に、

諸人面白からねばいかなる正道も曲なし。たとへば田楽・猿楽のごとし。連歌も一座の興たる間、ただ当座の面白きを上手とは申すべし。

と連歌を考えており、また、『僻連抄』に、

大方は、代々の勅撰の言葉を出づべからずといへども、新しくしなしたらむも、また俗なる言葉も連歌には苦しみあるべからず。

とあるように、連歌が和歌とは違って伝統に縛られないもの、俗なものであることを背景にしてのものだったのでは

あるまいか。

小島氏は前引の論考で連歌師による『新古今集』注釈にも言及している。しかし、このことによって連歌師の『新古今集』重視を言うのも不正確であろう。『新古今集』注釈は連歌師によって始まるものでも、連歌師に限られたものでもない。このことについては、石川常彦氏の『自讃歌注』をめぐっての論に、「新古今集関係歌の注釈は南北朝、頓阿周辺に始まるとみられる(8)」という指摘がある。もともと、『自讃歌』自体が『新古今集』の秀歌撰の趣を持っていることは周知のことであろう。それを考慮に入れれば、『新古今集』への関心の形成は頓阿よりさらに遡ることにもなる。

良基の『新古今集』への関心はこのような時代背景、直接的には頓阿周辺での関心を受けてのものであったのであろう。ただし、頓阿の関心が『新古今集』重視からくるものではないことは、周知のことで、それは、前引の『井蛙抄』の記事からも分かる。良基にあってもこの意識から抜け出るものではなく、ただ、連歌が和歌ほどに格式を重んじなかったところに、『新古今集』の立ち入る隙間があったということだったのだと思うのである。

勿論、そうであってもそれが連歌師の『新古今集』への関心の現れだとも言えるが、そうであるとしても、そこには冷泉派の嗜好が反映していたはずである。良基より後になるが、了俊が『了俊日記(9)』の中で、

聞きよくてしかも今、我詠まんずる歌の心に可二相叶一を世俗の言なりとも可レ詠。

と述べていることなどは、前引の良基の「俗なる言葉も連歌には苦しみあるべからず」との言と通じ合っているのである。

連歌師が『新古今集』を重視するようになるのは、このような冷泉派との関わりの中で醸成されたためであった。勿論、それは連歌の持つ詠法上の特質、使用語の自由度などから来る連歌師の内的要求であったことも指摘しておく

べきことではあるが。

いずれにせよ、以上のような点からの『新古今集』への連歌師の関心は、あくまでも表層的な事柄に止まっていたと言える。そもそも良基以降、梵灯庵や宗砌の論書には『新古今集』歌の引用は幾分見られるもの[(10)]の取り立てて積極的な言及は見られないのである。

このような流れの中で、真に連歌師が『新古今集』を文学性に踏み込んで意識するのは心敬を待たねばならなかった。心敬は『所々返答』[(11)]第一状（一四六六年成）で、

古人の秀歌ども、古今集・新古今集などの内の名歌の歌、自讃・三体など、言葉面影を日夜むねに工夫なくては、まことの歌連歌のことわり・姿・眼をば悟りがたく哉。

と述べている。

心敬と『新古今集』との関係に関しては、木藤才蔵氏に、心敬が連歌の文学的理想を『新古今集』歌の持つ「心の深さ静けさ」という「王朝文学究極の姿」に見た、また、「新古今に疎句の歌が多い」ことと心敬の求めた連歌の付合と類似する、などとの指摘がある。[(12)]心敬において『新古今集』は単に詠法上の先駆ではなかったということなのであろう。

心敬において『新古今集』はいつごろから重いものになったのであろうか。『ささめごと』[(13)]（上巻一四六三年、下巻一四六四年成）では、「古人自讃歌少々」の項に「名歌」として『新古今集』収録歌（十六首中十五首）を引いているのが具体的に指摘できる関心度の表れである。ただ、そこには「言はぬところに心をかけ、冷え寂びたる方と悟り知れ」、「面影・余情（略）艶をむねと」すべきである、「けだかう幽遠の心をばおぼろけの人」は悟ることができない、または、疎句体の重視など、後に心敬が『新古今集』歌と結びつけて論じることになる理念が見える。その後、諸書に

『新古今集』への言及が見られるようになる。ただし、前引の『所々返答』第一状に引き続いて、

これらの庭訓、清岩和尚毎々申給へる事也。

とあることには注意を払うべきであろう。つまり、心敬の『新古今集』重視は正徹の教えによるということになるからである。

稲田利徳氏によれば、心敬と正徹との交渉が頻繁になったのは、文安・宝徳（一四四四〜一四五二年）頃からとのことである。[14]心敬が連歌壇に重みを増してきた四十歳前後の時期に当たる。心敬は正徹への私淑の中で、その文学観を形成していったと言えるのであろう。後年、正徹にわだかまりを持っても心敬が文学上の師としての感謝を忘れなかったのはそのような理由によると思われる。

ただし、心敬の前述したような文学観は必ずしも、正徹に全面的に負っているのではない。久保田淳氏は両者の相違について、和歌に関してであるが、

正徹はきわめて感覚的で幻想的といったらいいんでしょうか。非常にある意味では官能的だろうと思うんですね。それに対して、心敬のほうはずうっと研ぎ澄まされたような世界、澄み通った世界、その点がはっきり違うと思います。[15]

と述べている。心敬は正徹の『新古今集』重視を受け入れながら、その新古今観にはずれがあったのであろう。しかし、そのことを意に介さなかった。

心敬の『新古今集』重視は、『ささめごと』での不明確な記述を経て、『所々返答』第三状（一四七〇年成）では仏教での「禅教」の二段階を当てはめ、

歌連歌にかならず禅教の二道侍るべしと也。大かた、古今集已来の歌人までは教者当分に見え侍歟。新古今集の

作者に至りて、ことごとく禅法などの大悟発明の歌人、その世に満ちく〳〵侍歟。まことに、其比此道の奇特不思儀の時代なる歟。手を放ち縁語をぬけて不可説玄妙の事どもか。をざなりの向上の眼にては及がたく哉。歌も連歌も、彼の後鳥羽院御世の作者の言葉・面影をはなれては、数奇ても稽古もいたづらごと、せんなく哉。

とまでに行きつく。『新古今集』作者に至って、「禅」つまり「言葉を超えて深く微妙な美的世界を表現[16]」し得るようになったというのである。

このような正徹にも見られない心敬の挑発的とも思われる言は、心敬の自信の現れであろうが、心敬において正徹は始めから乗り越えるべき存在であったのかも知れない。稲田氏は東常縁に関して、正徹への師事は、「正徹の驚嘆すべき歌学上の博識と和歌の解釈力の抜群の力量」への魅力からとしているが[17]、同じことが心敬にも言えそうである。

この心敬の文学観は多くの連歌師に大きな衝撃を与えたであろうことは疑い得ない。連歌師にとって『新古今集』は『古今集』と並ぶ書となった。因みに前引の『所々返答』第三状は宗祇に宛てたものであるが、宗祇は『吾妻問答[18]』（一四六七年成）で、「老学の人・小児」は「古今・新古今・名所集等ばかりをも用ひらるべし」と説いている。ここに、良基の「初心の人には悪し」とは打って変わった態度が見て取れよう。

ただ、宗祇の論書には他に、本歌に関するもの以外、『新古今集』に言及する箇所は見当たらない。その代わりに『新古今集』を作句の基盤にすることは当然のことと思っていたらしい。『分葉[19]』（一四八八年成）は「詞をわきまふること、この道の至極」と前置きしての用語一覧であるが、そこには証歌として、『古今集』歌と並び、多くの『新古今集』歌が示されている。このこと一つを取ってもそれは首肯されよう。

宗祇とともに心敬に私淑した兼載も同様であった。それは、片山享氏の『新古今抜書』をめぐっての「兼載における新古今注釈への執着[20]」との指摘によっても分かる。また、伝宗祇著『初学用捨抄[21]』では引用歌中九十二首中、八十一首が『新古今集』歌である。宗祇時代のものと推測されるこの書から、心敬後の連歌師における『新古今集』重視の風潮が端的に表れていることが分かる。この時代に『新古今集』は連歌師にとって欠くことのできない書となったのである。

2 「心の花」をめぐって

『権大僧都心敬集』[22]の初めに収められた百首は「寛正第四暦暮春下旬、於紀州名草郡田井庄宮参籠中」と奥書にあるものである。寛正四年（一四六三）三月下旬、心敬五十八歳であった。その直後、五月上旬に心敬は連歌論書『ささめごと』上冊を書き上げる。翌年春には『熊野千句』に参加、連歌界の第一人者としての存在を世に示し、続いて五月には『ささめごと』下冊を表した。この時期の履歴については金子金治郎『心敬の生活と作品』[23]に詳しいが、心敬の故郷、紀州田井庄を巻き込んでの畠山家の内紛など、先述の「百首」に「故郷」と題した歌「たちかへりみしは数々なきよりものこるにあふぞなみだおちぬる」の自注[24]に、

紀州十余年のみだれに、此国にてむかし見侍りし人、まれにも、のこり侍らず、たまたまひとりなど、ながらへ侍る、ふしぎの事と思ひて

とあるように、心敬自身も嘆いた多難な時期であった。しかし、文学上は充実していたのである。

松も霞める朝明けの色　　幸綱
高砂の尾上の春を忘れめや　　道賢
心の花を語る山守　　心敬

これは先述の『熊野千句』[25]「第一百韻」の第十六・十七・十八句目である。『熊野千句』は細川管領家の所領讃岐の

守護代（もしくは又守護代）安富盛長が、主家勝元を招いて、内乱平定を祈願してのものであった。(26)

道賢の句にある「高砂の尾上」が松や桜の名所であることは、周知のことであろう。道賢は前句、幸綱の句の「松」から、その名所を想起し、朝霞の中に「松」の緑が浮かび上がる名所の春の忘れがたさを詠む。心敬はそこに「花」を付け加えた。「高砂」という歌枕の本意に従ってのことで、これによってまさしく大和絵のごとき景が完成するはずであった。しかし、心敬はその「花」が幻影であることを我々に悟らせるのである。

この道賢と心敬の付合は素性の、

山守は言はば言はなん高砂の尾上の桜折りてかざさん　（後撰集(27)・春中・五〇）

を本歌としたものである。「山守」は山の見張りで、元来は『能因歌枕(28)』に「もの思ひ知らぬをいふ」とされている「山賤」なのであろうが、木を切る「山賤」に対して、役目として山の木を守る者とされた。源経信の、

山守よ斧の音高く響くなり峰の紅葉は避きて切らせよ　（金葉集・秋・二四九）

では、紅葉を「山賤」から守る「山守」が詠まれている。

その「山守」が、いつから桜を愛でる心を持つようになったのであろうか。

み吉野の山の山守花を見て長々し日を飽かずも有るかな　（金槐集・四八）

という源実朝の歌はそのような「山守」を詠んだ早い例と言えるかも知れない。

心敬の句に見える「心の花」という語は、小野小町の歌、

色見えて移ろふものは世の中の人の心の花にぞありける　（恋五・七九七）

など『古今集』に二首見え、その後、多くが「人の」を冠して、花のように移ろいやすい人の心を譬える語として用いられてきた。それがこの語の伝統的な用いられ方であったと言える。そもそも、「雲の波」「花の雲」など「の」を

介しての譬喩は、始めに来る語が実態を示すのであって、前者は「波のような雲」であり、後者は「雲のような花」のことである。そうであれば、「心の花」は「花のような心」の意であることが本来の意義であったと考えられる。その「心の花」を、心に留めている花、として、花そのものを意味するものとして使ったのは誰であったのであろう。西行には、

おぼつかな春は心の花にのみいづれの年か浮かれそめけん　（万代集・二八〇）

という「花歌とて」と題された歌例がある。

その後、延文二年（一三五七）成『延文百首』の中の御子左為定の歌に、

帰らばぞ道も忘れんあくがれて来にし心の花の下陰　（二二一五）

があり、十五世紀の頃になると貞成親王や下冷泉持為の歌にも見られるようになる。しかし、この語は次の後土御門天皇の「聞恋」の題で詠まれた歌のように、人の心の譬えとして用いるのが一般であったことには変わりない。

吹く風の音に聞きつる人ゆゑに心の花の散るもはかなし　（紅塵灰集・一七六）

そのような中で、「花」のこととして詠む少ない例に正徹の歌がある。

木の本に散る惜しみてや嘆きつつ飽かぬ心の花も萎れむ　（草根集・一三九二）

は応永二十六年（一四一九）に詠まれた歌である。

心敬が直接、正徹に接するようになったのは、稲田利徳氏によれば、「文安・宝徳年間の頃」（一四四四〜一四五二年）であった。[29]以後、心敬は正徹を敬い続けた。心敬は「心の花」の語を正徹から学んだのであろうか。心敬の応仁二年（一四六八）の「百首和歌」中には、

いつの春心の花の故郷になりて憂き身も苔に朽ちまし　（心敬集・二二二〇）

という歌もある。

和歌での例を見てきたが、連歌では、早いものとして、延文五年（一三六〇）前後成の『紫野千句[30]』「第八百韻」の第九句目に次のような例が見える。前後を含めて掲出する。

霜の古枝の萩の冬枯れ　　重貞
我に憂き心の花の移ろひて　　全誉
今は訪はれぬ春にぞありける　　有長

前句は冬枯れの萩を詠むのであるから、第九句の「心の花」はその萩の花を言うのであろう。桜ではないものの、この例は花そのものを詠んだ例の一つと言える。しかし、付句は恋の句で、この句から遡れは「心の花」は人の心ということになる。

元来、「心の花」という語は花に心を譬えたのであるから、「心」「花」のどちらを指し示すか、両者が渾然となっていても不思議なことではないが、その両者を付合の展開の中で生かし得たのが連歌であったと言える。和歌においてそれは、一首の中に二重の意味を表裏に籠める、ということでしか処理できないことであった。

実は「心の花」は心敬の先達、宗砌が好んで用いた語である。次に挙げる宝徳元年（一四四九）成『顕証院会千句[31]』「第六百韻」第十一句をはじめ多くの例が見つけられる。

立てる一木の梅香るなり　　圭承
老が身の心の花は友もなし　　宗砌
さまざまに世はなりて変はれる　　超心

ここでの「心の花」もこの語の持つ両義性が前句・付句それぞれの立場から見出し得るのではなかろうか。

『熊野千句』に戻ると、心敬の「心の花」は、前句からの繋がりではまさしく桜の花である。この心敬の句の次は、

世の外の移ろひ住める友ありて　順覚
昔の契り末も違ふな　行助

と続く。連歌において打越と関わるのは咎められたことである。しかし、行助の句には、散りやすい思い、という「心の花」が持つ伝統的な意義が響いているように思われるのである。ここでも「心の花」の両義性は連歌の流れの中で立ち現れてくるのが分かる。

正徹は心敬も含め、多くの連歌師に師と仰がれていた。当時は連歌の時代でもあった。ところが、これまで正徹自身には現存する連歌作品は一つも見つかっていない。連歌を詠んだ可能性は認め得るものの、連歌を批判的に見ていたらしい。『なぐさみ草』(32)では、

まことに連歌の道のこと、近年天が下、一同にこのことわざになりぬとなり。しかれども、先達みな失せて後、道よこしまになりもて行きつつ、今は風雅の幽なる交ろひにあらず。（略）このこと灯上人、朝夕恨みに語られ侍りしなり。予も若年の時、もし、学び得ることもやと思ひしかども、生得の不堪のうへ、この恐れあるによりて、斟酌をくはへき。

と皮肉を込めて述懐している。

ただ、その連歌には和歌では不可能な独自な方法があった。正徹であってもそこに及ぶことはできなかったし、それは和歌における心敬でも同じであったであろう。

心敬は『所々返答』第一状に、

言の葉はつひに色なき我が身かな昔は継子今はみなし子

という歌を正徹御影に書きつけたと記している。

正徹の連歌に対する、また、連歌に道を見出した心敬に対する違和感は、両者における根元的な方法の相違に帰着し、そしてそれは両者に相容れないもののあることを感じさせたのではなかったろうか。

注

（1）「連歌師と新古今集」（「国語国文」6—3・昭和一一年三月）
（2）「新古今和歌集と連歌」（『新古今和歌集を学ぶ人のために』世界思想社・平成八年三月）
（3）「連歌と新古今」（「国文学」42—13・平成九年一一月）
（4）「二条良基の歌論と連歌—『愚問賢注』の題詠論をめぐって—」（「国語と国文学」76—6・平成一一年六月）
（5）「日本歌学大系」5
（6）注（5）
（7）日本古典文学大系『連歌論集　俳論集』
（8）「新古今集享受史」（「別冊国文学」9・昭和五六年三月）
（9）未刊国文資料『今川了俊歌学書と研究』（未刊国文資料刊行会・昭和三一年九月）
（10）宗砌『初心求詠集』、専順『片端』などには数首引用が見られる。
（11）中世の文学『連歌論集三』
（12）「新古今集と連歌—心敬の所説を中心に—」（「国語と国文学」24—3・昭和二二年三月）
（13）注（7）
（14）稲田利徳『正徹の研究　中世歌人研究』（笠間書院・昭和五三年三月）
（15）「新古今以後の和歌と歌人　正徹と心敬」（「国文学研究資料館講演集」2・昭和五六年三月）
（16）中世の文学『連歌論集三』の頭注

(17) 注(14)
(18) 注(7)
(19) 中世の文学『連歌論集二』
(20) 『新古今抜書』考」(「和歌文学研究」68・平成六年五月)
(21) 注(19)
(22) 「新編国歌大観」
(23) 桜楓社・昭和五七年一月
(24) 横山重・野口英一『心敬集　論集』(吉昌社・昭和二二年一〇月)
(25) 古典文庫『千句連歌集五』
(26) 拙著『連歌史試論』第六章「二　讃州安富氏の文芸—「熊野法楽千句」のことなど—」(新典社・平成一六年一〇月)
(27) 以下、和歌の引用は「新編国歌大観」「私家集大成」による。
(28) 「日本歌学大系」1
(29) 注(14)
(30) 古典文庫『千句連歌集一』
(31) 古典文庫『千句連歌集二』
(32) 新編日本古典文学全集『中世日記紀行集』

四　歌枕と連歌

1　はじめに

歌枕は古典和歌に詠まれた地名である。ただし、歌人が個人的に見聞したことがある、親しみがあるというだけでは「歌枕」とは言えない。元来、歌枕という語は広く歌語を意味した。そのことは『能因歌枕』(1)と名づけられた書が地名のみを載せているのではないことを見ても分かる。歌語、つまり、和歌の言葉としてふさわしい語であるということは、歌枕が単に著名な土地ということだけではないことを意味する。

和歌にふさわしいかどうか、ということは、音の響き、品性ということもあるが、長い間蓄積されてきた人々の思い、人の営み、たとえば恋の思いなどが託されいるかどうかにも関わってくる。それは文学的文化的背景ということであり、中世歌論・連歌論でいうところの本意といってもいい。歌枕の多くが掛詞としての機能を持つということも、単なる地名ということではないことを示している。

このような歌枕のあり様を見てくると、それぞれの地名としての出現が『万葉集』にあったとしても、その時期に歌枕としての認識がどれほど人々にあったかには疑問が生じてくる。

歌枕という概念は、歌語とは何かの議論が盛んになってから形成された、と考えるのが妥当なのであろう。平安後期、人々の間に共通の認識として強く意識されるのは中世以後ということであろうか。

それは和歌が題詠を主とするようになった時代で、この点では、歌枕は和歌の詠作が実体験を伴わないで行われる頃になって確立したと言える。しばしば、歌枕の実際地が不明であったり、数カ所の同名地が混乱して詠まれたり、その土地の様子が実態とかけ離れていたりするのは、このことに関わる。

そうであれば、歌枕は架空の地であると言ってよいのかも知れない。しかし、歌人らが現地を意識し、そこを訪れたいと願望していたこともまた事実である。歌枕と深い関わりを持つと思われていた能因が、白河の地に赴いたと偽った伝承もこのことを示している。『袋草紙』などいくつかの歌書に見える逸話であるが、ここでは『古今著聞集』(2)「和歌」篇からその記事を引いておきたい。

能因は、至れるすき者にてありければ、

都をば霞とともに立ちしかど秋風ぞ吹く白河の関

と詠めるを、都にありながらこの歌を出ださむこと念なしと思ひて、人に知られず久しく籠もりゐて、色を黒く日にあたりなして後、「陸奥《みちのく》の方に修行のついでに詠みたり」とぞ披露し侍りける。

歌枕はこのような歌人らの文学的想像と実体験とのあわいに立ち現れてきたと言える。それは文学が常に虚実の皮膜に存在したことと通底することである。

このような歌枕が、本来的に虚構として生成する連歌で、重視されたのは当然のことであったであろう。しかも、連歌において「旅」は主要な題材であった。虚構たる「旅」、これこそ連歌の方法と合致したものと言える。このような意識によって連歌の中で詠まれた場合、重要なことは歌枕のもつ性格、本意の把握であったはずである。それは付合において具体的に希求された。歌枕がどのような地として認識され、どのような事物・言葉と関わって詠まれるべきか。それを端的に示すのが、「歌枕書」であり、「連歌寄合《よりあい》」中の「名所」の項目であった。そこでは、各歌枕に関して、関連すべき語が提示されている。中世、主要な歌枕書が連歌師の手によって作られ、また、連歌寄合書に「名所」部が設けられたことは必然のことだったと言えよう。以下、このような観点から、歌枕の発生から、連歌での重視までの道筋を追っていきたい。

2　歌枕の発生

歌枕という語は、もともと、歌に用いられる歌語のことであったことは先述した。「枕」という語の解釈は諸説あってむずかしいが、枕が頭を支えるものということから、歌の内容を支えるもの、片桐洋一『歌枕歌ことば辞典　増訂版』(3)の「概説」のことばを借りれば、「和歌表現の前提となり、一首全体を統括する重要なことば」を指したものと思われる。

このことからすれば、「枕詞」と通底する歌学用語であるが、「枕詞」が主題に関連した言葉を導き出す語に特化したのに対して、「歌枕」はより広い概念を示す語であった。具体的には、多くの使用例を引いて「歌枕」の語義を論証し、今もって歌枕論の基本的な論考となっている中島光風「「歌枕」原義考證」(4)によれば、歌に用いられた「歌詞」「枕詞」「異名」「名所」ということになる。このことは現在に伝わらない『四条大納言歌枕』の逸文や、「あめつち」「たまほこ」などの言葉を収載している『能因歌枕』を確認すれば分かることである。

後に「歌枕」はほぼ地名のみを指すようになるが、その土地は特別な土地であり、そうであるからこそ歌語であったことは、十二世紀半ば過ぎに書かれた藤原清輔『和歌初学抄』(5)で、例えば「所名」に挙げられた「暗部山《くらぶやま》」に「暗き由、また思ひくらぶるに詠めり」、「読習所名《よみならふところのな》」の「霞には」の項に「み吉野・朝《あした》の原」と注記されていることからも分かる。和歌伝統の中で一定の性格を賦与された地名こそが、歌語たる「所名」だということである。この書より十数年後の成立と考えられる『梁塵秘抄』(6)でも十三番歌に「春の初めの歌枕　霞たなびく吉野山」とあり、「霞たなびく」と性格づけされている。

ただし、ここでの「歌枕」は地名と同義ということではなく、同書の四三二番歌には、

春の始めの歌枕　霞鶯帰る雁　子の日青柳梅桜　三千歳になる桃の花

なども見えることは注意を要する。いまだに「歌枕」が地名のみを指すと限定されていなかった時代のものとしてよいのであろう。

このような「所名」を包含する歌語を意味した「歌枕」の語が、ほぼ名所のことのみを指すようになったのがいつの時代であったかは明確にできない。歌学が精密化していき、歌語が細かに分類、意識されるようになった時代、ほぼ固定化してくるのは十二世紀末期と考えるのが常識的なのであろう。そもそも『能因歌枕』でも「国々の所々名」が他の語と別枠で一覧されており、地名と他の語とは位相の相違するものだという認識は存在していたわけで、歌語としての地名をどのように名づけるかの問題であったとも言える。

もともと、歌語の総称であったと言っても「歌枕」の主要なものが地名であったことも、「歌枕」の語義が狭義の意味へと限定化される要因として挙げられる。前出の『四条大納言歌枕』の著者とされる藤原公任の『新撰髄脳』(7)は十一世紀の初頭に書かれたものであるが、ここでは「いにしへの人多く本《もと》に歌枕を置きて、末《すゑ》に思ふ心を表す」と述べた後、歌例として本(上の句)に特別な歌語を詠み込んだ歌を挙げているが、その多くが地名であることはそのこ

とを示唆している。これより四半世紀前の人である藤原伊尹の事跡を記した『大鏡』[8]「太政大臣伊尹」条には、えもいはぬ紙どもに、人のなべて知らぬ歌や詩や、また六十余国の歌枕に名あがりたる所々などを書きつつ、とある。また、『経信集』[9]に見える十一世紀後半の催しと思われる「庚申夜歌枕合」では「郭公」とともに小暗（倉）山・青葉（羽）山、「蛍」とともに名取川・染川を詠むことが期待されている。

郭公、小暗山、青葉山

郭公今も鳴くなり小暗山麓の里に人や待つらん　（八七）

五月雨の頃になりてぞ郭公青葉の山に訪れはする　（八八）

蛍、名取川、染川

名取川そこさへぞ照る夏の夜は蛍ひまなく見えわたりつつ　（八九）

漁り火の波間分くるに見ゆれども染川渡る蛍なりけり　（九〇）

十二世紀初めに書かれた源俊頼著『俊頼髄脳』[10]には「世に歌枕といひて、所の名書きたるものあり」とあって、この記述自体は「歌枕」と称する書物の中に「所の名」を記した箇所があるということであろうが、他の歌語の論説と別枠に論じていることなどを鑑みれば、これも「歌枕」の主体が名所とされつつあったことを示唆していると思われる。

このような認識の中で、一一九〇年成の顕昭著『拾遺抄注』[11]で、「能因が諸国の歌枕三巻あり。坤元儀と名づく」とあり、一一九一年成の同じ顕昭の『古今集注』[12]で、「能因が坤元儀」に「諸国の歌枕を書するものなり」と注記されていることは、『能因歌枕』が地名のみの歌枕書であると誤解された痕跡である可能性がある。このような誤解が事実あったのだとすれば、この時期には、「歌枕」が地名のみを指すという認識が一般化していたことになろう。

ただし、「歌枕」が地名だけでなく歌語一般を意味していたことが完全に忘れ去られたわけではない。十三世紀初頭の『千五百番歌合』二四四番判詞に、「右、〈かきつばた〉は常の歌枕なり」の言が見えること、さらに十四世紀前半成の『徒然草』十四段の「今も詠みあへる同じ詞・歌枕も、昔の人の詠めるは、さらに同じものにあらず」の「歌枕」の語に、一六〇四年刊、秦宗巴著『寿命院抄』(13)では「ここにては詞のつづき、枕詞などをいふべし」と注記されており、以後、近世の主要な注釈もこれを踏襲していることなどは注意しておいてよいことと思われる。また、「歌枕」と称さずに、「名所」とすることも後代まで続いている。

3　歌枕の概念の確立

このような「歌枕」という歌学用語の語義の変遷の中で、『俊頼髄脳』からしばらく後、十二世紀半ば以前に編纂されたと思われる藤原範兼著『五代集歌枕』(14)が名所のみを一覧したことは画期的で、この書は名所を指す「歌枕」の概念の一般化、さらには後の国々の「歌枕」の認定に大きな影響を与えたと思われる。

この『五代集歌枕』は名所を地形別に分けた後に国別に並べ、歌例を挙げており、後の類書の基本となった(15)。例歌は『万葉集』『古今集』『後撰集』『拾遺集』『後拾遺集』から採っていて、各歌にはその歌集名が注記されているが、このことも重要である。「歌枕」というものは単に地名でも景勝地などでもなく、古歌に詠まれた地であることをおのずから示しているからである。

また、「所名」が「歌枕」という用語で概念化されていく過程は、題詠が和歌詠作の中心になっていったことと無関係ではないことも指摘しておきたい。おそらく、それに伴って、実際の詠作上で歌語とは何かがより精密に追求され、歌語の分類も行われるようになった。特殊な地名を示す「歌枕」という歌学用語の確立はその結果だと考えられるからである。

そうであるからといって、後に「歌枕」と称するようになる特別な性格が付与された土地が、これ以前にまったくなかったわけではない。その原初は『万葉集』にも認められることである。しかしながら、当時はまだ歌枕風の名所であっても実際の土地が常に意識されているのが一般であった。それに比して題詠の中での歌語は虚構の中で用いることを認めてのものである。そうであればもともと歌語の一つであった「歌枕」も実体験を経てとは限らずに詠まれても問題とされないということになる。『俊頼髄脳』において、先に引いた文に続けて、

それらが中に、さもありぬべからむ所の名をとりて詠む常のことなり。それは、うちまかせて詠むべきにあらず。常に、人の詠みならはしたる所を詠むべきなり。

とすることは当然のことであった。「人の詠みならはしたる所」であれば、実態が不明であっても詠むことを許された、というより、地名が歌語として和歌伝統の中で培われたものであれば、それこそが「歌枕」である、ということなのであろう。

そうは言っても、まったく実態を無視していたわけでもない。一般の歌語がそうであったように、「歌枕」も実態とのすり合わせの中で常にその性格が検証されていたことも事実であった。『明月記』[16]承元元年（一二〇七）五月十六日条には、十四日の「御堂ノ障子召二シ付ケ画工一ヲ可レキ令レム画カ之由、夜前ニ有二リ仰セ事一」を受けて、次のような逸話が記されている。

兼康来二タリテ云フ、名所ノ事以二テ伝々ノ説一ヲ難二シ書キ出一ダシ。明石・すまハ非二ザレバ幾バクノ路一ニ、罷リ向ヒ各見二テ其ノ所一ヲ書二キ進メンニ絵様一ヲ、若シ有二ラン遅々タラバ者一恐レ乎ト。予云フ、此ノ事雖二モ片時一ト可レキ急グ事也。但シ云二ヒ当時一ト、云二ヒ後代一ト、尤モ可レシ恐二ル紕繆一ヲ。揚レゲ鞭ヲ向二カハバ其所一ニ、且ツハ為二ラン後代之談一ト也。

絵師が、言い伝えを聞いているだけで現地を知らないので、期限に遅れるかもしれないが行って見てみたい、と訴えたのに対して、藤原定家が遅れるのは駄目だが、誤りを犯すことも良くないので、「鞭を揚げその所に向か」へ、そうすれば、後代の語り草になるだろうと答えたという話である。

これは絵の話であるが、この記事には具体的な地名が記録されており、それらは一般の「歌枕」と一致する。つまり観念化された「歌枕」と言っても、その観念のみで描くことの危険性が危惧されているのである。名所絵には和歌が添えられることが一般で、その折の和歌は描かれた絵によって詠まれるのが普通であったと思われる。その時、その基盤となる絵は　現地に赴いたことのない歌人らに現地の代わりとなるようなものが求められたとも考えられよう。

和歌のみに関することについて言えば、「歌枕」の現地への関心は『明月記』の記事より早く、一一五八年成立の藤原清輔著『袋草紙』に、次のような能因の逸話が見える。これは本稿の「はじめに」で『古今著聞集』から引いた逸話と同話であるが、改めて『袋草紙』(17)から引用しておきたい。

竹田大夫国行といふ者、陸奥に下向の時、白河の関過ぐる日はことに装束きて、水鬢搔くと云々。人問ひていはく「何らの故ぞや」。答へていはく「古曽部入道の〈秋風ぞ吹く白河の関〉と詠まれたる所をば、いかで褻形にては過ぎん」と云々。殊勝のことなり。

能因、実には奥州に下向せず。この歌を詠まんがために竊かに籠居して、奥州に下向の由を風聞すと云々。二度下向の由書けり。一度においては実か。八十島記に書けり。

『後拾遺集』羇旅に採録された、「陸奥に罷り下りけるに、白河の関にて詠み侍りける」と詞書のある

都をば霞とともに立ちしかど秋風ぞ吹く白河の関

の歌を廻っての逸話であるが、ここには、すでに「白河の関」が歌枕化していること、しかしながら実体験の裏付け

という保証が、偽証であっても希求されたことが示されている。『古今著聞集』の方にはその真実味を増すために日焼けしたとさえ記している。

また、十三世紀初めに編纂された源顕兼編『古事談』(18)には、一条院の勅勘を蒙った藤原実方が「歌枕見てまゐれ」と言われ、陸奥守に任ぜられて奥州に下った後、「奥州を経廻るの間、歌枕を見んがために、毎日出行す」とあり、『古事談』と同時期の成立をみなされている鴨長明著『無名抄』(19)「業平髻を切らるる事」には、在原業平が髻を切られたことを知られないようにするために、『歌枕ども見む』と、数寄にこと寄せて東の方へ行きけり」とあって、「歌枕」の実際地に対する関心のありようを示している。

それは、主役である業平や実方の時代ということではなく、『古事談』などが成立した十三世紀初めの認識と言えるのであろうが、ここには厳然と「歌枕」という観念化した存在があり、それに喚起された現地への関心というものが歌人たちに醸成されてきていたことが垣間見える。後代の「歌枕」を廻る紀行の萌芽とも言え、「歌枕」という概念がいよいよ確固たるものとして歌人らの意識に定着してきた様子がここにある。

4　歌枕と連歌

このような歌語の一つとしての「歌枕」が、和歌文芸の中で確立した後、連歌文芸においてそれを上回るように重視されたことも注目すべきことであった。このことの指摘に関わって、理由を連歌師が旅の文学者であったということが挙げられることがあるが、そのことよりも、連歌と「歌枕」の結びつきは、連歌という文芸にとって「歌枕」が欠かすことのできない重要な歌語であったことが主たる要因なのだと思われる。

それは、貞和元年（一三四五）に書かれた、まとまったものとしては現存最古の連歌論書である二条良基著『僻連

抄』[20]に、

名所などはゆめゆめ無用の時、出だすべからず。肝要の寄合を詞にて鎖りてはすべし。ただ花と言はむに吉野、紅葉と言はむに竜田、すべてすべて詮なし。ただし、珍しきもの出で来たらむに、名所ならでは付けがたきことのあるなり。かやうの折は難にあらず。

と述べられていることからも推察できる。「無用の時」に、むやみに用いるな、という言は、当時の連歌において、名所が頻繁に詠まれたことへの批判なのであろう。

その理由の一つには、連歌の付合では内容の転じを伴った関連性が重視されたが、名所を持ち出すことで、その困難を曲がりなりにでも達成できたことがあったかに思われる。先に否定的に述べたが、連歌師の旅に関わって考えれば、自分自身の関心ということより、現地を見聞することの多かったであろう連歌師の知識が一般の連衆の関心を引きつけたといったことがあったかも知れない。それは先の能因の逸話などと類似の事情である。

いずれにせよ、連歌において「歌枕」が重視されたことは疑いなく、『僻連抄』にも、連歌を詠むために披見すべき書として、「三代集・源氏の物語・伊勢物語・狭衣」の次に「名所の歌枕」が挙げられている。

これより先、鎌倉時代末期のもので、冷泉為相の蔵書目録かとされる『私所持和歌草子目録』[21]の「連歌」の部には、連歌作品集・寄合書・連歌式目書・賦物集に続いて、『五代集歌枕』『諸国名所歌枕』『諸国名所抄』『名所部類抄』『歌枕部類』の五書の歌枕書が掲載されていることも極めて注目すべきことである。その目録からも和歌より連歌の方が歌枕書を必要とした実態が垣間見えてくる。

もっとも、これらの書は編纂ということについては、時代からいっても連歌師が関与したとは考えにくい。しかし、室町時代の連歌全盛期になれば、連歌師みずからが歌枕書を編纂することともなった。明応九年（一五〇〇）成立の宗祇『浅茅』は付合の具体的方法を論じた書であるが、その三分の二を国ごとに分けた「歌枕」の一覧に費やしている。それぞれの「歌枕」には歌例が挙げられ、その寄合語が掲載されており、連歌において「歌枕」の必要性の要因をおのずから示している。

連歌の寄合書にはどれも当然のことながら「歌枕」に関わる記載があるが、取り立ててまとめて一覧している書には、中世期のものとしては『連歌付合の事』がある。近世になると、十七世紀に入ったころの成立と考えられている如睡編『随葉集』にはかなりの量をしめる「名所部」があり、十七世紀半ば以後成立の編者未詳の『竹馬集』にも「名所之部」がある。これらの書は、寄合語を示すことによって、おのずと「歌枕」の付随する性格を提示しており、個々の「歌枕」の観念の固定化をさらに推し進めたと言ってよい。

連歌師の関与した書には寄合書以外に歌枕書そのものもある。寛文六年（一六六六）になって出版された『名所方角抄』は都からの方角、距離などを記した特異な歌枕書であるが、この書の編纂は宗祇に仮託されてきた。宗祇門の宗碩には永正三年（一五〇六）成立の『勅撰名所和歌抄出』があり、元和三年（一六一七）に刊行された『類字名所和歌集』は近世初期の連歌界の第一人者であった昌琢による編纂で、「歌枕」に多大な関心を持った契沖にも大きな影響を与えた。

「歌枕」は和歌での用を経て、連歌においてなくてはならないものと認識され、さらに契沖のような研究者によって、全国の土地土地の文学的あり様、さらには地誌への関心をも引き起こしたのである。

5　その後の歌枕

このような「歌枕」は近世に入ると別途の展開も遂げた。その一つは江戸などの新興都市に関わる名所の歌枕化であり、また各藩に属する地方の土地の歌枕化である。これらは古典における「歌枕」の伝統を引き、その類型を新たな土地に見出したもの、新興地が新たに作られた歌によって「歌枕」とされたものなど、諸相があるが、この系譜は現代にも続いている。例えば、『新撰歌枕　現代短歌集成』[22]などの例を挙げれば、それは得心のいくことであろう。

もう一つは「俳枕」の出現である。これは延宝八年（一六八〇）刊の名所俳諧集である幽山編『誹枕』を嚆矢とし、俳諧の立場で詠まれた名所を言い、特に現地の実体験を踏まえて用いられたところに特質がある。その点からは和歌伝統を覆したところにその存在意義があると言ってよいのであろう。

このような俳諧でのものは、先に述べた本来の「歌枕」のあり方からは逸脱したものと言える。それは新しい和歌（短歌）でのものについても言えることである。「歌枕」が、それぞれの土地の持つ本意、つまり、勅撰和歌を中心として長い年月を掛けて醸成されてきた土地の本質的、観念的なあり方、というものを担ったものであったことからすれば、遅くとも中世中期以後に生まれた名所は本来の「歌枕」とは別種のものと言える。「歌枕」というもののもつ面白みと限界がここにある。

注

（1）「日本歌学大系」1
（2）日本古典文学大系『古今著聞集』
（3）笠間書院・一九九九年六月
（4）『上世歌学の研究』（筑摩書房・昭和二〇年一月）
（5）「日本歌学大系」2
（6）新編日本古典文学全集『神楽歌　催馬楽　梁塵秘抄　閑吟集』

（7）注（1）
（8）新編日本古典文学全集『大鏡』
（9）「新編国歌大観」。以下、和歌の引用は同じ。
（10）新編日本古典文学全集『歌論集』
（11）「日本歌学大系」別4
（12）注（11）
（13）『徒然草諸注集成』（右文書院・一九六二年五月）
（14）「日本歌学大系」別1
（15）嘉村雅江『勅撰名所和歌抄出』の配列からみる成立事情――『十四代集歌枕』との共通性について」（「日本文学」64―7・二〇一五年七月）
（16）稲村栄一『訓注　明月記』2（松江今井書店・平成一四年一二月）
（17）新日本古典文学大系『袋草紙』
（18）「新訂増補国史大系」18
（19）日本古典文学大系『歌論集　能楽論集』
（20）日本古典文学全集『連歌論集　能楽論集　俳論集』
（21）冷泉家時雨亭叢書『中世歌学集・書目集』（朝日新聞社・一九九五年四月）
（22）第一法規出版・一九九〇年七月～一一月

五　「韻字和歌」の諸相

1　はじめに

上越市立総合博物館で管理されている「榊原家史料[1]」の中に、次のような文芸資料がある。「浄晃院様御詠草の17」とされているもので、冒頭は次のようである。濁点は補わず、／は行替えを示す。また、必要な箇所に傍線を付した。

己亥中秋揚、一年月色今宵好万里無雲穐夜長、十四字各捜鬮、為詩歌韻尾、以催風雅之興云尒

玄仙

中秋美月雲間出／新詩生眼更弄筆／年々十二度団円／今宵桂影是第一

道也

尽せしな今宵の月を始にて／君かみるへき秋は幾年

友我

都にてまつや語らん君とともに／こよひなかむる高砂の月

わすれては月にねもせてあかし潟／春を最中の穐の気色に　　源政房

序に、この時の文芸会の詠法が規定されているが、「一年月色今宵好万里無雲穐夜長」という詩句の十四字を鬮で引いて、それを「韻尾」にして詠めというのである。

この課題は漢詩を作るということなら取り立てて問題にするようなことではない。問題は和歌の方で、漢字一字を末尾に詠めと言っても漢詩のようにはいかない。工夫が必要となる。二、三首目の和歌は体言止めとなっており、鬮で引き当てた漢字をそのまま末尾に詠み込んでいて、見た目には漢詩と同じ形になっているが、四首目は「に」という助詞で結ばれていて、鬮で引き当てた漢字である「色」はその前にある。

つまり、「韻」字を末「尾」に置け、といっても、和歌の場合はこのような形も許容されたということで、付属語や活用語尾は無視してよいということであった。まやかしのような気がするが、ただ、このようなあり方は日本においては、漢詩であっても訓読されたのだから同じことだと言え、当時の人々にとってそれほど違和感のあったことではなかったと思う。

2　「韻字和歌」というもの

導入として「榊原家史料」の一例を紹介したが、問題は、このような和歌の詠法が、どこまで遡れ、どれほど一般的であったか、和歌の末尾に韻字と称される漢字を詠み込むことは、一見、脚韻を踏んでいるかに見えても、実際はどうであったのか、また、個々に違いはないのか、などである。本稿はこの点の考察を目論むが、今後の論の展開に際してはこのような詠法の和歌を仮に、「韻字和歌」と呼んでおくこととしたい。

実は、このような和歌の詠法のあったことについては、朝倉尚氏が多くの実例を挙げて指摘している。[2] 氏はその論考で、このような和歌を「押韻歌」と呼んでいる。本稿では、この用語が適切かの検証を意図しつつ、新たな資料の提示とともに、「韻字和歌」の諸相の再検討を試みたいと思う。

ただ、「韻字」という概念の把握もなかなか難しいことではある。次のものは『土御門院御集』[3] の例であるが、ここでは「韻字」といっても、単に、韻を意識した漢字（上平声「元」韻）を詠み込んでいるだけで、その字が句末に現れているものではない。韻字に該当する語を（　）に入れて漢字を当てた。以下同じ。

韻字六首

軒

世にふればかやが軒ばの月もみつしらずや人の行末の空　（四四一）

繁

いく度か秋のたもとの朽ちぬらんしげ（繁）きなげきの露の下にて　（四四二）

猿

山ふかくすみける程もしられけり月夜のさる（猿）の窓ちかき声　（四四三）

魂

あくがるる我が玉しひ（魂）の行へをも千里の外の月やしるらん　（四四四）

門

西へとやみのりの門ををしふらんさきだちてゆく秋の夜の月　（四四五）

痕

かよふべきあと（痕）ありとだに忘れなんとはれぬ庭を苔にまかせて（四四六）

また、『六百番歌合』(4)の九四三・九四四番歌の判詞には次のようにあって、漢字でなくとも、歌末をいう場合もある。

左歌の「まで」、韻字に「て」の字を据うべきゆゑの侍りけるにや。

時代が下るが、『連歌新式　天文十七年注』(5)でも、

韻字とは、上句・下句の末に置一字を云也。縦ば、漢和の時、下句の末に韻の字を置。准之、上句にも留所の一字を韻の字と云也。

と述べている。このように「韻字」といっても明確な定義のもとで用いられているわけではない。したがって、ここで、「韻字和歌」という時は、少し曖昧であるが、音の響きに関わる「韻字」ということを意識しつつ、漢字を末尾において和歌という概念で用いたいと思う。つまり、『土御門院御集』のようなものは含めないということである。因みに、『大漢和辞典』の「韻字」の項には「詩や韻文の韻脚に用ひる文字」とある。

３　「韻字和歌」の諸例

ここで、「韻字和歌」の実例をいくつか挙げて、確認していきたい。先に、「榊原家史料」を挙げたので、はじめに、それと同様の方法のものを見ておくこととする。三条西実隆の『再昌草』(6)天文三年（一五三四）の条に次のような記事が見える。

八月十五夜は、やまともろこし名を得たる良辰なり、心ある家々たれかこれをもてあそばざらん。（略）帥大納言は雲の上の宿直して、月の光も身にしみけるにや。三五夜中新月色といへる七文字を韻にすへて瓦礫をつづれり、

帥大納言、実隆の息、公条が「三五夜中新月色」の七文字を韻に据えて和歌を詠んだというものである。この記事の後には、これに応じて実隆が「二千里外故人心」の七文字を「句の頭」においたとし、その和歌のみが記録されていて、公条のものはないが、この記事は、「榊原家史料」のような詠み方が中世からあったことを示している。

次のものは慶安元年（一六四八）詠とする石井元政『草山集』のものである。

春尽雨声中といふ句を韻にて詩つくりけるに、雨といふ文字をえて

白妙に匂ひしみねのくもきえてみどりをそむるよもの春雨　（一一九）

これは榊原家のものより少し後のものであるが、同様に詩句中の字を韻にして、和歌を詠んでいる。恐らく鬮引きだったのだと思われる。

これらによって、詩句中の一字を「韻」と称して、和歌の末尾に詠み込むという詠法が、中世後期から近世においても行われていたことが分かる。ただし、この詠法では「韻字」といっても漢詩の脚韻を取っているものでないことは注意しておく必要がある。連作和歌で、「いろは歌」や「阿弥陀名号」を歌の一字目に置いて詠む方法などと同じである。「韻字和歌」といってもこのようなものである。このことを含めて考えると、このような和歌を、音の同調を目論む「押韻」と言ってよいのかにはますます疑問が生じるのである。

朝倉氏の用語である「押韻歌」ではなく、「韻字和歌」という名称を提唱する理由であるが、それはそれとして、それでは、漢字を末尾に詠み込むという方式を取るものはすべてこのようなものかというと、そうではない。早い例として、藤原定家の詠んだものに別の形のものが見つかる。成立年代順にいうと、まず、次に引いた「韻歌百二十八首和歌」という作品がある。冒頭の春部のみを、故意に上下句の二行に分けて記しておきたい。

百廿八首和歌建久七年九月十八日内大臣家、他人不詠

春

いつしかといづる朝日を三笠山
けふより春のみねの松風　（一六〇一）

かすみぬな昨日ぞ年はくれ竹の
ひと夜ばかりの明ぼのの空　（一六〇二）

むさしのの霞もしらずふる雪に
まだ若草のつまや籠れる　（一六〇三）

ころもさぞただうたたねの手枕に
はかなくかへる春の夜の夢　（一六〇四）

「韻字」といっても「籠れる」のように、文字面の末尾でないものがあることは、先に指摘したことと共通する。このことは今後、いちいち注記しないが、以下の引用でも同じである。そのことを加味して、この連作では、末尾に「風」「空」「籠」「夢」の漢字を置いている。これらは、上平「東」韻の字である。二行八行で提示したことで分かるように、全体として律詩に類似し、それに合わせるように偶数行に「東」韻で押韻した形を取っていることが分かる。

　定家にはさらに一例、「韻字四季歌（定家卿独吟詩歌）」と題されている作品もある。これも見ておきたい。次に序と冒頭部分を挙げておく。

付少将内侍経、叡覧
　建保五年の事にや、内裏に此韻の字を人人たまはりて詩をつくるとつたへききて、つれづれなりしかば歌にもなりなむやと心みにかきならべて見侍りしいたづらごとをおもひいでてかきつく

春芳節愛来望帝畿　先花照耀是春衣

梅がえのうつす匂はうすからじ霞はよわきはるの衣に　（六〇七）

渓嵐吹浪冬氷尽　山気帯霞晩月微

たれか又花をおそしとしらせまし春をしふる鳥なか（微）りせば　（六〇八）

宿雪猶封松葉重　早梅纔綻鳥声稀

春とだにまだしら雪のふかければ山路とひくる人ぞまれ（稀）なる　（六〇九）

閑眠徒負南簷日　賓雁従今欲北飛

谷ふかく鶯さそふ春風にまづ花のかや雲にと（飛）ぶらん　（六一〇）

こちらの例は序によれば、人々が作った漢詩と同じ韻で和歌を詠んだということであるが、実際は自分でも七言律詩を作って、その後、和歌を詠んだようで、和歌の前の漢詩句題のようなものが定家の漢詩である。漢詩と同様に四首が同一韻、この場合は上平「微」韻の字を末尾に詠み込んでいる。前例と同様、かなり漢詩の詠法に類似するが、ただし、改めて見直すと、先に詠まれた漢詩句の脚韻である漢字をそのまま順に和歌の末尾に詠み込むというだけであったことが分かる。

そのことはともかく、結果的にはこれも含め、定家の二つの例は漢詩と同様の詠法に見え、はじめに紹介した「榊原家史料」中の例より、「押韻」に近づいたものと言える。そうは言っても、両者ともに、四首をもってして漢詩のような一つの作品となり得ているわけではないし、押韻と言っても、和歌の末尾の漢字を漢音で詠むわけでもない。「韻字」を用いると言ってもこのようなものであったとしてよいのであろう。

ただ、考慮に入れておかなければならないのは、和歌であるから、漢音で詠むことはなく、漢詩の押韻とは別物であると断定することは、日本での漢詩受容のあり方を無視した議論であるということである。ここで考察している

「押韻」かどうかの判断は、単純に、「音韻効果」(7)という点からだけを問題にしているのでない。漢詩であっても日本では原則的に訓読されたのであるから、その点は漢詩でも同じであった。「押韻」といっても日本では、音韻は訓読の底に意識され、隠されたものという認識が前提であったことは再確認しておきたい。その上で和歌で「韻字」を詠み込む詠法とはどのようなものが実際であったかを問題にしているのである。

確かに、漢字が与えられてその漢字を和歌の末尾に詠み込むというのは、単に「字」を詠み込んだというだけではないのかという指摘もあった。高野公彦氏は先の「韻歌百二十八首和歌」についてであるが、これを「字詠」と述べている。(8)ただし、このような詠法を「字詠」ということについても疑問がある。「沓冠」や「物名」などのように、単に与えられた文字を詠み込むということと違って、本稿で提唱する「韻字和歌」なるものはその底にまがりなりにも「韻」を意識しており、その韻字を末尾に置くということであったからである。

定家の「韻字四季歌」と同じ方法を取った例を一、二、挙げておけば、次のものは三条西実隆の『再昌草』文亀三年（一五〇三）正月の例である。

所輝(ママ)軒治山少年永僐喰食故広福御息試筆

東風資始莫如梅｜　咫尺皇居喜色催｜　百囀鶯兼一双燕　侍窓窺硯報春来｜　（一四）

此詩を伝聞し和し奉りし

謾依

少年試筆厳韻綴和歌三章、以奉呈玉几下、僚

不堪言詩、聊效吾国出風俗云、伏希紅温

亜槐下臣実隆頓首

あくがるゝ心のつまの春風はなが軒葉よりにほふ梅ぞも　（一五）
いかにさくこと葉の花の色香とて折木《ママ》もあらぬ春を催す　（一六）
かしこしな君がすむべき万年山もこゝぞと名によばひ来る　（一七）

この例は課題である漢詩が七言詩なので、三回押韻しており、上平「灰」韻の字である「梅」「催」「来」を和歌の末尾に用いている。

次は慶長年間（一五九六〜一六一五）頃の作品とされる細川幽斎『衆妙集』の例である。こちらは三篇の別の漢詩の末尾の漢字「栖」「寒」「声」を詠み込んでいる。

長岡幽斎玄旨公来訪走筆奉贈　　松堂
故国迢迢隔海西　秋風客意転凄凄　夜長旅館愁無寐　新月多情照独棲　（六七四）
又
玉帛新修西国歓　使臣随処好開顔　只愁帰路三千界　遠客風帆阻歳寒　（六七五）
次朝鮮国正使松堂老人来詩二篇韻旨綴国風和答　　幽斎玄旨
月やとふかたしく袖の秋風にねぬよかさなる旅の棲を　（六七五）
にしの海やその舟よそひとくせなん秋くれ行かば浪の寒きに　（六七六）
丹後国にくだりける比、一安軒よりいひおくられけるからうた
海国天無三日晴　連宵背月到深更　憶曽共対洛陽雪　榴畔閑聞茶皙声　（六七七）
この韻を和してつかはしける

あはれしれ都の空の初雪をなれていくよの山風のこゑ（声）　（六七八）

これらは韻を踏んでいるように見えても、結局は単に与えられた「字」を用いているに過ぎないことが分かる。

4　「韻歌百二十八首和歌」の意味するもの

先に引用した定家の「韻字和歌」と言える例である「韻歌百二十八首和歌」を再度考えてみたい。

この作品は四首ずつ三十二組に分割でき、それぞれの組の和歌は末尾に同一の韻字を詠み込んでいる。もう一つの「韻字和歌」の例として挙げた「韻字四季歌」と違って、こちらの方は成立事情がほとんど分からない。「韻字四季歌」のように、もともと漢詩があって、その漢詩の韻字を和歌の末尾に詠み込むという方法であったのかどうか。赤羽淑氏はこの歌の韻は「「童蒙頌韻」と全く合致することが知られる」(9)云々と述べている。赤羽氏は定家が漢詩を仲介せずに、定家みずからこのような韻書を利用しながら、直接に韻を踏まえた和歌を詠んだと考えているかのようであるが、この点に関しての直接の言及はないので論の詳細は不明である。

もし、定家が、漢詩を作るように、このような韻書を念頭にして、漢詩を経由せずに、先に引いたはじめの四首の場合など、「東」韻の字をみずから選んで、「韻歌百二十八首和歌」を詠んだのならば、「字」ではなく、明らかに同一「韻」を踏もうとした意図を読み取ることができる。そうであれば、漢詩に倣って「押韻」した和歌と言うことができるかも知れない。

先述したように、先に引用したものは、試みとして一首ずつ上下句で分けて記してみたもので、一組の作品は八聯になって、偶数番句に韻字が出現し、あたかも律詩のごとくに見える。ただし、四首が有機的な構成要素となって一つの作品を成しているとは思えないので、厳密な意味での「押韻」にはなっていないことはやむをえない。

定家の漢詩文の教養については、石田吉貞氏が建久・正治の頃はまだ未熟であったとしており[10]、そうであれば、この「韻歌百二十八首和歌」成立期、後年の「韻字四季歌」の時のようには、自分で漢詩を作ることが困難であったのかも知れない。漢詩が作れないので、漢詩を詠む代わりに韻字を思い浮かべて、和歌を詠んだ可能性も考え得るということである。そうではなく、他人のものであっても、「韻字四季歌」のように、漢詩を参考にしてその字を詠み込んだだけなのかどうか。いずれにせよ、この経緯を明らかにすることは重要なことだと思う。高野氏はこの和歌の成立事情について、

　韻字の百二十八文字を選定したのは良経であろう。[11]

と述べているが、これについては不明と言うしかない。ともかくも、「韻歌百二十八首和歌」はこのようなことを考えさせるということでは、注目すべき「韻字和歌」[12]であることは確かであろう。

そこで、このような目で、息の為家の家集を見てみると、「韻」とはされていないものの、類似の例があることに気づく。次の「勒字」と題されている作品である。注目すべき二例を次に挙げておく。煩わしいが、それぞれ韻を注記しておく。

A　勒字六首貞永元年内裏当座

わたつ海のよもの波風しづかにて霞にあさるうらの友舟　（一六九三）　（「舟」―下平「尤」韻）

君が代にあまねき春の水みちてつばさならぶる池のをし鳥　（一六九四）
（「鳥」―上声「篠」韻。「鴛」―上平「元」韻。「鴦」―下平「陽」韻[13]）

今朝は又下行く水もまさるらん猶春雨のふるのたかはし（橋）　（一六九五）　（「橋」―下平「蕭」韻）

山ふかくいざ分けこえん桜がりけふの日かげも猶はる（遙）かなり　（一六九六）　（「遙」―下平「蕭」韻）

みわたせば今やさくらのはなざかり雲の外なる山のはもな（無）し　（一六九七）　（「無」—上平「虞」韻）
山ざくらうつろふ雲に出でやらでをのへの月はかげかす（幽）かなり　（一六九八）　（「幽」—下平「尤」韻）

B　勒字二首　同（内裏当座—引用者注）
五月雨の軒の玉水かたよりにあやめもなびく夏のゆふかぜ（風）　（二一一二）　（「風」—下平「東」韻）
いくしほか色まさる覧床夏の露に染ほす花のくれなひ（紅）　（二一一三）　（「紅」—下平「東」韻）

この場合の「勒」とは定められた文字なり、詞なりを詠み込むという規定を言う。「勒」ということで想起されるのは、定家の「韻歌百二十八首和歌」とほぼ同じ時期のもので、定家にも関係があることが跋文で分かるものとして、慈円に「勒句百首」があることである。これは、ある和歌の五七五七七の各句を五首の歌の同箇所に順に詠み入れたものである。因みに、慈円には同時期のものとして類似した、「賦百字百首」という作品もあるが、これは五文字の歌句の字を五首の歌の頭に順に置いて詠んだものである。

これによっても、「勒」といっただけでは歌中の場所までは規定していないことが分かる。このことからすれば、先に引いた土御門院の「韻字六首」は、「勒字六首」と言ってよいものだと思われる。

逆に、「勒字」とされていながら、次のような例もある。一例は順徳院『紫禁集』のものである。

同比、合詩間詠勒字旅歌、当座、雲

今宵まづいかなる霜にぬれぬれてやどらん宿も末の白雲　（一六三）

もう一例は『夫木抄』に収録された実経歌である。

あさくらの関

人人詩をつくり歌よみけるに、勒字にて関を

後一条入道摂政
なのりしてよぶかくすぎぬほととぎすわれをゆるさぬあさくらの関　（九五七六）

「韻字和歌」と言っても、その詠法を示す用語はさまざまであったのである。このような「韻字」「勒字」の用語使用などの混乱を念頭に置いて、為家の例に戻ると、先に引いた流布本系とされる彰考館蔵『大納言為家集』では「勒字」とされていたものが、高松宮伝来禁裏本の『為家卿集』では二例とも「勒字」の「勒」の右に「韻」と異本注記があること、また、初雁文庫本の『中院集』では「韻字」となっていることが確認できる。(14)どの本文がもとの形だったのか不明であるが、少なくとも為家の勒字和歌は「韻字和歌」であるという認識が一部ではあったことを示していると思われる。

そうであれば、為家の二例には末尾に韻字に該当する漢字が詠み込まれているということになる。引用Aの方は、「舟」「鳥」「橋」「遙」「無」「幽」を韻字と見なさねばならないということである。

ただし、論が錯綜するが、問題もある。引用箇所に韻を注記したが、実はこの六字は韻として同一ではないからである。それではやはり「韻字」ではなく、「勒字」とするのがよいかというと、それならば、和歌の途中にでも、何かしら各歌に通用する字が詠み込まれているということになるのだろうが、それも不明である。それぞれの歌には別々の韻字が与えられたということだったのかどうか。

もう一例のBの方は「風」「紅」ということで、こちらは両者とも上平の「東」韻で統一されていて、こちらは「韻字和歌」として問題ない。

この為家の「韻字和歌」が、漢詩があってその漢詩の韻字をそのまま用いたものであったのかどうか。もしそうであるなら、六首歌の方は韻が不統一であるし、そもそも六の韻字という数も考えにくい。先に引いた『衆妙集』のように、六編の別の詩があったと考えた方が合理的ではあるがどうであったであろうか。ただ、特に問題の二首目の歌も含め、漢字を日本風に音読みして、「ウ」音を通したとすれば、押韻したことになる。そのような便宜的な方法を取ることが当時あり得たのかどうか。そうであれば、二首目の韻字は「鳥」であっても問題がなくなり、きわめて日本化したという点からも漢詩を経由しないで押韻した可能性が高くなるとは思う。

次の例は近世末期の井上文雄『調鶴集』の例である。これは、「探韻百首の中に、東字を得」て詠んだとされている。こちらは正確な漢音によっていたのかどうか。また、このような和歌の作り方がいつから存在したのであろうか。この詠法ならば、「字」でなく、明らかに「韻」を取ったことになる。今後、さらに資料を探査する必要があるであろう。

探韻百首の中に、得東字

しげりぬる庭の叢うちなびきさびしさつぐるあきの初風|　（八六八）

以上、「韻字和歌」の実態を見てきたが、漢詩が先にあって、単にその使用漢字を用いただけであったのか、はじめから同韻を探りながら和歌の連作をしたのか。厳密には「押韻」とは言えないものの、多かれ少なかれ、定家が韻ということを意識したということは気に止めてよいことだと思われる。

和歌は詩の一種で、単純化すると、詩とは韻文である。韻文であること、つまり詩であることの最低条件は、「韻」、つまり音韻の同調・調和と、「律」、つまり区切れごとの音韻数の規則性、であったことは、どの言語世界でも共通することである。

翻って、日本の詩歌を眺めた時、一般には「韻」の要素が欠如している。これは世界的標準からは逸脱している。本来、韻という要素は、それを用いることに意味があるかないかということではなく、詩を詩たらしめる要素であったはずである。

周知のように日本の詩論たる歌論で、「押韻」を正面から取り上げたのは、中国詩論を学んだ『歌経標式』であったが、そこでは、明確に「押韻」の理論が披瀝されていた。そして、この『歌経標式』の理論は後の歌論書にも継承された。しかし、実用化されることはなかったと言ってよい。それは日本語の言語的性格上、やむを得なかったわけで、藤原俊成は『古来風体抄』(15)の中で、次のように、韻などは重視すべきでないと述べている。

中の五字の終、七々の句ごとの終などを韻字のなど申すらむ事ども、いとくみぐるしき事なり。漢家の学問などもせぬ者の物しり顔せむとて、かたのごとくふみのはしぐなど、老の後ならひて、毛詩にいへるは、史記にいへるはなど申すらむ事、いとくみぐるしく侍り。歌はたゞかまへて心姿よくよまむとこそすべき事に侍れ。

それにも関わらず、「韻字和歌」というものが、脈々と詠み続けられたのは、漢詩とともにあった歌人たちが常に漢詩の詩法に憧れに近いものを持っていた、それが言い過ぎなら、歌人の頭の片隅から離れなかったからではないかと思う。それがたとえ遊技的なものであったとしてもである。

漢詩が身近にあればあるほど、それは強く意識された。はじめに紹介した「榊原家史料」でも漢詩と和歌とが渾然となっている場で、「韻字和歌」が出現していることもそれを裏付けている。

5　漢和聯句の押韻

それでは日本語の詩歌において、「押韻」ということを日本人は諦めたかというと、まがりなりにも、その実現が漢和聯句でなされたことは注目すべきことだと思う。この形態が、日本詩において、百句で一つの作品、また、漢詩との共作という「押韻」出現の条件を幾分か持っていたという理由によるのであろう。

一例として文明十四年（一四八二）三月二十六日に張行された例を挙げておく。(16)

花濃飜画錦　勧修寺大納言
日かげもながきあを柳の糸　海住山大納言
春雨ははれても空にかすむらん
わけいる山に夕かぜそ吹　勧修寺中納言
嶮路驢猶渋　宗山
幽栖鶴日随　姉小路宰相
松高撐老月　実隆
みきはによする秋のさゝ漪　勧修寺大納言

（略）

偶数番句に押韻（上平「支」韻）するという漢詩の基本的な条件を当てはめていて、漢詩句であれば勿論、和句であってもそれを守って詠まれている。このような約束ごとがいつ生まれたかは、不明であるが、建治二年（一二七六）成立とされる『王沢不渇鈔』(17)には次のように、記されていて、このような漢和聯句の規定が、鎌倉中期にはすでにあったことが分かる。

漢和ノ時ハ和モ韻、上句ニハ无レ韻

（略）

又近来連句連歌・優容好人翫レ之、无二別ノ子細一。連句ニ付二連歌一ヲ、々々ニ付二連句一ヲ、韻ノ字・賦ノ物等、如レ常付レ事、不レ定二句ノ数一ヲ、随二出来一スルニ矣次のものは康正二年（一四五六）に詠まれた源意独吟「異体千句」[18]第九百韻で、「賦韻字連歌」とされた連歌である。稀な例であるが、漢和聯句に類似した詠まれ方がなされている。

賦韻字連歌

連哥は毎句に韻字の沙汰あれば、上の句にも猶韻をふまる（ママ）べきにや。然は賦物の字に可叶也

中に生るかづらは月の宮木哉
紅葉をぬさの追風ぞ吹
山姫のすそ野〻時雨色めきて
雲の衣は空に罹《カヽ》れり
網をほす奥つ磯屋は目路遠し
うちぞ見えすぐあまの𠩄
あし火たく人の影さへしるき夜に
松はけぶりのたつ姿なり

（略）

二番句に「吹」、四番句に「雁」、六番句に「𠩄」、八番句に「姿」などと、偶数番句に上平「支」を踏んでいる。本来、賦物はすべての句に取るべきで、注記に「上の句にも猶韻をふま」えるべきか、そうすれば「賦物の字」として認められるのだがとしているが、実際は偶数番句のみ同一韻を詠み込んでいて、漢詩の押韻と同様の形を取っている。

このような詠み方をみると、先に定家の「韻歌百二十八首和歌」を一首を二行に分けて提示したが、その形と同様

であることが分かる。それは前に引いた漢和聯句の場合も和句が連なる場合は同じである。これらに直接の影響関係があるかは、それぞれの発展史を鑑みた時、考えにくいが、どれも漢詩の詠法への憧憬のようなものがあったことは確かだと思う。

「榊原家史料」の紹介を導入として、与えられた漢字を訓読みの形で、和歌の末尾に詠み込むという和歌の例を見てきた。その折に、その詠法は、漢詩句の字を鬮で引いてそれを詠み込むもの、漢詩の韻字を詠み込むものなど、いくつかに分けられることを指摘した。いずれにせよ、そこには漢詩の脚韻への憧憬のようなものが垣間見えるのであるが、ただ、そのほとんどは、はじめに韻を頭に置いて、そこから漢字を導き出すというのではなく、単に、与えられた漢字そのものを詠み込んだに過ぎなかった。これらのことを考え合わせると、このような詠法は「韻字和歌」と呼ぶのが適しているとも提唱した。

このような中で、定家の「韻歌百二十八首和歌」や為家の「勒字六首」はどうであったかは、定家・為家の和歌活動の一端を明らかにするためにも、再検証すべき必要性があろうかと思う。

最後に、漢和聯句では「押韻」ということが強く意識されていたことを述べたが、日本の詩歌に長らく欠如していた「押韻」がそこでまがりなりにでも実現したことは注目すべきことだと思う。

注

（1）『榊原家の文芸　忠次・政房・政邦』（私家版・二〇一七年三月）、本書「第三章　連歌・和歌の諸相」中「六　榊原家の文芸―忠次・政房―」参照。

（2）「和歌・漢詩唱和の際における韻の問題（一）」（「中世文芸」37・一九六七年三月）、「和歌・漢詩唱和の際における韻の問題（二）」（「中世文芸」41・一九六八年七月）。これ以外に、私が見出したものがあるが、紙幅の関係上省く。
（3）「新編国歌大観」。特に注記しない和歌は以下同じ。
（4）新日本古典文学大系『六百番歌合』
（5）木藤才蔵『連歌新式の研究』（三弥井書店・平成一一年四月）
（6）「私家集大成」
（7）赤羽淑氏は、「韻字は実際には訓読されるので、音韻効果は発揮されていない。（略）このようなナンセンスともみられる実験」（赤羽淑『藤原定家の歌風』第三章第一節「韻律」〈桜楓社・昭和六〇年四月〉）と述べている。
（8）「明月記を読む―定家の歌とともに（17）韻歌百廿八首（つづき）」（「短歌研究」60―6・二〇〇三年六月）
（9）「定家の「韻歌百二十八首和歌」について」（「文藝研究」39・昭和三六年一〇月）
（10）「定家と漢詩」（「水甕」昭和一五年八月、『新古今世界と中世文学（上）』北沢図書出版・昭和四七年六月所収）
（11）高野公彦「明月記を読む―定家の歌とともに（16）韻歌百廿八首」（「短歌研究」60―5・二〇〇三年五月）
（12）『大納言為家集』。「私家集大成」中のⅠ
（13）底本は「をし鳥」とされているが、「鳥」は上声「篠」韻でこれは仄韻である。一般に仄韻で押韻することはなく、元来は「（鴛）鴦」と表記されていた可能性がある。
（14）山本啓介氏の教示による。
（15）再撰本。「日本歌学大系」2
（16）『文明十四年三月二十六日　漢和百韻譯注』（勉誠出版・二〇〇七年三月）
（17）「真福寺善本叢刊12〈第一期〉」（臨川書店・二〇〇〇年九月）
（18）古典文庫『千句連歌集三』

六　榊原家の文芸
――忠次・政房――

1　榊原家史料について

榊原家は文芸愛好の近世大名として知られている家である。文芸愛好ということについては、方向が二つある。一つは享受の面、もう一つは創作の面である。当然のことながら創作には享受が前提としてあることが一般であるが、具体的な現象としては、享受は書籍蒐集という形で表れ、創作は創作物として残される。榊原家はその両者が揃っているということで、典型的な文芸愛好の姿を示している。さらに、その文芸が一家の内に留まらず、当時の文芸圏の中での豊かな交流を伴って行われていることも注目すべきことである。これらの点で、榊原家の文芸を調査、考察することは近世大名を中心とする文芸のあり方を明らかにするのに格好なものと言えよう。

榊原家は徳川四天王のひとりであった康政を初代として、館林・白河・姫路・村上、再び姫路と転封を経て、最終的に第九代、政永の時に越後の高田藩主（現、新潟県上越市）となり、第十四代、政敬《まさたか》で明治を迎えた。徳川幕府の譜代大名として十五万石（初め十万石、忠次時代に十五万に加増、転封してもその石高は変わっていない）を領し、徳川幕府解体後、子爵に叙せられて、その血筋は現在まで続いている。

この歴代藩主の中で、文芸愛好家として重要なのは、三代・忠次、四代・政房、六代・政邦（勝乗）である。忠次は慶長十年（一六〇五）生まれ、館林・白河・姫路藩主に任じられ、寛文五年（一六六五）に没している。政房は寛永十八年（一六四一）生まれ、姫路藩主、寛文七年（一六六七）没、政邦は延宝三年（一六七五）もしくは延宝八年生まれ、村上藩主から姫路藩主に転じ、享保十一年（一七二六）に没している。五代・村上藩主であった政倫は天和三年（一六八三）に十九歳で没しており、文芸事跡はほとんどない。四代・政房は忠次の長男、六代・政邦は二代・康勝の孫、旗本であった勝直の長男である。

このような文芸愛好の歴代の中で、その最初であり、重要な者は忠次である。忠次は、初代・康政の舅である大須賀康高の養子となった康政の長男、忠政の長男で、二代・康勝が若年（二十六歳）で没したことから、元和元年（一六一五）、十一歳で榊原家を継いだ。忠次の文芸愛好がいつごろから始まったかは不明であるが、『一掬集』四「半歌集」（連歌発句集）には元和八年（一六二二）元旦の句があり、これが現存するもっとも早い作品である。忠次十八歳であった。

この時を榊原家の文芸のはじまりとすれば、榊原家の文芸の最盛期は、元和八年から、政邦の没年の享保十一年まで、ほぼ一〇〇年間ということになろう。間に寛永・寛文・元禄期を含み、近世初期文芸の完成期と重なることになる。

このように見てくれば、榊原家の文芸資料は近世初期大名家の文芸を考察するために貴重な資料ということができるが、その内、散佚を免れた文芸資料および文書類は子孫や旧高田市（現上越市）に伝えられ、現在、新潟県上越市に集められている。しばらく、その経緯を見ておきたい。

現在、上越市に保管されている資料は、大きく、文書などの歴史資料類と文芸資料類に分けることができる。前者は「榊原文書」、後者は「榊原家史料」と呼ばれている。両者をそれぞれ文書類、それ以外とのみと区別することはできないが、便宜上、当地の呼び名で話を進めることとしたい。また、上越市に保管されているものには、他に武具や調度類などもある。

このような遺産が藩解体の後、どのようになったかであるが、武具・姫路絵図・藩主画像・一部の文書などについては、その保存の困難さもあって、東京国立博物館・日光東照宮・姫路市立城郭研究室・榊神社に寄贈されているものが多い。

残された「榊原文書」「榊原家史料」が現在までどのような経緯を辿って、上越市に集められたかについて、『高田藩　榊原家史料目録・研究』[1]の「解題」などによって、簡単に述べておきたい。始めに、「榊原文書」のことである。

榊原家は越後国高田藩として明治を迎えたことは先に述べた。その時、その資料類は高田と江戸に分散して残されたと思われる。歴史資料中、もっとも重要なものは藩の公的な記録である藩政日記と称されるものであった。これはもともと、国元、江戸藩邸の両方で記されたもので、藩主がいる場合は「日記」、藩主不在の場合は「御用留」と呼ばれていた。どちらかが焼失した場合などに備えて、複本を作って国元、江戸藩邸にすべてが置かれていたという。

この「藩政日記」およびその他の藩政に関わる文書類は幕府解体後、藩政を引き継いだ藩庁舎に「藩庁文書」として保管された。しかし、明治三年（一八七〇）十一月二十八日に起こった高田大火によってこれらは灰燼に帰す。その後、これに心を痛めた旧藩士らは、藩政文書の再構築に取り組むこととなった。

この努力は、明治八年に旧藩士の手によって榊神社が建立されたことを契機に、「藩政日記」については複本として江戸藩邸に残されていたものを高田に移管、その他、焼け残ったもの、藩士などの家に保管されていたものも集められて榊神社に納められることとなった。

この文書類は、明治四十一年に榊神社三百年祭記念高田図書館（翌年、高田町立）が開館すると、そこに収められ、現在、それを受け継いだ上越市立高田図書館に「榊原文書」として蔵されることになる。

このような経緯を経て、「藩政日記」はおよそ千冊が現在、高田図書館収蔵庫に保管されている。マイクロフィルム化もされて、それは上越市公文書センター・新潟県立図書館・国文学研究資料館にも所蔵されている。藩主の動向を知るのに重要な史料であるが、痛みのひどいものがほとんどで、修復されて解読に耐えるものはわずかである。

次に文芸資料類について述べておきたい。文芸資料には本稿の冒頭に述べたように古典籍と創作資料があるが、もともと、これらは江戸藩邸にあり、藩政文書などとは違って、私的なものとして榊原当家に残されていたものがほとんどであったらしい。したがって、榊原家が東京に定住することによって、上越市には存在しなかった。

この内の古典籍に関しては、現在に至るまでに多くが榊原家の元から離れた。そのためにその全容は直接には知り得ないが、朝倉治彦監修『高田藩榊原家書目史料集成』(2)全四巻に収められている所蔵書目録によって、どのようなものがあったかの全体像はほぼ知ることができる。たとえば、もっとも古い目録である「元禄十二年改之　御書物虫曝帳」上下には、教典・漢籍・歌書・物語など極めて多くの典籍の名が記載されている。忠次の蒐集によるものが多かったらしい。

古典籍が人手に渡った理由には転封の際の費用としたとも言われている。幕府崩壊後の生活の逼迫にもよることもあったであろう。また、後に触れるが一部は林鵞峰による『本朝通鑑』編纂事業のために国史館に寄贈されてもいる。

ただ、すべてが失われたというわけではなく「榊原家本私家集」などは「榊原家史料」の中に残されている。この一部は一九七八年から七九年にかけて、「日本古典文学影印叢刊」(3)として紹介された。

榊原家の手から離れた書籍の現所蔵者については、『旧華族家史料所在調査報告書　本編二』(4)が参考になるが、中でも重要なのは、大倉精神文化研究所である。ここには四千冊にのぼる榊原家旧蔵本があるという。すべてが文学関係書ではないが、重要な古典籍も含まれている。『旧華族家史料所在調査報告書』四〇一「榊原政敬」の項の最初に、三九二七冊とあるものの多くがここに買い取られたらしい。

大倉精神文化研究所蔵本の詳細については、三沢勝己「大倉精神文化研究所蔵「榊原文庫」目録稿（上）」(5)「同（中）」(6)「同（下）」(7)に調査報告がある。この報告の中で三沢氏は「沿革史資料」に「昭和四年六月十九日」付けの「榊原家ヨリ購入ノ図書」というメモが残されていることを述べており、『高田藩榊原家書目史料集成』第三巻所収の「榊原家ヨリ購入ノ図書目録」の扉には「昭和四年六月／榊原家ヨリ購入ノ図書目録／大倉精神文化研究所附属図書館」とある。

以上、上越市に保管されている資料群について、そこに至った経緯をあらあら述べてきたが、最後に、本論で扱う文芸創作資料について、もう少し詳細に触れておきたい。

忠次は古典籍蒐集家として名が知られているものの、現在はその実態を一括して見ることができない事情を述べてきた。このような事態であるにも関わらず榊原家の資料が注目されるのは、「榊原家史料」の中に忠次らの文学活動を示す資料が多く残されているからである。恐らくは榊原家にとって、蒐集された古典籍よりもこのような創作物こそが、何にもまして重要なものであったのだと思われる。

先述したように、大倉精神文化研究所に多くの古典籍類が譲渡されたのは昭和四年（一九二九）のことであった。その時も創作資料は譲り渡されなかった。その結果、榊原当家に残された文芸資料は、文芸創作資料を中心としたものとなったわけである。これらがどのように保管、上越市に移されたかについては、『高田藩　榊原家史料目録・研究』

の「解題」や榊原喜佐子『殿様と私』(8)に詳しい。それらから経緯を略述してみることとしたい。

榊原家は、昭和十年（一九三五）、家に残された資料をトランクルームに保管することにしたという。戦時色を強めていった時代への危惧があったためであろうか。その後、その資料は長くそのままになっていたようで、榊原家に戻したのは昭和四十八年（一九七三）のことであった。家の改築が成ったことによると『殿様と私』には記されている。

この資料を目の当たりにした当時の当主夫人、榊原喜佐子氏はみずから調査に乗り出すことになる。すると、そこに重要な資料が多くあることに気づき、専門家の手にゆだねる必要性を認識、文芸資料については久保田淳氏・小町谷照彦氏らに調査を依頼することとなったという。学術的調査としてはこれを第一次調査と呼んでよいかと思う。

その後、管理の困難のために、昭和五十八年（一九八三）頃、徳川黎明会、細かくは歴史文書関係は林政史研究会に、平成元年（一九八九）頃に残りは徳川美術館に寄託された。

このような経緯の後、徳川黎明会に寄託された資料が上越市（旧高田市）に設立された旧高田藩藩士の子孫による旧高田藩和親会に移され、「榊原家史料」として上越市立総合博物館に保管されることになる。平成十六年（二〇〇四）のことであった。翌年の平成十七年が榊原家の初代康政の没後四〇〇年にあたり、また、高田が上越市として周辺の町村と合併した年であることがその契機の一つであったようである。

この移管によって、榊原当家の資料群は紆余曲折の後、ほぼ一二五年後に榊原家の国元に戻されたことになる。現在の「榊原家史料」中の文学関係資料の多くは徳川美術館に保管されていたもので、これらにはいまだに徳川美術館での整理札が付けられている。

以後、東京の榊原家が保持していた資料である「榊原家史料」は上越市総合博物館に、もともと高田にあった「高田文書」は近くの上越市立高田図書館、幾分かの文書・調度類は、これも近くの榊神社の雙輪館に納められるという現況となった。榊原家関係で散逸せずに保持されてきた資料はこれでほぼすべて上越市に集められたことになった。
これを機会に「上越市史」編纂に携わった研究者たちを中心に「榊原家史料」の再調査、目録作りが進められた。平成十八年度から平成二十年度に渡ってのもので、これが第二次調査と呼んでよいものである。その成果としての上越市立総合博物館から『高田藩　榊原家史料目録・研究』が平成二十一年（二〇〇九）三月に刊行された。この目録は「榊原家史料」の基礎データとなるものである。

2　忠次・政房・政邦の文芸に関する先行研究

上越市立総合博物館に保管されている「榊原家史料」に含まれる文芸創作資料で重要なものは、忠次、政房、政邦のものである。この三人はこれまでも文芸愛好の大名として、研究者の間で幾分かは知られていた人々である。
そのうち、忠次の文芸については、福井久蔵氏が『諸大名の学術と文芸の研究』(9)の中で、代表的な著作、和歌を挙げて次のように紹介している。

　姫路候榊原式部大輔忠次は徳川四天王の一人たる武将の家に生れたれど、文学及歴史に趣味を有し公卿伝分類を著し、続勅撰作者部類及新葉作者部類を著す。また万治三年武家百人一首を撰し、上は六孫王経基より下は足利義尚に至る。（略）候はかく歌道に志深かりしかば、詠出するところも必ず多かりしならむ。集は今佚して伝らざるか。（略）

政房については次のように述べる。

　その子政房刑部大輔に叙す。政房襲職後間もなく寛文七年二十七歳にして没す。世をはやくせしども父の遺風を受けて歌を好む。その作に詠三百首和歌あり。さすがに歌口なりしが如し。

政邦についても次のように述べている。

姫路侯榊原忠次の曾孫四位侍従式部大輔政邦は和歌を好む。元禄以降の作を年毎に部類せるもの十三巻同子爵家に存す。（略）

竹内三位惟庸の加点のうちには次の如き詠あり。

唐土のひじりのをしへたづねつゝわれもおさめむ国つ川水

中院通躬卿とも親しく唱和の作あり。三和社十二景飾磨八景などの詠あり。歌風とゝのひて堂上の流と異ならざる中に時事にあたりて詠めるもあり。勝乗と呼びし時代に自らうつせる詠歌大概秘註など存す。職人歌合などもあり。（略）

なお、福井氏は政邦の年齢について、「享保九年卒す。年五十二」とするが、これは『寛政重修諸家譜』で生年を延宝三年（一六七五）としていることによるものである。しかし、榊原家の家譜である『嗣封録』では延宝八年（一六八〇）生まれとあり、こちらが真の生年である可能性がある。延宝三年生まれとしたのは、延宝八年生まれであると、前藩主、政倫が没して家督を継いだ時が四歳で、その幼少過ぎることを配慮しての幕府への届け出によるのではなかろうか。因みに、政倫は三歳で家督を継いだが、その幼少ゆえに姫路から村上に転封されている。家中にこのようなことが再び起こることが危惧された可能性が考えられる。

昭和五十三年には、日本古典文学影印叢刊『榊原本私家集一』(10)の解題で、榊原家の文芸について小町谷照彦氏が次のように述べている。

康政の孫第三代忠次（慶長十―寛文五）は松平姓を聴され、播磨国姫路城主、式部大輔であった。弓馬の道のみならず、文雅を好み、烏丸光広に学んで和歌・連歌の嗜みが深かった。『新葉和歌集作者部類』『続作者部類』

『武家百人一首』『本朝各国名所詩歌』などはその編著である。また、里村玄仲（天正六―寛永十五）・同玄陳（天正十五―寛文五）・斎藤徳元（永禄二―正保四）・野々口立圃（文禄四―寛文九）・西山宗因（慶長十―天和二）らの連歌師、林鵞峰（春斎・向陽子、元和四―延宝八）・同春徳（読耕斎、寛永元―寛文元）ら林家の儒学者を集めて、しばしば連歌会や詩会を催している。榊原家には、これらの作者の連なる詩歌連歌懐紙巻が蔵されている。

昭和六十一年（一九八六）に刊行された『和歌大辞典』[11]にも忠次と政邦の項目が立てられている。次に引くのは最新の古典ライブラリーの『和歌文学大辞典』[12]のものの一部である。先のものが忠次、後のものが政邦についての項である。

○烏丸光広のもとで和歌を学んだ。『続作者部類』『新葉和歌集作者部類』『武家百人一首』『本朝各国名所詩歌』などを著す。家集は伝わらず、現存の歌は少ない。（岡本聡）

○和歌を好み、中院通茂に師事。歌集に元禄以降の作を年ごとに分類した『政邦公歌集』がある。（井田太郎）

平成二年（一九九〇）には、安藤武彦氏が、現「榊原家史料」に含まれる斎藤徳元の俳諧懐紙を紹介して、榊原家と徳元との関係を論じている。[13]ただし、これは徳元関連の一部の資料のみを対象としたものである。

翌年、平成三年には竹下喜久男氏が「好文大名榊原家忠次の交友」[14]を発表した。こちらの方は忠次の文芸圏を広く論じて、この点から榊原家文芸研究にとって重要なものといえる。この中で、竹下氏は、

忠次の文芸活動や膨大な蔵書を理解するためには、林家を中心とする諸大名の交友関係とともに、さらに忠次が広げた多彩な交友の内容を明らかにすることが重要であると考える。

本稿ではそのような立場から近世前期林家を中心とする諸大名の交友と、そのようななかでの忠次の交友と文芸活動を明らかにし、近世前期の大名文芸を考える一助としたい。

として、「林家を中心とする交友」「忠次・忠房の交友」の章を設けて、林家側からの資料である『羅山先生詩文集』『国史館日録』、忠房側の『福知山藩日記』などから交友関係を調査、論究している。忠次側からの資料としては高田図書館所蔵の慶安四年、承応二・三年の『江戸日記』や『一掬集』を用いたとしている。ただし、「浄晃院様御詠草」などの資料は取り上げていない。

続いて、『姫路市史』第三巻、[15] 朝倉治彦氏の「榊原忠次の文事（一）」から「（三）」[16] までの一連の研究、拙稿「高田藩榊原家史料」中の宗因関係資料[17] もある。このように、これまでもわずかながら研究が進められて来たとは言える。ただし、これまでは資料調査での限界があり、総合的な研究には至っていなかった。前節で述べたように上越市に文芸資料が集められたことによって、ようやく、本格的な研究の条件がほぼ整ったと言えよう。

このような研究段階にあって、平成二十五年〜平成二十八年度　科学研究費補助金（基盤研究（B）課題番号二五二八四〇五〇）による「近世大名榊原家の文芸の総合的研究」（廣木一人〈代表〉・玉城司・深沢真二・堀川貴司・尾崎千佳・山本啓介）は榊原家の文芸創作資料がどのようなものであるかを総合的に調査、報告、主要資料の翻刻を行うことを目的として組織されたものである。

このプロジェクトによって、福井久蔵氏の著書、和歌辞典類によって存在が確認されていないとされた忠次らの文芸資料が存在することが明らかにされ、その主要家集の一部の翻刻なども公開された。[18]

以下は、上記のような榊原家の文芸創作資料の総合的調査の上に立って、榊原忠次と政房の文芸のあり方をその交流圏から論ずるものである。

3　池之端屋敷とその文芸圏

榊原家の文芸活動が独立して存在していたのではないことは、近世大名の文芸を考える上で重要な視点と言える。さらに、これらの交流がどのような理由によって生じたかを考える時、第一には同じ文芸愛好の嗜好を持っていた者同士が引き合うということであったとすることができるであろうし、また、領地が隣接していた、参勤交代などでの通過地であったなど、領地の位置関係も要因の一つであったであろう。さらには姻戚関係、役職での関わりなども重要であったに違いない。

ただ、近世の大名の交流を考察する時、無視してはならないのが、そのほとんどが江戸屋敷滞在中でのものであったことである。そうであれば、現実的な交流には江戸屋敷の位置関係が重要な要素を占めていたとも考えられないであろうか。つまり江戸での地域的な繋がりである。このような観点から、ここでは、忠次・政房の文芸交流を江戸屋敷の場所という側面から考察してみたい。

筆者はかつて連歌師、宗祇の種玉庵を取り上げて、応仁の乱直後の公家・上級武家の文芸圏を地域を主軸にして考察、『室町の権力と連歌師宗祇』(19) 第四章「種玉庵」で、人の繋がり、文学交流は物理的な居住場所と密接な関わりがあることを論証した。宗祇の場合は京都の室町を中心とした地域、いわば室町文芸圏というべきものであった。近世大名の場合はその地域は江戸であり、その一部の大名たちにとっては、江戸の限られた地域であったと推測できる。

榊原忠次と政房親子の文芸交流というのは、寛永（一六二四～四四）の半ば頃から政房の没する寛文七年（一六六七）の間のほぼ半世紀である。この時期は、徳川家光（在職一六二三年～一六五一年）・家綱（在職一六五一年～一六八〇年）の治世であり、徳川幕府の諸制度が整い、安定期に入った時代である。大名の江戸居住奨励、それに伴う江戸屋敷の下賜は江戸幕府成立後、早い時期から行われていたが、寛永十二年（一六三五）には参勤交代の制度が整えられ、大名の江戸居住は明確な政策として布告された。

これによって、全国の大名は江戸にほぼ一年交代に下賜された屋敷に居住することとなる。このような実態が生ずれば、在国時よりはるかに大名同士の交流が盛んになることは必然であったと言える。

室町期は公家を中心に、将軍家、管領家、奉行衆・奉公衆などや、在京が一般であった各地の大名が将軍御所のあった室町を中心に居住し、さまざまな交流を持った。それは江戸期でも同じことで、公家は埒外であるものの、上層武士は政権の中心地に集中するように居住し、そのような中で文芸交流が行われたのである。

そのような大名家同士の交流に漢詩文に関わる人々が加わる。室町期には室町文芸圏に接するようにして相国寺があり、近在には五山があった。そこに宗祇らの連歌師が加わっている。江戸でも同じ現象が起こったと推測できる。榊原家で言えば、その下屋敷（中屋敷を兼ねた）に近接して漢学の専門家である林家の家塾、弘文院や国史館があって、林家、その門下たちの儒者が集まっていた。かれらは五山僧に代わって漢詩文を担うことになる。また、そこに里村家・瀬川家などの連歌師が加わった。

林家の交流範囲については、竹下喜久男氏が先に取り上げた「好文大名榊原家忠次の交友」の中で、羅山については『羅山先生詩文集』により、息の鵞峰については『国史館日録』によって考察している。そこには僧を含めて三十人余の名が挙がっている。その中で、榊原忠次との関係を、「もっとも親しく交わった大名であった」「なかでも昵懇であったのは榊原李部大夫忠次と松平主殿忠房であった」としている。さらに、「忠次の邸が林家忍岡の別邸と池を隔てて隣接している」とも指摘している。

榊原家の下屋敷は上野不忍池の西南の畔にあった。明治になって財閥の岩崎家に買い取られ、現在、東京都所有の岩崎邸園として開放されている所である。榊原家には中屋敷、下屋敷の区別がなく、この屋敷は中屋敷とも下屋敷とも称されており、場所の名を取って、池之端屋敷と呼ばれている。別荘、別業、別墅とも呼ばれた。

近世大名が幕府から下賜された江戸屋敷は基本的に上中下の三種に区分される。上屋敷、中屋敷の違いは当主か世継ぎの住居かという性格で区別できるが、下屋敷の性格は摑みにくかった。『江戸大名下屋敷を考える』[20]は品川区の地域研究書であるが、ここには下屋敷性格についての議論がある。そこで竹内誠氏は、

下屋敷は先ほど申しましたように、基本的に休息用、それから接客用ということで、風光明媚なところに庭園を作るという、それが一番の原則であります。

と述べている。

下屋敷は江戸の中心から離れたところにあることが多く、敷地も大きく取れるので、遊興のための施設が作られ、郊外の別荘という性格が多分にあった。榊原家の池之端屋敷もその下屋敷の性格を持っており、『一掬集』に、

さいつ比、江府別墅の十景を羅山子定められて、詩歌の一軸侍り。其後、息政房が望みけるとて向陽子、又十境を選び定められ侍る。

とあって、羅山と向陽子（鵞峰）によって、二度、十景（境）が定められたことが記されている。これは寛文三年（一六六三）十月のことで、この時の羅山の漢詩が『林羅山詩集』に、また、政房の和歌が『政房公御詠草』に収められている。

この池之端屋敷がいつ頃に作られたかは不明であるが、『一掬集』の寛永十四年（一六三七）秋のものとして次の詞書のある歌が収録されており、この時期からそれほど遠くない時期に設けられたと推測される。

武蔵国に住みし時、別業を構へ、築山などし侍りて

我が園は石を畳みて武蔵野にまれなる山を移してぞ見る

このように、榊原家の下屋敷は寛永十四年頃から、風光を重視した別業として、上野不忍池の畔に整えられたが、この向かい側には林家の別業があった。

林羅山はこれより少し前、寛永七年（一六三〇）に幕府から上野忍岡に別業地を下賜されていた。不忍池の東南、池から少し岡を上がった、寛永寺に接する場所、現在の上野の清水観音堂があるあたりである。羅山はこの地に先聖殿を立て、後に弘文院と称されるようになる家塾を開き後進の指導に当たった。

この林家家塾と池之端屋敷は指呼の間といってよい場所にあった。時代が少し下がるが、羅山の息、鵞峰の記録『国史館日録』[21]には幾度も両者が近接していることが記されている。たとえば、『国史館日録』寛文四年（一六六四）十二月二十三日には、

終夜雪降る。近くに則ち千駄林の水戸別荘・加賀広宅・姫路拾遺園林、池を隔て皆白く、琪樹瓊枝之連連なる如し。池水の西の村の灯火、或いは一点、二点幽かに見え、星の涵すること池の如し。

云々とある。林家からは不忍池を挟んで、榊原家の池之端屋敷、その他に水戸藩邸、尾張藩邸も見えたのである。

榊原忠次が林羅山といつ頃から交流するようになったかは不明である。現存確認できるのは、『林羅山詩集』[22]寛永十七年（一六四〇）正月一日の歳旦詩歌の応答である。

寛永庚辰雞旦源四品忠次君有二試毫倭歌二篇一（略）裁二シ絶句二章一ヲ以テ投レシ之ヲ呈レス之ヲ庶幾クハ英覧

榊原家側からの資料では、寛永十八年の歳旦が早いものである。『一掬集』の次のように記録されている。

民部卿法印道春、年の旦、作られし唐の歌に侍る駒といふ末の字を取りて

世に勇む人の心は時に合ふ春のかひある甲斐の里駒

これはこの歌の前に、「辛巳の試毫に」と詞書のある歌が一首載せられているので、寛永十八年の元旦のものと見なしてよい。「道春」は羅山のことである。この時の詩は『林羅山詩集』に見出せる。

忠次の私家集『一掬集』には、寛永五年（一六六五）からの和歌が載せられているが、この時期より前には林家との関係をうかがわせるものはない。詠草類を集めた「浄晃院様御詠草」にも残されていない。忠次が池之端屋敷を整えた寛永十四年頃から近在にいた羅山らとの交流が始まったと推測してよいのであろう。

『林羅山詩集目録』(23)巻十四には、

本氏榊原賜㆓松平㆒称㆓式部大輔㆒（略）常好㆓倭歌㆒有㆓蔵書数千巻㆒最嗜㆓倭書㆒与㆓先生㆒交際二十年来往頻繁情意甚厚

とある。羅山は松平式部大輔つまり忠次と二十年の交際があったということである。羅山の没年、明暦三年（一六五七）から遡れば、その交際の初めは丁度、一六三七年ということで寛永十四年に当たる。

また、鵞峰は『国史館日録』寛文五年（一六六五）三月二十二日の条で、

余と拾遺と識韓、今二十八年に至る。富貧之異を忘れ前席を前にして打話す。或いは詩歌相報ず。或いは講談累席す。

と述べている。一六六五年より二八年前も一六三七年、寛永十四年である。

その後、羅山たちは忠次の池之端屋敷によく出かけることになる。「浄晃院様御詠草」にはそのことを注した作品が多く見られる。このような会には羅山の息子の鵞峰や読耕斎が加わることは当然のことであった。一例として、孫の春信・春常も参加していたものを示しておきたい。「浄晃院様御詠草」（3）明暦二年（一六五六）八月十五夜の「吏部源君之池亭」でのものとされている詩歌会の詠草の冒頭部である。

丙申中秋赴吏部源君之池亭

風手懶執望舒御
無頼雲霧疎密処
方寸一輪奈中秋
明暗来々又去々

余久不作詩今夜依君之懇求而聊如此　　読耕斎

中秋

秋半桂輪清又団
金風颯々露薄々
十分影映前池水
孰与楽天湓浦看　　林春信十四歳

中秋

秋風松月照銀濤
陣々飛鴻見羽毛
今夜相思庾公迹
登楼攀桂仰弥高　　林春常十三歳

この会には、羅山門下の伯元・友元・元格・道慶、また、浅草文殊院の僧、立詮も加わっている。

このような交流は、室町期の京都室町での文芸圏を室町文芸圏を呼ぶことができるとすれば、不忍池を中心にした文芸圏、後に言及するように浅草やその周辺までを含むことを鑑みれば、上野・浅草文芸圏と名づけてよいのかも知れない。この文芸圏は林家を一つの中核としつつ、榊原忠次が池之端屋敷に居住したことで、さらに強固で多彩な文芸圏として構築されたとみることができるであろう。

忠次の編纂した著作には『武家百人一首』があるが、この完成時の竟宴詩歌会でも鵞峰が序詩を書いている（「浄晃院様御詠草」（22））。万治三年（一六六〇）十一月のことで、冒頭に、

　庚子仲冬、源吏部君、新撰武家百人一首、其の功早成乃催しの詩歌会、以て竟宴に准じらる。

とある。このような親密な関係も成就したのである。ただし、広く知られているこの『武家百人一首』そのものは現在の「榊原家史料」中には見出せない。

両家のこのような親密な関係は鵞峰の『本朝通鑑』の編纂事業にも影響を与えた。幕府の中に理解者が少なかった『本朝通鑑』編纂において、忠次は数少ない理解者であったのである。『国史館日録』寛文四年（一六六四）春夏の条には、

　姫路拾遺源忠次は最も倭朝之事を好み、頗る編集之労を知る。

とある。

忠次は万治元年（一六五八）に没するが、その折には遺言によって、忠次の多くの蔵書が『本朝通鑑』編纂のために設立された国史館に寄贈された。次は、『国史館日録』寛文五年（一六六五）六月十九日の条である。

　榊原刑部大輔使者来る。倭書二櫃を贈る。彼先考遺言依て也。懐旧堪へず落涙行々。

翌年、寛文六年六月三十日の曝書の条には、その冊数などが次のように記録されている。

　鶏・狗・猪・羊・牛・馬・人・穀八匣旧記を点検す。凡二百十四冊也。此去年季春、姫路拾遺病中相約し、其没

後属する所也。

忠次および政房と林家の関わりは、鵞峰の時代になると『本朝通鑑』編纂事業と関わりを持ちながら継続していったとも見られるのである。次の『国史館日録』の記事はその『本朝通鑑』編纂に関わるものである。

○寛文四年八月十日条

忠秋・正則皆曰く。於忍岡弘文院内に於ける建長寮、編輯之場と為す可し。又経営文庫、聚倭書を以てす可し。（略）余曰く。二子春信・春常及び門生、人見友元又名金節、坂井伯元一名亨、其の余、事を預く可き諸生二十余輩これ有り。

○寛文四年八月二十一日条

余召して曰く。二男及び友元・伯元之外在門生在り。則ち狛高庸・伊庭春貞加ふ可し。其の余、筆吏八人月俸を賜ふ可し。

羅山の孫、春信・春常は勿論のこと、ここに挙げられている門下生たちはみな、榊原家とも密接な関わりを持った者たちである。つまり、不忍池の片岸で『本朝通鑑』が編纂され、それに携わっていた儒者たちが向かい岸の榊原家池之端屋敷での詩歌会に加わる。このことは『本朝通鑑』編纂の側面史として興味深いことと言えよう。

これらの門下生の多くは弘文院の近くに居住していたのではなかろうか。卜幽、友元については、『国史館日録』中に次のような記事が見られる。

○寛文四年十月晦日条

野卜幽（略）此人友元伯父也。我が先老門生也。水戸二君に筮仕すること年久し。頃歳老に投じ、忍岡池西畔に在り。

○寛文四年十二月二十二日条

　聞くに友元牛島の別墅より神田新宅に移る。

　宮崎修多氏は「古文辞流行前における林家の故事題詠について」[24]において、『倭漢十題雑詠』の成立事情を論じ、寛永十九年（一六四二）九月二十二日から承応二年（一六五三）二月二十三日に及ぶ四十三回の詩歌会の一覧を示している。これによると、この詩歌会の行われた場所は後に詳述する文殊院がもっとも多く、その他、林親子の屋敷の他に、伯元・元格・友元・卜幽の邸宅である。これは、かれらの屋敷が上野・浅草文芸圏に属していたことを推測させるものである。

　以上、榊原忠次・政房と林家およびその門下との交流を見てきた。忠次らの文芸交流は林家を一つの軸としていたようであるが、その範囲は広い。竹下喜久男氏も「好文大名榊原家忠次の交友」中の「忠次・忠房の交友」の章で松平忠房などの大名との文芸交流を指摘している。竹下氏は林家や忠房側からの資料を主として用いてこれらを検証しているので、本稿では、榊原家側の文芸資料である「浄晃院様御詠草」『一掬集』『政房公御詠草』からその交流関係を一覧しておきたい。「大名・武士」については簡単に生没年、役職、著作などを記しておく。

○大名・武士

　青山幸成

　　天正十四年（一五八六）～寛永二十年（一六四三）。遠州掛川藩主・摂津尼崎藩主。大蔵少輔。『幸成朝臣詠草』。

　安藤重貞

　　寛永十七年（一六四〇）～元禄十一年（一六九八）。のち、重博。上野高崎藩主・備中松山藩主。対馬守。

　池田綱政

寛永十五年（一六三八）〜正徳四年（一七一四）。松平。備前岡山藩主。伊予守。『竊吟集』。

石川忠総
天正十年（一五八二）〜慶安三年（一六五〇）。豊後日田藩主・下総佐倉藩主・近江膳所藩主。主殿頭。

石川昌勝
寛永十一年（一六三四）〜宝永四年（一七〇七）。のち、憲之。忠総の孫。伊勢亀山藩主・山城淀藩主。主殿頭。

井上正利
慶長十一年（一六〇六）〜延宝三年（一六七五）。遠江横須賀藩主・常陸笠間藩主。河内守。寺社奉行。

紀一輝
堀田。河内守。御留守役。『正木のかづら』に十四首。

久世広之
大和守。

榊原照清
東照大権現社神主・久能奉行。越中守。榊原康政の兄、清政の次男。

諏訪忠晴
寛永十六年（一六三九）〜元禄八年（一六九五）。信濃高島藩主。因幡守。『武林小伝』他。

内藤義概
元和五年（一六一九）〜貞享二年（一六八五）。藤原。頼長・義泰・風虎。内藤忠興の長男。磐城平藩主。左京大夫。『義泰朝臣家集』他。

中川久恒
寛永十八年（一六四一）～元禄八年（一六九五）。豊後岡藩主。因幡守。
中山信治
寛永五年（一六二八）～元禄二年（一六八九）。常陸松岡藩主。常陸水戸藩家老。備前守。
中山信久
生没年未詳。勘定奉行（一六八二～一六八五）。
細川行孝
寛永十四年（一六三七）～元禄三年（一六九〇）。肥後宇土藩主。丹後守。細川幽斎『衆妙集』を編纂。『細川行孝公家集』他。
松平好房
慶安二年（一六四九）～寛文九年（一六六九）。忠房の長男。
松平忠国
丹波篠山・播磨明石藩主、丹波福知山・肥前島原藩主。
松平忠房
元和五年（一六一九）～元禄十三年（一七〇〇）。深溝。三河吉田藩主・三河刈谷藩主・丹波福知山藩主・肥前島原藩主。主殿頭。『忠房公御集』。
水谷勝能
勝就。備中松山藩主弟。

水戸光圀

寛永五年（一六二八）～元禄十三年（一七〇〇）。徳川。常陸水戸藩主。中納言。『常山詠草』他。

脇坂安元

天正十二年（一五八四）～承応二年（一六五三）。八雲軒。伊予大洲藩主・信濃飯田藩主。淡路守。『八雲愚草』『八雲藻』他。

○儒者・医師

荒川長好・伊庭春貞・小野（人見）友元・小野卜幽・狛高庸・坂井伯元・小島道慶・清水（または半井）亀庵・生野松寿・林鵞峰・林読耕斎・林梅洞・林羅山・人見（奈須）元格

○画家

山本泰順（友我息）・山本友我

○僧・神官

金剛院玄性（友我息）・立英（興山寺五世、雲堂法印）・立詮（興山寺四世）・胤海（寛永寺凌雲院）・北野永蔵院・雲州大社神職・地蔵院・真言院・玉舟（宗璠、大徳寺）・元良（最嶽、南禅寺、金地院）・喜見院（江戸湯島天神別当）・渡瀬久世（北野天満宮目代）

○連歌師・俳諧師

斎藤徳元・里村（北）玄祥・里村（北）玄仲・里村（北）仍春・里村（南）昌琢・瀬川時春（昌佐息）・瀬川昌佐・西山宗因

大名、上級武士、文殊院の僧、また里村家、瀬川家、徳元や宗因などの連歌師もしくは俳諧師など多彩な交流関係があったことが分かる。以下、この中から注目すべき人物について、地域的な側面を強調しつつ考察を加えておきたい。

まずは、石川忠総、昌勝父子である。石川家の屋敷は榊原家と林家の間に位置する場所にあった。不忍池の西南の位置である。この忠総と忠次の関係は『一掬集』に次のようにあることによって知られる。

石川主殿頭忠総江戸のつとめはてゝ、我館へ帰り侍る時、消息の端に古言とて、「別路は同じ事をぞ言ひにける君忘るなよ君忘るなよ」と書きつけ送られしかば、返事に言ひやり侍る

同じ事誰が言ひ負けむ別路を君忘るなよ君忘るなよ

この贈答は正保四年（一六四七）のことであった。忠総と羅山の関係はずっと早く元和四年（一六一八）から見られる。『林羅山詩集』の元和四年の詩の前書に、

石川殿中監君花軒ノ之前ニ有二リ芍薬数畝一一日分チ二賜ヒ二十根ヲ一（略）

と見える。もともと、忠総と羅山とには交流があった。その文芸圏に池之端屋敷に居住するようになった忠次が加わったと理解してよいのであろう。

他の大名で注目すべき人には松平忠房がいる。忠房については『和歌文学大辞典』には次のようにある。

松平（深溝）氏。一四歳で三河吉田藩主となり、その後三河刈谷・丹波福知山に移り、肥前島原藩初代藩主となる。幼名、五郎八。元和五 1619 年～元禄一三 1700 年、八二歳。法号、興慶院大倉令泰雲源通大居士。漢学を林鵞峰に、神道・歌道を伊藤栄治に学ぶ。日本の古典籍約一万冊を蒐集し、松平文庫を遺す。家集に『忠房公御集』（島原市本光寺蔵）がある。（井上敏幸）

この忠房と忠次の関係は、竹下氏の「好文大名榊原家忠次の交友」に、次のような指摘がある。

文芸の嗜みを共通にする忠次と忠房が日常的にどのような交際を続けたか、まず榊原家の『江戸日記』をみたい。現存する日記では忠房が三河刈屋から丹波福知山に転封され、それに四ヶ月遅れて忠次が奥州白河から播磨姫路に転封されて間もないころの交際の内容がうかがえる。

松平主殿頭より御返報御屋敷より至来（慶安四年二月十一日）

ここに挙げられている記事の年、慶安四年は一六五一年である。文芸に直接関わるものとしては、これも竹下氏に取り上げられているが、次のような『一掬集』中の記録もある。

同夜尚舎源忠房住所をほかへ移すべきもよほしありとて、詠みおこせ侍る

今宵ぞといや惜しまるゝ秋の空馴れし住処の月の名残は

返し

惜しむなよ又来む秋の今宵しも宿に劣らぬ月は見るべき

これは明暦三年（一六五七）八月十五日のものである。この時の事情についても竹下氏の論考に次のように解説されている。

明暦三年一月一九日、江戸大火の際、松平家の江戸屋敷は罹災を免れたが、その地を山王権現の社地とするため、屋敷は常盤橋内に移され、さらに浅草・深川に別邸二か所を与えられ、それにともなう作事料銀三〇〇貫が下付された。

ここに見える浅草の別邸は、次の『国史館日録』寛文五年（一六六五）一月十七日条に、「甚だ近き」とある所である。

源尚舎忠房及び嫡子好房東叡山神廟に詣ず。帰路来過す。其別業浅草在り。明夕、入浴の事を約し去る。此甚だ

近き也。暫く談ず。直に姫路拾遺に、拾遺微恙を聞く故也。

この別業がどこにあったかであるが、『日本歴史地名大系』(25)第一三巻「坂本村」の項に次のようにある。

東叡山寛永寺北東に位置する。(略)明暦二年(一六五六)村内に若干の町屋敷ができたほか、依田肥前同心屋敷や水谷伊勢守らの屋敷に土地が譲渡され、同三年と万治二年(一六五九)には松平主殿頭(丹波福知山藩松平忠房)・本多能登守(略)などに土地が渡された。

この忠房は現、島原松平文庫の基盤を作った大名である。『国史館日録』寛文四年(一六六四)十月二十八日条には忠房が蔵書家であったこと、「姫路拾遺」つまり忠次と深い交流のあったことが記されている。

肥前島原城主高力高長・丹波福知山城主松平主殿頭忠房書信寄す。此二人皆交際年久し。高長は中華書数千部蔵す。装潢美を尽くす。忠房倭書を嗜む。姫路拾遺と交義殊に厚し。

忠房側から忠次との交流を知り得る資料には、『福知山藩日記』がある。竹下氏の論考に、

忠房の側からの交友を語る史料は忠次没後二年にして忠次の嗣子政房が逝った際に示した配慮にうかがうことができる。『福知山藩日記』寛文七年の記事がそれである。

と指摘されている。文芸関係のものには、先に挙げた『和歌文学大辞典』によれば、島原市本光寺蔵『忠房公御集』と名づけられた家集があるという。後述する脇坂安元の場合と同様、この家集の中に、忠次・政房との文芸交流を示す記述があることが推測できるが、この家集の内容はいまだ紹介されていず、また、現在、調査することができないとのことである。近世初期文学研究にとっても重要な私家集と思われるので、早急な紹介が望まれる。

井上正利も浅草に屋敷を持っていた。浅草橋のあたりである。この正利も羅山と交流をもっていた。『林羅山詩集』寛永十六年(一六三九)九月九日の詩の前書に、

寛永己卯孟商九日春斎遊二井上河州牧ノ別業一

と見える。榊原家との交流は『政房公御詠草』寛文二年（一六六二）冬のものに、

　井上河内守正利か許より

ながらへて又や淡路の島千鳥友呼ぶ声は万代までに

　返し

浜千鳥跡を正して誠ある君にいく度淡路島山

とあるのが早い。忠次との贈答歌も『一掬集』寛文三年冬のものに、

　井上河内守正利、和歌を好みてさかりなると聞けば、消息のついでに褒美して言ひやりけるに其返りごとに
　書つけを連ね侍る

花もなど咲からん物か世の人の心を種の大和言の葉

　又返りことの消息に言ひやり侍る

人毎の心を種の物ながら君が言葉に花や咲くらん

とある。

　大名関係では池田家文庫の基盤を作った池田綱政も近世初期文芸にとって重要な人物である。この父親の光政の女は榊原政房の室になっており、榊原家とは姻戚関係もあった。忠次との関係で早いものは『一掬集』明暦三年（一六五七）九月のものに次のように見える。

　侍従源綱政ひとりごち侍る歌とて数々書きて見せ給ひしかば、後に言ひやりける

知らざりき心を種と咲きそめてかゝる言葉の花もありとは

返し

思ほえず君が心の春に逢ひて根なき草葉も恵むばかりぞ

また、次のものは領国の位置関係が関わっていて興味深い。寛文元年（一六六一）十月のものである。

備前侍従綱政あとより上り侍るに道いそがはしく、清見寺より先の駅へ行き過ぎ侍れば、其暮消息つかはすついでに言ひ送りける

行く人の名残思へば清見潟われも関守こゝちこそすれ

綱政の返し

清見潟我も心を留め置きて関路越え行く旅をしぞ思ふ

綱政の下屋敷は延宝年間の『御府内沿革図書』(26)の「神田・下谷・浅草之内　延宝年中之形」（千代田区富士見町三丁目、台東区浅草橋一〜四丁目）に見える。浅草橋付近、井上利正の屋敷のそばである。水戸光圀の屋敷が不忍池の北西の方向にあったことは先述した。

以上、榊原忠次の池之端屋敷からほど近いところに屋敷を持っていた大名について、言及してきた。先に一覧した大名の中で、詳しく調査すれば、さらにこのような地域に居住する大名が見つかる可能性がある。上野・浅草文芸圏に属していたかどうか不明であるが、榊原家、林家と交流の深かった文芸愛好の大名には脇坂安元がいる。『和歌文学大辞典』には次のようにある。

脇坂。八雲軒と号す。伊予大洲、信州飯田藩主。天正一二 1584 年三月四日〜承応二 1653 年一二月三日、七〇歳。諸大名中「脇坂殿第一」（三英随筆）と言われた教養人で、その蔵書は後に八雲軒本として珍重される。歌集に『八雲愚草』がある。（母利司朗）

この安元と林羅山の関係は、寛永四年（一六二七）六月十九日に催された「世を照す光も涼し法の庭」を発句とした安元邸での和漢聯句[27]から確認できる。

榊原忠次との関係は現存資料では正保元年（一六四四）のものからである。『一掬集』に次のような詞書のある贈答歌が見える。

白河に侍る比八雲軒の許より

白河の関のあなたに雲とめて秋の半の月や見るらむ

返し

雲も月もとめあへぬ間に白河の関路は秋の半過けり

安元には『八雲藻』『八雲愚草』などの家集がある。[28]これには、詞書によって羅山は勿論、忠次との交流を示す歌が収められている。次は『八雲愚草』中のものである。

丙戌九月廿七日、従四位下忠次、別墅にてあるじして、山家秋と云題にて

なぐさめは此の山里の紅葉ゝの散りしく道の紅の塵

「丙戌」は正保三年（一六四六）である。両者は正保の頃より親しく接するようになったと見てよいのであろう。先に見たように、安元と林羅山との関係の方が早くに始まったと思われる。おそらくは、その交流の中に忠次も入っていったと考えられる。

先述したようにこの安元の江戸屋敷の一つが当時、不忍池近辺にあったかどうかは確認できない。三者の交流はまず、安元と林羅山、ついで忠次が加わるということであろうが、この三者の交流がどのような要因から生まれたのか、地域的なことも含めて考察する必要があるであろう。

上野・浅草文芸圏に属していた者は林家およびその門下生や大名だけではない。文芸愛好の僧もいた。その中でも重要なのは文殊院の立詮である。立詮については、『国書人名辞典』[29]に次のようにある。

僧侶（真言）〔生没〕慶長三年（一五九八）生、寛文三年（一六六三）八月十二日没。（略）文殊院。（略）高野山行人頭となり、学侶方と訴訟で争い、社寺奉行の裁定で、万治二年（一六五九）追放に処され、伊勢に退隠。木下長嘯子門で、和歌・詩を能くし、林鵞峰ら林家一門と交流があった。また武家の故実に詳しく、『本町武家大系図』の撰に参加。伊勢で没した。（略）

立詮は興山寺四世である。興山寺は高野山三方、学侶方・行人方・聖の一つ、高野山の主導権をめぐって学侶方と争っていた行人方の頭人で、初代は応其、文殊院は江戸在番所であった。寛永四年（一六二七）、興山寺三世の応昌の時代に駿府から浅草に移転してきたとされている。場所は浅草川の北、現在の蔵前神社のところである。

この応昌は応其の後継者勢誉の後を継いで三世となった人で、『義演准后日記』によれば、元和三年（一六一七）七月二十日に、羅山とともに義演を訪れており、羅山とは京都にいた頃から面識があったようである。文殊院移転に伴って、江戸に下ってきてからは、寛永四年（一六二七）三月二十二日に、羅山の「錦嚢花有底」を発句とする漢和聯句をともに巻くのを初めとして、それ以後、羅山やその門下生などと盛んに和漢聯句や漢和聯句を巻いている。[30]この応昌と榊原家との関係は不明であるが、その後継、立詮の方は榊原家と縁が深かった。

忠次との関係については、『一掬集』承応二年（一六五三）の記事に、立詮が忠次に「別墅」での花見に招かれていることが記されている。

二月の末つ方、別墅の花やうく盛りに見え侍りしかば、南禅寺の元良、高野山の立詮などを招きて、時の興に詩歌をもよほしけるとて

見る人の今日のためなり心あらば咲きな残しそ植ゑし花苑

この詞書に見える「南禅寺の元良」は金地院元良である。詳説は省くが、この人も林家と深く関わった僧のひとりであった。

立詮はこの承応二年（一六五三）から万治二年（一六五九）七月半ば、つまり、江戸追放まで、榊原忠次、松平忠房との間で頻繁な交流が見られる。林羅山とは寛永十八年（一六四一）正月十三日から確認できる。『林羅山詩集』寛永十八年正月十三日の条に羅山が文殊院に入浴に赴いていることが見える。

辛巳正月到ル二于文殊院一ニ賀シ二歳初一ヲ且ツ入ル二浴室一ニ

この時の文殊院主は応昌であるが、立詮もそこに住していたかと思われる。立詮はこの月の二十九日に羅山と和漢聯句に興じている。

この立詮の後継者が立英である。『国書人名辞典』から立英（雲堂）の略歴を引いておきたい。

僧侶（真言）〔生没〕生年未詳、元禄五年（一六九二）四月九日没。（略）はじめ立英、のち雲堂。（略）興山寺立詮について得度。（略）寛文三年（一六六三）興山寺五世となる。同六年、高野山学侶方と行人方との紛争によって奥州二本松に配流され、藩主丹羽光重の帰依を受けて、遍照尊寺金剛院を創建。（略）詩歌を能くした。

この立英は明暦二年（一六五六）八月十五日に、忠次・政房とともに和歌を詠んでいる。[31] また、翌年の九月十三日には、「浄晃院様様御詠草」（5）の詠草に、

丁酉九月十三夜会於文殊院

とあり、忠次・政房が文殊院の十三夜の詩歌会に赴いている。この時には林梅洞・鳳岡、その他林家門下の人々も参加していた。以後、榊原家、林家と交流を持っているが、この人も万治二年夏で途絶えている。立詮と同じく江戸を

追放された可能性があろう。その後、寛文六年（一六六六）には二本松藩に配流になった。『国史館日録』寛文四年（一六六四）十二月二十三日条に、後継の雲了についての次のような記事がある。

興山寺雲了上人来る。一昨日、高野より参府。是方の外三世の旧交也。

「是方の外三世」は応昌・立詮・立英を指すのであろう。この三人は鵞峰と親しかったというのである。文殊院つまり興山寺初代の応其は、連歌用語集・連歌作法書である『無言抄』の著者である。この寺は、初代以来歴代、和歌・連歌などの文芸に関心が深かったのである。その江戸在番所であった文殊院は一時期、文芸サロンの様相を呈していた感があった。

文殊院については、宮崎修多氏が「古文辞流行前における林家の故事題詠について」(32)において、『倭漢十題雑詠』の考察の中で、次のように述べている。

寛永十九年九月二十二日、浅草文殊院の僧応昌のもとに、その弟子立詮、林家から羅山、鵞峰、読耕斎、それに金地院元良、坂井伯元、柳瀬良以の八名が参じて、二題を一対とする二十題詩を探って分賦したのが発端で、以後十年以上に亘り三千首もの膨大な作品群に成長していくことなど、当初一人として夢想だにしなかったに違いない。

宮崎氏はこの四十三回の詩歌会の行われた場所の一覧を示しているが、そのほとんどは文殊院であった。さらに、宮崎氏は林家による『寛永諸家系図伝』編纂に立詮が関わっていたことも指摘している。先に、上野・浅草文芸圏の形成に国史館における『本朝通鑑』編纂事業が関わっていたことを指摘したが、それに『寛永諸家系図伝』編纂事業も加えることができるのであろう。

僧ではこの『倭漢十題雑詠』に加わっていた金地院元良も忠次と交流を持っていたことは先に触れたが、地域的な観点からは、上野寛永寺の胤海が注目される。胤海については、『和歌文学大辞典』に次のようにある。

俗姓、藤原。慶長一八 1613 年～元禄二 1689 年四月七日、七七歳。施薬院宗伯の男。花山院定好の養子。寛永元 1624 年比叡山延暦寺滋賀院にて剃髪し、同三年、慈眼大師南光坊天海の弟子となった。同五年東叡山寛永寺涼泉院開山第一世を経て、翌年伝灌頂を受けた。寛文六 1666 年、僧正に任ぜられた。延宝三 1675 年、凌雲院の第三世となった。天和二 1682 年、比叡山延暦寺薬樹院に退隠し、薬樹院僧正と称した。贈大僧正。『胤海僧正老後述懐百首』がある。延宝八年、『元三大師縁起』『慈眼大師縁起』を著した。延宝三年一〇月二日、慈眼大師三十三回忌追善三十首短冊和歌を発起し、巻頭に後西院、巻軸に輪王寺宮守澄を戴いた（『文翰雑編』巻三）。（川崎佐知子）

「凌雲院」は不忍池東、林家からほど近い所にあった。

最後に連歌師のことを取り上げておきたい。そのひとりは瀬川昌佐である。昌佐については『連歌辞典』(33)に次のようにある。

連歌師。瀬川。生没年未詳。昌左とも。『顕伝明名録』によれば父、時能は三井寺僧で紹巴門弟である。時春は子。京都の人で、青蓮院尊純法親王に従って江戸に出、徳川家光の命で幕府連歌師となったという。寛永十六年（一六三九）から慶安二年（一六四九）まで、ほぼ毎年柳営連歌に出仕し、幕府連歌師として瀬川家の祖となり、現東京都台東区五条町に屋敷を幕府から拝領した。なお、宗養に学び、紹巴らと連歌と共にした興福寺竜雲院昌佐（?～一五七八）とは別人である。（永田英理）

昌佐は上野の五条天満宮（牛天神）の別当を勤めた人である。寛永十五年（一六三八）十一月に幕府から屋敷地を拝領し、この屋敷は瀬川屋敷と呼ばれた。不忍池の南、現在のアメ横の入り口あたりである。現在、上野公園内、不忍池の北東にある五条天満宮は寺が創建されるまでは国立博物館あたりにあったようで、何回かの移転の後に、瀬川屋敷の中に移されたのである。

この昌佐のことは『一掬集』正保三年（一六四六）のものに次のように見える。

昌佐法師住みける同じ池のほとりの別業にて、八月十五夜の月見侍るころ、近きほどなれば訪れけるに、異方の月見るよし聞こえしかば、後に言ひやり侍る

影清く見なれし池の月をゝきてよそに心はなど移すらむ

返し

異方の月を見てこそ澄みまさる池の心も思ひ知らるれ

このような心を許した関係をもって、たびたび池之端屋敷を訪れたらしく、『一掬集』にはこれ以外にもいくつか交流を示す和歌が載せられている。また、正保四年立秋には、脇坂安元、林羅山、鵞峰、読耕斎、玄祥らとの詩歌会に加わっていることが、「浄晃院様御詠草（2）」に見える。

上野・浅草文芸圏に含まれる連歌師としては、玄仲・玄祥父子もいる。玄仲は『連歌辞典』には次のようにある。

連歌師。里村（北）。天正六年（一五七八）～寛永一五年（一六三八）。六十一歳。小梅・玄尚・直衆庵・臨江斎。紹巴の次男で、兄は玄仍。（略）寛永二年（一六二五）から同十四年まで柳営連歌に列している。大坂天満宮に、『玄仲発句』が現存する。（永田英理）

玄仲の屋敷は現東京都墨田区本所緑町にあったという。忠次との関係は『一掬集』寛永十五年のものとして、次のような死去を聞いて忠次が詠んだ歌が残されている。

二月の初つかた臨江斎玄仲、京にて身まかりしよしを聞て

咲く比を待たぬ老木の春と聞く花の都の伝もうらめし

子の玄祥は『連歌辞典』に次のようにある。

連歌師。里村（北）。？～延宝元年（一六七三）。玄尚。玄仲の子で、紹巴の孫。子に紹兆（紹甫）。父の後を承け、慶安五年（一六五二）より寛文十三年（一六七三）まで、二十余年の長きにわたって柳営連歌の第三を勤仕し、法眼に叙せられた。父の代より、現東京都墨田区本所緑町に屋敷を拝領して住した。（略）（永田英理）

父の玄仲の場合と違って、榊原家での詩歌会に参加した記録が残されている。昌佐のところで紹介した、正保四年（一六四七）の忠次の会でのものがそのひとつである。もう一例、「浄晃院様御詠草(49)」の「探題二十五首」にも参加している。これは政房の会である。

以上、榊原忠次・政房の文芸交流を江戸屋敷の地域的繋がりを軸として考察してきた。勿論、榊原家の文学交流というのものすべてが地域的な近接を理由にしているわけではないことは、本節の冒頭でも述べた。しかし、上野・浅草付近の交流を考えると、榊原家の池之端屋敷や林家の家塾の場所が重要な役割を占めたことは確かであったと思われる。これがいつまで続いたのかは今後の調査に依らねばならない。林家の家塾は元禄三年（一六九〇）に忍岡から昌平坂へ移転、翌年、湯島に聖堂が建てられる。それは吉宗将軍時代で、鵞峰を継いだ鳳岡はしだいに、儒者として権威を荻生徂徠らに奪われていき、享保十七年（一七三二）に没する。一方、榊原六代の政邦は享保十一年（一七二六）に没していた。上野・浅草文芸圏はこの時期をもって終焉を迎えたのであろうか。

注

（1）上越市立総合博物館・二〇〇九年三月

（2）ゆまに書房・二〇一一年三月
（3）『榊原家本私家集』全三巻（貴重本刊行会・一九七八年一〇月、一九七九年一月、一九七九年四月）
（4）学習院大学史料館・一九九三年三月
（5）「大倉山論集」45・平成一二年三月
（6）「大倉山論集」46・平成一二年九月
（7）「大倉山論集」47・平成一三年三月
（8）草思社・二〇〇一年一一月
（9）厚生閣・一九三七年五月
（10）注（3）
（11）明治書院・昭和六一年三月
（12）平成二六年一二月
（13）『俳諧初学抄』以後の徳元連歌など―榊原家蔵懐紙に見る最晩年期―」（「園田語文」5・一九九〇年一一月、『斎藤徳元研究上』和泉書院・二〇〇二年七月所収）
（14）「鷹陵史学」17・平成三年三月、『近世の学びと遊び』思文閣出版・二〇〇四年三月所収
（15）一九九一年三月
（16）「四日市大学論集」17―2・二〇〇五年三月、「四日市大学論集」19―1・二〇〇六年九月、「四日市大学論集」19―2・二〇〇七年三月
（17）「緑岡詞林」35・二〇一一年三月
（18）『榊原家の文芸　忠次・政房・政邦』（私家版・二〇一七年三月）。以下、本稿で取り上げる榊原忠次・政房の作品はこの報告書による。なお、本論考も初出はこの報告書に掲載したものである。
（19）三弥井書店・平成二七年五月
（20）「ディスカッション　下屋敷を考える」（『江戸大名下屋敷を考える』雄山閣・二〇〇四年八月）

(21)　続群書類従完成会。本資料は書き下して示した。
(22)　弘文社・一九三〇年七月
(23)　『林羅山詩集』（注（22））所収。
(24)　「近世文藝」61・平成七年六月
(25)　平凡社・二〇〇二年七月
(26)　『江戸城下変遷図集』16（原書房・一九八六年一〇月）
(27)　「連歌・演能・雅楽データベース」（国文学研究資料館）
(28)　金井寅之助『八雲軒脇坂安元資料集』（和泉書院・一九九〇年三月）
(29)　岩波書店・一九九八年一一月
(30)　注（27）
(31)　「浄晃院様御詠草」（42）
(32)　注（24）
(33)　東京堂・二〇一〇年三月

おわりに

本書は先著『連歌史試論』（新典社・平成一六年一〇月）以後、種々の雑誌などに発表した、連歌・俳諧・和歌関連の論考を中心に、編纂したものである。初出雑誌などは次の通りである。初出のものの誤記、分かりにくい表現などを訂正し、また、紙数の関係で省略した引用などを加えたものがある。特に、第一章「五　「原懐紙」「清書懐紙」ということ」は、「清書懐紙」の存在を認めた上での論になるように何カ所かに手を入れた。第三章「一　日本の詩歌にとっての「四季」と「暦」」は十年ほど前、諸般の事情で中止となったアメリカでのシンポジウムのために著述したものである。連歌・俳諧に関する項もあったが、「二　連歌発句で当季を詠むということ」や、公刊を計画している別稿と重なる部分があるので、その部分を削り、整え直した。また、いくつかの論考では論旨を明快にするために、初出になかった節を設けた。したがって、すべての論考は本書の形が現在の段階での決定稿と考えていただきたい。

なお、引用に関して、漢字のあて換え、漢文の訓点など論考間で不統一のところがある。これはその時々の発表雑誌の事情や私自身のこのことに関する揺れなどによる。統一を図った方がよかったのかも知れないが、原文には当たれるように注を付してあるということで、この点は寛恕いただきたい。

序説　和歌・連歌・俳諧（連歌）という文学―韻文学史観構築のために―
『日本詩歌への新視点』（風間書房・二〇一七年三月）

第一章　連歌会席の実際
一　会席の文芸としての連歌―連歌執筆・執筆作法書の発生に言及して―
「会席の文芸としての連歌―連歌執筆・執筆作法書の発生に言及して―」（「青山語文」35・二〇〇五年三月）
二　連歌会席・俳席における行儀
「連歌会席・俳席における行儀」（「連句年鑑」平成十八年度版・二〇〇六年一〇月）
三　連歌会席・俳席における執筆の立て膝
「俳諧会席作法に思うこと」（「獅子吼」89―12・二〇〇五年一二月）
四　連歌会席での筆記用具の有無
「連衆は筆記用具を持っていたか―連歌会席及び俳席の実際―」（「青山語文」36・二〇〇六年三月）
五　「原懐紙」「清書懐紙」ということ―宮内庁書陵部蔵後土御門内裏連歌懐紙を軸に―
「連歌懐紙をめぐって―宮内庁書陵部蔵後土御門内裏連歌懐紙を軸に―」（「青山語文」38・二〇〇八年三月）
六　連歌・俳諧における句の用意
「連歌・俳諧において句を用意するということ」（「青山学院大学文学部紀要」48・二〇〇七年一月）
七　分句をめぐって
「連歌という文芸の形―分句のことなど―」（「国語と国文学」87―2・二〇一〇年二月）
八　連歌・俳諧会席作法書について
『文芸会席作法書集　和歌・連歌・俳諧』（共編）（風間書房・二〇〇八年一〇月）概説「連歌・俳諧会席作法書」

第二章　連歌師の諸相

一　連歌師という「道の者」

「連歌師という「道の者」」（「中世文学」60・二〇一五年六月）

二　梵灯庵の東国下向

「梵灯庵の東国下向―「梵灯庵道の記」をめぐって」（「青山語文」47・二〇一七年三月）

三　宗砌の東国下向―梵灯庵・真下満広・木戸孝範に触れて―

「宗砌の東国下向―梵灯庵・真下満広・木戸孝範に言及しつつ―」（「青山語文」46・二〇一六年三月）

四　玄清―宗祇を継承した連歌師―

「玄清―宗祇を継承した連歌師―」（「青山語文」42・二〇一二年三月）

五　連歌師と芋公事―宗碩・宗坡・周桂・宗仲など―

「連歌師の一面―芋公事と宗碩・宗坡・周桂・宗仲など―」（「文学」12―4・二〇一一年七月）

六　連歌壇における里村紹巴

「里村紹巴の連歌」（「国文学　解釈と教材の研究」51―11・二〇〇六年一〇月）

七　「中世」連歌の近世

「中世連歌の近世」（「日本文学」59―7・二〇一〇年七月）

第三章　連歌・和歌の諸相

一　日本の詩歌にとっての「四季」と「暦」—明治改暦と「歳時記」に言い及んで—
　未発表
二　連歌発句で当季を詠むということ—十二月題という当座性—
「連歌発句で当季を詠むということ—十二月題という当座性」（「青山語文」39・二〇〇九年三月）
三　心敬の文学
「連歌師と『新古今集』—連歌師による重視ということ—」（「国文学　解釈と教材の研究」49—12・二〇〇四年一一月）、「「心の花」をめぐって—心敬の詞、連歌の方法」（『和歌文学大系』第66巻月報・明治書院・二〇〇五年四月）
四　歌枕と連歌
『歌枕辞典』（編者・共同執筆）（東京堂出版・二〇一三年二月）「歌枕概説」
五　「韻字和歌」の諸相
「「韻字和歌」の諸相」（「青山語文」43・二〇一三年三月）
六　榊原家の文芸—忠次・政房—
『榊原家の文芸　忠次・政房・政邦』（私家版・二〇一七年三月）「第一節　榊原史料について」「第二節　忠次・政房・政邦の文芸に関する先行研究」「第三節　榊原忠次・政房の池之端屋敷とその文芸圏」

先書の『連歌史試論』から、本書まで十三年半ほど経った。しかも、ページ数も僅かであるが減少している。私の研究の怠惰であったことが最大の要因であるが、その間、単著、辞典を含めた編著を数冊ずつ刊行している。他には学生たちとの二条良基や梵灯庵の連歌論書の注釈、一般向けの概説文、能に関する論考数編などがある。これが能力の限界であったということであろう。特にこの数年は、高田藩榊原家の文芸の調査と『連歌大観』（全三巻、古典ライブラリー・平成二八年七月、平成二九年二月、平成二九年一二月）の編纂にかなりの時間を費やした。後者についてはまだ不足で、何らかの形で継続して行かなければならない仕事だと自覚している。ようやく、『連歌大観』によって提供された作品の内容に関する研究も進めなければならない。

私は二〇一七年三月をもって、青山学院大学を定年退職した。本書はその意味で私の大学教員としてのまとめの一端でもある。今後十数年、研究が続けられるとして、どれほどのことができるか分からない。時間の余裕はあるものの、現役として他の研究者たちと切磋琢磨する環境から遠のいて、研究への緊迫感に欠けていきそうでもある。論集の三冊目が刊行できるかどうか、はなはだ心もとない。

先著と同様、本書も新典社が出版を引き受けてくださった。編集の田代幸子さんには論文の印刷原稿をパソコン用にデータ化していただいたことからはじめ、多く世話になった。記して感謝したい。

二〇一八年正月

索　　引

凡　例

〔人名索引〕

1　近世末までは名、明治以後は姓名を漢音によって五十音順に挙げた。

2　括弧に入れて別号などを記したものがある。

3　引用文献中、官職記載のもので実名を推測して挙げたものがある。

4　単行本、論文題に含まれるものは除いた。

〔書名索引〕

1　近世末までの書名を通常の読みによって五十音順に挙げた。ただし、歳時記類は現代のものまで挙げた。

2　単行本、論文題に含まれるものは除いた。

人　名　索　引

あ　行

か　行

さ 行

た　行

な　行

は　行

ま　行

や 行

ら 行

書 名 索 引

さ 行

ま　行

や　行

ら　行

わ　行

廣木　一人（ひろき　かずひと）
1948年12月　神奈川県横浜市に生まれる
1972年3月　青山学院大学文学部フランス文学科卒業
1978年3月　青山学院大学院日本文学日本語専攻博士課程満期退学
学位　文学修士
現職　青山学院大学名誉教授
主著『新撰菟玖波集全釈』全9巻（共著，1999～2009年，三弥井書店）
『連歌史試論』（2004年，新典社）
『連歌の心と会席』（2006年，風間書房）
『文芸会席作法書集　和歌・連歌・俳諧』（共著，2008年，風間書房）
『連歌辞典』（2010年，東京堂出版）
『連歌師という旅人　宗祇越後府中への旅』（2012年，三弥井書店）
『歌枕辞典』（2013年，東京堂出版）
『室町の権力と連歌師宗祇　出生から種玉庵結庵まで』（2015年，三弥井書店）
『連歌大観』全3巻（共編，2016～2017年，古典ライブラリー）
『榊原家の文芸　忠次・政房・政邦』（共著，2017年，私家版）

新典社研究叢書300

連歌《れんが》という文芸《ぶんげい》とその周辺《しゅうへん》
――連歌・俳諧・和歌論――

平成30年4月27日　初版発行

著　者　廣木一人
発行者　岡元学実
印刷所　惠友印刷㈱
製本所　牧製本印刷㈱
検印省略・不許複製

発行所　株式会社　新典社
東京都千代田区神田神保町一―四四―一一
営業部＝〇三（三二三三）八〇五一番
編集部＝〇三（三二三三）八〇五二番
FAX＝〇三（三二三三）八〇五三番
振　替　〇〇一七〇―〇―二六九三二番
郵便番号一〇一―〇〇五一番

ISBN 978-4-7879-4300-2 C3395
http://www.shintensha.co.jp/　E-Mail:info@shintensha.co.jp

新典社研究叢書

（本体価格）

260 源氏物語続編の人間関係 付 物語文学教材試論 有馬義貴 一〇六〇〇円
261 冷泉為秀研究 鹿野しのぶ 一六〇〇〇円
262 源氏物語の音楽と時間 森野正弘 一四二〇〇円
263 源氏物語〈読み〉の交響Ⅱ 源氏物語を読む会 九九〇〇円
264 源氏物語の創作過程の研究 呉羽長 一一〇〇〇円
265 日本古典文学の方法 廣田收 一二六〇〇円
266 信州松本藩崇教館と多湖文庫 山本英二・鈴木俊幸 九二〇〇円
267 テキストとイメージの交響 ――物語性の構築をみる―― 井黒佳穂子 一二五〇〇円
268 近世における『論語』の訓読に関する研究 石川洋子 一五〇〇〇円
269 うつほ物語と平安貴族生活 ――史実と虚構の織りなす世界―― 松野彩 八八〇〇円
270 『太平記』生成と表現世界 和田琢磨 一四二〇〇円
271 王朝歴史物語史の構想と展望 加藤静子・桜井宏徳 二〇〇〇〇円
272 森鷗外『舞姫』 本文と索引 杉本完治 七七〇〇円
273 記紀風土記論考 神田典城 一四〇〇〇円
274 江戸後期紀行文学全集 第三巻 津本信博 八〇〇〇円
275 奈良絵本絵巻抄 松田存 八二〇〇円
276 女流日記文学論輯 宮崎荘平 二六八〇〇円
277 中世古典籍之研究 ――どこまで書物の本姿に迫れるか―― 武井和人 一九八〇〇円
278 愚問賢注古注釈集成 酒井茂幸 一三五〇〇円
279 萬葉歌人の伝記と文芸 川上富吉 一二〇〇〇円
280 菅茶山とその時代 小財陽平 一四二〇〇円
281 根岸短歌会の証人 桃澤茂春 ――『庚子日録』『曾我蕭白』―― 桃澤匡行 一二〇〇〇円
282 平安朝の文学と装束 畠山大二郎 一二五〇〇円
283 古事記構造論 ――大和王権の〈歴史〉―― 藤澤友祥 七四〇〇円
284 源氏物語 草子地の考察 ――「桐壺」～「若紫」―― 佐藤信雅 一〇二〇〇円
285 山鹿文庫本発心集 ――影印と翻刻 付解題―― 神田邦彦 一二四〇〇円
286 古事記續考と資料 尾崎知光 六五〇〇円
287 古代和歌表現の機構と展開 津田大樹 一二四〇〇円
288 平安時代語の仮名文研究 阿久澤忠 一二六〇〇円
289 芭蕉の俳諧構成意識 ――其角・蕪村との比較を交えて―― 大城悦子 一五一〇〇円
290 二松學舍大学附属図書館蔵 奈良絵本 保元物語 平治物語 小井土守敏 一〇八〇〇円
291 未刊 江戸歌舞伎年代記集成 倉橋・桑原・小池・齋藤・光延 二八〇〇〇円
292 物語展開と人物造型の論理 ――源氏物語〈二層〉構造論―― 中井賢一 一二五〇〇円
293 源氏物語の思想史的研究 ――妄語と方便―― 佐藤勢紀子 七八〇〇円
294 春画論 ――性表象の文化学―― 鈴木堅弘 一七六〇〇円
295 『源氏物語』の罪意識の受容 古屋明子 一二六〇〇円
296 袖中抄の研究 紙宏行 九七〇〇円
297 源氏物語の史的意識と方法 湯淺幸代 一二五〇〇円
298 増補 太平記と古活字版の時代 小秋元段 一二六〇〇円
299 源氏物語 草子地の考察2 ――「末摘花」～「花宴」―― 佐藤信雅 一三〇〇〇円
300 連歌という文芸とその周辺 ――連歌・俳諧・和歌論―― 廣木一人 一三七〇〇円